経済政策形成の論理と現実

Noguchi Asahi

野口 旭

専修大学出版局

はしがき

　経済学の役割はこれまで、そこから得られる知見を通じて社会をよりよいものにすることにあると信じられてきた。そして、経済政策は、そのための重要な手段と考えられてきた。しかしながら、世界各国でこれまで現実に行われてきたさまざまな経済政策は、必ずしもそのような社会的な要請にかなうものであったとはいえなかった。

　その原因の一つは、実証科学としての経済学が、過去はもとより現在においてすら未熟きわまりないものであったことによる。しかしながら、それは他方で、現実の経済政策がしばしば経済学とは無縁な非科学的な考えに基づいて実行されてきたという事実にもよっている。それらは、論理的にも実証的にも根拠がない、失敗することがあらかじめ運命付けられていたような政策だったのである。そのことによって生じる社会的損失は、社会への正しい処方箋の提示を怠った、経済の専門家としての経済学者やエコノミストの責任なのだろうか、それとも彼らを無視した社会の側の責任なのだろうか。

　筆者は、これまでの研究歴の大半を、経済学の観点からはどのような経済政策が望ましく、あるいは望ましくないのかという課題と同時に、その望ましい経済政策を実際に社会で現実化させるためには何が必要なのかという課題の追求に費やしてきた。この二つのうち前者すなわちあるべき経済政策を経済学から導くという課題は、おそらく多くの経済学者たちにとってきわめてなじみ深いものである。実際、アダム・スミスやデヴィッド・リカード、ジョン・メイナード・ケインズやミルトン・フリードマンまでをも含む、これまでの偉大な経済学者たちによる知的活動の基本的な動機は、まさしくそこにあったとさえいえる。しかし、後者すなわち経済政策

が実際にどのように形成され現実化されるのかという課題に関しては、シカゴ学派やバージニア学派の経済学者たちによってその礎が築かれた公共選択論のような先駆的な試みは存在するものの、未だに明確な分析枠組みすら存在していない。本書は、このいわば未開拓なまま放置されてきた後者の課題についての、筆者自身によるこれまでの研究の集大成である。

筆者がこうした課題の重要性に気付いた発端は、1990 年代前半にまでさかのぼる。大学院生時代には主に国際貿易理論の歴史について研究していた筆者が、現実の経済政策について関心を持つようになった契機は、当時まさにその頂点に達しようとしていた日米貿易摩擦にあった。大学の教壇に立って国際経済論などを教え始めたばかりであった筆者にとって、それはネガティブな意味できわめて印象深いものであった。というのは、この貿易摩擦に関連して日米双方で提起されていた主張や政策の多くは、われわれ大学教員が普段講義しているような通常の教科書的なそれとはまったくかけ離れたものであったからである。

筆者は結局、その問題について一冊の本を書くことになる。それが、筆者にとってのはじめての一般向け書籍であった『経済対立は誰が起こすのか――国際経済学の正しい使い方 』（ちくま新書、1998 年）である。本書の実証分析編である第Ⅱ部の第 5 章および第 6 章は、主にその時に得ていた素材を、本書が提起する経済政策形成学の枠組みから改めて位置付け直したものである。

筆者の経済政策上の関心は、その後のとりわけ 1990 年代末以降は、次第にマクロ経済に移っていくことになる。それは、1990 年前後のバブル崩壊以降に生じた日本の長期経済停滞が、その頃にはますますその深刻さを増していったからである。バブルが崩壊した当初に問題視されていたのは、主に資産価格の急激な低下であり、それに伴う不良債権問題であった。ところが、1990 年代末の日本経済は、こうした資産デフレだけにとどまらず、賃金と物価までもが低下し続けるような真性のデフレによって悩まされるようになっていた。

当時、筆者も含むエコノミストの一部は、日本経済がバブル崩壊前の正常な成長軌道に戻るためには、何よりもまずはデフレの克服が必要であり、

そのためには金融政策運営のあり方を根本的に転換することが必要と訴えた。こうした政策的な立場は、その後はリフレ派と呼ばれるようになった。このリフレ派による反デフレの主張は、その後は次第により幅広く理解されるようになっていったものの、当初は社会的にはほぼ門前払いに近い扱いを受けていた。というのは、本書第Ⅱ部第7章が明らかにしているように、その頃にはまだ「悪いのはインフレでありデフレは良い」といった既得観念が、マスメディアでも一般社会でもきわめて根強かったからである。

望ましい経済政策を社会で現実化させるためには何が必要なのかという本書の課題により深く取り組むことの必要性を筆者が自覚したのは、まさにこのデフレをめぐる政策論争を通じてである。その直接的な契機は、1930年代初頭の昭和恐慌期に生じた日本のデフレの経験を多角的な観点から分析することを目的として、岩田規久男先生（元日本銀行副総裁、当時は学習院大学教授）をリーダーに発足した、「昭和恐慌研究会」による共同研究である。その成果が、『昭和恐慌の研究』（岩田規久男編、東洋経済新報社、2004年、第47回日経・経済図書文化賞受賞）である。

この共同研究の一つの大きな目的は、昭和恐慌とそれによる深刻なデフレを引き起こす直接の原因となった「旧平価による金本位制復帰」という誤った政策選択の背後には、どのような利害や観念が存在していたのかという課題の解明にあった。われわれ昭和恐慌研究会歴史班がそこで見出したのは、あらゆる政策選択には、その選択こそが正しいと多くの人々に信じ込ませるような強固な既得観念が存在しているという事実であった。まさしくケインズが述べていた通り、観念の影響力は利害よりもはるかに大きかったわけである。

筆者はその後、2003年から04年にかけて、浜田宏一先生（イェール大学名誉教授、当時はイェール大学教授）にイェール大学への留学機会を提供していただくことで、この課題をさらに深く追求する機会を得た。それが、この時から浜田先生とともに取組み始めた共同研究、"The Role of Preconceived Ideas in Macroeconomic Policy" である。その成果は、海外および日本のいくつかの学術カンファレンスで報告されたのちに、学術誌等において英語および邦語で公表された。本書第Ⅰ部第2章および第Ⅱ部

第7章には、その浜田先生との共同研究の成果が用いられている。

　この「経済政策形成における観念の役割」という研究課題の重要性を認識した筆者は、昭和恐慌研究会歴史班のメンバーを含む何人かの研究者たちに、そのための新たな共同研究を呼びかけた。その成果が、浜田宏一、若田部昌澄（日本銀行副総裁、当時は早稲田大学教授）、中村宗悦（大東文化大学教授）、田中秀臣（上武大学教授）、浅田統一郎（中央大学教授）、松尾匡（立命館大学教授、当時は久留米大学教授）の各氏を執筆者とし、筆者を編者とする『経済政策形成の研究——既得観念と経済学の相剋』（ナカニシヤ出版、2007年）である。本書第Ⅰ部第1章は、そこでの筆者の「序章」が原型となっている。

　2008年9月のリーマン・ショックに始まる世界的大不況は、さまざまな経済政策がどのように現実化されるのかという筆者のこの問題関心に、新たな課題をつきつけるものとなった。というのは、リーマン・ショック直後における財政主導ケインズ主義の復活、その後の財政緊縮主義への急転回、さらには緊縮疲れを背景とした反緊縮主義の世界的拡大といった一連の経済政策的な推移は、まさに筆者が追求していた経済政策形成学の枠組みを用いて解明されるべきもののように思われたからである。筆者は、『世界は危機を克服する——ケインズ主義2.0』（東洋経済新報社、2015年）において、本書の一つの焦点となる「政策生成プログラムとしてのケインズ主義の進化」という図式を初めて提起した。本書第Ⅰ部の第3章および第4章はその理論分析編であり、本書第Ⅲ部の全体はその実証分析編である。

　以上のように、本書は、筆者のこれまでの研究歴において関わり合いを持ってきた、上記の方々を含むさまざまな研究者たちとの研究上の交流の産物である。その学恩については、感謝するにしすぎることはない。とりわけ、浜田宏一先生には、筆者との共同研究の成果を本書に援用させていただいたことを深く感謝したい。

　筆者はさらに、本書の研究内容の大きな部分において、科学研究費助成（課題番号16K03578、研究課題「経済危機におけるマクロ経済政策の理

論と思想」）による援助を受けている。また、本書の出版に際しては、専修大学図書刊行助成（令和2年度）の援助を受けている。ここに記して感謝したい。

2020 年 4 月 1 日

野 口 　 旭

第Ⅰ部　政策形成の論理

──経済政策はどのように生み出されるのか──

第 1 章　経済政策形成の専門的文脈と社会的文脈 ^{*)}

1．経済学の社会的役割

　本書の考察対象は、経済政策である。しかし、経済政策に関する通常の経済学的研究とは異なり、本書は、特定の経済政策の有効性あるいは無効性についての考察を目的にしてはいない。本書が目的とするのは、ある経済政策がその実現に成功あるいは失敗するメカニズムを、理論的および実証的に解明することである。換言すれば、本書は、特定の経済政策の是非を論じるようとするものではなく、現実の中での経済政策展開の論理と、その歴史的・現実的様相を論じようとするものである。すなわち、本書の問題関心は、経済政策そのものにではなく、社会が経済政策を現実化させる、その仕方にある。

　アダム・スミスの重商主義批判やデヴィッド・リカードの保護貿易主義批判などが示すように、経済学はその誕生以来、その時々の政策的課題と深く結びついて展開されてきた。しかし、経済学の制度化が進展し、理論と応用が分離し、理論の抽象度が高まっていくにつれ、現実の政策的課題に対する経済学の疎遠性は必然的に高まっていくことになる。これは、経済学という知的活動が科学としての性質を持つものである限り、当然ともいえる。というのは、科学とは本来、現実に生じている諸現象の背後に存在する規則性および法則性を理解するための認識枠組みであり、必ずしも実利的な有用性を求められているわけではないからである。

　しかしながら、科学のこの第一義的な意義は、それから得られる知識の社会的「利用」が無意味な活動であることを意味しない。それは、むしろまったく逆である。その点は、例えば「医学」を念頭に考えてみれば明らかである。医学は、それ自体としては、人間の病理現象の背後にある因果関係の解明を目的とした、純然たる科学の一分野である。しかし、もし医

学が単に人々の知的興味を満たすだけの活動であったとすれば、医学研究にこれほどの多くの人的あるいは物的資源が配分されることはなかったであろう。人間の病理現象を科学的に解明しようとする医学者の知的努力が大いなる社会的尊敬と尊重を勝ち得ているのは、それがやがては人々の健康状態の改善に寄与するだろうと信じられており、かつ医学者たちが社会からのその信頼に十分に応えてきたからなのである。

　これらのことは、経済学においても、基本的には同様にあてはまる。経済学が制度化された専門領域として社会の中で大きな位置を与えられてきたのは、おそらく、その知的成果が社会にとって何らかの形で「役に立つ」と考えられてきたからである。つまり、医学の社会的役割が、それから得られる知識の利用による人々の健康状態の改善にあるとすれば、経済学の社会的役割は、その知見の政策的利用による経済状態の改善にある。その意味で、経済政策とは、経済学から導き出された知見が現実社会において利用される、その現実的な形態そのものである[1]。

　実際のところ、経済学はこれまで、経済政策を通じて、社会に対してさまざまな働きかけを行ってきた。それは、われわれの社会には常に、解決あるいは改善されるべき数多くの「経済問題」が存在してきたからである。それは例えば、貧困であり、失業であり、インフレやデフレであり、景気変動であり、経済危機であり、都市問題であり、環境破壊である。このような「問題」の解決や改善のために、人々はこれまで、さまざまな試みを行ってきた。経済学の最も重要な役割とは、その克服されるべき「経済問題」の原因とは何であり、それはどのようなメカニズムを通じて生じているのかを、明確な論理に基づいて構築された理論モデルを用いて説明することにある。その理論モデルから導き出される推論に基づいて「問題」に対して何らかの働きかけを行い、より望ましい結果を得ようとする試みこそが、まさしく経済政策なのである。

　付言しておけば、このような意味での経済学の役割とは、必ずしも特定の政策の有効性を示すという点にだけあるのではない。アダム・スミスの重商主義批判やリカードの保護貿易主義批判が典型的であるように、従来の支配的な政策体系の無効性や弊害を示すことも、経済学の重要な社会的

役割なのである。

　しかしながら、この「経済問題」の解決の試み、すなわち経済政策は、常に期待された結果を生むとは限らなかった。それどころか、人々の予想もしなかった災いをもたらすことさえも稀ではなかった。それは、現実経済についてのわれわれの理解が、現状でさえきわめて不完全かつ不十分であり、過去においてはより一層そうであったからである。経済政策がその期待された効果を発揮するためには、その推論の背後にある理論モデルが、対象とする現実の十分に適切な近似となっている必要がある。もしその理論モデルが現実の本質的な要素を捉え損なっているとすれば、経済政策の期待された結果は、偶然以外には得られない。しかし、経済という複雑きわまりないシステムの挙動を解明する道具としては、現在の「最先端」の経済学でさえも、まったく十分ではないのである。

　にもかかわらず、総じていえば、経済学はこれまで、多くの経済問題の解決や経済状況の改善に大いに寄与してきたと言ってよいであろう。つまり、経済学によって導き出された知見は、政策という形で現実に適用されることで、現実を社会にとってより望ましい方向に変えることに成功してきたのである。もし経済学によって蓄積されてきた知見がこの世界に存在しなかったならば、われわれの経済生活は確実により貧しく頼りないものとなっていたであろう。それは、経済学という学問のきわめつきの不完全さにもかかわらず、そのように言える。

　例えば、戦後の先進国経済は長らく、1930 年代に生じた世界大恐慌のような破壊的な景気悪化を免れてきた。2008 年にはこの大恐慌以来ともいえる世界的な経済危機が生じたが、それは結局、2009 年半ばにはほぼ底を打った。それは、ケインズ以降のマクロ経済学の発展によって、景気の悪化を食い止めるためにはどのような政策が必要なのかが、相当程度まで明らかにされていたためである[2]。また、現在の先進国ならびに新興諸国の多くは、貿易自由化を通じて目覚ましい経済発展を実現させてきたが、こうした政策の源には、リカードの比較生産費説以来、約 2 世紀にわたって連綿と展開され続けてきた貿易理論が存在している。これらの実例は、経済学の知見は現実経済の改善に十分に役立てることができるし、また実

際に役立ってきたことを示している。

２．専門的知見としての経済学とその現実的応用

（１）経済「学派」はなぜ存在するのか

　近代における科学技術の発展は、われわれの社会の物質的利便性を急速に向上させた。また、医学の発展は、人々の健康状態をより改善させた。同様に、経済学の発展は、われわれの経済生活により一層の豊かさと安定をもたらした。しかしながら、同じ科学的知見とはいっても、経済学の知識としてのあり方は、自然科学や医学等のそれとは大きく異なる。つまり、経済学は明らかに、他の科学分野とは明確に区別されるべき固有の特質を持っている。

　専門知としての経済学の特質の一つは、特定の問題についての専門家間の見解のばらつきが大きく、専門家同士の深刻な対立がしばしば生じ、かつその対立がなかなか解消されないという点にある。それが最も明白な形で現れているのが、経済学における「学派」の存在である。現在でもメディアなどでは、「新古典派」や「ケインジアン」といった分類が、経済学者やエコノミストの政策的志向性を特徴付けるラベルとして頻繁に用いられている。よりアカデミックな文脈では、個々の経済学者の理論的立場に応じて、「マネタリスト」、「ニュー・ケインジアン」、「ポスト・ケインジアン」、「ネオ・リカーディアン」、「ネオ・オーストリアン」、「制度学派」、「マルクス派」等々の分類が用いられてきた。このような状況は、自然科学などではほとんど考えられない。

　実際には、経済学派に関するこれらの分類は、単なるレッテル以上のものではないことが多い。経済学はむしろ、専門家集団にとっての標準的な知識体系がテキスト（教科書）という形で明示化されている点では、他の社会科学よりもはるかに「制度化」が進んだ知的枠組みとさえいえる[3]。かつての「新古典派総合」の全盛時代には、新古典派とケインズ派はミクロとマクロというそれぞれ異なった問題領域を扱う別個の枠組みと考えられており、多くの経済学者は特に矛盾を感じることなく自らを新古典派で

あると同時にケインジアンでもあると認識していた。その後のマクロ経済学においては、新古典派総合への懐疑の増大とともに、学派的な対立が次第に鮮明化した。しかしながら、ケインジアンと対峙するマネタリストの創始者であったミルトン・フリードマンが提起した概念である「自然失業率」のように、学派間の論争の中から一定の合意がもたらされ、それがテキストの中に繰り込まれていった例も多い。そのことは、当初はケインジアン的なモデル設定とは相容れないものと考えられていた「合理的期待」や「動学的一般均衡」においても同様である。それらの考え方は、現在では学派を超えたマクロ経済学全体の共有財産となっている。

　にもかかわらず、経済学は現在でも、新古典派経済学なりケインズ経済学なりといった学派的刻印を完全に払拭するにはいたっていない。これは、経済というシステムがあまりにも複雑であるために、実証あるいは反証によって競合する理論に優劣をつけるという実証科学の基本的な方法的手続きが自然科学のようにはうまく機能しないためである。逆にいえば、自然科学に「学派」が目立った形では存在しないのは、競合する理論モデルが過渡的には存在したとしても、実験や観察によってそれぞれの現実説明力を比較さえすれば、両者の優劣は自ずと明らかになるので、経済学の場合よりははるかに容易に専門的見解の一致が達成されるためである[4]。

　もちろん、経済学者たちもまた、個々の理論の確証や反証を目的とした実証研究を日々積み重ねている。しかしながら、それらの実証結果が、ある理論モデルの完全な肯定や否定に結びつくことは、それほど一般的ではない。というのは、実証研究の結果として導き出された事実それ自体がいかに一義的であっても、その実証データの解釈は多様でありうるからである。ある理論モデルが実証データによって明白に反証されたように見えるケースでも、実証データから異なった解釈を導き出す余地は常にある。したがって、その理論モデルを擁護する側は、実証データに恣意的な解釈をほどこすことで、とりあえず「言い逃れ」をすることはできる。もちろん、本質的に誤った理論モデルは、数多くの反証データが積み重ねられていくことで、結局は淘汰されていくであろう。しかし、経済学の場合、その淘汰には、場合によっては何世代もの時間が必要になるのである。

　経済学に「学派」がつきものであるもう一つの理由は、経済的な「望ましさ」の多義性と関連する。一般に、経済学的知見の現実への適用である「政策」の判断には、政策手段と政策目標をめぐる実証的判断だけではなく、政策目標それ自体についての規範的判断が必要とされる。既述のように、経済政策とは、現実に何らかの働きかけを行い、現実をより望ましい方向に変化させることである。ある政策が期待された「望ましい効果」を生んだとすれば、それは、その政策を裏付ける理論モデルが現実の適切な近似であったことを意味する。この局面においては、問題になるのは理論モデルの実証的な意味での適切さのみであり、そこに規範的判断、すなわち何が望ましいかに関する価値判断が関与する余地はない。しかしながら、経済政策とは本来、ある「望ましい結果」をもたらす目的で行われるものである。そして、この「望ましさ」とは、まさに価値判断そのものなのである。

　一般に、人々はそれぞれ異なった価値判断の基準を持っている。すなわち、どのような社会状態を「望ましい」と考えるかは、人それぞれによって異なる。こうした価値判断の体系を仮に「イデオロギー」と呼ぶとすれば、人々はそれぞれ異なったイデオロギーを持っている。経済学者やエコノミストたちもまた、それぞれ異なったイデオロギーを持っている。上述のように、経済政策についての実証的判断と規範的判断は、形式的には画然と区別される。たとえイデオロギーにおいて異なる専門家同士の間でも、経済学が科学である以上、実証的局面における合意は常に可能である。しかし、経済政策が常に実証的判断と規範的判断の両方を伴う以上、「イデオロギーのない経済政策」は本来的に不可能なのである。実際、経済学における多くの「学派」は、多かれ少なかれ何らかのイデオロギーと結びついている。

　経済政策におけるこの「イデオロギー」の役割については、のちの本章4節で「政策生成プログラム」という概念を用いて改めて論じる。

（2）専門知と世間知の対立と相剋

　工学が科学的知見の現実的応用であり、医療が医学的知見の身体的応用であるように、経済政策は経済学的知見の現実経済への応用である。経済

政策において、工学におけるエンジニアや医療における医者に相当する主体とは、政府や中央銀行などの公共部門における政策当局者たちである。

　この専門的知見の利用あるいは応用としての経済政策には、上記のような専門家内部の学派的な対立とは性質のまったく異なる、もう一つの困難が存在する。それは、専門世界の知見と一般社会の通念との間に存在する齟齬あるいは対立である。それが経済政策の帰趨にいかに重大な作用を及ぼすのかは、経済政策が実現される現実的過程を多少とも想起すれば、直ちに明らかになる。

　例えば、ある経済問題に関して、すべての専門家が合意するような「経済学的に正しい政策」が存在したとしよう。専門家たちはその場合、その政策を後押しすることに何の躊躇もないであろう。しかし、その政策が実際に実行されるためには、専門家の合意だけでは十分とはいえない。というのは、少なくも民主主義社会においては、「政策」とは社会全体の集合的意志すなわち「民意」を現実の中で具体化したものでなくてはならないからである。民主主義社会においては、ある政策の実現には、有権者の大多数の同意が必要となる。逆にいえば、たとえある政策に専門家が一致して賛成していたとしても、有権者の大多数がそれに反対である場合には、その政策が現実化される可能性は原則的に存在しない。それは、民主主義における基本原理である。

　こうした問題は、専門家の間で見解の対立がそれほど存在せず、かつその専門家の見解が一般社会に既に十分に浸透しているような状況では、それほど大きな困難をもたらさない。しかし、専門家の見解としての「専門知」と一般社会の通念としての「世間知」の乖離がきわめて大きく、専門知が一般社会になかなか浸透しないような場合には、深刻な状況をもたらす。というのは、その場合には、専門家にとっては正しいことが自明であるような政策が実現されなかったり、彼らの目からは明らかに誤った政策が実行される可能性が高くなるからである[5]。こうした不幸な実例は、経済史上において枚挙に暇がない。

　このような専門知と世間知の対立は、必ずしも民主主義社会に固有のものではない。独裁社会においても、独裁者が専門知を尊重する「賢人」で

あったというような寓話的なケースを除けば、同様な対立は常に起こりうる。実際、独裁者や独裁集団が、専門家の忠告をかえりみずに夢想的な経済政策を実行し、結果として社会に大きな惨禍をもたらした事例は、民主主義社会以上に数多く存在する。民主主義社会と独裁社会との主要な相違は、前者では有権者の多数派が、後者ではもっぱら特定の個人ないしは集団が政策実現の権限を持つという点にある。

　ちなみに、専門的知見と社会の一般的認識の間の齟齬を背景とする軋轢は、経済学の応用としての経済政策においてだけではなく、時には自然科学の応用である工学や医療のような領域おいても同様に生じている。例えば医療に関しては、「ワクチン有害説」の社会的な浸透を背景として、子宮頸がんの原因となるヒトパピローマウイルスの感染を予防するワクチンの定期接種勧奨を国が 2013 年に中止した結果、70％あったワクチン接種率が 1 ％未満になるまで低下したという実例がある。多くの専門家は、それによって将来的には患者数が確実にワクチン承認前と同レベルまで増えるであろうことを予見している。医療ジャーナリストの村中璃子は、2017 年 11 月に、ワクチンについてのこうした誤情報を指摘する活動によって、公共の利益に関わる問題について批判を怖れることなく健全な科学的知識を広めることに貢献した学者やジャーナリストに与えられるジョン・マドックス賞を、日本人として初めて受賞した。

　このように、専門的知見の現実的応用のあり方が、専門世界の側の判断によってではなく、究極的には一般社会側におけるその受容のあり方に依存するという点は、工学や医療もまた経済政策と本質的には同じである。それは、その専門的知見の働きかけの対象が専門外の一般社会である以上、そうである以外にはないのである。

　この面における経済政策の特質は、「一般社会の通念」の果たす役割が、工学や医療と比較しても格段に大きいと点に求められる。それは、上述のように、経済学は自然科学の多くと比較すれば実証科学として未成熟であり、科学的な真偽が確定しにくく、さらには政策目標の是非についての「価値判断」の役割がより大きいからである。例えば医療の場合には、ある治療行為が病気の「治癒」や「予防」に効果を持つか否かの判断には、多く

の場合において、専門家によって共有された明確な科学的な基準が存在する。さらに、病気の治癒や予防が「善」であるという価値判断それ自体は、ほぼ疑問の余地なく普遍的に共有されている。しかし、経済政策においては、科学的な真偽の評価は、しばしば専門家の間でさえ揺らいでいる。さらに、政策目標の是非についての価値判断は、時には社会的な対立と結びついている場合さえも稀ではない[6]。

　このように、ある経済政策が現実化されるか否かは、究極的には、専門世界の論理によってではなく、その政策課題に対する一般社会の認知と判断に基づく。そしてその点こそが、専門的知見の応用としての経済政策の最も大きな特質である。それゆえにこそ、経済政策においてはしばしば、専門知と世間知の対立が社会に深刻な帰結をもたらすことになるのである。

　一般社会の通念が専門家の知見以上に大きな意味を持つという、経済政策のこの固有の特質は、経済政策が実現されるメカニズムをどう把握すべきかという本書の課題に対しても、きわめて重要な含意を持っている。しかしながら、経済政策に関する従来の把握のほとんどは、その論点をほぼ完全に欠落させてきたといっても過言ではない。本書は、その空白を埋めることを通じて、経済政策形成についてのより現実的な把握に到達しようとする試みである。

３．経済政策をどう把握すべきか──理念から利害そして観念へ

（１）経済政策の理念的把握

　経済政策形成に関する従来の把握は、ほぼ二つの立場に大別することができる。その第一は、科学に関する素朴な進歩史観に立脚するような、「理念的把握」というべき立場である。第二は、経済政策形成そのものを各経済主体の利害の貫徹の結果と考える、「経済主義的把握」の立場である。その二つは、それぞれ固有の意義と弱点を持っている。

　第一の「理念的把握」とは、経済政策はもっぱら経済知識の科学的な進

歩に基づいて形成されると想定するような立場である。このような把握が経済政策をめぐる論議の中で明示的に提示されることは、批判的に言及される場合以外にはほとんどない。しかしながら、経済学の枠組みの中で展開される経済政策論の大部分は、望ましい経済政策の実現可能性はもっぱら専門家の知識によってのみ制約されるかのように装い続けてきたのである。すなわちそこでは、経済政策の決定や執行は、政治的過程というよりは単なる技術的過程であり、理論さえ正しければそこから導き出される経済政策の実現を妨害するものは何もないかのような想定がなされていた。

　経済の理論モデルが「望ましい経済政策」を導き出す仕方は、基本的には単純である。まず、技術的に実現可能な代替的な政策手段を含んだ経済モデルを考える。そこでは、それらの代替的な政策の帰結を評価する統一的な規準が設定される。これは通常、厚生関数や損失関数という形式をとる。ただし、初歩的なマクロ経済学では、所得や雇用量が社会的厚生を示す代理変数として用いられることも多い。そして、そのような規準を用いて、それぞれの政策的帰結の優劣を経済厚生上の観点から比較するモデル分析が行われる。さらには、理論モデルの現実的妥当性を確認する実証分析が行われることになる。経済政策の「理念的把握」においては、こうした理論的および実証的手続きによってより高い経済厚生をもたらすことが確証された政策こそが、社会で実現されるべき望ましい政策なのである。

　貿易政策にせよマクロ経済政策にせよ、経済学の枠組みの中での経済政策分析の大部分は、ほぼこれと同様な手順によって行われてきた。理論から政策を導き出すこのような方法論それ自体は、経済政策に関する科学的アプローチとしては、まったく適切なものである。実際、経済学はこれまで、この方法的手続きによって、数多くの有用な政策的命題を生み出してきた。それはおそらく、将来においても十分に有用であり続けるであろう。

　しかしながら、このような観点からは、より望ましい経済政策を実現させるには何が必要なのかという現実的な問いに対しては、経済学の進歩といったような、きわめて抽象的で非現実的な答えしか導き出せない。その最大の問題点は、経済政策が現実化される政治的あるいは社会的過程がまったく考慮されていないことである。つまり、そこでの経済政策は、経済学

的な確証さえ得られれば何の軋轢もなく実現されてしまうような、いわば全知全能の独裁者の所業であるかのように想定されているのである。

　経済学者たちは一般に、自らが行う経済政策分析は純粋に「科学的」かつ非政治的なものであるべきであり、経済政策の実現をめぐる世俗的配慮にはむしろ無自覚であった方がよいとさえ考える傾向がある。実際、経済学者たちの純粋に知的な営為は、政治に対する彼らの忌避にもかかわらず、あるいはそれゆえにこそ、経済政策という形で現実経済に適用され、結果として人々の経済生活の改善に大いに寄与してきた。そのことを考えれば、経済学者たちの禁欲的自己限定にも、相応の意義があったといえる。

　しかしながら、自らの知的努力によって経済学の学問的水準さえ向上すれば経済政策もまた自ずと改善されると考えるような経済学者がいるとすれば、あまりにもナイーブで世間知らずな進歩史観の持ち主というそしりを免れないであろう。経済政策は、経済学者が提言さえすれば実現されるというような単純で生やさしいものではない。それは多くの場合、有権者、圧力集団、政治家、官僚、専門家、マスメディアなどの多様な主体の利害や思惑が錯綜する中で紡ぎ出される、曖昧で微妙な政治的産物なのである。

　結局のところ、この経済政策の伝統的アプローチは、政策の現実を説明する実証的把握としてではなく、経済政策はどのように実現されるのが望ましいのかという、政策形成の理念的、規範的把握とみなすべきものといえる。その位置付けは、モデルの反証と改善の繰り返しを通じた科学理論の漸次的進化という、後述するカール・ポパー的な科学観が、科学はどうあるべきかという科学の規範ではあり得ても、科学の現実ではあり得ないのと同様である。経済学的に確証された経済政策が何の軋轢もなく実現されることは、経済学が信頼するに足るものである限り、明らかに望ましい。しかし、経済学者の提起した処方箋が有権者に直ちに理解され、それが政治を通じて直ちに実現されるといったような状況は、現実とはあまりにも大きくかけ離れている。その図式の実質的な意味は、経済政策形成の現実が近づいていくべき規範という役割にもっぱら限定されるのである。

（２）経済政策の経済主義的把握——政治主体の合理性

　これまで確認してきたように、経済政策を現実の過程として分析しようとする場合、伝統的な「理念的」アプローチの限界はあまりにも明らかである。経済学者たちが、経済政策に関するそのような把握に大いなる不満を感じるようになるのは、まったく当然のことである。そうした経済学者の一部は、やがて「公共選択論」と称される研究分野を構築することになる。

　公共選択論の問題意識は、その研究の流れに先鞭を付けた一人であるジェームズ・ブキャナンによって、彼が行ったノーベル賞受賞講演の中で、明確に述べられている。ブキャナンは、「経済学者は社会全体の厚生に配慮する独裁者に雇われて政策提言をしているような態度は終わりにして、政治的決定がなされる構造そのものに着目すべきだ」と述べ、自らの研究を「公共経済学や厚生経済学でいまだに主流になっているアプローチに挑戦するもの」として位置付けている（Buchanan [1987] p.243）。すなわち、ブキャナンはここで、伝統的アプローチの政策決定モデルとしての非現実性を指摘したうえで、政策形成の現実の分析を目的とする自らのアプローチの意義を強調しているのである。

　このブキャナンやゴードン・タロックらが創出した公共選択論の観点は、シカゴ学派のジョージ・スティグラーやゲイリー・ベッカーらによる政治過程の経済分析とも結びついて、合理的選択政治理論（rational choice theory of politics）と呼ばれる一大研究領域を生み出した。合理的選択政治理論がいかなる意義と限界を持つのかは、本第２章の内容に直接的に関連するので、詳論はそれに委ね、ここでは伝統的アプローチと対比されるその特質をごく手短に指摘するにとどめる。

　その第一の特質は、「全知全能かつ公平無私な独裁者」という政策実行の主体に関する伝統的アプローチの暗黙の仮定が放棄され、「利己的な政治主体」によって置き換えられたことである。その政治主体とは、具体的には有権者、圧力集団、政治家、官僚等々である。伝統的アプローチは、経済政策を実現する主体はもっぱら公益のみを考えて利他的に行動するという、きわめて「非合理的」な仮定を置いていた。合理的選択政治理論はそれに対して、政治主体もまた経済主体と同様に合理的であり、したがっ

て政治行動もまた経済行動と同様に利己主義的であることを仮定する。合理的選択政治理論はその意味で、経済学な分析手法を経済政策形成という政治現象に対して適用しようとする試みともいえる。

　合理的選択政治理論の第二の特質は、現実の経済政策が必ずしも社会改善をもたらさないのはなぜなのかという重大な疑問に、一つの明確な回答を与えている点である。上述のように、現実の経済政策は、公平無私の政策当事者によってではなく、自らの状況のみを改善しようとする政治主体の関与を通じて行われる。そうである限り、経済政策は一般に、特定の政治主体の状況を改善させるものであっても、社会全体の状況を改善させるものには必ずしもならない。経済学的にいえば、それは社会厚生を常に改善させるものではないのである。

　以上のような合理的選択政治理論の立場は、社会的な観点からみて合理的な政策選択は政策主体の非合理的＝利他的行動を通じてのみ実現されるという、伝統的アプローチがはらむ矛盾を、結果として浮き彫りにしている。合理的選択政治理論は逆に、社会的にみて非合理的な政策選択が、政治主体の合理的な行動によって生み出されることを示している。現実の経済政策は常に、各政治主体の利害や既得権益によって歪められる可能性を持つ。合理的選択政治理論は、合理的な政治主体という仮定の導入によって、伝統的アプローチが目をそらし続けてきたこの不愉快な現実を分析の正面に据えることに成功したのである。

（3）経済政策における観念の役割

　経済政策形成の歴史的・現実的分析を目的とする本書は、このような二つの立場、すなわち経済政策の理念的把握および経済主義的把握とは、ある一点において大きく異なっている。それは、経済政策における「観念」の役割の重視である。

　人々の政治行動もまた個人の効用最大化行動として把握されるべきであるとする合理的選択政治理論の前提は、基本的にはまったく妥当である。しかしながら、合理的選択政治理論は、政策決定における「観念」の重要性を否定するものではまったくない。というのは、人々の合理的選択には

自らの「経済的利害」についての一定の判断が必要とされるが、その判断は明らかに、ある政策がどのような利害得失をもたらすのかに関する人々の思考枠組み＝モデルに依存するからである。本書でいう「観念」とは、まさしくそうした意味での人々の思考枠組み＝モデルのことである。

　経済政策をめぐる「観念」に関する、このような本書の立場は、伝統的な意味での「経済政策思想」研究とは根本的に異なる。ここでいう伝統的経済政策思想研究とは、ある突出した経済理論家あるいは経済思想家たちの政策についての思考に関する研究のことである[7]。本書が重視するのは、この種の「偉人の思考」よりもむしろ、「一般人の思考」である。というのは、上述のように、現実の経済政策は、特定の偉人の思考の産物では決してなく、各政治主体の行動を通じて紡ぎ出された社会全体の集合的意志の結果だからである。

　他方で、アダム・スミスの経済思想が現在でも「経済的自由主義」の源流とされているように、ある政策体系が特定の経済思想家の思考と結びつけられることは、それほど珍しくはない。しかしながら、このような場合でも、現実の政策形成において重要なのは、アダム・スミス自身の経済思想がいかにあったかではなく、それが人々にいかなるものとして受け入れられたかである。というのは、ある経済思想そのものと、その受容された形態とは決して同じではないからである。そして、現実の政策形成を左右するのは、前者よりもむしろ後者なのである。

　このスミスがそうであるように、偉大な経済思想家の思考の多くは、きわめて複雑で重層的な構造を持っている。当然ながら、その微妙な細部を理解し得るのは、一部の専門的研究者だけにすぎない。スミスの経済思想として一般に理解されている内容は、あくまでもスミスの思想の通俗版にすぎない。しかしながら、現実の世界に影響を与え続けているのは、スミスそのものではなく、この単純化され通俗化されたスミスなのである。そのことは、マルクスやケインズなど、現実世界に影響力を持つあらゆる経済思想家についていえる。こうした「特定の思想の陳腐化された把握」は、経済に関する一般社会の通念としての「世間知」の一般的な特質である。

　もちろん、現実の政策形成においても、個人の果たす役割は重要である。

実際、経済政策はほぼ常に、特定の政治家、政策当局者、学者などを実務的あるいは思想的担い手として形成される。そのために、彼らの個人的な政策志向は、現実の政策の帰趨にしばしば大きな影響を与える。しかしながら、彼らは決して、伝統的経済政策論が理念とするような、全知全能かつ公平無私な政策遂行者ではない。合理的選択政治理論が看破したように、彼らもまた、自らの便益を拡大しようとする合理的経済人にすぎない。さらに、彼らは決して全知全能の存在ではない。それどころか、彼らは往々にして世間知の典型的な体現者であり、それゆえにこそ大きな政策的影響力を獲得してきたような存在なのである。

　このような観点からみた場合、「偉人の思考」の研究としての伝統的経済政策思想研究とはまったく異なった政策思想研究の課題が浮かび上がる。それは、一般社会に幅広く流布されているような「陳腐化された思考」の体現者たちについての研究である。伝統的経済政策思想研究の対象は、その思考が世間から屹立しているがゆえに世間に影響を与えるような、孤高の偉人たちである。それに対して、世間知の体現者たちは、その思考の陳腐さのゆえにこそ世間に大きな影響を与え、さらにその影響力を通じて現実の経済政策を大きく左右するのである[8]。

　経済政策をめぐる観念に関する研究のもう一つの重要な課題は、専門知とは区別される一般社会の通念が、現実の中でどのように生み出され、既得観念として定着していくのかを解明することである。経済政策が必ずしも理念的な形で実現されるわけではない一つの理由は、上述のように、それがしばしば各政治主体の利害や既得権益によって歪められるからである。しかし、問題はそこだけにあるのではない。専門世界と一般社会との間の認知上の齟齬もまた、望ましい政策の実現にとっての重大な障害となる。

　一般に、専門的知見が社会にまで浸透するのには、相応の時間がかかる。専門家の間ではおおむね合意されている考え方であっても、それが既存の世間的通念とあまりにも大きく異なる場合には、一般社会には十分に浸透しない可能性もある。場合によっては、こうした専門世界と一般社会の認知的分裂が半永久的に固定化されるようなことさえ考えられる。そこでは、

既存の世間的通念が強固な既得観念として一般社会に定着し、その既得観念が専門的知見の社会への浸透を頑なに阻んでいるわけである。

　おそらく、こうした専門知と世間知の対立と局面において死活的な役割を果たすことになるものの一つは、マスメディアである。マスメディアは、社会が抱える政策的な課題について、問題の所在を幅広い層の人々に伝え、さらには一定の観点から問題提起を行うという役割を果たすことで、政策現場と一般社会との間の最も日常的な接点を形成している。したがって、専門知が一般社会に浸透するためには、それはまずマスメディアに浸透する必要がある。

　しかし、メディアにはメディア固有の論理が存在する。まず、マスメディアは必ずしも、専門知の一般社会への「啓蒙」を目的とする媒体ではない。メディアの多くが商業メディアである以上、その情報や知識の供給は、あくまでも一般社会の需要に応じてなされるものである。その結果、マスメディアは一般に、専門知よりも世間知に親和的になりがちである。そうした傾向は、マスメディアが一般社会の要求に鋭敏に応えようとすればするほど強まる。というのは、第2章が言及する認知的不協和（cognitive dissonance）の考え方が示唆するように、人々がメディアに求めているのは、多くの場合、それによる自らの「教化」ではなく、自らが理解でき、かつ正しいと感じてきた考え方の再確認だからである。

　マスメディアの持つこの特質は、専門知と世間知の間に大きな乖離があるような政策的課題について、専門知を一般社会に浸透させるよりは、それを妨げるように作用する可能性がある。そのことの意味は、こうした課題が多くの人々の経済生活に重大な影響を及ぼすようなものであった場合には、とりわけ深刻である。こうした現実は、経済政策形成過程においてメディアが果たすべき役割とは何かという、新たな研究課題を提起するものである。

4．政策生成プログラムの中核と防備帯

（1）知的・政治的運動体としての政策生成プログラム

　これまで論じてきたように、ある経済政策が現実の政策として実現されるためには、民主主義社会であれ独裁社会であれ、まずはその必要性が専門世界の外側にある一般社会にまで理解され、受容されていく必要がある。それは当然、政策選択の権限を持つ主体、すなわち民主主義社会であれば有権者、独裁社会であれば独裁者が、「その政策を実現すれば何らかの望ましい結果が得られるだろう」と感得できるようなものでなければならない。つまり、政策が政策として実現されるためには、その政策が何を目的とし、その目的の達成にはどのような手段が必要なのかを一般社会にも理解可能な形で明示化したような、ある種の知的プログラムが必要となる。本書ではそれを、政策生成プログラム（policy incubating program）あるいは単に政策プログラムと呼ぶことにする。

　近代の歴史を概観すれば明らかなように、その後の経済社会を大きく変貌させることになるような経済政策的な展開の背後には、多くの場合、このような意味での知的プログラムが存在している。その最も代表的な実例は、経済社会を封建的なそれから現代にまで通じる近代的なそれに変貌させる原動力となった、古典的自由主義である。それは、イギリスやフランスを中心として、18世紀末から19世紀にかけて隆盛をきわめた、経済的および政治的な自由の実現を求める知的および政治的な運動である。そのプログラムの知的中核を構築したのは、ジョン・ロック、アダム・スミス、デヴィッド・ヒューム、ジェレミ・ベンサム、ヴォルテール、シャルル＝ルイ・ド・モンテスキューなどに代表される、啓蒙主義およびその系譜にある思想家たちであった。この運動は、個人の財産権、営業の自由、信教および思想信条の自由など、個人の経済的および政治的自由に対する政府からの恣意的な干渉を排除するためのさまざまな政治的および立法的活動を行うことで、現代社会が当然と考えているような政治的および経済的規範の確立と普及を先導した。

　近代以降の歴史に大きな刻印を残したもう一つの政策生成プログラムを挙げるとすれば、それはマルクス主義あるいはマルクス＝レーニン主義である。そのプログラムの目標は、「資本家階級の廃絶による平等な所得分配の実現」である。そしてその手段は、「暴力革命による政治権力の奪取と、その権力を用いた生産手段の公有化」であった。そのプログラムを知的に基礎付けたのは、カール・マルクス、フリードリヒ・エンゲルス、ウラジーミル・レーニン等である。このマルクス主義の政策生成プログラムは、1917 年のロシア革命によるソビエト社会主義共和国連邦の成立によって現実化されて以降、ソ連の周辺地域を中心として急速に拡大し、一時は「共産圏」あるいは「東側」と呼ばれる一大領域をその影響下に置いていた。それはしかし、毛沢東の死を契機として 1970 年代末から始まった中華人民共和国の改革開放政策と、1990 年前後に生じた東欧革命、さらにソ連解体に伴うソ連東欧における政治的自由化と市場経済化の進展によって、現実的に意味を持つ政策生成プログラムとしての役割をほぼ失った。ただし、そのプログラムを受け継ぐ政党、組織、セクトは、未だに世界中に数多く存在している。

　現代の経済社会に対してマルクス主義に匹敵する大きな刻印を残し、しかしマルクス主義とは異なり現在でも大きな役割を果たし続けているのは、古典的自由主義を批判し、その欠陥を補完するための政策生成プログラムとして登場したケインズ主義である。そのプログラムを知的に基礎付けたのは、言うまでもなくジョン・メイナード・ケインズである。このケインズ主義が何を目的とし、どのような政策戦略を持っていたのか、そしてその政策戦略が時代や状況に応じてどのように変遷していったのかは、まさに本第Ⅲ部の主題である。

　この古典的自由主義、マルクス主義、そしてケインズ主義は、近代から現代に至る経済社会に最も大きな影響を与えた三大政策プログラムである。そして、それら巨大プログラムの周辺には、その大きな影響力のゆえに、そこから派生した歴史的あるいは地域的変種や、特定の課題にのみ特化して再構築された分派のような、数多くの隣接するサブ・プログラムが存在する。

　古典的自由主義は、哲学的には功利主義と強く結びつき、経済政策の局面では、それ以前の重商主義を批判して成立した自由放任主義という政策プログラムとして、産業革命以降における市場経済の世界的な創出を先導した。現在のいわゆるネオ・リベラリズム（新自由主義、あるいはその批判者の言う市場原理主義）は、古典的自由主義と競合し続けてきたマルクス主義やケインズ主義に対する批判の上に築かれた、その原理主義的な再構成と考えることができる。マルクス＝レーニン主義に関しては、スターリニズム、トロツキズム、毛沢東思想（マオイズム）、主体思想（チュチェ思想）等々、その分派が文字通り数限りなく存在する。ケインズ主義にもまた、ポスト・ケインジアン、ニュー・ケインジアンといった数多くの分派が存在する。また、こうした分岐が生じる以前の主流派は、しばしば一括してオールド・ケインジアンと呼ばれる。

（2）政策生成プログラムにおける「科学理論」の役割

　以上から明らかなように、知的・政治的運動体としての政策生成プログラムの中核は、「主義」すなわちイデオロギーそのものである。そこに数多くの分派すなわちサブ・プログラムが存在するのは、政策生成プログラムの本質がイデオロギーであることの証しである。

　オーストリア出身の科学哲学者カール・ポパーが提起した反証主義（Popper [1959]）によれば、思想や宗教のような非科学と、自然科学や社会科学などのいわゆる「科学」との区別は、後者における反証可能性（falsifiability）にある。この反証可能性とは、「実証的証拠すなわち実験や観察から得られたデータによって、誤りであることが明らかにできる可能性」である。ある命題がこのような意味で反証可能であれば、それは科学的仮説としての条件を備えていると考えることができる。というのは、仮にその仮説が「現実には当てはまらない」という意味で誤りであれば、現実のデータはその仮説とは矛盾した関係を示し、結果としてその仮説は棄却されるはずだからである。ポパーによれば、科学的事実あるいは知識として社会に蓄積され、人々に共有されることになるのは、そのようなテストを経てとりあえず生き残ってきた仮説なのである。

　それに対して、思想、信条、宗教といった思惟から導き出される言明の多くは、このような意味での反証可能性を持っていない。したがってそれらに関しては、そもそもそれが正しいとも誤りとも、客観的な根拠に基づいて決めることはできない。マルクス主義にせよ新自由主義にせよ、それ正しいと考える人もいれば、誤りと考える人もいる、というだけである。科学の場合には実証的証拠によって誤りが明らかになった学説は信奉者を失ってやがて消え去っていくが、思想、信条、宗教の場合には必ずしもそうはならないのである。それぞれのイデオロギーが盛衰を伴いつつも消滅することなく存続し続けるのも、しばしばセクトに類するような分派を生成させ続けるもの、イデオロギーの持つこの「反証不能性」のためと考えることができる。

　政策生成プログラムは他方で、政策が「現実への働きかけ」を伴うものである以上、必ず一定の科学的側面を持たなければならない。というのは、政策プログラムの実践が、単なる机上の思惟を越えて、そのプログラムに応じた現実の「変革」を成功させるためには、科学的知識の利用が必要不可欠だからである。政策生成プログラムがイデオロギー一般と区別されるのは、まさしくその科学的側面にある。

　既述のように、ある経済政策がその期待された効果を発揮するためには、その推論の背後にある理論モデルが、対象となる現実の十分に適切な近似となっている必要がある。というのは、もしその理論モデルが現実の本質的な要素を捉え損なっている場合、経済政策の期待された結果は偶然以外には得られないからである。

　この側面においては、経済政策はまさしく、科学としての経済学の応用そのものである。例えば、リカード以来の貿易理論は、「貿易はそれを行う各国の消費可能性を拡大させる」ことを教える。またケインズ以来のマクロ経済学は、「不況期に実行される金融緩和政策や財政拡張政策は雇用や所得を拡大させる」ことを教える。これらはいずれも、何らかの経済モデルを用いて理論的に説明可能であり、かつこれまでの実証的証拠によって少なくとも決定的に反証されることなく生き残ってきた経済学的命題である。世界ではこれまで、後発諸国も含む多くの国々が貿易自由化政策を

推進してきたが、それは、実際に各国で行われた貿易自由化が、ほぼこの貿易理論が明示した通りの効果を各国の経済にもたらしてきたからである。同じことは、ケインズ以来のマクロ経済学が明らかにした金融政策や財政政策の効果に関しても言える。もしそうでなければ、これらの経済理論や命題が現在まで生き残ることもなかったはずである。

　つまり、政策生成プログラムは、確かにその中核は反証不可能なイデオロギーを含むにせよ、少なくともその政策実践に関連する部分は、一定の科学的な裏付けを持つ必要がある。それはいわば、中核となるイデオロギーの「防備帯」である。政策生成プログラムにとっては、このような意味での防備帯としての科学理論の存在が必要不可欠である。というのは、政策というものは本来、現実への何らかの働きかけを通じてその現実を望ましい方向に変えようとする形而下的な営みだからである。

　こうした政策生成プログラムにおける「実証科学」としての側面での信頼性の有無は、イデオロギーそのものの盛衰に、少なくとも長期的には大きな影響を与える。政策生成プログラムの防備帯にある理論命題が反証可能なものであれば、当然ながら、現実によってそれが実際に反証されてしまうということが生じる。それはいわば、政策生成プログラムにとってのアノマリー（原理からの逸脱）である。こうしたアノマリーの拡大は、やがてはおそらく、中核にあるイデオロギーの知的吸引力を失わせてしまうことにつながる。

　その実例は、とりわけマルクス主義に関して明瞭に見出すことができる。政策生成プログラムとしてのマルクス主義においてもまた、その防備帯にはさまざまな「理論」や「法則」が存在している。それらは厳密な意味で反証可能であったとは言えないが、少なくともある程度までは現実と対照可能であった。例えばその一つは、マルクス主義において「資本主義経済の一般法則」として位置付けられていた窮乏化理論である。それは、資本主義経済では資本の蓄積が進むにつれて労働者階級の困窮化が進行するという「理論」あるいは「法則」である。これが反証可能な科学命題と考えられるかどうかについては、大いに議論の余地があろう。しかし、先進資本主義経済においては労働者階級もまた資本の蓄積とともに一定の「豊か

さ」を享受するに至ったという歴史的事実は、反証とは言わないまでも、少なくともその「理論」の信憑性を大きく損なうものであったことは確かであろう。そして、その事実は明らかに、マルクス主義がかつて持っていた知的吸引力を徐々に失わせていく役割を果たしたのである。

（3）政策生成プログラムの確立とその社会的浸透

　政策生成プログラムとはこのように、その中核に反証不可能なイデオロギーを持ち、その周辺の防備帯に反証可能な科学的理論を持つような、一つの知的な構造体である。その中核部分や主要な防備帯は、多くの場合、アダム・スミス、マルクス、ケインズといった、突出した理論家や思想家によって構築される。しかしそれが一つの政策プログラムとして確立され、さらには一般社会に受容されて現実そのものを動かしていくには、まずはそのイデオロギー部分に感化された数多くの追随者が必要である。その追随者とは、スミス、マルクス、ケインズといった偉人的、教祖的なプログラム創始者にとっての、いわば使徒のような存在である。多くの場合、政策生成プログラムの防備帯は、このような追随者たちによって肉付けされ、より精緻化されていくことになる。

　他方で、経済学という専門世界の文脈においては、政策は単なる理論の応用にすぎず、その営為にイデオロギーが介在する余地はほとんどない。そこにあるのは、理論仮説が論理的に正しいか否か、そしてそれが観察や実験から得られる現実データに基づく実証テストを切り抜けることができるか否かのみである。この局面においては、ケインジアンであれ古典派であれ、あるいはマルクス経済学者であれ、理論として論理的に正しいものは正しいし、データはデータとして認めるしかないのである。

　既述のように、確かに経済学においては、実証あるいは反証によって競合する理論に優劣をつけるという実証科学の基本的な方法的手続きが必ずしも十分に機能しているとは言えない。しかしながら他方では、異なった学派間の論争を経て、大多数の経済学者が立場を問わずほぼ一致して受け入れるようになったような「共通の知見」も数多く存在しているのである[9]。それは、経済学もやはり一つの実証科学であることを意味している。

　政策生成プログラムは、まずはこのように、一般社会からは隔絶した知的世界の中に構築される。それは、政策生成プログラムの防備帯の内実とはまさに、実証科学としての経済学そのものだからである。そこに非専門人が関与する余地はほとんどない。しかし、ある政策が実際に実行されるという段階になれば、理論研究や実証研究に携わってきた経済学者やエコノミストだけではなく、官僚や実務家などから構成された、政策を現実に移すための実行部隊が登場することになる。中央銀行、財務官庁、金融官庁、経済官庁などの、いわゆる政策当局とは、それが組織として制度化されたもののことである。ここまでが広い意味での専門世界である。

　知的運動体としての政策生成プログラムの最も大きな役割は、むしろその先にある。それはすなわち、「専門世界から一般社会への政策理念の伝達道具」としての役割である。というのは、その必要性は民主社会と独裁社会とでは異なるとはいえ、政策を現実化するためにはできるだけ数多くの政治家たちの関与が必要であり、そのためにはまずは、その政策プログラムが一般社会から十分な理解と共感を獲得していることが必要だからである。つまり、その政策理念が社会的アジェンダとして一般社会において十分に認知されることが必要となる。

　この「政策プログラムの一般社会への浸透」という局面においては、単に当該問題の専門家だけではなく、必ずしも専門家とはいえない有識者やジャーナリストの関与も重要になる。というのは、専門世界と一般社会とではそもそも判断の基準や議論の文脈がまったく異なるので、両者を何らかのかたちで「通訳」するような存在が必要だからである。

　この局面では、政策生成プログラムが既に十分に成熟した形で存在しているということが、決定的に重要になる。というのは、そうでないと非専門家が政策理念を一般社会に正しく「通訳」することができないからである。逆にいえば、政策生成プログラムが確固として存在している場合には、非専門家であってもそのプログラム規範を参照することで、円滑に専門的文脈と内容を追跡し、それを一般社会に向けて再構成することができる。つまり、専門世界と一般社会との「通訳」の困難はそれだけ少なくなる。政策生成プログラムは、その意味ではまさに、一般社会に浸透するための

道具そのものである。

　既に「専門知と世間知の対立と相剋」として述べたように、この段階での最大の課題は、専門的知見と一般社会が持つ既存の観念＝世間知との間の齟齬をいかに克服するかにある。それは、一般社会の中に既に、本来の政策プログラムと対立あるいは競合するような、世間知と結びついて幅広く受け入れられた疑似科学的な政策プログラムが存在する場合には、とりわけ問題となる。そのような「異なる政策理念の間での一般社会的な認知の獲得をめぐる対立」がこれまで何を生み出し、どのように解決されてきたのかを明らかにする作業は、まさに本書の主要な課題の一つである。

5. おわりに——実証科学としての「経済政策学」の確立に向けて

　冒頭で述べたように、本書の問題関心はもっぱら、経済政策はどうあるべきかにではなく、あるべき経済政策を実現させるには何が必要かというところにある。もちろん、あるべき経済政策それ自体の追求は重要である。それは、経済学の究極的な目的とさえいえる。しかしながら同様に重要なのは、その政策をどう実現させるかである。どのように頑健で確実な経済政策も、一般社会に受け入れられ、現実の政策として実現されることがない限り、その意義は単に仮想的なものにとどまる。つまり、経済学研究が社会にとって実際に「役立つ」知的活動であるためには、経済学から導き出された経済政策をどう実現させるのかという問題についての考察を欠かすわけにはいかないのである。

　このことは、理論に基づいて規範的な経済政策を導き出すという、伝統的な経済政策論とは異なる、実証科学としての「経済政策学」研究を要請する。その経済政策学の第一義的な課題は、現実の経済政策はどのような論理に基づいて形成され、実現されてきたのかを解明する、歴史的な事実に即した実証研究である。本書の主要な関心もまた、そこにある。

　しかしながら、その実証研究は他方で、あるべき経済政策を実現させるためにわれわれの社会が必要としているものは何かという実践的な課題と

結びつくことなるであろう。実証科学としての経済学は、現実経済がどうあるのかを解明する実証的課題とともに、現実経済はどうあるのが望ましいのかという規範的・政策的な課題を持つ。それと同様に、経済政策学もまた、歴史分析に基づく実証研究とともに、現実の経済政策形成のあり方をより望ましいものにしていくには何が必要かという実践的な課題を持つことになるのである。

第 2 章　政策形成における既得権益と観念
——「社会的認識モデル」による統合 [*)]

1．経済政策は社会にどのようにして受け入れられるのか

　経済政策の多くは、突出した思想家や理論家の思惟の中から生み出され、追随する多くの経済学者やエコノミストによって肉付けされ、最終的には官僚や実務家たちの手によって現実の社会に埋め込まれる。しかし、ある政策が実際に現実化されるまでに至るのか、あるいは特定の専門家グループやセクトの中だけに存在する文字通りの机上のプログラムに留まるのかの間には、一つの大きな分水嶺が存在する。その二つを分け隔てるのが、第1章第2節で指摘した「政策課題とその是非についての社会的認知の度合い」である。

　この課題に関しては、必ずしも明確ではないにせよ、経済学、社会学、政治学等の領域で、古くからいくつかの代表的な仮説が存在している。それは、おおむね以下の二つの立場に分類できる。第一は、政策形成の根本にあるのはあくまでも経済的利害であり、イデオロギーはその経済的利害の反映にすぎないとする立場である。下部構造（＝階級的諸利害）による上部構造（＝イデオロギー）の規定性を主張するマルクス主義は、まさにそうした観点に依拠している。分析枠組みはまったく異なるものの、現代政治学の一大勢力となっている合理的選択理論（rational choice theory）もまた、このような経済決定論の側に分類できる。第二は、経済的利害の重要性を認めつつも、イデオロギーという「観念」の持つ自律的な役割をより重視する立場である。これは、政治学や社会学の伝統的な観点といってよい。

　経済政策は一般に、さまざまな経済的集団の利害を反映して決定される。貿易自由化政策などを想起すれば明らかなように、特定の政策が社会の各層に与える影響は、必ずしも一様ではない。社会全体では厚生を改善させ

ることが明らかな政策であっても、特定の社会層にとっては不利益になる
ことがありうる。その場合、その政策が採用されるか否かは、それぞれ利
害関係が異なる各社会各層の持つ政治的影響力次第ということなる。

　他方で、ある種の経済政策の実現においては、こうした既得権益以上に
障害になるのが、人々の既得観念である。たとえ専門家の大多数が合意す
る政策であっても、関係する階層間の利害関係や経済政策の波及メカニズ
ムに対する一般社会の側の把握が正確ではなく、その政策理念が社会の一
般的な通念とは異なっている場合には、有権者、マスメディア、政治家な
どには理解されず、十分な社会的認知が得られない可能性がある。そのよ
うな場合には、その政策プログラムがいかに社会的に望ましいものであっ
ても、それが実現される可能性は限りなく低くなる。つまり、ある政策プ
ログラムがその本来的に意図された望ましい成果を達成するには、まずは
政策にかかわる利害や効果についての正しい「観念」が社会的に共有され
ている必要がある。

　ところで、政策分析におけるこれまでの立場の多くは、上記のように、
観念を利害に従属させるか、観念を利害とまったく切り離されたものと捉
えるかのどちらかであった。本章では、「社会的認識モデル」という概念
を用いて、こうした利害と観念の二者択一ではない、一つの統合された経
済政策分析の枠組みを提示する。

　合理的選択理論は、人々のあらゆる政治行動もまた個人の効用最大化行
動の現れと考える。その考え方は、基本的には十分な妥当性を持っている。
しかしながら、それは実は、政策決定における「観念」の重要性を否定す
るものではまったくない。というのは、人々の合理的選択には自らの「経
済的利害」についての一定の判断が必要とされるが、その判断は明らかに、
ある政策がどのような利害得失をもたらすのかに関する人々の思考枠組み
＝モデルに依存するからである。それが、本章が提示する社会的認識モデ
ルである。いわゆる既得観念とは、まさしくそうした意味での人々の思考
枠組み＝社会的認識モデルのことである。その「観念」は、ある場合には
科学的な真理に比較的近いが、ある場合にはいわば「迷信」のようにほと
んど科学的な根拠を持っていない。それはまた、一定のイナーシア（慣性）

あるいは粘着性を保ちつつも、外的状況の変化に応じて時には劇的に変化する。

　つまり、人々のあらゆる政治行動は、客観的な意味での利害というよりも、「一定の主観的な思考枠組み＝社会的認識モデルによって把握された利害」によって支配されている。そして、このような意味での「観念」が政策決定において果たす役割の大きさは、それぞれの政策によってもたらされる帰結の自明性によって異なる。ある政策の帰結が十分に自明であり、その政策を把握する社会的認識モデルが人々におおむね共有されている場合、政策の方向性は、主に各社会各層間の実際の経済的利害によって左右されることになろう。それに対して、政策の帰結がそれほど自明ではなく、政策をめぐる社会的認識モデルそれ自体において根本的な対立が存在する場合には、人々の「既得観念」が政策実現を左右する可能性がより強まる。そして、この両者の状況においては、専門家が政策形成において果たすべき役割もまた大きく異なってくるのである。

2．政策形成の政治経済学——「合理的選択」の批判的再解釈

（1）既得権益か既得観念か——経済学者たちの見解

　政策形成において重要なのは既得権益と既得観念のどちらなのかという問題に関しては、経済学者たちの間でも二つの相対立した見解が存在している。ジョン・メイナード・ケインズの『雇用・利子および貨幣の一般理論』（1936 年）最終章での以下の叙述は、既得権益に対する既得観念の圧倒的優越性を指摘したものとして、とりわけ有名である。

　　経済学者や政治学者の思想は、それが正しい場合にも間違っている場合にも、一般に考えられているよりもはるかに強力である。事実、世界を支配するのはそれ以外にはないのである。どのような知的影響とも無縁であると自ら信じている実際家たちも、過去のある経済学者の奴隷であるのが普通である。権力の座にあって天声を聞くと称する狂人たちも、数年前のある三文学者から彼らの気違いじみた考えを引き

　出しているのである。私は、既得権益の力は思想の漸次的な浸透に比
　べて著しく誇張されていると思う。(Keynes [1973] ch.24)

　それに対して、人々の政治的行動における経済的利害の重要性を指摘し
たのは、ジョージ・スティグラー（Stigler [1971]）やゲイリー・ベッカ
ー（Becker [1983]）といったシカゴ学派の経済学者たちである。彼らは、
人々の経済的行動とまったく同様に、人々の政治的行動もまた個人の利害
とりわけ経済的利害によって支配されていることを主張した。その観点か
らすれば、自らの経済的利益を拡大させる政策をロビーイングすなわち政
党や政治への働きかけなどを通じて実現させようとする、さまざまな圧力
集団（pressure groups）の分析が重要になる。
　政策形成に関するこのスティグラーらの考え方は、経済学における合理
的経済主体の考え方を政治現象に対して直接的に適用したものと考えるこ
とができる。すなわち彼らは、各経済主体が競争市場において自らの経済
的利害に導かれて行動するのとまったく同様に、政治家、官僚、政策当局者、
圧力集団、有権者といった各政治主体もまた、政治市場（the political
marketplace）において経済的利害というインセンティブに導かれて行動
すると想定したのである。スティグラーらはさらに、このような経済的利
害に基づく競争原理は、発見や発明あるいは学問的貢献のような知識市場
（the intellectual marketplace）においても同様に働くと考えている。
　興味深いことに、こうしたスティグラー＝ベッカー流の「政治」や「観
念」に対する経済主義的な把握は、イデオロギー的には対極にあると考え
られているマルクス主義の政治論にきわめて近い。マルクスは、経済的お
よび階級的諸関係を社会形態の下部構造、政治・法律・宗教・哲学等を上
部構造として整理した上で、下部構造としての経済が政治や国家さらには
人間意識といった上部構造を決定すると論じた。つまり、マルクス主義に
おけるイデオロギーとは、支配的階級がその利害を貫徹させるための道具
にすぎないのである [1]。
　一般に、自由主義経済への強固な信奉によって特徴付けられるシカゴ学
派の考え方は、資本主義経済の持つ階級的本質を強調するマルクス主義の

それとは根本的に相容れないものと考えられてきた。しかしながら実は、経済的利害こそが政治や観念を支配すると考える点では、両者の立場はほぼ同一なのである。

（2）合理的選択政治理論の意義と問題点

　政治における経済的利害の支配性を強調するスティグラーらの視点は、のちに公共選択論と呼ばれるようになる研究分野を活性化させる契機となった。さらに、そのような研究の流れは、経済学および政治学の両方の領域における政策分析に広範な影響を与えた[2]。現在の政治学においては、このような経済的利害重視の立場は、より一般的に合理的選択政治理論（rational choice political theory）と呼ばれている。そこでしばしば用いられる分析用具は、経済学において情報の非対称性下における経済主体間の委託・被委託関係を分析する枠組みとして一般的に用いられている、依頼人・代理人（principal-agent）モデルである。

　合理的選択政治理論における依頼人・代理人モデルを適用した最も成功した分析の一つは、マーク・ラムザイヤーとフランシス・ローゼンブルースによる日本政治の研究（Ramseyer and Rosenbluth [1993]）である。彼らは、日本の政治経済を理解する鍵と考えられてきた一つの依頼人・代理人関係に焦点を当てる。そこでの依頼人とは、有権者および彼らから選ばれた国会議員であり、その代理人とは、典型的には官僚である。彼らは、この関係におけるエージェンシー・スラック、すなわち依頼人・代理人間の利害不一致の度合いこそが、政治的意図を現実の政策形成に結実させるうえでの困難さや容易さを説明することを明らかにしている。ラムザイヤー＝ローゼンブルースのこの分析は、その強い組織的自律性で知られた大蔵省でさえ次第に政治の実質的支配下におかれるようになったというその後の推移によって、その説得力がより一層増すことになった。

　上述のように、合理的選択政治理論は、経済主体が自己の便益を最大化すべく経済的な選択を行うように、各個人は自己の便益を最大化すべく政治的な選択を行うと考える。この論理の強みは、あらゆる政治的行動を、人々の選択の合理性という頑健な前提に基づいて説明できるという点にあ

る。政治的選択であれ経済的選択であれ、人々は明らかに、自らの状況を改善するために行動している。人々の行動を論理的に把握しようとする限り、この原理の一般性を否定することはできない。

　この説明原理の有効性は、それを政治的現象についての従来的説明と比較してみれば明らかである。政治学や社会学の従来の分析において最も一般的であったのは、対象の持つさまざまな性質を類型化して把握するという「パターン・モデリング」の手法であった。マックス・ウエーバー流の社会学においては、そのパターン類型はしばしば理念型（Idealtypus）とも呼ばれる。日本の政治経済についていえば、官僚主導的、集団主義的、利益誘導的といったそれらしい特質が列挙され、現実の政治的あるいは経済的現象をそうした類型あるいは理念型に基づいて説明するというのが定石であった。一時代前の海外における日本分析で支配的であった、チャルマース・ジョンソンらに代表される修正主義派（revisionist）の立場からの政治経済分析は、まさしくその典型である。

　一般に、アドホックに与えられた類型を根本的な「原因」として分析を展開するこのパターン・モデリングは、「日本の政策形成が官僚主導的なのは日本の政治が官僚主導型だからだ」といったように、説明されるべきものを用いて説明を行うような、単なる同義反復に終わりがちである。人々の行動原理についてのその種の説明は、いわば「ミクロ的基礎」を欠いているのである。合理的選択政治理論という分析枠組みの優位性は、この点においてはほとんど圧倒的である。

　しかしながら、合理的選択政治理論の立場からの従来の分析は、共通して一つの大きな問題点を抱えている。それは、「人々は自らの経済的利害をどのように把握しているのか」が、しばしばブラック・ボックスになっているという点である。合理的選択政治理論が想定するように、あらゆる個人は、その政治的な選択を自らの状況を改善するために行っている。そのこと自体は疑いもなく正しい。重要なのは、こうした利害の判断を、人々は常に一定の「観念」に基づいて行っているという点である。人々を特定の政治行動に駆り立てる「利害」についての判断は、個人の主観的な把握あるいは「思い込み」に基づく、きわめてうつろいやすいそれにすぎない

ことが多い。その「利害」は、多くの場合において、客観的でもなければ自明でもないのである。

　それに対して、合理的選択政治理論は、人々の「利害」があたかも客観的根拠を持つ強固な実体であるかのように暗黙裏に想定している。もちろん、特定産業に対する保護や規制のように、「利害」が主観的にも客観的にも十分に自明であるようなケースは数多くある。その場合には、合理的選択政治理論のこの強い想定も許容されるであろう。しかしながら、現実の政策課題においては、各政治主体の利害判断の背後にある認識モデルがきわめて曖昧で不明確であるようなケースも数多いのである。

（3）「合理的選択」における認識モデルの重要性

　結局のところ、人々の「合理的な選択」においては、当該する主体がどのような認識モデルを持つのかが決定的に重要である。このことは、単に人々の政治的行動においてではなく、純経済的な行動においてもいえる。実際、いわゆる「合理的期待革命」の革命としての意義は、まさしくその点を明確にしたところにあった。

　分析的定式における合理的期待とは、モデルの中の経済主体が、そのモデルから得られる帰結と整合的な期待を持つということである。そのことが「革命」であったのは、IS-LM モデルのような従来型の経済モデルでは、どの経済主体もモデルから生じる帰結にはまったく無知・無関心であるかのような仮定がなされていたからである。例えば、静学的期待が仮定されている教科書的 IS-LM モデルでは、中央銀行がどのように大規模な金融緩和を行ったとしても、経済主体の持つインフレ期待はまったく変化しない。現実世界における経済主体、例えば市場関係者たちが、当局者が政策に関して発する一言一句にいかに敏感に、というよりはむしろ過剰に反応するかを考えてみれば、この「無能な経済主体」という仮定の非現実性は明らかである。その意味では、合理的期待革命は、従来の経済学に対して当然なされるべき改訂を行ったにすぎない。

　ここで十分に注意すべきは、合理的期待を「完全予見」と混同してはならないという点である。完全予見は、合理的期待を経済モデルに組み込む

場合に用いられる一つの仮定にすぎない。実際、「景気変動」のような現象は合理的期待モデルに不完全情報＝不完全予見を組み込むことによって適切に説明できることを示したのが、革命の端緒となったロバート・ルーカスのモデル（Lucas [1972]）だったのである。

　教科書的にいえば、経済主体は、時間、資源、所得その他の制約の中で自らの便益を最大化すべく、労働、余暇、消費、貯蓄、投資、資産選択などに関する意思決定を行っている。彼らは常に、こうした「合理的」な意思決定を、入手しうるさまざまな情報を一定のモデルに基づいて解釈しつつ行っている。しかしながら、その「情報」は、適切な将来予見を導くのに十分に完全であるとは限らない。また、その「認識モデル」は、必ずしも現実世界の正しい近似であるとは限らない。むしろ、人々の持つ認識モデルは、現実の近似どころか、専門家からみれば迷信と大差がないものであるような、単なる思い込みなのかもしれない。いずれにせよ、人々が持つ情報や認識モデルが異なれば、人々の合理的な行動の結果として生み出される帰結もまた自ずと異なってくることになる。

　人々の「合理的行動」において情報や認識モデルが果たすこのような役割は、政策形成に対しても重要な含意を持っている。そのことは既に、注意深い経済学者たちによって十分に認識されている。例えば、フランク・ハーンとロバート・ソローは、この問題について以下のように述べている。

　　　形式的な理論においては、経済は、要素賦存、選好、技術などによって記述される。われわれはしかし、もう一つの重要な要素が付け加えられるべきだと考える。それは、経済におけるさまざまな経済主体が抱く信念（the beliefs）である。この"信念"には、価格や所得その他の経済集計量についての通常の期待や推測が含まれる。われわれはまた、この言葉によって、経済がどのように機能するのかについての人々の考え方や、さらにはそれについての理論そのものも含めて考えている。経済が現実においてどう動くかは、経済主体がその経済がどう動くと信じるかに依存するのである。

　　　（中略）

この論点は、経済政策の理論に対しても無関係ではない。経済が政府による政策変更に対して反応する仕方は、他の経済主体がその政策変更をどう解釈するのかに依存する。したがってそれは、政策がどう作用するかについての人々の信念に依存する。このことの最も明白な実例は、中央銀行ウォッチングである。もし市場参加者たちが、マネーサプライのどのような増加も物価に完全に伝播されるだろうと考えるのなら、経済状況のその他の特質のいかんにかかわらず、彼らは実際に物価の上昇をもたらすような形で行動するであろう。しかしながら、別の信念はまた別の帰結をもたらすであろう。（中略）特筆に値することであるが、政府が経済に影響を与える一つの方法は、経済についての理論を宣伝することなのである。（Hahn and Solow [1995] p.150）

　ハーン＝ソローがここで用いている「信念」は、本章で用いている「認識モデル」と基本的に同一のものである。その「認識モデル」とは、「金融緩和は物価の上昇をもたらす」といったような、ある事象と別の事象とを一定の因果関係によって結びつけた把握のことである。ハーン＝ソローが指摘するように、もし人々がこのような「モデル」を頭の中に持っているとすれば、「中央銀行が金融緩和を行った」という情報は、単にそのことだけで、人々の経済的選択そのものに大きな変更をもたらすことになろう。人々の合理的行動の背後には、こうした意味での無数の認識モデルが存在している。ただし、それらのいくつかはある程度までは正しく、別のいくつかは明白に誤っている。

　同じことは、人々の政治的あるいは政策的選択についても言える。ここでも、人々の行動は常に合理的である。すなわち、人々のあらゆる選択は、自らの状況を改善するために行われる。しかし、その合理的な政治的選択は明らかに、ある経済政策がどのような帰結をもたらすのかに関する人々の思考枠組みに依存する。つまり、人々の合理的行動は、経済世界に対する人々の認識モデルに依存する。その社会的認識モデルは通常、一定の慣性を持ちつつも、新たな情報の累積によって時間とともに改訂されていく。

いわゆる「既得観念」とは、人々が持つ認識モデルの中でも、とりわけ強い慣性を持つそれのことである。

（４）政策選択における「観念」の役割

　上述のように、個人の合理的選択においては、その主体がどのような認識モデルを用いて推論しているのかが決定的に重要である。そのことは、個人の経済的行動だけではなく政治的行動においても同様であるが、経済的行動と政治的行動には一つの重大な相違が存在する。それは、経済的行動の多くは個人の範囲でその影響が完結するのに対して、政治的行動の多くは、本来的に社会的な影響の発露を意図して行われるという点である。経済政策についていえば、ある政策の現実化には確かに個人としての政治家や官僚の関与が必要ではあるが、その政策は理念的には、その政治家や官僚個人のためではなく、社会のために行われているはずである。その意味で、政治的行動としての経済政策とは、個人的意志決定に基づく経済的行動ではなく、集合的意志決定に基づく社会的行動なのである。

　経済政策の持つこの本来的に「社会的」な性質は、人々の「観念」のことを「社会的認識モデル」という概念によって説明する本章の立場に大きな根拠を提供している。そもそも政治とは、社会に何らかの働きかけを行って何らかの目的を達成しようとする行為である。したがって、ある政治的な試みが実行に移されるか否かは、その試みが社会の支配的な観念と整合的であるか否かに依存する。経済政策は、ともすればテクノクラートの専有物のように考えられがちである。しかし実際には、経済政策は明らかに政治の一部であり、したがってその成否は、その政策理念が社会の支配的な観念＝社会的認識モデルと整合的であるか否かに依存するのである。

　これまでの政治経済学研究においても、その文脈は異なるとはいえ、本章が提起する社会的認識モデルという概念に近い考え方をいくつか見出すことができる。

　マーク・ブライスの『大変革——20世紀の経済思想と制度変化』（Blyth[2002]）は、政策形成における観念（ideas）の役割を最も体系的に論じた研究の一つである。そこでは、以下の五つの仮説が提示されている（Blyth

[2002] pp.34-44）。

(1) 危機において、観念は不確実性を減少させる。
(2) 不確実性を減少させることによって、観念は集合的行動と政治的連携を可能にさせる。
(3) 既存の制度への異議の申し立てにおいて、観念は武器となる。
(4) 既存の制度の正統性が揺らぎ始めたとき、新たな観念は新たな制度のための設計図として機能する。
(5) 新たな制度が構築されつつあるとき、観念はその制度に安定性を付与する。

　ブライスによるこの五つの仮説は、集合的意志決定としての政治的行動において「観念」が持つ本質的な役割を正しく指摘している。ブライスが強調するように、「日常観念あるいは認知メカニズムが重要なのは、世界がどのように束ねられているのかについての一定の認識が存在しない限り、主体がその世界に対して意味のある仕方で働きかけることが、とりわけナイト的な不確実性の状況下においては認識上まったく不可能になってしまうだろうから」である（Blyth [2002] p.32）。そして、既存の秩序を崩壊に導き、そこに新たな革命をもたらすものもまた、人々の観念なのである。

　観念の重要性はまた、合理的選択政治理論において用いられる依頼人・代理人モデルに関しても指摘できる。既述のように、ラムザイヤー＝ローゼンブルース（Ramseyer and Rosenbluth [1993]）は、依頼人・代理人モデルを用いた彼らの日本政治分析の中で、依頼人としての有権者および国会議員と代理人としての官僚との間の利害不一致の度合いを示すエージェンシー・スラックが、現実の政治的成果を大きく左右することを見出した。ここで重要なのは、実はこの「スラック」の大きさは、政治主体と官僚の双方の側が有する政策認識や知識に決定的に依存しているという点である。アビナッシュ・ディキシットが分析的に示しているように、政府における依頼人・代理人関係の効率性は、情報の非対称性の程度や、さらには

有権者が政府に割り当てた目標とは別に代理人としての政府自らが独立して有する目標の存在などよって影響を受ける（Dixit [1996]）。当然ながら、依頼人と代理人との間の認識モデルの相違は、この「スラック」をより大きくすることになる。

　一般に、各政策主体間における認識モデルの一致は、政策を円滑に実現させるうえで決定的に重要である。ジェフリー・フランケルとキャサリン・ロケットは、国際政策協調をうまく成し遂げるためには各国がマクロ経済のメカニズムについて共通の理解を持つ必要があることを示している（Frankel and Rockett [1988]）。それによれば、一つの政府がマネタリスト的な枠組みによって世界を把握し、別の政府がケインジアン的な枠組みによって世界を把握しているという状況では、両国の協調がうまく達成されることはない。政策協調のどのような試みも、各国によって認識されている経済モデルの間に本質的な相違があるような場合には、大きな困難に直面することになる。彼らが指摘したこの問題は、決して国際政策協調に固有のものではない。一国の内部でも、各政策主体が経済についてそれぞれ異なった認識モデルを持っている場合には、同様な困難が生じることになるのである。

　国際関係論の文脈において、観念の役割を強調するアプローチの意義を合理的選択アプローチと比較しつつ論じているのは、ピーター・ハース（Haas [1992]）である。ハースはそこで、国際機関や国際共同体が円滑に機能するためには、そこに参加する主体が少なくとも一定程度の共通理解を持つ必要があることを指摘している。ハースは、このような意味で正しく機能している機関や共同体を、認識共同体（epistemic communities）と呼んでいる。この認識共同体は、各国間の政策協調や政策調整を容易にする、ある種の国際公共財と考えることができる。

　しかしながら、この「共有された観念」は他方で、そのきわめて強い慣性によって、時には新たな観念の導入に対する重大な障害物となる。ある認識共同体の持つ認識規範があまりにも強力であるために、それが結果として新しい概念を抑圧するように作用する場合、それは公共財というよりもむしろ公共的な「足かせ」に転化したと考えるべきであろう。良かれ悪

しかれ、この認識共同体は、そこに依拠する国々の「ソフト・パワー」を誇示する一つの道具として作用する。既存の制度に競合するような新しい制度の導入がしばしば強い抵抗に遭遇するのは、それがこのソフト・パワーを弱めかねないと認識されるからである。

　その実例は例えば、1870 年代から第 1 次世界大戦によってそれが停止されるまで続いた「国際金本位制」である。この国際金本位制が安定的に機能する条件とは、各国の通貨当局が「自国通貨の供給を自らが保有する金準備の増減に応じて調整する」というゲームのルールを守り続けることである。国際金本位制の時代には、そのルールが金本位制における国際的な規範となったが、それは、当時の経済的覇権国であったイギリスが、それをまさに通貨当局が守るべきルールとして扱ったからである。ケインズが『貨幣改革論』（1923 年、Keynes [1971a]）で詳細に論じていたように、このようなゲームのルールに基づく国際金本位制には、狭義には為替安定のために国内物価の安定を、広義には国際金融秩序の維持のために国内経済の安定を犠牲にするという大きな問題点があった。しかしながら、国際金本位制がイギリスの経済的覇権と結びついていたという歴史的事情は、金本位制の持つこの足かせ的な役割を看過させ、ケインズなどの反対を押し切ってイギリスが 1925 年に旧平価による金本位制復帰を強行する大きな原因となったのである。

3．経済政策における「対立」の意味——利害の対立か観念の対立か

（1）観念の社会的な一致と分裂

　本章ではこれまで、政策形成における観念あるいは認識モデルの重要性を論じてきた。そして、ある政策が円滑に現実化されるための一つの条件は、共同体内部での観念あるいは認識モデルの共有であることを確認した。しかしながら、ここには十分に注意すべき問題が二つある。

　第一に、たとえ共同体内部で認識モデルの共有が実現されていたとしても、そのこと自体は、その構成員間の利害の一致を保証するものではない。

　というのは、経済政策の帰結は一般に、特定の社会層に異なった効果を与えるからである。ある政策がある社会層に損失を与える可能性は常に存在する。したがって、経済政策は常に、何らかの利害対立の原因となる。

　第二に、このような共有された認識モデルの存在は、そこから導き出される政策効果の「望ましさ」を意味するものではない。現実に行われた政策が事前に予想された通りの望ましい結果をもたらしたとすれば、それは、その政策の背後にある認識モデルが現実の適切な近似であったことを意味する。しかしながら、社会的に広く共有されている支配的な認識モデルが、科学的な意味で「正しい」モデルであるという保証はまったくない。さらに、それが競合する他の認識モデルよりも科学的に適切であるという保証さえもないのである。

　以上は、政策についての「対立」が存在する場合には、その原因には「利害」と「観念」の両方がありうることを示している。本章がここでより重視するのは、共同社会の内部で認識モデルそれ自体に重大な対立が存在するような後者のケースである。というのは、人々の「既得観念」が政策形成に対して否定的影響を及ぼしていることを明確に特定できるのは、まさにこのようなケースにおいてだからである。

　この「観念の対立」の意味を考えるために、まず、社会各層の情報や知識に格差が存在しないという一つの「理想状態」を仮定してみよう。そこでは必然的に、単一の支配的な認識モデルが専門家と非専門家を含めて社会全体で幅広く共有されることになろう。このように社会各層間で認識モデルに相違が存在しないとすれば、人々の政治行動の相違は、もっぱら各個人の利害判断や価値判断の相違を反映して生じることになるであろう。

　しかしながら、現実の世界においては、社会における各個人の持つ情報や知識の量や質は、それぞれの個人の間で大きく異なる。それは、専門家と非専門家の間ではとりわけ顕著である。こうした情報や知識の相違は、しばしば認識モデルそれ自体の相違となって現れる。その認識モデルの相違は、場合によっては異なった政治的行動に結びつくことになる。例えば、「デフレは経済をより効率化させる」というモデルを持つ人々と、「デフレは経済をより停滞させる」というモデルを持つ人々とでは、デフレに対す

る合理的な政策選択はまったく異なるはずである。人々の既得観念が政策
に対して持つ否定的影響が明確に現れるのは、もっぱらこうした状況にお
いてなのである。

（2）政策的帰結の自明性——貿易政策を例として

　現実の政策を個別に吟味したとき、それが既得権益と既得観念のどちら
により強く影響されているのかは、おそらくケースバイケースであろう。
重要なのは、その違いを生み出す要因とは何かである。本章はそれを、「そ
の政策によってもたらされる帰結の自明性」であると考える。

　上述のように、社会各層の持つ情報や知識には一般に大きなばらつきが
存在する。しかしながら、経済政策に関しては、ある政策が社会の各層に
どのような利益ないし不利益をもたらすのかがある程度まで自明であれ
ば、社会各層間の認識モデルの相違それ自体は本質的な意味を持たない。
少なくとも、認識モデルの相違が政策に対する対応の相違を生み出すこと
はない。

　この「帰結が自明である経済政策」の具体例には、貿易政策、政府規制、
公共事業などがある。貿易政策について言えば、農産物の輸入自由化はそ
れと競合する農業製品の価格の低下をもたらすこと、それによって一般消
費者は利益を得ること、しかし輸入と競合する国内農業部門はそれによっ
て損失を被る等々については、多くの人々はほぼ共通した認識モデルを持
っていると考えられる [3]。それはまた、経済学的にも十分に正当化できる、
きわめて一般性の高い推論である。同様なことは、公共事業についてもい
える。すなわち、公共事業は一方では一部の経済集団とりわけ土木関連業
者に利益を与えるが、他方では納税者全体の負担を生み出すことについて
は、人々はほぼ共通した認識モデルを持つと考えられる。

　既述のように、シカゴ学派を代表するスティグラーやベッカーは、政府
の経済政策の多くは、社会における各層の経済的利害によって動機付けら
れていること、したがってその経済政策は、社会全体の利益よりも特定の
社会層の利益を反映したものになりがちであることを指摘した。これは、
公共選択論のもう一つの拠点である、ジェームズ・ブキャナンやゴードン・

タロックらバージニア学派が強調してきた論点でもある。

　おそらく、こうしたシカゴ学派あるいはバージニア学派的な政策把握がその有効性を最も発揮するのは、上記のような「利害にかかわる動機が明らかな政策」においてである。実際、公共選択論の端緒の一つとなったStigler[1971] は、政府規制の背後に存在する個別的利害を暴き出すことを目的として書かれていた。また、タロックはそれ以前に、関税のような特定産業の保護政策は、必ず社会全体から個別利害集団への利益移転を生じさせこと、そしてこの利害集団の個別的利益は社会全体のより大きな損失によって生じることを、「レント・シーキング」という概念を用いて指摘していた（Tullock [1967]）。

　ただし、貿易政策のように政策的帰結がかなりの程度まで自明であるようなケースにおいてさえも、特定の観念による偏向は必ず存在する。そのことは、日本の農業保護政策を想起すれば明らかである。日本は 1960 年代以降、諸外国の圧力によって貿易自由化を推し進めていくことになったが、農業分野はその後も長きにわたって貿易自由化の例外とされてきた。そしてそこには、農業生産者の強い経済的利害と、その利害を政策として貫徹させるのに十分な政治力が存在した。きわめて不可解なことに、日本の消費者団体は、その間ほぼ一貫して日本の農業保護政策を支持し続けた。この消費者団体による農業自由化反対論の背後には、貿易自由化は一般に消費者にこそ大きな利益をもたらすという通常の経済学的推論とはまったく別種の認識モデルが存在したと考えるより他はない。

　このようにして生じる認識モデルの「競合」の多くは、観念や価値判断そのものの対立というよりは、単なる政治的プロパガンダの結果として捉える方が正確かもしれない。というのは、どのような利害集団も自らの利害をあからさまに表現することはほとんどなく、自らの利益こそが同時に社会善でもあると主張するのが常だからである。スティグラー、ベッカー、タロックのような経済学者たちが展開してきた議論の一つの意義とは、この種の「社会善」の持つ欺瞞性を経済学的推論によって暴き出すことにあったと考えることもできよう。

（3）政策的帰結の非自明性——国際収支、財政、金融を例として

　おそらく、どのように利害が明確な政策であっても、認識モデルの微細な対立は常に存在するであろう。しかしながら、問題の種類によっては、政策的帰結の自明性が低いために、社会全体で共有されているような支配的な認識モデルが存在せず、利害判断の根拠となる認識モデルの段階で根本的な対立が、例えば専門家と非専門家の間で存在するようなケースもある。それは特に、国際収支、財政、金融に関連するようなマクロ的な政策課題において顕著である。というのは、このような抽象的政策課題についての政策の帰結を正しく推論するには、一定の専門的知識と専門的推論の素養が必要となるが、そのための訓練を十分に受けた専門家は社会的には少数派でしかないからである。

　問題によっては、専門家の間でさえ合意が十分に形成されていないこともある。そのような場合、一般社会においては、マスメディア受けのする「専門家」等を通じて、通俗的な見方が流布されがちとなる。それは、ある政策課題に関して競合する社会的認識モデルあるいは政策プログラムが存在する時、一般社会に受容されやすいのは、科学的な意味での信頼性がより高い方ではなく、生活実感から得られる「感覚」により近い方になってしまうことが避けられないからである。それは、あらゆる人々の日々の生活に直結する「経済」という領域に係わる政策にとっての、ある種の宿命のようなものである。より危うい政策アイデアこそがより強い社会的影響力を持ってしまうという、アラン・ブラインダー（Blinder [1987] p.1）のいう「経済政策におけるマーフィーの法則」が成り立っているとすれば、それはおそらくこのためである。

　このような、経済学的には明確に否定されていながら、人々の一般的な感覚への近さゆえに死滅することなく姿形を変えて生き残り続ける「疑似科学的」な政策生成プログラムの実例は、数多く存在する。この種の政策プログラムが強い社会的影響力を持った場合には、特定の政策選択が社会各層に与える影響についてだけではなく、社会全体に与える帰結についてさえも、はなはだしい誤解が社会的に蔓延してしまうことが避けられない。さらに、それが現実の政策に影響を与えてしまうことにでもなれば、不可

避的に多大な社会的損失が発生する。

　そうした実例の一つは、1990 年代前半にアメリカのクリントン政権が日本に対して発動した「攻撃的対日通商政策」である。その背景には、1980 年代から顕著になり始めた、日米のマクロ的な対外不均衡、すなわち日本の経常収支黒字とアメリカの経常収支赤字があった。当時のアメリカのマスメディアでは、「日本の不公正な貿易」を糾弾する日本叩き（ジャパン・バッシング）が隆盛をきわめていたが、その「日本の不公正さ」を象徴するかのようにマスメディア等で喧伝されていたものこそ、この日本の経常収支黒字だったのである。

　こうした世論を背景として、クリントン政権は日本に対して、「黒字減らし」のための輸入拡大数値目標の導入を要求した。しかし、この政策は明らかに、「貿易黒字は善で赤字は悪」という、根本的に誤った認識に基づいていた。この謬説は、経済学説史では「重商主義の誤謬」としてよく知られている。アメリカの経済学者たちは当然ながら、このクリントン政権の通商政策をこぞって批判した。しかし、彼らの政策批判がアメリカの世論に影響を与えることはほとんどなかった。この実例については、第Ⅱ部第 5 章および第 6 章で改めて検討する。

　貿易黒字や赤字は決して善悪ではないというのは、多くの経済学者にとっては当たり前のことであるが、一般社会にはなかなか常識として浸透しない。それはおそらく、普通の人々は、一国の経常収支における「黒字」や「赤字」の問題を企業や家計における赤字黒字に基づいて考えてしまうためであろう。家計の場合には確かに、その所得と支出の収支における赤字を長く続けることは難しい。それが続けば、家計は維持不可能となり、やがては「破綻」することになる。しかし、一国の対外的な経常収支の場合には、仮に赤字が長く続いたとしても、一国がそれによって「破綻」することはない。

　実際、カナダやオーストラリアのように、1 世紀以上にもわたって基調的に経常収支赤字を続けている国も世界には存在している。これらの国がそれによって経済的に困難をきたしたことはこれまでまったくなかったし、将来的にもその可能性はない。ましてや、その国々が「破綻」する可

能性はまったくない。しかし、それがなぜなのかを正しく理解することは、おそらく経済学の専門家やその系統的な学習者以外にはなかなか難しい。

　同様な問題は、一国の財政赤字、すなわち政府財政収支における赤字に関してもしばしば生じる。ポール・サミュエルソンはかつて、経済学の教科書として歴史上最も成功した書である『経済学』の財政に関する章の中で、以下のように述べていた。

　　一般の人は、重要な経済問題のリストを作成するように求められた場合、普通は、公的債務の大きさを自らのリストの一番上か、あるいはその近くに掲げるであろう。ところが、経済学専門家の一団であれば、アメリカでも自由世界のどこあっても、公的債務の問題をそのようなリストの一番下に置くのが常である。むしろ、学者の中には、それを積極的な恩恵として把握する向きさえもある。(Samuelson [1976] ch.19)

　確かに、経常収支の赤字によって一国が破綻することはないが、公的債務の累積による政府財政の破綻は、これまで数多く生じてきた。そして、将来におけるその可能性を強調する経済学者は、いつの時代にも、どこの国にも存在している。しかし、サミュエルソンが述べているように、経済学者の多くは、仮に政府財政の赤字が一定期間続いたとしても、それが直ちに財政破綻につながるなどとは考えない。ケインジアンのように、不況期に財政赤字が拡大することはむしろ望ましいと考える経済学者たちさえもいる。

　それとは対照的に、一般の人々は、経済学者たちが拡大して当然と考える不況期の財政赤字についてさえ、それが明日にでも財政破綻を引き起こすかのように考えがちである。あるいは、財政破綻には至らないまでも、その債務が負担となって、将来において大変な社会的困窮が生じるかのように考えてしまいがちである。その結果として生じるのは、不況下で行われる無用な緊縮政策による経済状況のより一層の悪化である。その根底にもまた、政府の財政を家計のそれと同一視してしまうという、経済に対す

45

るありがちな誤解が存在している。

　金融政策に関しては、専門家の知見と世間一般の「感覚」との間の乖離
は、さらに甚だしい。多くの人々は、それをしばしば、金融市場に影響を
与えるだけの「実態のない虚構」のようなものとして捉えている。そして
その逆に、「実体経済に直接に働きかける」ような政策の役割を過大視し
がちである。そのことは、小泉純一郎政権が成立した2000年代初期に巻
き起こった「構造改革ブーム」が示す通りである。実際には、適切な金融
政策なくして現代の高度な市場経済を安定的に成長させていくことは難し
いのであるが、そのことはおそらく、社会のごく一部にしか理解されてい
ない。その結果として生じるのは、緊急度のより低い政策への政治的資源
の浪費、最も急を要する政策の導入の遅れ、そしてそれらによる経済停滞
の持続である。この問題については、第Ⅱ部第7章で改めて検討する。

4．観念＝社会的認識モデルの定着と変動

（1）利害によって突き動かされる観念

　本章はこれまで、政策形成において観念＝社会的認識モデルの持つ第一
義的な役割を指摘してきた。しかしながら、政治主体の経済的利害を重視
する合理的選択政治理論の立場からは、こうした見方に対しては、一つの
根本的な批判が提起されることになるかもしれない。それは、マスメディ
アなどを通じて流布される観念もまた何らかの意味での利害の反映に他な
らず、したがって経済的利害と無関係な「観念」なるものを想定すること
に大きな意味はないとする批判である[4]。

　おそらく、特定の観念が流布される背後には必ず何らかの経済的利害が
存在するという想定は、多くの場合において正しい。既述のように、ジョ
ージ・スティグラーは、経済的利害に基づく競争原理は、学問的貢献のよ
うな知識市場においても成り立つと考えた。この視点は、「観念」につい
てもまったく同様に当てはまる。というのは、資本主義社会では、観念も
また、書籍その他の形で「商品」として販売され流通するものだからである。
観念の生産者である知識人、そして観念の流通媒介者であるマスメディア

は、知識市場からより大きな収益を得ようとして、絶えず熾烈な競争を展開している。その意味では、観念もまた利害の直接的な産物なのである。

　観念はまた、特定の利害集団の利益追求行動を容易にするためのプロパガンダとしても利用される。例えば、日本の農業関係利害団体とりわけ全国農業協同組合と農林水産省、そしてそれに連なる専門家たちは、農業品の輸入制限等を通じた国内農業保護と、それを通じた食料自給率の維持改善が、日本の「国益」にとって死活的に重要であると主張し続けてきた。そして、日本のマスメディアの大多数は、こうした考え方を基本的に受け入れてきた。食料自給率の高さが国益に直結するという観念は現在においてさえ根強いが、その強さは、長年にわたる農業関係利害団体のプロパガンダの結果であると考えても、それほど的外れではないであろう。

　観念はさらに、政府や政策当局が自らの政策遂行を容易にしたり、自らの政策的立場に正統性を与えたりするための政治的プロパガンダとしても用いられる。アダム・ポーゼンは、デフレが日本経済にきわめて大きな損害を与えていることは経済学的にはほとんど自明であったにもかかわらず、速水優総裁時代の日本銀行がデフレ許容的な政策運営に固執し続けた理由を、「金融緩和は創造的破壊（creative destruction）を阻害する」といった、日銀がとらわれていたと考えられる経済学的に誤った理念（economically misguided ideas）の中に求めている（Posen [2000] p.207）。実際、ポーゼンが指摘した通り、この時期の日銀は、「低金利の弊害」や「良いデフレ」といった経済学的に明らかに疑わしい観念を、メディアに向けて絶えず発信し続けていた。

　このポーゼンの議論には、一つ付け加えるべき点がある。それは、これらの観念は同時に、デフレという日銀が犯した金融政策上の失敗を隠蔽し、将来的な政策の自由度を確保するのにきわめて好都合なものだったということである。事実、日銀が政府の強い反対を押し切って遂行した 2000 年 8 月のゼロ金利解除は、マスメディアの圧倒的な支持の下で行われていた（第 II 部第 7 章参照）。つまり、少なくともマスメディアへの浸透度合いと、自らの政策に対する支持の確保という点でみれば、日銀のプロパガンダは大きな成功を収めていたのである。

　これらの実例は、特定の観念が供給される背後には特定の物質的利害があるという想定の正しさを裏付けている。そもそも、観念が特定の利害の実現にとって役に立つのであれば、利害が観念を利用しないはずはない。これは、マルクスが「イデオロギー」の役割として論じてきた主題そのものである。現在の高度情報化社会とは、人々の観念やイメージをいかに自らに都合よく操作するのかを競い合う世界でもある。その世界では、それぞれの利害集団の間で、観念の支配をめぐるゲーム論的な駆け引きが日常的に展開されることになる。

　しかしながら、情報化社会のそうした現実は、「人々の政治的行動や政治的志向性は自らの利害を判断するための観念＝認識モデルに依存する」という本章の立脚点とはまったく矛盾しない。本章が強調しているのは、人々を突き動かしているのは必ずしも「客観的な利害」ではなく、「特定の認識モデルを通じて把握された主観的な利害」にすぎないという点だからである。この客観的な利害と主観的な利害は、おおむね一致する場合もあれば、まったく擦れ違っている場合もある。これまで論じてきたように、両者の「擦れ違いの程度」は、問題にかかわる「因果的帰結の自明性の程度」に依存する。

　仮に人々の政治的行動が客観的な利害のみから生じているとすれば、経済的に同じ立場にある人々は、すべて一様な政治的行動を取るはずである。しかし現実には、人々の政治的行動は、一つの経済的集団や階層の内部においてさえも、しばしば相互に矛盾あるいは対立している。また、一定の経済的立場にある特定の個人が、時期によって正反対の政治的行動を取る場合もある。それらは、利害判断についての認識モデルが個人によって異なり、同一の個人でも時期が違えば異なるからである。

（２）観念の慣性とパラダイム・シフト

　人々の観念＝社会的認識モデルが経済的利害からは独立であるとするならば、その究極の存在根拠はどこにあるのであろうか。それはおそらく、「社会的認識モデルの科学的な意味でのもっともらしさ」である。というのは、自然現象にせよ、あるいは社会現象にせよ、われわれがある問題に関する

因果的説明を「もっともらしい」と感じるのは、その説明が「現実によく
あてはまっている」と感じられる場合だからである。社会的認識モデルと
いう文脈では、それはあくまでも人々が主観的に抱く「感覚」にすぎない。
だからこそ、人々が抱く「もっともらしさの感覚」の異同に伴って、さま
ざまな社会的認識モデルが並存することになるのである。しかし、人々が
半ば無意識に行っているこの「ある因果的説明と現実との対照」という行
為には、科学に通じる道が明確にひらかれている。というのは、科学的実
証とはまさに、その主観的な「もっともらしさ」を、現実のデータに基づ
く実証手続きによって可能な限り客観化しようとする試みだからである。

　カール・ポパーに発する科学哲学における反証主義の立場からいえば、
「認識モデルの対立」は過渡的にしか生じ得ない。というのは、少なくと
も実証科学では、実験や観察などの実証手続きによって、競合するモデル
の優劣は直ちに明らかになるはずだからである。そこでは、実証によって
「より劣ったモデルの棄却」が不可能であるような知的分野は、そもそも
科学ではあり得ない。いくつかの例外は存在するとはいえ、自然科学の多
くの領域では、この反証主義の規範がおおむね機能していると考えられる。

　しかしながら、経済政策のような集合的意志決定において重要になるの
は、「専門家が判断するもっともらしさ」ではなく、「一般の人々が想定す
るもっともらしさ」である。そして厄介なことに、一般人がもっともらし
いと考える認識モデルが、実証科学的にもそうであるとは限らない。両者
が比較的うまく一致するのは、因果的帰結の理解に専門的知識や複雑な思
考を必要とせず、背後にある基本的メカニズムを非専門家でも直感的に把
握可能であるような「自明性が高い」問題に限られるであろう。

　こうした状況は、「人々がもっともらしいと考えてきた社会的認識モデ
ルがそうでなくなるとすれば、それはなぜなのか」という問いに答えを与
えるような、ある種の認知心理学を要求する。この問題についての経済学
における伝統的な取り扱いは、人々の主観的判断の変更は、事前確率と
新たな観察から得られた事後確率との間の変化を反映して生じるといっ
た、ベイジアン的なそれであった。それに対して、レオン・フェスティン
ガー（Festinger [1957]）やジョージ・アカロフとウィリアム・ディケン

ズ（Akerlof and Dickens [1982]）らが指摘する認知的不協和（cognitive dissonance）という現象は、ベイジアン的な推論とは異なる見方を生み出す。この「認知的不協和」理論によれば、人々はしばしば、既存の信念と矛盾するような現実の認知を忌避する。それは、人々は一般に、既存の信念と新たな観察の間の矛盾から生じる内的葛藤を好まないからである。実際、選挙時などに自分の政治的な志向に合わないテレビ局の政治番組を好んで見るような人は、世の中にそれほど多くはないであろう。

このような認知的不協和は、人々の観念がなぜ一定の慣性を持つのかを説明する。人々は一般に、既存の観念と現実との間の矛盾が致命的に顕わになることがない限り、現実を虚心坦懐に見るよりはむしろ、既存の観念に固執して現実を無視するのである。

もっとも、こうした「新しい観念への認知的な抵抗」は、程度に違いはあっても、専門世界においても同様に生じているのかもしれない。というのは、トーマス・クーンが「パラダイム」という概念を用いて説明していたのは、まさしくこのような意味での「慣性を持つ認識モデル」であったからである（Kuhn [1962]）。クーンのパラダイム論によれば、科学者における支配的認識モデル＝パラダイムは、通常はきわめて強い認識規範として彼らに対して作用する。つまりそれは、新奇な観念への強い忌避をもたらす。認識モデルの突発的変動、すなわち「科学革命」は、既存のパラダイムでは説明できない「アノマリー」が科学者たちによってあまりにも甚だしく感じられた時においてのみ生じるのである。

つまり、人間の思考における観念の慣性は、専門世界でも一般社会でも、多かれ少なかれ一般的に存在するということである。そうであるとすれば、科学におけるパラダイム変動に相当する「支配的な社会的認識モデルの変動」は、一般社会においても確実に生じているはずである。そして、きわめて楽観的にいえば、その変動の多くは、「科学的に正しい方向」に向かってのそれであろう。というのは、ある社会的認識モデルの持つ科学的根拠が薄弱であればあるほど、人々がそのモデルを現実と対照するに際して、アノマリーを感じる可能性も高くなるはずだからである。そうしたアノマリーは、現実を適切に説明しない疑わしい社会的認識モデルの問題

点を人々に気付かせる契機になるであろうし、さらにはより科学的に根拠のある社会的認識モデルに人々の目を向けさせる契機にもなるであろう。

　前節で取り上げた日米経常収支不均衡問題は、クリントン政権が 2 期目に入った 90 年代後半以降は、アメリカ政府にとっての意味のある政策的課題とは見なされなくなった。また、以前はマスメディアの寵児であったジャパン・バッシャーたちも、それ以降はアメリカ国内メディアの表層からまったく姿を消した。それはおそらく、90 年代の後半以降における日本経済の低迷と、それとは対照的なアメリカ経済の活況が、「日本の経常収支黒字はアメリカ経済に損害を与えている」とする既存の社会的認識モデルのもっともらしさに大きな疑問を投げかけるものだったからであろう。日本の経常収支黒字とアメリカの経常収支赤字それ自体は、90 年代後半以降もそれ以前と同様に拡大し続けた。それにもかかわらず、日本経済は低迷し、アメリカ経済は拡大した。そのような現実は、既存の社会的認識モデルにとっては、まさしくアノマリーそのものであったと考えられる。

（3）社会観念の突発的変動と収束——均衡信念モデル

　このように、認識モデルの突発的変動は、専門世界と同様に一般社会でも生じている。むしろ、その変動の様相は、専門世界の場合よりもより一層ドラスチックであるかもしれない。というのは、ある観念の一般社会への拡散や浸透の程度は、明らかにマスメディアがそれをどう取り扱うかに依存するが、マスメディアの持つ本質的な特性から、その取り扱いの頻度は、以下のメカニズムを通じて自己強化的に拡大あるいは縮小することになるだろうからである。

　マスメディアがある問題を取り上げるのは、人々がそれに関心あるいは共感を持っているからである。他方で、人々がある問題に関心を持つのは、多くのマスメディアがそれを取り上げているからである。つまり、マスメディアが特定の問題を取り上げる頻度と、人々の問題関心との間には、明らかに「正のフィードバック」によって特徴付けられる自己強化的な関係が存在する。特定の問題に対する社会的関心が突発的に増えたり、嘘のよ

うにしぼんだりするのは、マスメディアの持つこうした特性に基づいている。1980 年代後半から 90 年代前半のアメリカの経済論壇におけるジャパン・バッシャーたちの隆盛と、その後の没落は、そうした実例の一つであろう。

　マーク・ブライス（ジョンズ・ホプキンス大学）は、彼によって「均衡信念モデル」（the equilibrium beliefs model）と名付けられた、社会観念のこのような突発的変動および収束を説明する興味深いモデルを提案しようとしている [5]。そのモデルによれば、社会観念が一定の方向に収束する一つの理由は、支配的な観念とは異なる観念を保持する主観的コストが、少数派であればあるほど大きくなるからである。こうした状況で少数派が存在しうるのは、自由主義者に包囲されたマルクス主義者のように、強固なイデオロギー的信念が少数派であることの主観的コストを補って余りある場合においてのみであろう。

　一つの支配的な社会観念といくつかの少数派のそれによって形成される、社会観念の分布におけるこの「均衡」は、通常はきわめて安定的である。しかしながら、支配的な社会観念それ自体が瓦解することもある。それは、既存の観念の支配力が何らかの要因によって低下した場合には、それを放棄した場合に必要となる主観的コストもまた低下するからである。その傾向が一定の臨界点に達した時、既存の支配的観念は崩壊する。そして、それまでは受け入れられるはずもなかった思考様式が、社会の新たな規範となるのである。

　ブライスのこの均衡信念モデルは、多数派であればあるほど利益が増加するという「ネットワーク外部性」によって特徴づけられるモデルの一つと考えられる。それらのモデルが共通して示すように、そこでは、人々の思考は支配的な観念によって「ロックイン」されがちになる。「既得観念」とはまさに、そのような意味での支配的な観念のことである。しかし、そこにいったん変動が生じた場合、その変動は必ず一つの均衡から別の均衡に向けた破局的な過程として現れる。このこともまた、複数均衡の存在によって特徴付けられるネットワーク外部性のモデルが持つ一般的な特質なのである。

5．政策形成における専門家の役割

　本章はこれまで、人々の観念＝社会的認識モデルが政策形成に対して持つ根本的な役割を指摘しつつ、その政策形成において社会各層の利害対立と観念＝認識モデル自体の対立のどちらが焦点なるのかは、もっぱら政策にかかわる因果的帰結の自明性に依存することを論じた。本節では最後に、政策形成において専門家が果たすべき役割について、この既得権益と既得観念という区別を踏まえた上で、若干の言及を行うことにする。

　政策において生じる対立の原因が利害なのか認識モデルなのかを見極めることは、政策形成における専門家の役割を考える場合にも、きわめて重要である。社会的に望ましいと考えられるある政策の実現を妨げているものが、その政策の導入によって損なわれる可能性のある特定の社会層の経済的利益である場合には、専門家の最も重要な役割は、社会各層の利害を適切に調整する方策を提案することに求められよう。ニコラス・カルドアによる「補償原理」が示すように、もしある政策が社会的に望ましいものであれば、その政策により利益を受ける層から損失を被る層への所得再分配によって、社会各層が損失を被ることなくその政策から利益を得る方策は常に存在する（Kaldor [1939]）。現実の政策においては、そこまで完全な損失保証が行われることはほとんどないが、それが理論的には可能であるという事実それ自体が、その政策を遂行すべき大きな社会的論拠となる[6]。

　それに対して、望ましい政策の実現を妨げる障害や、有害な政策を実現させてしまう要因が、もっぱら一般社会において支配的な既得観念の中にある場合には、専門家に期待される役割はまったく異なる。そこではおそらく、一般社会の支配的な認識モデルは、専門世界におけるそれとは根本的に異なっている。その場合、専門家が果たすべき最も重要な役割は、一般社会に向けた説得あるいは啓蒙である[7]。そこでは、人々の既得観念にいかに働きかけるかが重要となるのである。

第3章　経済政策論の中核と防備帯
──政策生成プログラムとは何か

1．経済政策の理念はどのように生み出されるのか

　前章では、公共的意志決定の結果としての経済政策が現実化されていくメカニズムを、社会的認識モデルという概念を用いて分析した。しかしながらそこでは、その社会的認識モデルそれ自体がどのように構築されていくのかという問題は、ほとんど考察されてはいなかった。本章では、その課題に対する一つの答えを提示する。

　ある経済政策が現実化されるためには、まずはその政策に係わる理念が、社会的課題として一般社会に十分に理解されている必要がある。例えば、人々の失業や貧困を減少させるための政策を実現させるためには、まずはその問題が一般社会において「解決されるべき課題」として把握される必要がある。これが、経済政策理念である。その理念は、社会に元から存在するというようなものではまったくない。実際、失業や貧困があまりにも一般的であった近代以前の社会では、それがあたかも自然の摂理であるかのように考えられていた。そのための「政策」が必要と考えられるようになったのは、人類の歴史においてはごく最近のことにすぎない。

　一般に、人々の通念あるいは観念は、言語や慣習や文化と同様に、まさに社会的に形成されていくものである。それは、経済政策における「理念」においてもまったく同じである。それらは、人々の思考の中に自然に紡ぎ出されるようなものではない。人々の持つ通念、観念、理念には、ほとんどの場合、それが意識されるか否かに係わらず、その参照基準となっているような思考の型や範例が既に存在している。ケインズが「どのような知的影響とも無縁であると自ら信じている実際家たちも、過去のある経済学者の奴隷であるのが普通である」(Keynes [1973] ch.24)と述べているのは、

おそらくそのことである。これこそがまさしく、社会的認識モデルの内実である。

　こうした認識モデルの代表的類型の多くは、まずは突出した理論家や思想家によってその基礎が据えられる。さらに、その追随者たちによって洗練化および豊富化される。そして最終的には、さまざまなレベルの解説者たちによって援用され、社会に拡散していくことになるのである。そのような過程の中で築き上げられていくのが、政策生成プログラムである。それは、その中核にイデオロギーを持ち、その防備帯に科学的推論の束を持つような、一つの知的な構築物である。

　人々は通常、さまざまな媒体から入り込んでくる雑多な情報や知識に日々さらされる中から、自己を形成していく。その一部はやがて、新自由主義なりマルクス主義なりといった、自らの性向や経験と親和的な政策生成プログラムにたどりつく。そして、自らの観念や理念を、その思考の型に似せて徐々に作り上げていくのである。政策生成プログラムとはその意味では、「ある政策理念が一般社会に浸透するための媒介手段」である。経済政策の多くは、このような媒介手段が存在することによってはじめて、社会に受容され、具現化され、そして現実の経済を動かしていくのである。

　ところで、経済政策に関する従来の分析の多くは、それを単に経済理論の応用として捉えるか、あるいは単なるイデオロギーの発露と捉えるかのいずれかであった。しかし、現実の経済政策には、必ずイデオロギーと科学の両方の側面がある。政策生成プログラムという概念は、経済政策形成分析の中に、その両者の役割を適切に位置付けようする試みでもある。

2．経済政策は経済学とどう関連付けられてきたのか

（1）「経済理論から経済政策へ」はどこまで成り立つのか

　第1章の第3節で論じたように、経済理論の枠組みの中で展開される経済政策論の大部分は、経済政策に関する「理念的把握」をその暗黙の前提としてきた。その把握においては、あらゆる経済政策があたかも経済理論から直接導き出されるかのように想定されていた。そこではまず、厚生関

数のような評価規準を持つ、代替的な政策手段を含んだ経済モデルが提示
される。そして、その規準を用いて、それぞれの政策的帰結の優劣を比較
するモデル分析が行われる。こうした理論分析およびその理論命題を確認
する実証分析によって確証された政策こそが社会で実現されるべき「正し
い政策」であると考えるような立場が、経済政策に関する理念的把握であ
る。

　この把握では、経済政策はもっぱら経済理論の進展のみによって制約さ
れることになる。その意味で、経済政策は経済理論の「しもべ」にすぎな
い。そこでは、新薬の多くが医学上の発見によって生み出されてきたのと
同様に、経済政策の新しい考えは、もっぱら経済学における理論的な進展
が生じた時にのみ生み出されることになる。

　経済政策が主に経済学それ自体の進展から派生してきたような歴史的な
実例は、確かに存在している。それは例えば、19世紀イギリスにおける
自由貿易の展開である。マンチェスターの産業資本家であったリチャード・
コブデンとジョン・ブライトは1839年に、穀物輸入を関税によって制限
していた穀物法の廃止を目指す「マンチェスター反穀物法同盟」を結成し
た。彼らの政策運動は、1846年の穀物法廃止となって結実し、それによ
って自由貿易体制としてのイギリスが確立した。そうした政策運動の担い
手たちは、アダム・スミスに発する古典派経済学の忠実な信奉者であった
ことが知られている。これは、経済学が現実の経済政策を導き出したとい
う、まさに理念通りの「美しい」実例であろう。

　しかし、近代の経済史を眺めて見ると、実はこのような典型的な事例は
必ずしも一般的ではないことが分かる。それは例えば、経済政策上の歴史
的分水嶺となった、1930年代の世界大恐慌時における各国の経済政策に
ついても言える。経済史が明らかにしているように、国によってその程度
に違いはあるが、各国はこの時、恐慌からの脱出のために、金本位制を停
止するとともに、金融緩和政策、財政拡張政策、あるいはその両方をほぼ
一斉に行った。それは例えば、アメリカのフランクリン・ルーズベルト政
権によるニューディール政策であり、日本の高橋是清蔵相が主導した高橋
財政であり、ナチス・ドイツによる経済政策である。

　これらは現在、いずれもケインズ的な経済政策の具体例として理解されている。しかしながら実際には、ケインズが経済学および経済政策における革命の原点となった『雇用・利子および貨幣の一般理論』を公刊したのは、各国によるこの「ケインズ的政策」の後の1936年のことである。つまり、それら「ケインズ的」政策の背後には、ケインズ理論なるものは存在していなかった。それらはすべて、ケインズ以前に存在した類似の断片的な政策アイデアに基づいて、きわめて試行錯誤的に行われていたのである。ケインズによる経済理論上の展開は、これらの政策展開を横目で見ながら、むしろそれに一貫した理論的な根拠を与えるために登場したとも言える。つまり、大恐慌時の各国の経済政策は、決して何らかの確固とした経済理論から導き出されたわけでないということである。

　さらに解釈が難しい例には、1980年代前半にアメリカのロナルド・レーガン政権によって実行された経済政策、いわゆるレーガノミクスがある。レーガノミクスとして実行された政策の中で最も経済的な影響が大きかったものの一つは、富裕層に対する所得税減税政策である。それは現在、新自由主義的な経済政策の典型的な実例として理解されている。しかし、その時点ではむしろ、「サプライサイド経済学という、ケインズ経済学を超えた最新の経済理論から導き出された」という点が、レーガノミクスにおける所得税減税政策の最大の注目点として喧伝されていたのである。

　その「サプライサイド理論」は、以下のような論理を用いて所得税減税政策を正当化した。一国の所得税収は、税率が低くなれば減少するが、税率が高くなっても減少する。それは、所得税率が高い場合には、人々の勤労意欲が低下し、所得それ自体が減少するからである。したがって、人々の勤労意欲を高めるという「経済のサプライサイドの強化」のためには所得税減税が望ましいのであり、それによって一国の所得は増加し、結果として税収はむしろ増大する。これが、当時のいわゆるサプライサイダーたちの政策的主張であった。ちなみに、このような税率と税収との間の「山型」の関係は、サプライサイダーを代表する経済学者の一人であったアーサー・ラッファーによって「発見」されたことから、それ以降、ラッファー曲線と呼ばれるようになった。

　サプライサイド経済学が本来、代表的にはマーティン・フェルドシュタインらによって展開されていた、古典派以来の正統的な経済学に基礎付けられた一つの科学的なサブ・プログラムであったことは事実である。というのは、税制が人々の勤労インセンティブや資産選択に大きな影響を与えることには、十分な経済学的論拠が存在するからである。したがって、それに関する知見は、どのような税制が望ましいのかという政策課題に大きな示唆を与える。

　しかしながら、当時のアメリカの経済論壇で一世を風靡したサプライサイダーたちの方向性は、そうしたものとはまったくかけ離れていた。彼らは明らかに、新自由主義的なイデオロギーに基づく富裕層所得税減税の実現のために、実証的な根拠のない政策プログラムを「最新の経済学に基づく政策」というふれこみで社会に売り込み続けたのである。

　結局のところ、レーガン政権による所得税減税政策は、財政赤字と経常収支赤字の並存といういわゆる「双子の赤字」がアメリカ経済に定着する契機となった。その事実は、「減税によって税収はむしろ増加する」というラッファーらの予見とは明らかに反していた。そうした点からすれば、このラッファーらによる通俗的なサプライサイド経済学は、確かに一つの政策生成プログラムではあったが、科学的な根拠を十分には持たない疑似科学的なそれであったと考えることができる[1]。

　レーガノミクスの経済政策分析上の位置付けが難しいのは、それは表面的には「経済学から経済政策へ」という経済政策に関する理念的把握を体現しているようにも見えるからである。しかし問題は、その「経済学」にあった。それは明らかに、科学的なそれというよりは、イデオロギーによって大きく歪められたそれであった。実際、新自由主義のイデオロギーはその後も影響力を持ち続けたが、いわゆるサプライサイド経済学は、経済学の世界はもとより、新自由主義の政策生成プログラムからも切り捨てられていった。それは最終的には、ラッファー曲線という概念とともに、レーガノミクスという歴史的事象をめぐる一つの政策的エピソードとしてのみ記憶されることになったのである。

（2）経済学における「実証」と「規範」

　現実の経済政策形成は、多くの場合、「イデオロギー」と「科学としての経済学」の双方が関与している。しかし、そのどちらが主であり従であるのかの解釈は、それほど簡単ではない。少なくとも明らかなのは、現実の経済政策が「正しい経済理論」から導き出されるという理想的な事例は、それほど数多くはないという点である。そのことは、「イデオロギー」という言葉が使われることはないまでも、経済学という枠組みの中でも十分に示唆されている。

　現在の経済学の教科書の多くには、通常その序章などに、「経済学の命題には実証的（positive）なものと規範的（normative）なものがあり、この両者は明確に区別されなければならない」ことが書かれている。この実証的命題とは、一般に「〜である（is）」と表現されるものであり、規範的命題とは「〜すべきである（ought to）」と表現されるものである。例えば、社会に所得格差が生じているというとき、それは何が原因でどのように生じているのかを、もっぱら論理と事実に基づいて述べるのが実証的命題である。それに対して、経済格差は良いのか悪いのか、そして仮にそれが悪いとすれば、その格差を縮小させるために何をすべきかを述べるのは、規範的命題である。

　経済学が科学であるとすれば、その出発点は、規範ではなく、まずは実証でなくてはならない。というのは、現実の経済がどのように機能しているのかを、とりあえずはそれが良いか悪いかという価値判断抜きで客観的に把握しない限り、それにどう対処すべきかも明示できないはずだからである。それに対して、経済学の応用としての経済政策においては、まずは何が良くて何が悪いのかという価値判断を明確にする必要がある。その判断は当然ながら、あくまでも規範的なものである。現代の代表的な経済学の入門書である、ジョセフ・スティグリッツとカール・ウォルシュによる『スティグリッツ入門経済学』では、その実証と規範との関係が、以下のように説明されている。

　　発展途上国で生産された繊維の輸入抑制策について、実証的側面と規

範的側面から考えてみよう。実証経済学では政策結果について叙述する。すなわち、発展途上国で生産された繊維の輸入を抑制すると、アメリカの消費者が支払わなければならない衣服に対する価格が上昇し、アメリカ製の繊維の販売量が増加し、アメリカの繊維製品生産者の雇用と利潤も増加し、発展途上国の雇用量が減少する。

（中略）

しかし結局のところ政策面で問題になるのは、繊維製品の輸入制限は行うべきかという点である。これは規範的な問題である。規範経済学では、消費者が受ける損失、アメリカの繊維産業の労働者が得る利益、増大する利潤といったさまざまな影響を比較考量しながら、全体的な判断を下す。規範経済学は、こうした複雑な判断を可能とする分析枠組みを提供する。良い規範経済学とはまた、問題となっている政策にどのような価値観や目的が組み入れられているか、を明確に示すものである。（Stiglitz and Walsh [2006] ch.1）

　つまり、実証経済学とは、「輸入制限は製品価格を上昇させるが、同時に国内生産を拡大させる」といった、論理的に正しく現実とも矛盾しないという意味で「科学的に確証可能」な事実を示すものである。それに対して、規範経済学とは、その事実を前提としながら、「何をすべきかを」を示すものである。しかし、そのためにはまず、「何が達成されるべき目的なのか」を明示しなければならない。というのは、繊維製品の輸入制限を行うべきか否かの答えは、重要なのは消費者の利益か、国内生産者の利益か、あるいは一国全体のそれかによって異なってくるからである。それが、規範あるいは価値判断である。

　後述のように、あらゆる経済政策の根底には、それが明示されているか否かに係わらず、このような意味での価値判断が存在している。そして、その価値判断は、多くの場合、イデオロギーと強く結びついている。

（３）経済政策における目標と手段

　ドイツの社会学者マックス・ウェーバーは、第１次世界大戦の最中の

1917年に、のちに『職業としての学問』という小冊子として公表されることになる有名な講演を行った（Weber [1919]）。ウェーバーはそこで、学問研究とは、これまで知られていなかったことを知るために行われる純粋に知的な営みであり、社会的な善悪や人々の行動の是非といった特定の価値判断とは無縁であるべきことを論じた。これは、学問とは何が善であり何が悪であるのかを明らかにし、人々が何を成すべきかを指し示すためのものであるといった、宗教的倫理や道徳が混在した学問観が根強かったこの時代には、きわめて画期的な把握であった。

　この「価値判断からの自由」を重視するウェーバーの学問観は、その後、科学研究の前提となる普遍的な条件として受け入れられるようになった。それは、単に自然科学だけではなく、人間の営為を分析する社会科学においても同様である。

　われわれ人間はしばしば、「自分が見たい現実しか見ない」という性向を持っている。それが高じた場合には、「自分の願望によって現実を歪めて見る」ことにもなる。このような人間の性向は、これまで数多くの災禍をもたらしてきた。それを避けるためには、まずは「現実はどうあるのか」を、「現実はどうあるべきなのか」から区別して把握する必要がある。それが、あらゆる科学の出発点である。それが保証されない「科学」は、科学の名を語った疑似科学、あるいは特定のイデオロギーのための政治的プロパガンダにすぎない[2]。サプライサイダーによる「減税をすれば税収が増える」といった主張は、経済学におけるその実例の一つである。

　問題は、この価値判断から自由であるべき「科学としての経済学」と、規範あるいは価値判断を前提とせずには本来的に成り立たない経済政策との関係にある。その関係の理解のためには、まずは経済政策とは何かを明確にしておく必要がある。

　分析的に表現すれば、経済政策とは、「ある政策目標とある政策手段との組み合わせ」のことである。その点を明確にした古典的な著作は、オランダの経済学者ヤン・ティンバーゲンによる『経済政策の理論』である（Tinbergen [1952]）。

　具体例として、貿易自由化政策を考えてみよう。その政策の目標は、と

61

りあえず「貿易の拡大」である。その背後には通常、貿易が拡大すれば何らかの意味での経済的利益が拡大するという認識が存在している。その貿易拡大のための手段にはいくつかあるが、最も一般的なのは、輸入数量制限や輸入関税などの既存の貿易制限を縮小あるいは撤廃することである。つまり、貿易自由化政策においては、貿易の拡大が政策目標となり、貿易制限の縮小や撤廃が政策手段となる。

　もう一つの例として、金融政策を考えよう。現在、世界の中央銀行の多くは、インフレ目標という枠組みに基づいて金融政策を遂行している。その場合の政策目標とは、文字通りインフレ率を目標とされた水準で安定化させることである。日本も含む多くの先進諸国では、その目標とされるインフレ率は、消費者物価指数の上昇率でみて２％程度とされている。

　その手段は、通常は政策金利の調整である。それが「伝統的金融政策」である。ただし、1990年代末以降の日本や、2008年以降の英米欧のように、政策金利がゼロに近付き、それ以上の引き下げが不可能になることもある。その場合には、中央銀行が市中に供給するベースマネーを増加させるという「量的緩和政策」が行われることが多い。さらには、中央銀行に対して民間銀行が持つ預金の金利をマイナスにする「マイナス金利政策」が行われる場合もある。これらは、「非伝統的金融政策」と呼ばれる。つまり、金融政策においては、政策目標はインフレ率の安定化であり、政策手段は、政策金利操作、量的緩和、マイナス金利等である[3]。

　ところで、このように政策目標が与えられたとき、ある政策手段がその目標を達成させるのに役立つと言える根拠は、どこにあるのであろうか。実は、その根拠を言うものこそ、経済学の理論なのである。経済政策という領域における経済理論とは、政策目標と政策手段を結び付けるための思考上の道具である。

　例えば、学生向けの貿易論の教科書には必ず、貿易自由化の効果、さらには関税や輸入数量制限の効果の分析が、「部分均衡モデル」や「一般均衡モデル」といった何らかの理論モデルに基づいて行われている。部分均衡モデルでは、関税や輸入数量制限などの貿易制限を縮小させることによって、輸入が拡大し、生産者余剰は減少するが、他方でそれ以上に消費者

余剰が増加することが示される。また一般均衡モデルでは、貿易制限の縮小によって、一国の輸出と輸入の双方が拡大し、一国の消費可能性が拡大し、一国の社会的厚生が上昇することが示される。つまり、経済理論を用いたこれらの考察によれば、貿易制限の縮小は確かに、一国の貿易を拡大させ、一国全体の利益を拡大させることになる。

　同じことは、金融政策に関してもいえる。金融論の教科書には必ず、中央銀行の政策目標とは何か、そしてその手段には何が考えられるのかが論じられている。そして、それぞれの手段がどのような経路を通じて目標の実現に寄与することになるのかが、いくつかの代表的な理論モデルを用いて解説されている。最も一般的には、中央銀行が政策金利を引き下げて貨幣供給を増加させれば、さまざまな経路を通じて物価に影響が及ぶことが説明されている。つまりここでも、政策目標と政策手段は経済理論によって結び付けられているのである。

　ティンバーゲン流に考えれば、経済政策における経済学の役割とは、ある政策目標が与えられたとき、どのような政策手段によってそれを達成すべきかを理論的および実証的に分析することにある。貿易自由化政策においては、関税の引き下げ、輸入数量制限の縮小、生産補助金の縮小などの政策手段が考えられるが、それが貿易の拡大という政策目標にとってどれほど効果的なのかを知るためには、経済学の理論研究および実証研究を必要とする。それは、金融政策においても同様である。経済政策における経済学の役割は、そのような研究を通じて、「政策割り当て」すなわち政策目標に対する政策手段の割り当てに明確な科学的指針を与えることにある。ちなみに、上記の『経済政策の理論』（Tinbergen [1952]）で示された「複数の独立した政策目標を達成するためには同じ数の政策手段を必要とする」という命題は、ティンバーゲンの定理と名付けられている。

（4）経済政策における価値判断の優先性

　このように、経済学は経済政策にとって、政策目標に対する特定の政策手段の有効性や無効性を示す強力な道具となる。ただしそれは、政策目標の達成それ自体が社会的に望ましいことを示しているわけではまったくな

い。政策目標が社会的に望ましいか否かは、あくまでも社会の価値判断に依存する。

　上述のように、国際貿易の教科書には必ず、何らかのモデル分析の結果として、「関税の引き下げや輸入数量制限の縮小等を通じた貿易の自由化は、社会の消費可能性を拡大させ、人々の経済厚生を増加させる」という結論が示されている。その理論的推論が正しいとすれば、「消費の拡大は望ましい」という価値判断のもとでは、貿易自由化は確かに正しい政策である。しかし、消費拡大が望ましいというのは、さまざまな価値判断のうちの一つにすぎない。消費拡大よりも「食料自給率の維持や向上」を優先すべきという価値判断は十分にありうる。実際、日本ではそれが常に、農産物の輸入拡大に反対する論拠となってきた。

　国際貿易の教科書を読めば、多くの人はおそらく、貿易自由化こそが「科学的に正しい」政策であるという印象を持つであろう。しかし、それは実は、ある経済状態の望ましさを示す人々の「効用関数」中に、人々の「消費量」という変数しか組み込まれていないからである。仮に「食料自給率」という変数を社会的リスクの減少を意味する一つの指標と考えれば、それを効用関数に含めることも許容されるかもしれない。その場合には、「貿易自由化によって消費量は拡大しても、食料自給率の低下によって社会的リスクが増加し、社会全体の経済厚生はむしろ低下する」という結論が導きだされても、何ら不思議ではない。

　つまり、教科書が示すような「理論的結論」は、効用関数に入る変数をどう選ぶか、その変数へのウェイトをどう付けるかなどによって、いかようにも変わりうる。その「変数やウェイトをどう選ぶか」こそが、まさに価値判断である。経済理論は、ある特定の価値判断に基づいた政策目標が与えられてはじめて、ある政策手段を用いてそれを実現することの適否を判別することができる。それが規範経済学である。

　ちなみに、経済学における通常の政策分析では、「実証と規範の区別に注意せよ」という教科書的な注意書きにもかかわらず、価値判断が陽表化されていることはほとんどない。それは、ほとんどの経済モデルでは、厚生、雇用、所得といった、何らかの単一の総合的な評価指標があらかじめ

設定されているためである。その場合には、厚生、雇用、所得などをより改善させる政策がより望ましいことは自明であるため、価値判断の根拠それ自体が明示化されることはない。しかし上述のように、実際にはそのような設定それ自体が、厚生、雇用、所得といったような特定の価値判断を前提としているのである。

　要するに、経済政策を最終的に基礎付けるのは、理論ではなく価値判断である。理論は、与えられた政策目標に対する政策手段の適否を示す道具にすぎない。実証科学としての経済学においては、正しいか誤りかのみが問題であり、良いか悪いかという価値判断は不要である。そこでは例えば、「関税引き下げは貿易を拡大させる」ことが理論的および実証的に確認できさえすればよい。しかし、経済政策においては逆に、価値判断こそが出発点である。というのは、経済政策というのは何らかの意味で社会をより望ましいものに改善するためのものであるが、この「望ましさ」は、結局は「良いか悪いか」という人々の嗜好すなわち価値判断に基づく以外にはないからである。

　政策の背後には必ず何らか価値判断が存在しているという、この経済政策の本質は、その政策の唱導者や当事者においてさえ忘却されていることが多い。例えば、上述のマンチェスター学派に代表される19世紀イギリスにおける自由放任主義の主導者たちは、自らが唱導する政策によって社会善が実現されることは、科学的に論証するまでもない自明の真理であると考えていた。また、マルクス主義者たちは、資本主義経済が労働者を窮乏化させるという「理論」や、それを覆して実現される社会主義経済が人々の一般的幸福を全面開花させるという「歴史法則」を、科学的真理として宣教した。マルクス主義者たちは、競合する社会主義各派を「空想的社会主義」とし、自らを「科学的社会主義」と呼んでそれらと区別したのである [4]。ティンバーゲンによれば、このマンチェスター学派やマルクス主義者たちの考えは、実証科学的な真理というよりは、先験的信念（a-priori belief）というべきものであった（Tinbergen [1952] ch.1）。要するに、数多くあるイデオロギーうちの一つに他ならなかったということである。

　当然のことであるが、人々の価値判断あるいは嗜好は、決して不変不朽

のものではない。それどころか、国によっても、また時代によっても大きく変動する。経済政策のあり方が、国ごとのさまざまな特質を維持しつつも、人々の意識の変化により変遷を遂げていくのは、まさしくそのためである。

3．「政策生成プログラム」の構造——その中核と防備帯

（1）ピーター・ホールの「政策パラダイム」論

　本章ではこれまで、経済政策形成において、経済理論と価値判断ないしはイデオロギーの双方がどのような役割を演じてきたのかを論じてきた。第1章第4節で提起したように、この経済政策形成における理論と思想の役割を適切に位置付けるために、本書では「政策生成プログラム」という概念を用いる。

　本書のこの概念には、アメリカの政治学者ピーター・ホールによって提起された「政策パラダイム」という先行概念が存在する（Hall [1992][1993]）。そこで、ここではまず、ホールのいう「政策パラダイム」とは何かを要約する。そして、「政策生成プログラム」概念が、ホールの概念とどう関連し、どう異なるのかを明らかにする。

　ホールは、自らが提起した「政策パラダイム」について、以下のように述べている。

　　マクロ経済政策の策定など、技術的に複雑な政策の分野では、意思決定者はしばしば、直面する問題がどのように認識されるべきか、政策を通じてどのような目標が達成されるのか、そしてそれらの目標を達成するためにどのような種類の技術が利用可能かなどを特定する、一連の包括的な思考によって導かれる。これらの問題のそれぞれについての考えは、相互に結びつき合いながら、政策パラダイムと表現されるべきような、相対的に一貫した構築物を形成する。それはゲシュタルトのように、政策決定者が世界とその中での彼らの役割を見通す、まさにそのあり方を構成する。(Hall [1992] pp.91-92)

　つまり、ホールのいう政策パラダイムとは、政策理念、政策目標、政策
手段などが結びつくことによって構成される、ある政策が生み出されるた
めの包括的な思考の枠組みのことである。

　この政策パラダイムという概念は、近年の欧米の政治学研究では、政策
全般を分析するための概念として盛んに用いられているが、興味深いこと
に、本来は政治学者であるホールがこの概念を最初に提起したのは、マク
ロ経済政策の歴史的分析を通じてであった。それは具体的には、1970 〜
80 年代のイギリスのマクロ経済政策運営に生じた、ケインズ主義からマ
ネタリズムへの転換についての分析である。ホールは、ケインズ主義とマ
ネタリズムを二つの異なった政策パラダイムとして把握した上で、前者か
ら後者へのシフトがどのように生じたのかを考察したのである。

　ホールの「政策パラダイム」概念は、「パラダイム」という用語から当
然ではあるが、アメリカの科学史家トーマス・クーンが 1962 年に公表し
た『科学革命の構造』に依拠している（Kuhn [1962]）。クーンは、科学
史や科学哲学の領域に大きな衝撃を与えたその書で、科学的知識が一つの
知的枠組みの中で蓄積されていくことを「通常科学」と呼び、知的枠組み
それ自体が転換されることを「科学革命」と呼んだ。クーンの「パラダイ
ム」とは、天動説や地動説などといった、科学における知的枠組みのこと
である。そして、クーンのいう通常科学とは、「一つのパラダイムの中で
の知的洗練化」であり、科学革命とは、天文学における天動説から地動説
への基本学説の交替のような「パラダイムそれ自体の転換」である。

　ホールは、このクーンの議論に基づいて、経済政策の転換においても同
様に、「一つの政策パラダイムの中での変化」と「政策パラダイムそれ自
体の転換」が存在することを指摘する。ホールはそこで、政策手段や手法
の転換を第 1 次的転換、政策目標の転換を第 2 次的転換、パラダイム自体
の転換を第 3 次的転換と呼ぶ。この第 1 次と第 2 次は、パラダイム内での
転換である。つまりホールは、「政策転換」と呼ばれる事象には、パラダ
イムの内部に生じる低次元のものと、パラダイムそれ自体の転換という高
次元のものが存在することを指摘したのである。

（2）ラカトシュの「科学的研究プログラム」論

　本書が提起する「政策生成プログラム」という概念は、基本的にはホールによる政策パラダイムの概念を受け継いでいる。しかし、政策枠組みの全体を、置き換えのきかない中核（hard core）と、置き換え可能な防備帯（protective belt）という階層構造として把握する点で、それとは異なっている。この政策生成プログラムという概念もまた、政策パラダイム概念と同様に、科学史研究の分析概念を政策分析に転用したものである。それは、ハンガリー出身の科学哲学者イムレ・ラカトシュが、クーンのパラダイム概念をカール・ポパーによる反証主義の科学哲学に基づいて批判的に再構成した、科学的研究プログラム（Scientific Research Programmes）である（Lakatos [1970]）。

　第1章第4節で示したように、ポパーのいう反証可能性とは、「実験や観察など事実の確認によって誤謬であることが示される可能性」である。ポパーはこれを、ある知的思惟が科学であるための必要条件とした。例えば、「世界は神が創造した」という創造論は、いくら現実を観察しても誤謬であることを確認できないので、反証不可能である。それに対して、「地球を含む太陽系のすべての惑星は、太陽のまわりを回っている」という天動説は、もしそれが誤っているとすれば、天体の観測によってその命題と矛盾した事象を発見することができるはずである。したがって、天動説は科学的仮説であるが、創造論は、宗教的な信仰の対象としての寓話やメタファーではあっても、科学ではあり得ない。

　このポパーの反証主義は、確かに科学の必要条件としては妥当なものである。科学とは、われわれをとりまく自然現象や社会現象の背後に存在する「原因」と「結果」の関係、すわなちその現象が何によってもたらされているのかという因果関係を、何らかの概念やモデルを用いて理論化しようとする試みである。自然界や社会に対するわれわれの知識は、もっぱらそれを探求しようとする知的活動を通じて拡大してきた。人類の物質的な豊かさは、まさにそのようにして蓄積されてきた科学的知見を応用することによって実現されてきた。留意すべきは、その知見の真理性を確証する

ためには、まずはそれが「誤りである可能性を排除することなく現実と対
照可能なものでなくてはならない」という点である。というのは、科学的
仮説の客観的真理性は、「誤りではないことが現実のデータから確認され
る」ことによってのみ保証されるものだからである。それが反証可能性で
ある。

　しかしながら、反証可能性は、科学の必要条件ではあっても、その十分
条件ではない。というのは、ラカトシュが指摘しているように、特定の科
学理論や仮説が、実際に実験や観察を通じた「反証」によって棄却される
ことは、きわめて稀だからである。それは、「どんな理論でも、何らかの
補助仮説によってか、あるいはその理論が使っている諸々の用語を適当
に再解釈することによって、反証例から救い出すことができる」（Lakatos
[1970] p.116）からである。

　ラカトシュは、科学は実験や観察による反証テストをくぐり抜けて
のみ科学と呼ぶことができるという立場を、素朴な反証主義（Naive
Falsificationism）と呼んでいる。現実には、一見すると明らかに理論の反
証となっているような事実やデータが存在していたとしても、それによっ
て理論それ自体が根本的に否定されることは少ない。その事実は、科学理
論の確からしさを判断するためには「反証をくぐり抜けた」というだけで
は十分ではないことを意味している。重要なのはむしろ、「それがどのよ
うに反証をくぐり抜けたのか」である。

　ある理論が科学といえるかどうかを、単に反証可能性を持つという事実
だけで判断できないことは、例えば「創造科学」というものの存在を考え
てみれば明らかである。創造科学とは、地球や宇宙の誕生に関する「創造
主による天地創造」という聖書の記述を、文字通りの科学的真理として把
握するような立場である。世界は神が創造したという通常の創造論は反証
不可能であるが、それとは異なり、この創造科学は明確な反証可能性を持
っている。というのは、聖書の記述の反証となる可能性を持つ証拠を捜す
ことは、きわめて容易だからである。実際、地球上に化石が存在すること
や、「ノアの方舟の洪水を起こしたはずの水が地球上には存在していない」
といった事実は、聖書が明白にフィクションであることを示している。そ

のことから、自然科学者や科学哲学者の多くは、創造科学を典型的な疑似科学と見なしている。しかしながら、創造科学の唱導者たちは、それによって創造科学が否定されたとは考えない。彼らはむしろ、「聖書の時代と現代との環境の相違」など、反証事例を迂回するさまざまな仮説を提示することによって、創造科学は疑似科学にすぎないという批判に対応し、聖書の記述の科学的真理性をより一層揺るぎなく主張するのである。

　このように、科学理論の確からしさを反証可能性の有無に求めることができないとすれば、それをいったい何に求めるべきなのだろうか。実は、それに対する答えの一つが、「科学活動は、科学者集団が支持しかつ依拠する知的規範としてのパラダイムが存在して初めて成立する」という、クーンのパラダイム論であった。そこでは、科学理論の真実性は、実験や観察に基づく実証や反証といった客観的な根拠によってではなく、もっぱら「理論体系に対する確信」という科学者の主観的な心理の中に求められることになる。

　ラカトシュは、科学の展開を素朴な反証主義に基づいて解釈することはできないことを指摘する一方で、科学の成功や失敗を合理的に説明するのではなく、その課題を安易に科学者の心理といったものに還元しようとするクーンのアプローチの問題性をも指摘する。というのは、それが行き着く先は、科学もまた一つのイデオロギーにすぎないといった、虚無的な価値相対主義だからである。それは例えば、ポパーの熱烈な信奉者として出発しながら、科学的合理性の全否定という正反対の立場に行き着いたポール・ファイヤアーベント（Feyerabend [1975]）に代表される。その価値相対主義を乗り越えるべくラカトシュが提起したのが、彼の科学的研究プログラム論である。

　ラカトシュは、科学の現実の展開は、クーンが描いた通常科学と科学革命の連鎖というよりは、異なる科学的研究プログラムの競合的展開として把握されると論じた。その科学的研究プログラムは、必ずしも反証可能ではない「中核」と、多くの場合において反証可能な「防備帯」から構成される。科学理論といえども、その理論的内容のすべてが反証可能であるとは限らない。例えば、自然現象を「何らかの意思」によってではなく物理

的な因果関係のみから解釈する機械論は、古典力学にとっての重要な発見原理として機能したが、それ自体は反証不可能な形而上学にすぎない。しかし、その形而上学は、反証可能な経験的命題を生み出す限りにおいて、科学的研究プログラムの中核としての役割を確かに果たしていたのである。

　他方で、科学の進歩そのものは、科学的研究プログラムの中核にではなく、もっぱらその防備帯に現れる。それぞれの研究プログラムの科学としての優劣もまた、防備帯に構築された理論の性質から判断できる。ラカトシュによれば、彼が前進的（progressive）と呼ぶような科学的研究プログラムにおいては、経験的事実に対応する新奇な命題や知見が、その防備帯において必ずより多く生み出されることになる。実際、アインシュタイン理論がニュートン理論よりも進歩しているといえる理由は、前者が後者よりも多くの反証テストをくぐり抜けたからではなく、前者は後者が説明していた経験的事例をすべて説明しただけではなく、後者が説明できなかった新奇な事例をも説明することができたからなのである。

　それに対して、ラカトシュが退行的（degenerating）と呼ぶような科学的研究プログラムの防備帯は、もっぱら中核的な命題を反証から守るだけのために追加されるアドホックな補助仮説の集合体にすぎず、新奇な経験的事例とは何ら結びつかない。創造科学論者たちはこれまで、「天地創造に関する聖書の叙述のフィクション性は地球上におけるあまたの化石の存在から自明である」という科学者たちの指摘を回避するために、珍妙な仮説を数多く創作してきた。それはまさしく、退行的な研究プログラムの極端な実例である。

　ラカトシュの議論は、自然科学を対象としたものであるが、社会科学にも十分に応用可能である。ラカトシュは実際、以下のように、退行的科学的研究プログラムの典型的な実例の一つとして、マルクス主義を取り上げている。

　　前進的な研究プログラムでは、理論が、それまでには知られていなかった新しい事実の発見を促すのである。これに反し退行的プログラム

では、理論は、既知の理論とうまく折合うためにのみ組織される。例えばマルクス主義は、これまでに何らかのとてつもない新しい事実を一つでもうまく予言しただろうか。全くそれはない！　うまくいかなかった有名な予言はいくつかある。労働者階級の絶対的貧困が予言された。最初の社会主義革命は最も産業の発達した社会で起こるだろう、という予言もなされた。社会主義社会では革命はなくなる、という予言もされた。社会主義国どうしの間では利害の衝突は起こらない、という予言もあった。つまり、マルクス主義の初期の予言もなかなか大胆で、人の眼を見張らせるような類のものではあったが、どれもうまくはいかなかった。マルクス主義者はすべてについて、うまくいかなかった理由を説明した。労働者階級の生活水準の向上を説明するには、帝国主義理論をつくり出した。最初の社会主義革命業が産業上の後発国ロシアに起こったことも説明した。1953 年のベルリン、1956 年のブタペスト、1968 年のプラハも "説明" した。中ソ紛争も "説明" した。しかしそれに要する補助仮説はすべて、ことが起こったあとでマルクス理論を事実から守るためにでっち上げられたものだった。ニュートン・プログラムは新しい事実を数多く引き出した。マルクス・プログラムは事実の後追いをするだけであり、事実に追いつこうと走り続けてきただけである。(Lakatos [1978] pp.5-6)

　このラカトシュの科学的研究プログラム論は、その後は経済学にも広範に応用されるようになった。その試みは、まずはラカトシュのLSE(London School of Economics and Political Science）での同僚であったスピロ・ラトシスらによって行われた（Latsis [1976]）。その後、マーク・ブローグ（Blaug [1980]）、根岸隆（Negishi [1989] ch.1）などの経済学史家によって肯定的に引用されることで、ラカトシュの科学的研究プログラム論は、経済学史研究方法論における一つの標準となった。ウェイド・ハンズ（Hands [2001]）は、その流れに属する研究を代表する。

（3）「科学的研究プログラム」から「政策生成プログラム」へ

　本書が提示する政策生成プログラムとは、ラカトシュが提示した科学的研究プログラムの中核と防備帯という区別を、政策分析に応用したものである。そのプログラムの中核とは、「社会において解決されるべき問題とは何か、その問題解決ためには何が必要なのか」を導き出す、何らかの世界観や価値判断である。そして防備帯とは、「その価値実現のために、どのような政策目標および政策手段を設定すべきか」を示した政策戦略である。その防備帯にはさらに、「その政策手段を具体化するためには何が必要か」を示す、政策の戦術的な設計も含まれる。その政策実現のための戦略および戦術が十分に現実的であるためには、それは科学的な裏付けを持つ必要がある。その裏付けとは、政策目標と政策手段を結び付けるための科学的な推論である。既述のように、それを提供するものこそが、経済理論であり、実証科学としての経済学である。

　この「中核と防備帯という階層構造を持つプログラム」というラカトシュ的な図式は、その本来の主題である科学という知的営為以上に、経済政策という政治的営為に対してうまく当てはまる。ラカトシュは、科学といってもそのすべての部分が反証可能なものであるわけではないこと、むしろ科学理論の中核には反証不能な形而上学が存在している場合が多いことを指摘した。しかし、個々の科学理論において、何がその中核であり防備帯であるかを判別することは、実際にはそれほど簡単ではない。それに対して経済政策においては、それが必ず何らかの「規範」から出発するものである以上、その価値判断を生み出すような世界観やイデオロギーこそが、まさにその中核となる。というのは、人々の価値判断は、多くの場合、社会というものに対する把握の仕方、すなわち人々の世界観やイデオロギーと不可分に結びついているからである。

　所得分配を平等化させなければならないというマルクス主義者の価値判断は、資本主義経済は必然的に富の集中と労働者の困窮を生み出すという把握に対応している。経済の安定的な拡大のためには雇用の安定が必要であり、そのためには政府によるマクロ経済政策が必要だというケインズ主義者の認識は、資本主義経済は景気循環というマクロ的な不安定性を免れ

ないという把握に基づく。政府はなるべく小さくあるべきだという新自由主義者の価値判断の背後には、政府の介入は必ず民間の自由な経済活動の妨げとなるという把握が存在している。それらはいずれも、反証可能な理論命題というよりは、資本主義経済の本質に関する形而上学的な「解釈」である。

　こうした世界観やイデオロギーは、政策生成プログラムにおける「置き換え不能な中核」である。というのは、マルクス主義にせよ、ケインズ主義にせよ、あるいは新自由主義にせよ、それぞれの主義を主義たらしめているのは、それぞれの価値判断であり、その価値判断と強く結びついている反証不能な世界観やイデオロギーだからである。仮に、政策生成プログラムの中核にある価値判断や世界観が変わってしまったとすれば、それはもはや異なった政策生成プログラムと考えるしかないのである。

　それに対して、中核にある価値判断に基づいて提起される政策目標、そしてその目標の達成のための政策手段、その政策手段と政策目標との間の因果関係を説明した経済理論は、政策生成プログラムにおける置き換え可能な防備帯である。というのは、この政策目標と政策手段との間の理論的把握の部分は、経済学が科学として進歩する限り、不変ではあり得ないからである。ある政策目標を達成するためにどの政策手段をどのように用いることが正しいのかは、価値判断の問題ではなく、純粋に実証科学の問題である。そして、実証科学の進歩とは、新たな実証的証拠による既存の理論の改変や、より現実説明能力の高い新奇な理論の出現を意味する。したがって、政策生成プログラムにおける政策戦略、すなわち政策目標と手段、その手段達成のための具体的手法は、経済学の進歩とともに更新されていくのが当然なのである。

　ラカトシュによれば、ある科学的研究プログラムが前進的か退行的かは、その中核ではなく防備帯における理論展開によって判断される。すなわち、前進的なプログラムは、これまでは十分に認識されていなかった新奇な事象の発見に結びつくのに対して、退行的なプログラムは、中心命題と現実との齟齬を取り繕うことに終始し、新奇な事象の発見に何ら結びつかない。

　同様なことは、政策生成プログラムに関しても言える。すなわち、前進

的な政策生成プログラムは、経済学的に裏付けられた現実に適応可能な政策的命題を数多く生み出すのに対して、退行的なそれは、単に机上の空論に終わることが多い。それは、退行的な政策プログラムの防備帯の多くが、実証科学的な裏付けを欠いた、ある種のユートピアに留まっているためである。政策というものは本来、現実への何らかの働きかけを通じてその現実を望ましい方向に変えようとする形而下的な営みである。したがってそこには、単にイデオロギーのみではなく、「経験的な裏付け」が必要不可欠なのである。

　仮に、そのような実証科学的な裏付けを持たないユートピア的な政策プログラムが不幸にも現実化されてしまったとすれば、それはいわば病気の治療を科学的根拠のない迷信に基づいて行うようなものであるから、社会に悲惨な結果がもたらされることは避けられない。マルクス主義の政策プログラムが、世界を二分するような隆盛を経て、先進社会ではもはや存立不可能なまでに衰退していったのは、さまざまな国における「社会主義の実験」の悲惨さが否応なく明らかになったためであろう。それに対して、古典的自由主義やケインズ主義の政策生成プログラムが、それに対するさまざまな批判にもかかわらず現在まで生き残っているのは、それぞれの中核を共有しつつも、経済の新たな現実や経済学の新たな展開に対応するようなサブ・プログラムが、その防備帯部分に数多く生み出されてきたからなのである。

（4）イデオロギーを中核とする「プログラム」としての経済政策

　本書が提示する政策生成プログラムという概念は、その内実としては、「政策理念、政策目標、政策手段などが結びつくことによって構成される、ある政策が生み出されるための包括的な思考の枠組み」いう、ホールが提起した政策パラダイム概念と大きくは変わらない。最も大きく違うのは、「あらゆる政策の中核にあるのは、特定の経済理論ではなく、特定の価値判断を生み出す世界観やイデオロギーである」という点の強調にある。ホールも確かに、「マネタリストたちの政策的処方箋はケインジアンたちのそれとかけ離れていたが、その違いは経済がどう機能しているのかについ

ての彼らの認識の相違に基づいていた」（Hall [1993] p.284）と述べ、それぞれの政策戦略の背後には世界観の相違が存在していたことを指摘している。しかし、その重要性は必ずしも十分に強調されてはいない。

　実際には、どのような政策が望ましく、どのような政策が望ましくないのかに直感的な示唆を与えるのは、多くの場合、防備帯における経済理論ではなく、中核にあるイデオロギーの方なのである。これは、ラカトシュのいう肯定的発見法（Positive Heuristic）と否定的発見法（Negative Heuristic）に対応する。政策生成プログラムという把握は、このような政策形成における中核と防備帯の階層構造を描写するのに役立つ。

　つまり、経済政策形成においては、経済理論よりはむしろイデオロギーが大きな意味を持つ。そのことは、政策が実際に遂行されるためには何らかの意味での有権者の支持が必要となるような民主主義社会においては、より一層明らかである。ある政策が政治の側から提起されたとき、有権者はその是非を判断しなければならない。具体的な経済政策を生成し続ける「前進的な」プログラムにおいては、その政策に関する政策戦略、すなわち政策目標や政策手段に関しては、数多くの専門家たちによる十分な検討が既に行われてきたはずである。それは例えば、貿易制限を導入することの効果とか、金融政策の手段に何を用いるべきかといったような問題についてである。しかし、一般の有権者が、そのような専門家たちによる判断の文脈を必要最小限にでも理解していることは、通常はほとんど期待できない。有権者の多くはむしろ、政策それ自体というよりは、その背後にあるイデオロギーに対する共感あるいは反感に基づいて、あるいはリベラル派か保守派かといったような自らのイデオロギー的な志向性に基づいて、その政策の是非を判断することが多い。

　他方で、政策生成プログラムの防備帯を構成する政策戦略の構築や提起は、もっぱら専門家の仕事であり、そこに門外漢が関与する余地はほとんどない。ティンバーゲンが指摘したように、経済政策における経済学の役割は、ある政策目標が与えられたときに、どのような政策手段によってそれを達成すべきかを、理論的および実証的に解明することにある。当然ながら、そのような仕事を十全に遂行可能なのは、一定の知見と素養を持っ

た専門家のみである。

　ここで留意すべきは、この政策戦略という部分は、政策においては取り替え可能な防備帯にすぎないが、他方で、その防備帯を提供する経済理論や経済学は、政策とはまったく別の論理に基づいて展開されている、という点である。まず、経済政策が必ず何らかの価値判断に基づくのとは異なり、「科学としての経済学」は、マックス・ウェーバーが述べたように、あらゆる価値判断から自由でなくてはならない。貿易制限が望ましいか否かは、貿易制限は何をもたらすのかとは別の問題である。前者の前にまず後者を明らかにしようとするのが、実証経済学である。これは、経済学の専門世界において尊重されるのは、もっぱらその科学的知見であり、それは個々の経済学者が持つイデオロギーとは完全に切り離して評価すべきものであることを意味する。

　政策パラダイム概念を提起したホールが指摘したように、ケインズ主義とマネタリズムという二つの政策生成プログラム（ホールのいう政策パラダイム）は、政策目標、政策手段、その両方を結び付ける理論モデルはもとより、資本主義経済がどう機能するかという世界観の次元において異なっていた。他方で、ケインジアンを代表する経済学者であったジェームズ・トービンと、マネタリズムの創始者であったミルトン・フリードマンの論争が示すように、両者は経済理論の局面においては科学的流儀に従って相互の批判を展開していた。それが可能だったのは、例えば「貨幣はマクロ経済においてどのような役割を果たすのか」といった課題は、もっぱら理論的推論あるいは実証的証拠から解明されるべきものであり、イデオロギーとはさしあたり無関係だからである。実際、トービン以降の新しい世代のケインジアンたちは、マネタリズムの成果を積極的に取り入れていった。その結果、皮肉なことに、マネタリズムの理論的な遺産は、マネタリズムを踏襲した「新しい古典派マクロ」経済学よりはむしろ、ニュー・ケインジアンと呼ばれる人々の中に受け継がれていくことになったのである。

　政策生成プログラムとしてのマネタリズムは、古典的自由主義から派生した一つのサブ・プログラムである。それは、古典的自由主義への批判から生み出されたケインズ主義とは、中核的な世界観や価値判断において大

きく異なる。そのようなイデオロギー的相違にもかかわらず、経済理論そして経済学という領域では、両者は積極的に対峙することを厭わなかった。政策生成プログラムの中核部分における対立は、それが反証不能な世界観やイデオロギーの対立である以上、基本的に解消されることはない。しかしながら、その防備帯における対立は、それが実証的な見解の相違である以上、理論研究や実証研究の進展によってやがては解消されていくことが期待できる。マクロ経済学のこれまでの展開は、ケインズ主義とマネタリズムとの間にも、そのような関係が確かに生じていたことを示しているのである。

4．経済政策の転換とその重層的メカニズム

　ピーター・ホールは、政策パラダイムという概念を提起する中で、一般に政策転換とはいっても、そこにはパラダイム内部の次元で生じるそれと、パラダイムそれ自体の転換という高次元のそれが存在することを指摘した。ホールは、政策手段や手法の転換を第1次的転換、政策目標の転換を第2次的転換、パラダイム自体の転換を第3次的転換と呼ぶ。この第1次と第2次は、パラダイム内での転換である。

　政策転換に関するこのホールの概念化はきわめて有益であるが、他方でやや誤解を生みそうな点もある。それは、ホールのいう第1次と第2次の転換は、確かに政策戦略の転換という意味での政策の内部的転換であるが、第3次的転換は「政策の社会的受容の転換」という、まったく別の文脈の現象だからである。ホールは、1980年代のイギリスに生じた、マクロ経済政策の領域におけるケインズ主義からマネタリズムへの転換を、この第3次的転換の具体例として分析している。しかしながらこれは、ケインズ主義やマネタリズムの側の問題ではなく、もっぱら「社会がケインズ主義を放棄してマネタリズムを受け入れた」という、社会の側の問題なのである。その転換は、政策の内部的転換とはまったく別の要因に基づいて生じている。

　政策生成プログラムという概念は、こうした政策転換の重層的構造を解

明するのにも役立つ。その「取り替え不能な中核と取り替え可能な防備帯」という把握は、ホールが第 1 次および第 2 次的転換と呼ぶ政策の内的転換がもっぱらプログラムの防備帯において生じることを示唆する。しかし、政策生成プログラムの本質は、あくまでもその取り替え不能な中核にある。それは、プログラムそれ自体が社会から死滅しない限り、何らかの形で生き残り続ける。

それに対して、ケインズ主義なり新自由主義なりといった特定のプログラムを社会が受け入れるのか否かの問題は、より複雑で錯綜している。政治主体もまた経済主体と同様に合理的であり、したがって政治行動もまた経済行動と同様に利己主義的であることを仮定する合理的選択政治理論は、その複雑な現実を「選択の合理性」という単純な原理に基づいて解明しようとする。しかしながら実際には、その選択の合理性それ自体が、何が合理的な選択なのかに関する人々の認識に依存しているのである。それが第 2 章で提起した「社会的認識モデル」である。これは、政策生成プログラムの社会的受容の問題を解明するためには、ある社会的認識モデルがいかにして社会的影響力を増していくのか、あるいは減じていくのかを解明しなければならないことを示唆する。

重要なのは、この政策生成プログラムの内的転換と外的転換とでは、その担い手もまた異なるという点である。本書の第Ⅲ部で明らかにされるように、ケインズ主義はこれまで、政策手段や手法はもとより、政策目標それ自体の転換をも経験してきた。それは、マネタリズムや合理的期待形成学派からの理論的批判に対応する中で、自ずとそうなっていったのである。当然ながら、その転換の担い手は、専門人としての経済学者である。それに対して、第 2 次世界大戦以降のマクロ経済政策におけるケインズ主義の隆盛や、1980 年代頃から生じ始めたマネタリズムや新自由主義の影響力拡大は、政策生成プログラムの社会的受容の問題である。そこでは、専門人よりもむしろ、政策選択に影響を与える一般人の認識や価値判断が重要になる。その一般人には、当然ながら政治家も含まれる。というのは、政治家とは、いわば一般人を代表する存在だからである。

ホールは、1979 年のイギリスに生じたケインズ主義からマネタリズム

へのマクロ政策の転換について、以下のような興味深い指摘を行っている。

> 政策変更のこのプロセスにおいて顕著な役割を果たしたのは、政府に
> 従事している官僚や政策専門家ではなく、政治家やメディアであった。
> 政府のエコノミストの大多数は、1979 年には 1970 年と同様、事実
> 上はほぼケインジアンであった。マネタリストからの攻勢は、ウィリ
> アム・リース・モグやサミュエル・ブリタンのような影響力のあるジ
> ャーナリストや、マーガレット・サッチャーやサー・キース・ジョセ
> フのような主要な政治家によって主導されていたのであり、彼らが他
> の人たちに彼らの推論の利点を説得し、イギリス政府の官僚機構に、
> そのマクロ経済政策形成の様式を変えることを事実上強いたのであ
> る。(Hall [1993] p.287)

　つまり、政策生成プログラムの社会的受容の転換には、社会の側での認
識モデルの転換が必要であり、そこで大きな役割を果たすのは、専門人で
はなく、影響力のあるメディアや発言力のある政治家なのである。
　マーガレット・サッチャーが典型的であるように、マネタリズムや新自
由主義を政策として実践した政治家の多くは、政府は経済に不要な介入は
すべきでないとする古典的自由主義の中核にある世界観の信奉者であっ
た。そのプログラムの中核や防備帯の多くは、アダム・スミス、フリード
マン、ハイエクといった「突出した専門人」たちによって作り出されてき
た。だからといって、サッチャーがフリードマンやハイエクの理論や思想
を正確に理解していたとは考えられない。そもそも、学者ではなく政治家
であるサッチャーにとっては、そうである必要もない。明らかなのは、彼
らの思想や世界観が、さまざまな経路や媒介者を通じて、サッチャーとい
う政治家の認識モデルに影響を与え、それが最終的には支配的な影響力を
持つ社会的認識モデルとなり、現実の政治そして現実の政策を動かしたと
いう事実である。
　本書が第 1 章第 3 節で「専門知の世間知の対立」の問題として、また若
田部 [2007] が「認知バイアス」の問題として指摘したように、専門人と

一般人の現実認識は、しばしば大きく異なる。また、一般人の現実認識は、専門人たちのそれのような内在的批判に遭遇することが少ないだけに、強い粘着性を持っている。しかし、古典的自由主義から経済的リベラリズムへ、さらには経済的リベラリズムの否定へといった、支配的政策思潮における大きな転換、すなわちマーク・ブライス（Blyth [2002]）が言う意味のでの大転換（Great Transformation）が実際に起きてきたという事実は、一般人の観念あるいは認識モデルも決して変わらないわけではないことを示している。

　第2章第4節で論じたように、それはまずは、人々の既得観念と彼らの「現実実感」との齟齬の拡大が、既得観念それ自体に対する疑念を生み出すことから生じる。それはおそらく、トーマス・クーンが科学革命の端緒として指摘する「パラダイムにとってのアノマリーの拡大」が、社会認識の次元においても生じていることを意味する。クーンのパラダイム論は、ラカトシュらポパー派の科学哲学者たちから批判されたように、科学者たちを含む専門人の行動原理を説明する理論としては不適切であったかもしれない。しかしそれは、一般社会の支配的観念がどう転換されてきたのかの説明には、きわめてよく適合するのである。

第4章　政策プログラムとしての古典的自由主義とケインズ主義

１．巨大な政策生成プログラムの前進性と退行性

　近代から現代に至る経済社会に最も大きな影響を与えた政策生成プログラムとは何かといえば、それは明らかに、古典的自由主義、マルクス主義、そしてケインズ主義の三つである。これらが巨大プログラムの名にふさわしいことは、単に数多くの信奉者が存在してきたというだけではなく、その中核を共有しつつも異なった防備帯群を持つような数多くのサブ・プログラムが存在してきたという事実からも言える。これらの「主義」が時代の風雪に耐えて存在し続けているのは、その中核を維持しつつも、新しい現実や知見に基づいて防備帯が絶えず更新され、さらには新しいサブ・プログラムという形でそれらが再構築されてきたからなのである。そのような防備帯の進化は、政策生成プログラムがラカトシュの言う意味で「前進的」であることの現れと考えることができる。

　ただし、現状のマルクス主義に関しては、それがプログラムとして十分に前進的と言うことは難しい。確かに、資本主義経済における分配の不平等性というマルクス主義の中核的な問題把握は、現在でも十分な社会的訴求力を持っている。そのことは、所得分配の不平等性に改めて焦点を当てたトマ・ピケティの『21世紀の資本』（Piketty [2014]）が、2014年に英語版が出版されると同時に世界的ベストセラーとなったことにも現れている。しかしながら、このピケティによる分析は、マルクス主義の中核にある労働価値説や搾取説とはまったく無関係である。人々はおそらく、ピケティの書物を共感を持って読むことはあったとしても、階級闘争を通じた革命の遂行や、その後の生産手段の国有化と計画経済の導入といったマルクス主義の伝統的な政策戦略を受け入れることはないのである。

　つまり、分配の不平等性という問題意識は現代社会において広範に共有されてはいるが、マルクス主義の政策生成プログラムは、それにまったく対応できてはいない。おそらく、労働価値説や搾取説に基づく窮乏化論のようなマルクス主義の中核的命題が放棄されない限り、それは基本的に不可能であろう。というのは、マルクス主義がそれを維持する限り、「私的所有の廃棄」といった、近代経済社会の基本的なあり方を破壊するような政策目標を提起する以外にはないからである。それでは自らのプログラムに対する社会的受容の獲得が困難だったため、マルクス主義者はこれまで、二段階革命論のような、根本的な政策目標を覆い隠す補助的な戦略を用いてきた。しかし、それこそまさに、ラカトシュが定義する意味での退行的プログラムの持つ典型的な特質だったのである。

　それに対して、古典的自由主義とケインズ主義の政策生成プログラムは、現在においても十分に前進的な性質を保持している。そのことは、それぞれのプログラムあるいはサブ・プログラムが盛衰を繰り返しながら存続し続けているという事実それ自体によって示されている。本章では以下で、その二つの政策生成プログラムの中核と防備帯の内実を、より具体的に提示する。

２．ケインズ主義の中核と防備帯

（１）ケインズ主義プログラムの中核

　ケインズ主義とは最も一般的には、「本質的な不安定性を持つ資本主義経済を安定化させ、適切な雇用と所得を維持するために、政府は反循環的なマクロ経済政策を積極的に実行すべきである」という政策思想と定義できる。それはまず、資本主義経済あるいは市場経済を「本源的な不安定性」と「内在的な粘着性」によって特徴付けられるものとして把握している。それが、ケインズ主義プログラムの中核にある、反証不能な形而上学的世界観である。そこから導き出される価値判断は、「適切な雇用と所得の達成および維持」である。それはまさに、「資本主義経済はその不安定性ゆえに人々の雇用と所得を絶えず脅かす可能性を持つ」という、ケインズ主

義の世界観に対応している。

　このケインズ主義の中核は、当然ながら、資本主義経済というものに対するケインズ自身の把握が出発点となっている。それは、人類初の世界大戦、資本主義諸国のその後の経済的混乱、資本主義と競合する社会主義という経済体制の成立、そして人類史上最大の恐慌である世界大恐慌といった、ケインズが生きた時代に起きた未曾有の経済的混乱や社会的動乱と分かちがたく結びついていた。ケインズは、これらの混乱の根源にあると彼が考える、資本主義経済が持つ重大な欠陥を放置し続けた場合には、資本主義という経済体制そのものが正統性を失い、やがては人々によって打ち棄てられると考えたのである。

　こうした時代状況を背景に構築されたケインズの経済観は、何よりも、資本主義経済の持つ本源的不安定性に対する冷徹な把握によって特徴付けられる。それは端的にいえば、拡大するかと思えば縮小する投資の不安定性である。ケインズは、投資家の持つうつろいやすい期待こそが、その不安定性の根源にあるものと考えた。それは、投資家が投資を行うのは、あくまでも「将来における高い収益」という見返りを期待してのことであるが、その収益期待が実際に実現されるか否かは、きわめて不確実だからである。

　ケインズのそうした把握は、『一般理論』第 12 章「長期期待の状態」で展開された彼の不確実性に関する議論に、最も具体的に現れている（Keynes [1973] ch.12）。ケインズによれば、不確実性に直面した投資家が実際に投資を行う場合には、彼が「アニマル・スピリット」と名付けたような蛮勇が必要となる。投資の成功見込みが不確かである以上、その行為は蛮勇である以外にはないからである。その一方で、投資家の間ではしばしば、「自分が誰を美人と思うかではなく、誰が人々に美人と思われているか」に基づいて投票するような、日和見や付和雷同が生じる。それもまた、不確実性に直面した投資家の典型的な行動に他ならない。というのは、投資による将来収益が確実であれば、そもそも投資家が相互に付和雷同する必要もないからである。

　こうした不安定性があるために、資本主義経済は、景気循環とそれ伴う

雇用や所得の不安定性を免れない。ケインズはその問題を、やがては解消される過渡期の現象としてではなく、資本主義という経済システムそれ自体が持つ本質的な機能不全として把握した。というのは、ケインズによれば、市場経済には、需要と供給の円滑な調整を困難にするような、内在的な粘着性が存在しているからである。

　ケインズは、現実経済とりわけ雇用問題を考察するに際しては、需要と供給が価格の変化によって円滑に調整されるとする古典派経済学による市場経済の把握をそのまま受け入れるべきではないと考えていた。というのは、人々の賃金は仮に人手が余っているからといっても簡単に下げることができないからである。これが、賃金の粘着性あるいは硬直性である。それが存在するために、総需要の減少によって一度拡大した失業は、なかなか解消されることがない。この賃金の下方硬直性は、市場経済に内在するものであるため、政策的に除去することは困難である。もちろん、労働市場で失業者が長く滞留すれば、硬直的であった賃金もやがては低下していくかもしれない。そして、そのような調整の結果、市場は紆余曲折を経ながらも、きわめて長い目で見れば、失業者を減らす方向に動いていくかもしれない。しかしケインズにいわせれば、仮に失業が長期では解消されるとしても、「長期では皆死んでいる」のである。

　ケインズはこのように、投資家の投資行動は将来期待のうつろいやすい動きに連動して変動せざるを得ないが、市場の調整メカニズムはそれに対して必ずしも円滑に機能しない以上、景気循環に伴う雇用や所得の変動は不可避であると認識していた。ケインズは、人々の欲求を巧みに調整する市場の役割そのものは高く評価していたが、他方で、雇用や所得の不安定性を市場機能だけに頼って解決するという古典的自由主義の処方箋は、失業の滞留という現実からしてまったく無意味であると考えた。ケインズはしたがって、人々の雇用と所得の安定化を、市場の調整機能以外の手段を用いて実現する必要があると考えたのである。その雇用と所得の維持と安定は、ケインズにとってはいわば自明の価値判断であった。

　この「政府が人々の所得と雇用を安定化すべきである」という価値判断は、現代に生きるわれわれにとっては当然のように思われるかもしれない。

しかし、長い歴史においては必ずしもそうであったわけではない。むしろ、景気の安定化を通じた雇用と所得の維持安定という課題が社会的に認知されたのは、まさにケインズ主義の確立そのものによる。

ケインズ以前のヴィクトリア期のイギリスでは、古典的自由主義が、まさに支配的な思潮として知的世界を君臨していた。経済に特化したその分派は、しばしば自由放任主義とも呼ばれている。それは、レッセ・フェールすなわち自由放任を中核的な価値とし、古典派経済学をその防備帯とする、古典的自由主義の一つのサブ・プログラムである。この自由放任主義の政策原理が支配的だった時代には、「失業」は単に個人の無知や怠慢の結果にすぎないと考えられていた。そこでは、失業者や貧困者の救済はもっぱら慈善の問題とされており、国家の責任とは考えられていなかったのである。

ケインズは要するに、その自由放任主義に対抗する新たな政策生成プログラムを提起したのである。ケインズがこうした政策思想的な転換の必要性を早くから意識してきたことは、1926年に出版された彼のパンフレット「自由放任の終焉」に示されている。しかしながら、ケインズが「マクロ経済政策という手段を用いて雇用と所得の安定化という政策目標を実現させる」というケインズ主義固有の政策戦術の理論的裏付けを得るためには、結局は1936年の『一般理論』を待たなければならなかった。というのは、ケインズはそれまでは、古典派経済学が持つさまざまな問題点を把握はしていても、それと代替可能な一貫した理論にたどり着くまでにはいたっていなかったからである。ケインズは『一般理論』において、自らの理論を常に「古典派」の特質と問題点を明らかにすることを通じて提示している。それは、ケインズが『一般理論』によってはじめて、古典派経済学を乗り越えたと自らが確信できるような理論体系を手にすることができたことを示している。

（2）政策実践家ケインズの苦闘

ケインズは単に思想家であり理論家であっただけではなく、現実の経済問題に対して実際的な提言を行い、そのための社会的説得や実務に時間を

費やすことを厭わない政策実践家でもあった。その領域は、第 1 次世界大戦終了に伴う敗戦国ドイツの賠償問題から、第 2 次世界大戦後の国際金融制度の構築にまで及んでいる。ケインズは、イギリス大蔵省に勤務した 1910 年代後半から世を去る 1946 年までの間、ほぼ常に何らかの政策プロジェクトに関与していた。仮に『一般理論』が書かれていなければ、ケインズはおそらく経済学者としてではなく政策実践家として後世に記憶されていたであろう。

ケインズが手掛けたさまざまな政策プロジェクトは、きわめて多岐にわたっており、また相互に必ずしも一貫していないようにも見えるため、その位置付けに関しては、専門家による多様な解釈が存在する。また、ケインズの政策論それ自体も、時代や状況の変遷とともに変貌を遂げていくため、その性格を一般化するのは難しい。しかしながら、現代の視点から評価すれば、そこには明らかに、本来的に不安定な資本主義経済を安定的に存立させるための政策改革という一貫した課題が存在していた。

第 1 次世界大戦が終了し、各国が戦前の秩序を取り戻そうとしいていた 1920 年代前半には、ケインズの関心はもっぱら通貨制度の改革という課題に向けられていた。第 1 次世界大戦が生じる前までは、世界の主要国のほとんどが自国通貨と金の兌換を保証した金本位制を採用していたため、金本位制が通貨制度のいわば世界標準となっていた。この国際的金本位制は、第 1 次世界大戦中は停止されていたが、大戦の終了とともに、各国はその再建に動き始めた。そして、政治家や政策当局者を含む当時の大多数の人々は、その金本位制への復帰を当然と考えた。

ケインズはその時、「各国が旧平価すなわち戦前と同じ交換比率で通貨と金の兌換を再開すれば、その結果は悲惨なものになるであろう」と警告した。その背景には、大戦の勃発によって金本位制が停止されて以降、戦争に伴う支出拡大と通貨供給の増加が各国で生じ、多くの国でインフレが生じていたという事情があった。その状況で各国が旧平価で通貨と金の兌換を再開するということは、単にインフレを抑制するだけでなく、政府が意図的なデフレ政策を推進することを意味する。そうした政策の遂行が、無意味な失業と困窮をもたらすものでしかないことは、ケインズにとって

は明白であった。

　こうしたケインズの警告にもかかわらず、イギリスは結局、1925 年に時の蔵相ウィンストン・チャーチルの主導によって、旧平価での金本位制復帰を実施した。ケインズは同年、『チャーチル氏の経済的帰結』（Keynes [1972a] に所収）というパンフレットを公表し、このチャーチルの政策の無謀さを批判した。イギリス経済にはその後、ポンドの過大評価とデフレの進行を原因とする経済停滞と失業拡大が生じたが、それはまさにケインズが警告した通りの事態であった。

　この 1920 年代前半という時点でのケインズの政策的関心は、その時期の彼の代表作である『貨幣改革論』（1923 年、Keynes [1971a]）が示すように、各国の金融政策にとっての大きな制約となっていた「金本位制の足かせ」をいかに克服するのかに向けられていた。本来は通貨価値の安定を目的としていたはずの金本位制が、経済そのものの安定にとってはむしろ障害になっているというのが、当時のケインズの問題意識であった。ケインズが『貨幣改革論』において、その金本位制に取って代わるべき通貨制度として提案したのが、現代のわれわれが当然のものと考えている管理通貨制度である。

（3）『一般理論』に提示されたケインズ主義の防備帯

　ケインズの『貨幣改革論』は、通貨制度のあるべき姿を指し示した、きわめて歴史的な政策文書である。しかしそれは、ケインズのその後の理論的展開から見れば、あくまでも過渡的なものにすぎない。そこには確かに、経済のマクロ的安定化という中核的な価値判断に基づいて、経済政策の規範的なあり方、この場合には通貨制度の望ましいあり方を考察するという、ケインズ主義プログラムの基本的な思考の型が確認できる。しかしながら他方で、そこには現代のわれわれがケインズ主義の名前と結びつけて理解している政策的要素はほとんど含まれていない。その点は、世界大恐慌勃発時に出版された『貨幣論』（1930 年、Keynes [1971b][1971c]）においてもほぼ同様である。

　現代のわれわれが理解する意味での「ケインズ主義的経済政策」が、経

済理論に基づいた形で明確に登場するのは、世界大恐慌の進行を横目に見ながら生み出された 1936 年の『一般理論』においてである。ケインズはそこで、有効需要の原理、流動性選好利子論、乗数理論といった、その後にケインズ経済学として体系化されるマクロ経済理論の基本的構成要素を提示し、その上で、それらを構成物とする一つの整合的な経済モデルを提示した。ケインズはそれによってようやく、政府が遂行すべき政策の根拠を経済学的に提示できるようになったのである。資本主義経済のマクロ的安定化という価値を中核とするケインズ主義の政策生成プログラムが、自由放任主義や社会主義といった他の競合するプログラムとようやく対抗しうる可能性を得たのは、ケインズ自身が構築したこの防備帯によってであった。

　その防備帯としてのケインズの理論において、政策の具体的な目標とされているのは、『雇用・利子および貨幣の一般理論』という書名が示すように、要するに「雇用」である。それはまた、「非自発的失業の解消」あるいは「完全雇用の達成」と言い換えることもできる。

　古典派経済学は、労働市場において「失業」すなわち労働需要に対する労働供給の余剰が発生すれば、賃金が低下して労働需要が増えると同時に労働供給が減少し、結果として失業は解消されると考えていた。このようにして達成される労働市場の均衡では、その時々の賃金水準で働きたいと考えている労働者はすべて職を得ているので、自発的に職から離れている以外の失業は存在しない。つまり、非自発的失業は存在せず、完全雇用が成立している。

　これが、ケインズが批判の対象と考えた古典派の雇用モデルである。それに対して、ケインズによれば、そもそも賃金というものは硬直性を持っているので、古典派が想定するようなすみやかな調整は労働市場では行われない。結果として、職を求めていても見つからない労働者が発生する。すなわち、労働需要に対する労働供給の過剰としての非自発的失業が生じるのである。

　ケインズは、「物価が賃金よりも高くなる時に、労働需要と労働供給がともに増えるのであれば、そこには既に非自発的失業が存在していること

になる」と論じている（Keynes [1973] ch.2）。というのは、物価上昇が賃金上昇を上回るのなら、賃金は実質的に低下していることになるのだから、企業の労働需要は増えたとしても、労働供給は逆に減るはずだからである。にもかかわらず労働需要と供給がともに増えるとすれば、それは、人々の財貨サービスへの支出拡大などによって有効需要が拡大した結果、既に存在する非自発的失業が縮小したからなのである。

　ところで、企業家が不確実性下での投資決定を強いられる資本主義経済では、有効需要とりわけ企業による投資財への需要は不安定な変動を免れない。仮に何らかの外的ショックによって企業家が事業の将来的な展望に対して弱気になれば、投資財への需要は減少し、それによって社会全体の有効需要もまた減少する。それはさらに、企業の労働需要の減少をもたらす。ところが、賃金はもともと硬直的なため、古典派が想定するような市場の調整は現実には十分に機能せず、非自発的な失業が拡大する。それをすみやかに解消するようなメカニズムは、市場には存在しない。

　それでは、何をすべきか。一つは金融政策である。より具体的には、金融緩和を通じた金利の引き下げによって民間投資を拡大させることである。もう一つは政府の財政政策である。これは要するに、民間の家計や企業に代わって、政府が財貨サービスへの支出を行うことで、有効需要を直接的に増やすということである。

　書名から明らかなように、ケインズは単に「雇用」だけではなく、「利子」と「貨幣」という課題に対してもまた、古典派に対する代替理論を提起した。それは、利子決定に関する流動性選好説である。

　古典派経済学は、資金の貸借における利子を、投資と貯蓄の均衡によって決定されるものと考えていた。これが古典派の貸付資金説である。ここで、投資とは貸付資金の需要であり、貯蓄とはその供給であるから、これは要するに、市場における需要と供給の調整という古典派の基本原理を、利子決定の問題に応用したものに他ならない。

　ケインズはそれに対して、利子というものを、まずは「流動性を手放すことに対する対価」として把握した。この流動性とは、それぞれの資産の一般的な受容性のことである。例えば、貨幣と債券は両方とも金融資産で

あるが、前者は簡単に財貨サービスと交換できるという意味で流動性が高いのに対して、後者は換金に手間がかかる分だけ流動性が低い。他方で、債券には利子が付くが、貨幣には利子は付かない。それでも人々が貨幣を保有しようとするのは、人々が資産としての貨幣の持つ高い流動性、すなわち財貨サービスへの交換の容易さを欲しているからである。つまり、債券の利子とは、貨幣の持つ流動性すなわち交換の容易さを失う対価なのである。

　ケインズはこの考え方に基づいて、有効需要を拡大させるためには、まずは流動性としての貨幣の供給を増やして利子率を低下させるような金融政策が必要なことを論じる。この利子率は、投資を行う側からすれば借り入れ資金の調達コストであるから、それが低下すれば低い収益率の投資でも割に合うようになり、投資家は投資を拡大させることができる。それは当然、有効需要の拡大をもたらし、非自発的失業の縮小をもたらすことになる。

　これが、ケインズの理論体系における金融政策の位置付けである。そしてそれは、古典派経済学からはまったく得られない把握なのである。というのは、あらゆる市場が常に円滑に調整されて需要と供給の均衡が達成されていると考える古典派経済学では、貨幣が多いか少ないかは、単に貨幣と財貨サービスの交換比率である「名目価格」と、その加重平均値である「物価」に影響を与えるだけで、物価の影響を取り除いた実質所得、実質賃金、実質利子など、実物経済の均衡には何の影響も与えないからである。要するに、貨幣をいくら増やしても、単に貨幣の価値が下がり物価が上がるだけで、社会は少しも豊かにはならないというのである。この考え方は、「貨幣と実物の古典派的二分法」と呼ばれている。

　それに対して、流動性選好に基づくケインズの理論では、金融政策によって流動性資産としての貨幣を増加させることは、利子率の低下を通じて有効需要を増やし、そして雇用を増やすという、まさに実質的な効果を持つことになる。つまりケインズは、自らの貨幣論と利子論によって、古典派経済学の中核にある古典派的二分法という思考そのものを葬り去ろうとしたのである。

　流動性選好に関するケインズの考察から導き出されるもう一つの重要な洞察は、金融政策の限界点についての把握である。ケインズは、利子率がある低い水準まで下がりきると、流動性選好が絶対的となる可能性があると指摘する。そうなれば、金融当局がいくら貨幣を増加させても、人々は資産として債券ではなく貨幣を保有しようとするので、債券の利子率は低下しない。したがって、金融緩和政策はもはや効果を持たない（Keynes [1973] ch.15）。このような状況はその後、「流動性の罠」と呼ばれるようになった。

　このように、雇用拡大政策としての金融政策には、利子率の下限という限界点が存在する。しかし、仮にそうなったとしても、打つ手はまだ残されている。それが、財政政策である。

　ケインズの把握によれば、不況とは要するに有効需要の不足である。したがって、不況を克服し景気を回復させるには、有効需要を増やす政策を行えばよい。金融政策とは、その需要拡大を、利子率の低下を通じた民間投資の拡大によって実現させようとするものである。それに対して、財政政策とは、政府が直接的に支出を拡大することによって、有効需要の拡大を実現させようとするものである。

　ケインズによれば、有効需要の不足によって非自発的失業が生じているのであれば、政府は公共事業などによって有効需要を増加させ、失業を減少させることができる。その政府の事業が社会にとって有用であるか否かは、さしあたりはどうでもよい。というのは、古代におけるピラミッドの建設のように、人々の生活にはほとんど役立たないように思われるものへの支出であっても、少なくとも有効需要の創出と失業の解消には役立つからである。ケインズは、財務当局が古い壺に札束を詰めて、それを地中に埋め、民間企業にその札束を掘り返させれば、非自発的失業は解消できるし、その波及効果によって社会の実質所得は増加すると述べている（Keynes [1973] ch.10）。

　財政政策に関してもう一つ留意すべきは、ここでも述べられているように、この財政支出には、政府が支出した以上の「波及効果」が存在するという点である。これが、のちにケインズ経済学の代名詞ともなった乗数理

論である。この理論を最初に提起したのは、ケインズ本人ではなく、ケインズの弟子であったリチャード・カーンである（Kahn [1931]）。ケインズは『一般理論』の第10章「限界消費性向と乗数」で、そのカーンの議論に基本的に依拠しながら、公共事業のような政府財政支出の拡大が、一国の所得を最終的にどこまで拡大させるかを示している。

　カーンとケインズの乗数理論は、以下のような推論に基づく。まず、一国の所得とは、必ず人々の支出の結果として生じる。したがって、政府が財政支出を拡大させれば、それは必ず誰かの所得となり、一国の所得はその分拡大する。このように、政府財政支出の拡大によって人々の所得が増えれば、人々はその増えた所得の一部を必ず消費に振り向けるであろう。したがって、その新たな消費は、必ず誰かの所得となる。そして、その所得がさらに新たな消費を生む。つまり、政府の財政支出拡大は、このような所得と消費の連鎖を通じて、一国の所得の増幅的な拡大をもたらす。

　乗数理論によれば、政府の財政支出は、最終的にその乗数倍だけ所得を拡大させることが示される。その乗数とは、人々の所得の増加分のうちの消費の割合を「限界消費性向」と呼ぶとすれば、1／（1－限界消費性向）という式から求められる。人々が増えた所得の一部を消費に、残りを貯蓄に振り向けるとすれば、限界消費性向はゼロから1の間のいずれかの値となるので、この1／（1－限界消費性向）は必ず1以上のプラスの値となる。したがって、政府の財政支出は、必ずその何倍かの総需要の増加をもたらし、さらには所得の増加をもたらす。これがカーン＝ケインズ乗数理論の結論である。

（4）ケインズ主義政策戦略の変貌

　以上を要約しよう。ケインズ主義プログラムの中核にあるイデオロギーとは、まずは「資本主義経済は、需要の不安定性と価格調整機能の不全から、人々の雇用と所得を常に不安定化させる性質を持っている」という経済把握である。さらには、「資本主義経済を安定的に存立させるためには、人々の雇用と所得の安定化を最優先すべきである」とする価値判断である。そしてその防備帯とは、「非自発的失業の解消あるいは完全雇用の達成と

いう政策目標の実現のためには、金融政策と財政政策という二つの政策手段を適宜用いることができる」とする戦略である。そのような中核と防備帯を持つケインズ主義プログラムの枠組みを一通り完成させたのが、ケインズの『一般理論』だったのである。

　このケインズ主義プログラムは、第2次世界大戦以降の先進資本主義諸国において、それぞれの社会的および時代的特質を反映した改変を経ながら制度化され、定着していくことになる。それは、経済学の領域においても同様であった。ポール・サミュエルソンは、1948年にその初版が出版された教科書『経済学』（Samuelson [1997]）において、カーン＝ケインズの乗数理論を「45度線モデル」として定式化した。このサミュエルソン『経済学』はその後、経済学の最も代表的な教科書として定着し、ケインズ経済学および財政乗数理論の社会的な普及に大きく貢献した。1961年に成立したアメリカの民主党ケネディ政権は、経済政策のアドバイザーとしてケインズ派の経済学者を数多く登用し、経済成長と完全雇用を目標とした所得減税政策などのマクロ経済政策を具体化させた。ケインズ主義はこうして、1960年代の前半にその黄金時代を迎えた。

　しかしながら、ケインズ主義はその後、経済学と政策の両方の領域において、重大な危機に直面することになる。経済学においては、1960年代後半から学界に浸透し始めた「マネタリズム反革命」やその後の「合理的期待革命」によって、ケインズ経済学の影響力が大きく削がれていった。また、政策世界においては、1960年代末のアメリカ経済に生じた「雇用なき高インフレ」や、1970年代に世界各国の政策当局を悩ませた「インフレと不況の共存」いわゆるスタグフレーションによって、ケインズ主義の従来的な政策戦略に対する信認が大きく損なわれた。

　ケインズ主義の防備帯における政策戦略は、その危機の過程において、大きな改変を迫られた。ケインズ主義が先進国経済に定着した当初から、その黄金時代であった1960年代までは、マクロ安定化のための政策手段として重視されていたのは、金融政策よりも財政政策であった。しかし、両者の比重はやがて逆転した。その背後には、マネタリズム反革命や合理的期待革命などに代表されるマクロ経済学の革新、スタグフレーションと

いう新たなマクロ経済の現実、さらには1971年のニクソン・ショックを
契機とした世界的固定相場制としてのブレトン・ウッズ体制の崩壊と変動
相場制への移行などが存在していた。

　ケインズ主義の政策戦略はその後、大安定（Great Moderation）の時代
と呼ばれる1980年代後半からの小康期を経て、2008年に起きた世界金
融危機とその後の世界大不況（Great Recession）によって、さらに変貌
を遂げた。

　その第一は、伝統的金融政策から非伝統的金融政策への移行である。こ
の伝統的金融政策とは、スウェーデンの偉大な経済学者、クヌート・ヴィ
クセルの『利子と物価』（1898年、Wicksell [1936]）によって概念化された、
利子率を操作目標とした金融政策手法のことである。それに対して、非伝
統的金融政策とは、量的緩和政策などの、利子率以外の変数を操作目標と
した手法である。この非伝統的金融政策が現実化したのは、2008年9月
のリーマン・ショックを契機とした世界金融危機への対応として、各中央
銀行が巨額の流動性供給を実施するに至ったことで、政策金利がほぼその
下限にまで低下し、結果として先進国経済の多くが「流動性の罠」に近い
状況の陥ったためである。

　その第二は、金融政策と財政政策との事実上の統合である。その契機も
また、各中央銀行が実行した非伝統的金融政策であった。量的緩和政策と
は、自国通貨の供給を自国国債などの資産の大量購入を通じて実現しよう
とする政策である。それは、事実上の財政ファイナンス、すなわち政府財
政支出の中央銀行によるファイナンスを意味する。これは、多くの国で法
律的に禁じられている「中央銀行による国債引き受け」が、市場を通じて
迂回的に実行されていると考えることができる。ミルトン・フリードマン
はかつて、このような金融と財政の統合政策をヘリコプター・マネー政
策と名付けた（Friedman [1969] ch.1）。ケインズ主義はここにいたって、
従来は禁じ手とされていたようなヘリコプター・マネー政策をも、その政
策戦略に取り込むことになったのである。

　これらケインズ主義における政策戦略の展開については、のちの第III部
で詳述する。

3．古典的自由主義のプログラムとは何か

（1）近代社会の礎としての古典的自由主義

　ケインズが自らの政策生成プログラムを創出しようと知的苦闘を重ねていた時、西欧世界を最も強く支配していた政策原理は、古典的自由主義あるいは自由放任主義であった。端的にいえば、ケインズの生涯は、ほとんどそれを乗り越えるために費やされてきたとさえいえる。ケインズから見れば、この古典的自由主義こそが、世界大恐慌といった未曾有の経済的混乱から各国が抜け出ることを妨げていた最大の知的桎梏であった。

　とはいえ、ケインズは決して、古典的自由主義のすべてを否定し去ろうとしたわけではない。というのは、古典的自由主義は、その多くの部分において、近代の社会と経済を形成した価値そのものでさえあったからである。ロシアのマルクス主義者であり革命家であったレフ・トロツキーによるイギリス論に対するケインズの辛辣な書評「トロツキーのイギリス論について」（1926 年、Keynes [1972b] に所収）が示すように、ケインズは、資本主義の暴力的廃棄以外のいかなる方策も無意味とし、「社会主義的な政策」を平和裏に実現しようとするいかなる試みも唾棄するような、トロツキーらマルクス主義者たちを心底から軽侮していた。彼らマルクス主義たちとは異なり、ケインズが自由放任主義を批判したのは、近代の価値を否定するためではなく、むしろそれを守るためだったのである。

　古典的自由主義が依って立つ世界観とは、「経済的選択を個人の自由かつ自発的な意志に任せることによって、社会はより豊かになる」というものである。これを逆にいえば、「個人の自由な経済的選択を政府が妨げようとすれば、社会はより貧しくなる」ことになる。この世界観から、個人の経済的自由を拡大させ、逆に政府の経済的機能を可能な限り縮小させることが望ましいという、古典的自由主義の中核にある政策原理が導き出される。古典的自由主義が、しばしば自由放任主義や「小さな政府」論などとも呼ばれるのは、そのためである。

　ところで、この古典的自由主義に「古典的」という形容詞が付いている

のはなぜなのであろうか。それは、自由主義あるいはリベラリズムという概念そのものが時代とともに移り変わっていったためである。ミルトン・フリードマンは、1962 年に公刊された著作『資本主義と自由』の中で、アメリカにおいてはとりわけ 1930 年代以降、自由主義 (liberalism) という用語が、望ましいと考えられる目標を達成するために個人の自発的解決よりも主に国家に頼ろうという姿勢と結び付くようになったこと、そしてそれは、本来の自由主義とは対極的なものであることを述べている (Friedman [1962] 序文)。

　確かに現代においては、一般に政治的な立ち位置としてリベラルと言った場合、それは「市場よりもむしろ政府の力によって経済的・社会的平等のような価値を実現させようとする立場」というニュアンスが強い。しかし、フリードマンが指摘するように、それは元々の自由主義の考え方とはまったく異なる。そのため、フリードマンに代表されるような、今日流の「リベラル」への批判を含む元祖自由主義の現代版に対しては、その後はネオリベラリズム（新自由主義）やリバタリアニズムといった用語が用いられることになったのである。

　古典的自由主義が政策プログラムとして確立されたのは、18 世紀末から 19 世紀にかけてである。その担い手は、アダム・スミス、デヴィッド・ヒューム、デヴィッド・リカードなどといった、古典派の経済学者たちであった。古典派経済学は、政府が個人の労働生産物を私有財産として保証する限り、人々が自らの「利己心」に導かれて経済的選択を行う結果、市場における需要と供給の調整によって経済は自ずと安定し、社会には経済的な富が蓄積され、労働の生産物が全体としてより一層拡大されていくことを論じた。彼ら古典派によれば、そのような一国の富は、個人の利己心と「神の見えざる手」としての市場機能そのものによって実現される。政府の市場への介入は、むしろその個人の利己心の正しい発露と、市場の正常な機能を阻害する結果となる。それが、古典派経済学の政策的ビジョンであった。

　こうした古典派経済学の経済把握は、私有財産制度の擁護、個人の経済的自由の擁護、政府の経済的役割の限定といった古典的自由主義の政策的

方向性を裏付ける役割を持っていた。つまり、ケインズが『一般理論』によってケインズ主義の防備帯を構築したのと同様に、アダム・スミスはその『国富論』（1776 年、Smith [1904]）によって古典的自由主義の防備帯を築き上げたのである。

（2）古典的自由主義の進歩性と保守性

　古典的自由主義における政策実践のプロトタイプは、絶対王政期の 17 世紀末フランスで展開された、勃興しつつあった商人たちによる「営業の自由」を求める政治運動であった。当時のフランス絶対王政は、重商主義の政策思想に基づいて、政府による管理と統制を強化し、商業取引や貿易の自由を制限していた。政府によって管理される側の商人たちはそれに反発し、フランス語で「自由になさしめよ」を意味するレッセ・フェールを唱えるようになったのである。

　このレッセ・フェールという言葉はその後、フランソア・ケネーやジャック・テュルゴーらフランスの重農主義学派にとっての基本的な政策原理となった。フランス重農主義は、イギリス古典派経済学にとっての理論的前身として知られているが、それ以上に政策的な前身でもあったのである。

　古典的自由主義に基づく政策実践として歴史的に最も有名なのは、リチャード・コブデンやジョン・ブライトらいわゆるマンチェスター学派によって 19 世紀半ばに展開された、反穀物法同盟の運動である。産業革命によって世界の工場として地位を確立したイギリスは、19 世紀になると、織物製品を世界各国に輸出する一方で、穀物などの農産物の輸入国となった。しかし、当時はまだ地主の勢力が優勢であったイギリス議会は、イギリスの国内農業を保護して地主の利益を守るため、1815 年に輸入穀物に関税をかける穀物法を制定した。マンチェスター学派はそれを批判し、自由な貿易による社会公正の実現を掲げて、穀物法の撤廃を求める政治運動を推進したのである。その結果、穀物法は 1846 年に廃止され、それ以降は自由貿易主義がイギリスの国是となった。

　このように、19 世紀までの段階における古典的自由主義は、国家や特権階級による恣意的な干渉や収奪から個人の所得や財産を守り、さらには

経済活動の自由を押し拡げるという、きわめて進歩的な性格を持っていた。それは確かに、国家権力による社会や個人への抑圧が日常的であった時代には、古い因習や制度から個人を解放し、そこで得られた自由を維持するためのイデオロギーとして、大きな役割を果たしていたのである。

　ところが、この古典的自由主義は、20世紀にもなると、反動とは言わないまでも、次第に保守的な性格を帯びるようになっていく。それは、政府の経済的役割をより限定すべきというその基本的な政策的志向性が、政府に何らかの役割が期待されている場合においてさえもそれを認めないという否定的な性向に結びつきがちだったからである。古典的自由主義が持つその保守性は、財政政策や金融政策といった、政府の関与が必然的に要請される領域に関しては、とりわけ大きな障害を生み出した。ケインズが古典的自由主義あるいは自由放任主義に対抗する新たな政策プログラムが必要と考えたのは、まさしくそのためである。

（３）古典派にとっての金本位制の意味

　既述のように、ケインズは、雇用や所得の安定という政策目標を果たすための手段を、金融政策と財政政策の二つに求めた。それがケインズ主義の政策戦略である。それでは、それに対応する古典的自由主義における政策戦略とは何であったのか。それは、金本位制と均衡財政主義である。

　金本位制とは、一国の通貨単位が常に一定分量の金と結び付けられている制度のことである。通貨当局はそこでは、民間からの兌換請求があれば、必ず自らが発行する通貨を引き取って金と交換しなければならない。したがって通貨当局は、こうした民間からの兌換請求に備えて、常に一定の金準備を保有していなければならない。

　金本位制の正式な制度化は、イギリスが貨幣法を制定した1816年に始まる。1870年代には、当時の列強諸国の多くが、イギリスに準じてそれを採用した。そこで、この1870年代から第１次世界大戦が勃発する1914年までの国際通貨制度は、しばしば国際金本位制と呼ばれる。ちなみに、日本が金本位制を本格的に確立したのは、日清戦争に勝利したのちの1897年のことである。

　金本位制の通貨制度としての最大の特質は、現在のわれわれが理解する
意味での金融政策というものが基本的に不可能になるという点にある。例
えば、現在のほとんどの中央銀行は、もし国内の景気が悪化すれば、それ
を阻止するために金融緩和を行うはずである。それが、ケインズ的な金融
政策である。しかし、金本位制下では、景気が悪化したからといって、む
やみに通貨供給を拡大させることはできない。というのは、中央銀行がそ
のようなことをすれば、通貨の価値が低下するために、通貨から金への兌
換請求が生じ、金準備が流出し、やがては金準備が枯渇してしまうことに
なるからである。それでは、金本位制が維持できなくなってしまう。

　つまり、金本位制のもとでは、中央銀行が通貨を過剰に発行しようとす
れば、金準備の流出というチェック機能が自動的に働くので、中央銀行は
自ずと通貨供給を抑制しなければならない。金本位制が持つこのような自
動調整のメカニズムは、18 世紀半ばにデヴィッド・ヒュームによって指
摘された。これはその後、国際収支の正貨流出入メカニズムと呼ばれた。
ただし現実には、このメカニズムは決して自動的なものというわけではな
く、中央銀行が金準備の維持という制約に従って行動することが前提と
なっている。ケインズは 1925 年に公表したパンフレット『チャーチル氏
の経済的帰結』において、それを金本位制のゲームのルール（the rules of
the gold standard game）と呼んだ（Keynes [1972a]）。

　いうまでもなく、現代のわれわれは、金本位制ではなく、ケインズが『貨
幣改革論』（1923 年）で提案した管理通貨制度の世界に住んでいる。そし
て、そこでは基本的に、景気循環の平準化を目的としたケインズ主義的な
金融政策が実行されている。しかし、歴史の一時代においては、ケインズ
的観点からすれば一国の経済運営にとって足かせ以外の何物でもない金本
位制という制度が、国際的な規範とされていた。それは、古典的自由主義
にとっての価値判断が、ケインズ主義のそれとはまったく異なっていたた
めである。古典的自由主義によれば、問題は市場よりもむしろ政府にあっ
た。そしてその観点からすれば、通貨の発行に制約を課すという金本位制
の足かせ的特質そのものが、政府の経済的な専横の可能性を排除して通貨
の価値を保全するという重要な意義を持っていたのである。

　古典派経済学者たちは、金準備という制約を持たない不換紙幣の過剰発行が一国にインフレーションを伴う経済的混乱をもたらしてきた実例を数多く知っていた。デヴィッド・リカードの経済学者としての処女作は、1810 年に出版された『地金の高い価格——紙幣価値低下の証明』（The High Price of Bullion: A Proof of The Depreciation of Bank Notes）というパンフレットであったが、それはまさに、不換紙幣の過剰発行によってインフレを引き起こしたイングランド銀行の責任を問うものであった（Ricardo [1951] に所収）。リカードにとってみれば、金本位制下では紙幣の過剰発行が不可能である以上、物価騰貴は生じ得ないこと、したがって物価高騰の原因が不換紙幣の過剰発行以外ではあり得ないことは、まったく自明だったのである。それに対して、イングランド銀行側は、真正手形説という謬説に依拠して、不換紙幣の過剰発行はインフレの結果にすぎないと反論した。

　この議論が示しているように、当時のイングランド銀行には、物価の安定のためには発券銀行による通貨供給の制御が必要であるという、現代においては当然の経済認識それ自体が存在していなかった。そのような時代においては、むしろ金本位制の足かせこそが、一国の金融政策運営に規律を与えるほぼ唯一の方策だったのである。

　しかしながら、その把握はやがて、「通貨の信認は金本位制によってのみ担保される」という教条的な認識に変質していく。アメリカの経済学者バリー・アイケングリーンとピーター・テミンは、それを金本位心性（Gold Standard Mentality）と名付けた（Eichengreen and Temin [2000]）。その背景には、1870 年代以降に金本位制の国際化が進んだ結果、西欧世界における政策当局者たちの間では、金本位制の維持が絶対的な規範として確立されたという事情があった。第１次世界大戦の勃発による国際金本位制の停止は、戦争に伴う経済的混乱がその金本位制停止と結び付けられることで、金本位心性にさらに拍車をかけた。第１次世界大戦の終了後に、当時の政治家や政策当局者の多くが、ケインズ、アーヴィング・フィッシャー、グスタフ・カッセルなど当時の指導的経済学者たちの警告を無視して、戦前の旧平価での金本位制復帰に邁進したのは、旧平価での金本位制復帰こ

そが世界経済の常態を回復する前提条件であると彼らが考えていたためである。しかし、それこそがまさしく金本位心性であった。その心性が解消されるには、世界大恐慌によって国際金本位制が最終的に崩壊する1930年代を待たねばならなかったのである。

（4）夜警国家と均衡財政主義

　古典的自由主義は、政府の経済的役割を可能な限り小さくすることを求めるものではあったが、一般的にはそれをゼロにすることを求めるほど空想的ではなかった。実際、経済には政府が役割を果たすべき領域が確かに存在することは、アダム・スミスの『国富論』においてさえ明確に述べられている。スミスは例えば、『国富論』第5編第1章「主権者または国家の経費ついて」で、軍事や司法への支出や、公共施設の建設とそれを支える公共事業は、政府が積極的に行うべきものであり、それは「証拠をあげるまでもなく自明のこと」と述べていた（Smith [1904] Book 5, Ch.1, Part 3）。また、古典派経済学の集大成者であったジョン・ステュアート・ミルは、その初版が1848年に出版された『経済学原理』第5編第11章において、レッセ・フェールは確かに経済政策における一般原則ではあるが、初等教育、児童保護、公営企業、貧民救済、植民、公共事業、科学研究、司法、国防などはその明らかな例外であり、政府が積極的な役割を果たすべきことを述べていた（Mill [1920] Book 5, Ch.11）。

　政府の経済的な役割についての、古典派経済学のこのような把握は、しばしば夜警国家論とも呼ばれる。その言葉は、カール・マルクスの友人でもあった19世紀半ばのドイツの社会主義者、フェルディナント・ラッサールによるものである。ラッサールは、自由放任主義者たちは政府の役割を国防や治安などにしか求めていないとし、そのような国家は夜警国家と呼ばれるにふさわしいと論じたのである。そこには明らかに、イギリス的な自由放任主義を揶揄する意味が込められていた。上述のように、古典的自由主義者といえども、少なくとも国防や治安が政府の役割であったことは認めていた。しかし、ラッサールのような社会主義者たちにとっては、政府の役割をそこまでしか認めないことそれ自体が、揶揄と批判に値する

ものだったのである。

　古典的自由主義は確かに、経済政策における一般原則をレッセ・フェールに求め、政府の介入は十分な根拠のある場合を除き認めようとしなかった。古典的自由主義を受け継ぐ現代的サブ・プログラムたるネオ・リベラリズムやリバタリアニズムなどにある中心的な政策原理も、まさしくそれである。そして、そうしたイデオロギーに対するラッサール的な批判も、現代の反市場主義者たちの中に受け継がれているのである。

　政府の財政政策におけるもう一つの課題は、政府財政における歳出と歳入の均衡化をどの程度のタイムスパンで行うべきかにある。政府財政を破綻させないためには、政府の歳出と歳入を長期的には一致させなければならない。少なくとも、歳入に対する歳出の超過の拡大を永遠に放置しておくことはできない。他方で、家計と同様に政府においても、毎週とか毎月といったタイムスパンで歳出と歳入を一致させる必要はまったくない。むしろ、通貨を含む政府の債務は民間にとっては資産であることを考えれば、政府がある程度の債務を創出することは、経済の安定的な運営にとっては必要不可欠とも考えられる。

　その問題に関するケインズ主義の政策指針とは、「政府財政の均衡は、景気の山と谷を含む一つ景気循環を通じて実現されればよく、会計期間ごとの均衡化にこだわる必要ない」というものである。というのは、景気が悪化する局面では、税収の落ち込み等によって政府財政は赤字化するのが当然だからである。その場合の政府財政赤字は、民間需要の落ち込みを政府が支えていることを意味するから、ケインズ的観点では、それはむしろ積極的に許容されるべきということになる。これが、ケインズ主義的財政政策の系論としての赤字財政主義である[1]。

　それに対して、古典的自由主義の財政論とは、政府の歳出はその歳入の範囲内で行われるべきとする均衡財政主義であった。その背後にあったのは、「政府がその歳入を超えて歳出を行ったとしても、単に民間が必要とする投資資金を政府が奪うことにしかならない」という考えである。これは、均衡財政に固執する1920年代のイギリス大蔵省の基本見解であったことから、学説史においては「大蔵省見解」と呼ばれている。それに対す

るケインズの批判は、1929 年 5 月 18 日の『ネイション・アンド・アシニーアム』誌に掲載された彼の論考「白書に対する大蔵省の貢献」において展開されている（Keynes [1981] に所収）。

　古典派経済学が赤字財政に何ら積極的な役割を見出さなかったのは、ある意味では当然である。市場における需要と供給の円滑な調整を想定する古典派の世界では、「供給が需要を生む」といういわゆるセイの法則が成り立つので、政府が何かをするまでもなく完全雇用が実現される。そこで政府が新たに需要を追加したところで、「民間の需要を締め出す」ことにしかならない。まさしくそれが大蔵省見解である。

　以上のように、古典的自由主義は、ミクロにおける貿易や取引の自由の促進とともに、マクロにおける金本位制と均衡財政の維持を、その基本的な政策戦略として位置付けていた。それは、19 世紀半ばから少なくとも第 1 次世界大戦に至るまでは、西欧世界における支配的な政策思潮であった。それが瓦解する契機となったのが、1929 年に始まる世界大恐慌である。それは、世界大恐慌による経済的混乱と困窮の拡大が、知識人をも含む多くの人々に、自由放任を基本原理とする資本主義のあり方に対して疑義を抱かせるに十分だったためである。その意味で、世界大恐慌は明らかに、自由放任主義の部分的な放棄を意味するケインズ主義や、夜警国家を否定して福祉国家に代表される「大きな政府」を求める現代流のリベラリズムが、古典的自由主義を代替する政策プログラムとして社会に受容されていく大きな分水嶺となった。実際、世界大恐慌と第 2 次世界大戦の混乱が収拾したのちに、先進諸国の多くが政策原理として採用したのは、マクロ経済政策におけるケインズ主義であり、政府による社会保障を柱とする福祉国家的なリベラリズムであった。

　こうして、近代のイデオロギーそのものであった古典的自由主義は、ケインズ主義や新たなリベラリズムの登場によって、その歴史的な役割をいったんは終えたかのように見えた。事実、リベラリズムが社会的に浸透した結果、自由放任主義や夜警国家といった古典的自由主義の考えは、一時はあたかも過去の遺物のように取り扱われるようになっていったのである。

　しかしながら、政策生成プログラムとしての古典的自由主義は、決して死に絶えはしなかった。それは確かに、政策現場からはいったん退いた。しかし、そのイデオロギーの新たな担い手たちは、ケインズ主義やリベラリスムに対抗する新たな政策政略を構築すべく、大学などの知識社会の中に身を潜めていたのである。それがシカゴ学派であり、オーストリア学派であった。ネオ・リベラリズムやリバタリアニズムとして知られる古典的自由主義の現代版は、まさしく彼らによって生み出されたのである。つまり、古典的自由主義は、シカゴ学派やオーストリア学派によって中核が引き継がれ、新たな防備帯をまとって再構築されたわけである。

４．古典的自由主義のサブ・プログラム——ネオ・リベラリズムとリバタリアニズム

（１）シカゴ学派とネオ・リベラリズム

　現代のネオ・リベラリズムの源泉の一つは、アメリカのシカゴ大学を拠点とするシカゴ学派である。その創始者と考えられているのは、ミルトン・フリードマンとジョージ・スティグラーである。この両者は、思想的には共に古典的自由主義のまごうことなき継承者であり、その点に関してお互いに同志として任じ合う間柄ではある。しかし、両者の資質や経済学者としての活動領域は、相当に異なっていた。

　フリードマンの経済学者としての貢献は、何よりも、古典派的な経済把握に基づいて、ケインズ的マクロ経済学に対する「反革命」を先導したという点に求められよう。それが、フリードマンが創始したマネタリズムである。ただし、マネタリズムは確かにケインズ経済学の批判には大きな成功を収めたが、ケインズ経済学を代替するマクロ経済学の構築には必ずしも結びつかなかった。むしろ、ケインジアンとの論争の結果、マネタリズムの多くの部分がケインズ経済学のその後の進化の中に取り込まれていく結果となった。マネタリズムの果たしたこのマクロ経済学上および経済政策上の意義については、のちの第Ⅲ部で詳述する。

　フリードマンのマネタリズムは、しばしばシカゴ学派そのものと同一視

されるが、それはシカゴ学派に対する見方としてはきわめて一面的である。というのは、シカゴ学派の本領は、マクロ経済問題よりはむしろ、アルフレッド・マーシャル流の実践的な市場経済分析に基づく、市場の機能に対する徹底した洞察にあったからである。そこから導き出される具体的な政策戦略は、市場というミクロ領域における市場重視型制度改革、いわゆる規制緩和であった。その戦略を主導したのが、スティグラーであった。

　スティグラーの主要な業績は、産業組織論という領域におけるものである。それは政策論的には、「市場を競争的に保つには政府規制としての独占禁止法が必要」という従来型の競争政策への批判を意図していた（Stigler [1968]）。独占は市場の失敗であり、その独占市場において健全な競争を維持するためには反独占政策としての政府規制が必要であるとするのが、ハーバード学派とも呼ばれていたスティグラー以前の産業組織論であった。スティグラーはそれに対して、「市場において重要なのは参入の自由が保証されているということであり、それがあれば仮に市場が独占的に見えたとしても企業は潜在的な競争下におかれていると考えられるため、政府による規制は必ずしも必要ではない」と主張した。

　スティグラーのもう一つの重要な研究領域は、政府規制がもっぱら特定の集団の利益を反映して決定されるという問題についての分析である（Stigler [1971]）。そこで示された、「本来はあくまでも公益をために行動すべき規制当局が、あたかも規制対象となる業界の囚われ人になったかのように、公益よりもその業界の特殊利益を拡大させるように行動する」という分析は、捕囚理論（Capture Theory）とも呼ばれている。スティグラーのこの主題についての研究は、公共選択論と呼ばれる新しい政治過程分析の手法を生み出した。

　スティグラーを中心として展開された、こうした政府規制の問題点についての分析は、「政府の失敗」アプローチと総称することができる。経済学者たちが従来、政府による市場への介入や規制を正当化してきた根拠は、「市場の失敗」にあった。独占や寡占による消費者の搾取、外部不経済の発露としての公害や環境破壊は、その実例である。そのような観点からの政府介入必要論は、既に古典派経済学の大成者であったジョン・ステュア

ート・ミルに見られる。スティグラーらはそれに対して、「現実に行われている政府の介入や規制の多くは、社会全体の利益よりは特定の集団の利益のために行われており、結果として市場の失敗を是正するよりはむしろ市場の機能を歪めている」と指摘する。彼らは要するに、さまざまな経済問題の原因は、市場にではなく、市場の望ましい働きを阻害している政府の方にあると考えるのである。これはまさしく、古典的自由主義の中核にある世界観そのものである。

　フリードマンやスティグラーらが以上のような政策戦略を構築し始めた1950年代から60年代の西側先進諸国は、マクロ政策的にはケインズ主義の黄金期であり、社会保障などの領域でも「大きな政府」へと向かう傾向が顕著であった。彼らシカゴ学派は、そのような政策潮流を批判し、古典的自由主義の理念を復興させることを意図していたのである。そのことは、フリードマンの『資本主義と自由』(1962年)に明確に宣言されている。フリードマンはその序文で、18世紀後半以降の自由主義の精神運動は、自由を究極の目標とし、個人を社会における究極の存在とし、経済活動における国家の役割を縮小させようとするものであったが、現代社会のさまざまな問題は、その精神が19世紀末から次第に希釈化されてきたところから生じているとし、だからこそ今まさに本来の自由主義の復興が必要なのだと述べているのである。

　このシカゴ学派による市場重視型制度改革という政策戦略は、「大きな政府」への懐疑が拡大し始めた1970年代頃から、次第に現実の政策に影響を与えるようになっていく。そして1980年代になると、規制緩和や公的企業の民営化といった制度改革を推し進めるような、世界的な潮流を生み出していく。それは、1979年に成立したイギリスのサッチャー政権と1981年に成立したアメリカのレーガン政権が、シカゴ学派の影響の下で、それら市場重視型改革を最重要の政策アジェンダとして掲げたからである。1980年に出版されて世界的な大ベストセラーとなり、それに基づくテレビ番組まで作成されたフリードマンの『選択の自由』は、当時のネオ・リベラル派が何を問題としていたのかをよく示している（Friedman and Friedman [1980]）。こうした政策潮流は、「大きな政府」の必要性を強調

するリベラル側の批判者たちによって、その後「市場原理主義」とも呼ばれるようになり、現在でもその是非が激しく論議されている。

　シカゴ学派はこのように、一方では現実の政策にきわめて大きな影響を与えつつも、他方ではリベラル派の論者たちから、その「市場原理主義」的なイデオロギー性を絶えず指弾され続けてきた。シカゴ学派が放つ強いイデオロギー性は、フリードマンの『資本主義と自由』や『選択の自由』などを少しでも読んでみれば、否定しようもなく明らかである。そのような強固なイデオロギー性と実践性は、一般均衡理論やゲーム論といったより純粋経済理論的な領域の研究者たちの集団にはほとんど見られない、シカゴ学派の顕著な特質である。にもかかわらず、シカゴ大学は現在でも、ノーベル賞経済学者を絶えず輩出し続けるような、経済学にとっての一つのメッカでもある。つまり、シカゴ学派は、その評価はさまざまであったとしても、確かに経済学の理論と政策実践の双方に大きな足跡を残してきたのである。

　ラカトシュ的な観点からいえば、政策生成プログラムとしてのシカゴ学派は、政策的に適用可能であるような新奇な経験的知見を数多く生み出してきたという意味で、明らかに前進的なそれであったと評価できる。それは何よりも、シカゴ学派が築き上げた防備帯が、実証科学的に頑健なものだったからである。そのことは、後述のオーストリア学派とは異なり、シカゴ学派が経済学アカデミズムの中に確固たる地歩を占めているという事実そのものによって示されている。

　上述のように、シカゴ学派の中核にあるのは、政府への極端なまでの懐疑であり、そして市場への信頼である。それはあくまでも一つの世界観であって、反証可能な科学的命題ではない。しかしそのイデオロギーあるいは世界観は、現実の政策に結びつく経験的な知見の発見機能を確かに果たしていた。市場重視型制度改革や規制緩和といったシカゴ学派の政策戦略は、政府に対する彼らの強い懐疑心がなければ生み出されなかったことは明らかである。それは、フリードマンが提起した「負の所得税」や「教育バウチャー」といった政策アイデアにおいても同様である。マネタリズムがケインズ主義に対して影響を与えたのと同様に、そうした政策アイデア

がその後は逆にリベラル派の一部にも取り入れられていったという事実
は、シカゴ学派の徹底した実践性を示している。

（2）オーストリア学派とリバタリアニズム
　古典的自由主義のもう一つの現代的な担い手は、リバタリアニズムである。リバタリアニズムとネオ・リベラリズムは、私有財産制度の擁護、個人の経済的自由の最大化、政府の経済的役割の最小化といった、古典的自由主義の中核にある価値判断と政策的志向性を共有している。両者の相違をあえて大雑把にいえば、リバタリアニズムはネオ・リベラリズムよりも、より原理主義的であり、観念的かつ空想的である。リバタリアニズムは、私有財産制度を絶対視し、政府による徴税を「国家による収奪」として全否定する。そして、究極的には国家や政府の廃止を理想とする。それと比較すると、ネオ・リベラリズムは、政府の存在を認めた上でその役割を限定するという、より穏当な戦略を用いている。そのことは、リバタリアニズムとネオ・リベラリズムとの間の、政策世界における影響力の相違となって現れている。

　このリバタリアニズムにもいくつかの源泉があるが、その一つは、フリードリヒ・ハイエクやルートヴィヒ・フォン・ミーゼスに代表されるオーストリア学派である。経済学派としてのオーストリア学派は、限界革命の担い手の一人であり、そのことによって新古典派経済学の始祖の一人となった、カール・メンガーに発している。その知的伝統の上に独自の景気循環理論を構築したのが、ハイエクとミーゼスである。

　彼らはまた、経済学者である以上に、古典的自由主義を奉じて全体主義を厳しく批判する社会思想家でもあった。ハイエクの『隷属への道』（Hayek [1944]）は、その領域における記念碑的著作である。ハイエクはリバタリアンの知的結社として知られるモンペルラン協会（1947年設立）の創立者であり、ミーゼスはその設立メンバーであった。リバタリアンの思想源としての彼らの知的威信は、現代にまで引き継がれている。

　彼らは他方で、シカゴ学派など他の流派の市場重視主義者とは異なる、きわめて独特な思考の特質を持っていた。それが、オーストリア学派景気

循環理論から導き出される、マクロ経済政策運営における緊縮主義と清算主義である。オーストリア学派景気循環理論は、ケインズ『一般理論』の出現によるケインズ革命が、それ以前のあらゆる競合理論を駆逐する前までは、数多くある景気循環理論の中でも最も有力なものの一つと考えられていた。ケインズは 1930 年に『貨幣論』（Keynes [1971b][1971c]）を、ハイエクは 1931 年に『価格と生産』（Hayek [1931]）を発表するが、両者はこの当時、景気循環理論という分野におけるライバルと目されていたのである。ハイエクとケインズは実際、この時期にそれぞれの理論をめぐって、彼らの周辺の経済学者たちを巻き込みつつ、激しい論争を展開している。

　オーストリア学派景気循環理論の特徴は、景気循環の本質を、「低金利よる信用膨張と、その是正作用としての信用収縮の循環」として把握する点にある。その過程はおよそ以下のように想定される。まず、人為的な低金利の状態があるとする。それによって信用の拡大が生じ、その信用供給によって生み出された過剰な投資が発生する。その投資は実は、人為的低金利によって生み出された「誤った投資」にすぎない。しかし、その「誤り」は、信用バブルによる景気拡大が続く間は気付かれることはない。それが気付かれるのは、過去に行われた投資が事前に期待された収益をもたらさないこと明らかになった時である。それによって信用バブルは弾け、それを契機として信用収縮が始まる。その収縮の中で、過去に行われた誤った投資は清算され、経済はようやく正常な状態に戻る。

　この理論は、ケインズ理論とは正反対の政策方針を生み出す。その第一は、「不況のそもそもの発端は低金利よる信用拡大であるから、重要なのは不況の政策的な治癒よりもむしろ信用バブルを生み出さないことにある」という考えである。ここから導き出されるのが、オーストリア学派独自のマクロ緊縮主義である。その第二は、「不況とは信用バブルによって生み出された誤った投資の矯正過程であり、その誤投資を矯正する唯一の手段は債務の清算であるから、財政政策や金融緩和などの政策的な介入はその矯正を妨げるものでしかない」という考えである。このオーストリア学派に特徴的なマクロ政策否定論あるいは政策的無為主義は、しばしば清

算主義（Liquidationism）と呼ばれる。

　この緊縮主義の二つの政策命題、とりわけ二番目の清算主義命題が、ケインズ主義の政策戦略とまったく相容れないのは明らかであろう。ケインズは、1931年に公表された彼の講演「失業の経済分析」の中で、オーストリア学派の清算主義を以下のように批判している。

　　緊縮主義者たちは世界恐慌を、彼らの言うところの"過膨張"にたいする不可避的かつ望ましい報いであるかのように考えている。彼らによれば、それは過剰な繁栄が全般的破綻によって反撃されるというような、不正な富に対する勝利なのである。彼らは、われわれが自らを正すためには、彼らがおごそかにも"引き延ばされた清算"と呼ぶものが必要なのだと言う。彼らはわれわれに、その清算はまだ完了していないが、やがては完了するであろうと告げる。そして、清算が完了するのに十分な時間がたてば、すべてはわれわれにとって再びよいものになるであろうと述べるのである。（Keynes [1931] p.12）

　ケインズがここで批判の対象として念頭に置いていたのは、ハイエク、ライオネル・ロビンズ、ヨーゼフ・シュンペーターである。この中の一人であるシュンペーターは、後にハイエクとはまったく異なった景気循環理論を提起することになる。とはいえ、彼もまたその出自はオーストリア学派であった。それに対して、ロビンズは生粋のイギリス人であったが、1931年にハイエクをロンドン・スクール・オブ・エコノミクスに招聘するなど、イギリスにおけるオーストリア学派の最大の理解者として知られていた。

　興味深いのは、その政策思想においてケインズとは正反対と考えられるフリードマンが、ことオーストリア学派的な清算主義に対しては、ケインズとほぼ軌を一にする以下のような批判を述べていることである。

　　私が思うに、オーストリア学派の景気循環理論は世界に大きな悪影響をもたらした。焦点である1930年代に戻れば、ロンドンにはハイエ

クやライオネル・ロビンズなどのオーストリア学派が居座っている。そして、世界を景気の底が突き抜けるがままに放置しろ、などと言う。つまり、景気は自己回復するに任せるしかない、というのである。それに対して何か対策を行うことは許されない。何をしてもより悪くしかならないのだから。ロスバードに言わせると、全銀行システムの崩壊を許容しないことは大変な間違いだということであるらしい。私が思うに、彼らは、イギリスやアメリカでこの種の無作為政策を吹聴したことによって、害を為したのである。(Friedman [1998a])

　ちなみに、ここでフリードマンによって言及されているロスバードとは、アメリカにおけるオーストリア学派の継承者であり、ハイエクやミーゼスを引き継ぐリバタリアニズム運動の中心的人物であった、マレー・ロスバードである。

　モンペルラン協会の活動にはフリードマンも積極的に関与していたことからも明らかなように、フリードマンらシカゴ学派とハイエクらオーストリア学派は、自由市場経済の擁護と政府介入への反対という主要なアジェンダを共有しており、基本的にはきわめて密接な同盟関係にあった。つまり、シカゴ学派とオーストリア学派は、明らかに古典的自由主義の中核を共有していた。そのハイエクの同志でもあったフリードマンが、オーストリア学派の景気循環理論に対してのみはあれほど否定的であったという事実は、政策生成プログラムとしてのシカゴ学派とオーストリア学派が、それぞれの防備帯の内実としては大きく異なっていたことを示している。

　こうしたケインズやフリードマンの全否定にもかかわらず、オーストリア学派の景気循環理論とそのマクロ緊縮主義は、決して消え去ることはなかった。その理論は、ケインズ革命やマネタリスト反革命といったマクロ経済学の表舞台とはまったく別のところで、熱心な信奉者たちによって脈々と受け継がれた。

　その点に関して大きな役割を果たしたのは、ハイエクよりもむしろミーゼスであった。ユダヤ系であったミーゼスがナチスの脅威から逃れるべく欧州からアメリカのニューヨークに移住したのは、彼が 60 歳近くにもな

った 1940 年のことである。彼はその新天地で、公的あるいは私的なセミナーや講演を通じて、ケインズ主義の誤りと緊縮主義の正しさを人々に訴え続けた。ミーゼスはアメリカの経済学界ではまったく孤立した存在ではあったが、他方ではその頑迷ともいえるほどの反ケインズ的信念に共鳴する多くの追随者を生んだ。それは、経済学者から思想家に転じて以降のハイエクが、マクロ経済政策に関連する問題に言及することはほとんどなくなったこととは対照的であった。

　ミーゼスはその主著『ヒューマン・アクション』（1949 年）で、ケインジアンら干渉主義者は、信用膨張を引き起こしてインフレとバブルによる偽りの繁栄の錯覚を人々に抱かせようとするような不健全な政策の唱導者たちであり、金本位制は彼らのその危険な方策を阻止するためにこそ必要なのだと述べている（Mises [1996] ch.17）。そこに示されているオーストリア学派の景気循環理論とそのマクロ緊縮主義は、アカデミックなマクロ経済学やマクロ経済政策論の文脈の中で語られることはほとんどないが、一部のコアなリバタリアンからは秘蔵の教義のように取り扱われてきた。彼らにとっては、『ヒューマン・アクション』はいわば聖典のようなものなのである。

　そのコアなリバタリアンを代表する存在は、共和党の超保守派下院議員であり、リバタリアン党の大統領候補でもあったロン・ポールである。オーストリア学派の信奉者を自認するポールは、オーストリア学派の理念を実現するために政治家になったとさえ述べていた。ポールは、ミーゼスの政策思想を忠実に受け継ぎ、米中央銀行の廃止と金本位制の復活を訴え続けてきた。2008 年の世界金融危機を引き起こしたのはグリーンスパンでもブッシュでもなくケインズだと主張するポールは、まさに現代におけるオーストリア学派の政治的な代弁者なのである。

　シカゴ学派とは異なり、オーストリア学派の景気循環理論は、アカデミズムの中に確固とした基盤を持ってはこなかった。しかしながら、そのことは必ずしも、オーストリア学派的な緊縮主義が現実的な影響力を持たないことを意味してはいない。というのは、その政策的規範は、漠然とした形ではあるが、各国の政策当局者の思考の中に確実に入り込んでいるから

である。というよりも、それはある意味で、中央銀行や財政当局にとっての伝統的理念そのものとさえいえる。中央銀行が果たすべき役割についての「パーティが盛り上がってきたまさにそのときにパンチボールを片付ける」という有名な格言は、「重要なのは信用バブルを生み出さないことである」というオーストリア学派の政策命題を、より卑近な例で言い換えたものと考えることができる[2]。また、各国の財政当局では現在でも、財政赤字そのものを財政規律の喪失であるかのように考える傾向が根強いが、それもまたオーストリア学派の発想に通じる。そして、こうした思考様式は必然的に、政策当局の中に、不況期における積極的な政策対応を忌避し、政策的無為主義に逃げ込むような強い傾向を生み出すのである。それは、仮に意図的な清算主義ではなかったにしても、清算主義の無意識的な現れなのである。

5. 理論と政策の受容をめぐる専門的文脈と社会的文脈

（1）防備帯における対立と混淆

　ケインズ主義と古典的自由主義は、その防備帯を進化させつつ近代から現代までの時代を生き残ってきた、競合する二つの政策生成プログラムである。ケインズ主義の防備帯にはケインズ経済学があり、古典的自由主義の防備帯には古典派経済学そして新古典派経済学があった。それぞれの防備帯は当然、経済学の理論的および実証的進化に対応して変遷を遂げていった。その経済学の進化はまた、それぞれの政策生成プログラムにおける政策戦略の進化と結びついていた。

　そのような政策生成プログラムにおける防備帯の進化はまた、中核的なイデオロギーを維持しつつも、そこから防備帯の異なるさまざまなサブ・プログラムが派生する過程でもあった。ケインズ主義プログラムにおいては、伝統的なケインズ主義からニュー・ケインジアンと呼ばれるような新しいケインズ主義への移行が進む一方で、ニュー・ケインジアンに対抗してより原理主義的な立場を維持しようとするポスト・ケインジアンと呼ばれるサブ・プログラムが分岐した。近年では、ポスト・ケインジアンから

さらに現代貨幣理論（Modern Monetary Theory: MMT）と呼ばれるサブ・プログラムが派生しつつある。古典的自由主義の側では、シカゴ学派やオーストリア学派を母体として、マネタリズム、ネオ・リベラリズム、リバタリアニズムなどのサブ・プログラムが派生した。

　興味深いのは、これらケインズ主義と古典的自由主義のサブ・プログラムは、単に相互に対立し合っていただけでなく、場合によっては相互に影響を与え合っていたという事実である。確かに、ケインズ主義とオーストリア学派的な緊縮主義および清算主義の場合には、それぞれが水と油のように相容れないため、お互いに交わる部分はほとんどない。しかしながら、トービンとフリードマンとの論争が示すように、ケインズ主義とマネタリズムとの間では当初から、経済学的には対立しつつも、科学的な論争あるいは対話が成り立っていた。さらに、ニュー・ケインジアンと呼ばれる新しい世代のケインジアンたちは、旧来型のケインズ経済学が持つ問題点に対するマネタリストや新しい古典派による批判を真摯に受け入れて、それをケインズ経済学それ自体の革新に結び付けていった。ニュー・ケインジアンがしばしばニュー・マネタリストとさえ呼ばれるのは、そのためである。

　同じことは、経済現象の解釈についてもいえる。経済史の領域におけるミルトン・フリードマンの最も大きな仕事は、アンナ・シュウォーツとの共著『米国金融史』（Friedman and Schwartz [1963]）である。その第7章「大収縮 1929-1933」で提起された、「世界大恐慌の原因は FRB による金融政策運営の失敗にある」とする世界大恐慌 FRB 原因説は、その後の大恐慌研究に多大な影響を与えた。というのはそれは、「大恐慌は総需要の不安定性という資本主義経済の持つ本質的な欠陥の現れである」とする、それまで支配的であったケインジアン的な世界大恐慌理解への批判を意味していたからである。このフリードマンの大恐慌解釈は、当初はケインジアン側からの厳しい反論を招いたが、新たな研究の進展とともに、やがてケインジアン的な経済学者たちの間にも受け入れられるようになっていった。

　これらの例は、たとえ異なったイデオロギー的立場にあったとしても、経済現象の理解や解釈についての合意形成は十分に可能であることを示し

ている。それは、経済現象の理解や解釈はあくまでも実証科学という土俵の上で行われるものであって、イデオロギーや世界観はさしあたり無関係だからである。実証科学においては、理論的命題の真理性を左右するのは論理と経験的事実のみであり、そこに価値判断が介在する余地はない。古典派経済学にせよケインズ経済学にせよ、その中核には確かにイデオロギーが存在する。しかし、その防備帯には、科学の論理がそれなりに機能する領域もまた存在しているのである。

　第3章で明らかにしたように、政策生成プログラムの防備帯には、政策目標への政策手段の割り当てという政策戦略が含まれている。その政策戦略を根拠付けるものこそ、実証科学としての経済学である。その政策命題は、実証科学である以上、単に論理的に正しいだけではなく、反証可能でなくてはならない。そこで経験的事実によって簡単に反証されてしまうような理論命題は、それがどのような良きイデオロギーに結びつくものであったとしても、当該領域の専門家たちによる支持や追随を得ることは困難なのである。

　図4-1は、以上の構造を概念化したものである。そこにはまず、古典的自由主義とケインズ主義という二つの巨大プログラムが存在する。そしてその両者には、中核を共有しつつ異なった防備帯を持つ複数のサブ・プログラムが含まれている。一方におけるシカゴ学派やオーストリア学派、他方におけるニュー・ケインジアンやポスト・ケインジアンが典型的であるように、こうしたサブ・プログラムが構想され構築される場は、もっぱら大学アカデミズムのような専門世界である。そのサブ・プログラムの担い手たちは、自らの研究活動を通じて、経験的な知見に基づく堅牢な防備帯を構築することに日々努めている。その過程の中ではしばしば、ケインジアンとマネタリストの対立や、マネタリズムのニュー・ケインジアンへの影響といった、実証科学的な領域におけるサブ・プログラム間の交錯も生じる。アカデミズム世界の住人たちにとっては、競合するサブ・プログラムの論駁も含めて、こうした防備帯の構築にどれだけ貢献できるのかということが、まさしく専門人としての知的活動のすべてなのである。

図 4-1　二つの主要な政策生成プログラムとそのサブ・プログラム

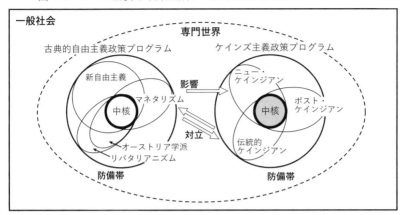

（2）政策の社会的受容をめぐるイデオロギーの争い――2009 年アメリカ再生・再投資法をめぐって

　こうした専門人たちの知的活動は、実証科学としての経済学の発展という観点からは重要であるが、政策生成プログラムにとってはせいぜい一つの準備段階にすぎない。というのは、政策というものは本来、それが法的あるいは行政的なプロセスを通じて実現され、現実の社会に何らかの働きかけを行って初めて意味を持つものだからである。しかし、そのためにはまず、政策に関する考え方それ自体が社会から受容されている必要がある。つまり、政策生成プログラムの社会的受容が必要となる。

　上述のように、政策生成プログラムやそのサブ・プログラムが展開されるのは、もっぱらアカデミックな専門世界においてである。しかしながら、図 4-1 に描かれているように、その専門世界の外側には、より広大な一般社会が拡がっている。そして、政策を実際に選択するのは、専門世界ではなく、その一般社会である。それが公共選択である。したがって、政策生成プログラムは、この局面においてはまず、世間知として一般社会に流布されている疑似科学的な政策プログラムも含む、競合する諸政策プログラムとの間の社会的受容をめぐる争いを勝ち抜かなければならない。という

117

のは、政治の側がそれを政策として取り上げるためには、専門世界の中で地歩を占めているというよりはむしろ、その政策に関する考え方が一般社会に十分に浸透しているということが必要だからである。

　この専門世界と一般社会の境界領域にあって、専門世界で確立されている政策に関する経験的知見を一般社会に伝える役割を担っているのは、まずはメディアであり、そこで活動する職業的なジャーナリストである。しかし、問題によっては、専門人自身がメディアに登場し、政策に関する社会的な啓蒙や説得を行う場合もある。というのは、職業的なジャーナリストは、社会に向けた情報発信のプロではあっても、専門世界の文脈や知見に十分に通じているという意味でのプロでは必ずしもないからである。そのような場合には、専門家の中でも相対的に高い情報発信能力を持つ「メディア受け」のする人材が、専門世界と一般社会との間を取り持つインターフェイスの役割を果たすことになる。

　しかしながら、専門人が一般社会においてある政策の啓蒙や説得を行うといった政策運動に関与する場合には、必然的に一つの大きなジレンマが発生する。一般的には、専門家がある政策に関して専門的立場から発言する場合に社会から求められているのは、あくまでもイデオロギーではなく実証科学的な知見である。しかしながら、もし専門家がある政策の是非を純粋に科学的な真理であるかのように主張したとすれば、それは多くの場合、単なるプロパガンダにすぎない。というのは、どのような政策であれ、その背後には必ず何らかの価値判断あるいはイデオロギーが存在するはずだからである。政策に関して発言する専門家が、その価値判断やイデオロギーがあたかも存在しないかのように装うとすれば、それこそがまさしくプロパガンダなのである。その意味で、専門家が社会に対して啓蒙的な意図に基づく発言をする場合でも、それが政策の是非に関連するものである限り、そこには必ず何らかの意味でのプロパガンダが含まれていると考えなければならない。

　その典型的な実例の一つは、アメリカのバラク・オバマ民主党政権によるアメリカ再生・再投資法をめぐる経済学者たちの争いである。

　オバマが「チェンジ」というスローガンを掲げて 2008 年のアメリカ大

統領選を闘っていた時、アメリカ経済はまさにリーマン・ショック後の大混乱の最中にあった。オバマは、大統領選勝利後の 11 月初頭に、大統領就任後の最重点課題として、金融危機による信用収縮や国内の雇用情勢悪化を阻止するために「必要なすべての手段を取る」ことを表明した。そして、2009 年 1 月に、第 44 代アメリカ合衆国大統領への就任を果たした。オバマは、就任直後の 2009 年 2 月に、「10 年間で 7 千 782 億ドルに達する過去最大規模の景気対策」と謳われた、2009 年アメリカ再生・再投資法（American Recovery and Reinvestment Act of 2009）を成立させた。そこでは、ヘルスケア、交通輸送、再生可能エネルギー等々の分野に対して重点的に政府支出が行われることが計画された。

　このオバマの景気刺激策が政治の舞台で論議され始めて以降、アメリカの経済学界は、それをめぐってまさしく二分された。ケインジアンおよびリベラル派の経済学者たちの多くは、当然ながらそれに賛成した。その最も代表的な表明は、アメリカの革新派シンクタンク「アメリカ進歩センター」がとりまとめて 2009 年 1 月 29 日に公開した議会宛の書簡「さまざまな立場の経済学者たちが景気刺激策を支持する」である（Center for American Progress [2009]）。これには、ケネス・アロー、ローレンス・クライン、エリック・マスキン、ダニエル・マクファデン、ポール・サミュエルソン、ロバート・ソローといったノーベル経済学賞受賞者を含む約 200 名の経済学者が署名した。その内容は以下のようなものである。

　　　われわれは議会に対し、2009 年アメリカ再生・再投資法を早急に通過させ、失業率の上昇を阻止するよう求めます。
　　　アメリカは深刻で長引く恐れのある不況の最中にあります。毎月、雇用主は何十万人もの雇用を失っています。雇用の流出を止め、経済を不況の端から戻すためには、政策立案者は迅速かつ果敢に行動しなければなりません。決定的に必要な行動は、とりわけ雇用と経済成長を促進するために設計された財政刺激策です。
　　　この目的のために、議会と新政権は、かつてない規模の経済復興計画をとりまとめました。8 億 2 千 5 百万ドルの 2009 年アメリカ再生・

　再投資法は、われわれの経済が直面している問題に取り組むために必要な規模と深みを持っています。この計画は、数百万の雇用を守りかつ創出することで、この国の深刻な雇用喪失を克服することができ、アメリカを持続可能な長期的成長経路に戻すことができるような、重要な投資を提案しています。

　われわれには、どう行動するのが最善かについて長々と議論するような余裕はありません。この法律は、経済問題のすべてを解決するには十分ではないかもしれませんが、緊急に必要とされている正しい方向への重要な一歩なのです。(Center for American Progress [2009])

　それに対して、リバタリアンの牙城として知られているアメリカの保守系シンクタンク、ケイトー研究所は、オバマ政権の景気刺激策に対する一大反対宣言をとりまとめ、2009 年 1 月 29 日に、ニューヨーク・タイムズとウォール・ストリート・ジャーナルの全面広告として、それを公表した (Cato Institute [2009])。その宣言文には、ジェームズ・ブキャナン、エドワード・プレスコット、ユージン・ファーマ、バーノン・スミス、ゲーリー・ベッカーなどのノーベル経済学賞受賞者を含む、全米の 237 人の経済学者たちが署名した。以下はその内容である。

　オバマ大統領は 2009 年 1 月 9 日に、"政府の行動、すなわち経済を急速に引き上げるための回復計画が必要とされているという点について、私たちに意見の相違はありません"と述べられました。

　大統領、謹んで申し上げますが、それは正しくはありません。

　今やすべての経済学者はケインジアンであり、経済学者はこぞって政府負担の拡大を支持しているかのように報じられていますが、それは誤りであり、われわれはより大きな政府支出が経済状況の改善に役立つとは考えていません。フーバーとルーズベルトによる政府支出の増加は、1930 年代の大恐慌からアメリカ経済を引き離すことはありませんでした。1990 年代の日本の"失われた 10 年"は、政府支出の増加によっても解決されませんでした。このように、より多くの政府

支出がアメリカを助けることができると今日信じることは、経験より
も願望に依存するものです。政策立案者は、経済の改善のためには、
勤労、貯蓄、投資、生産を行うに際しての障害を取り除く改革に集中
すべきです。成長促進のために財政政策を用いる最良の方法は、税率
の引き下げと政府負担の軽減です。(Cato Institute [2009])

　このように、アメリカの経済学者集団の内部では、オバマ政権の景気刺
激策をめぐって、双方の間にほとんど妥協が不可能なほどの見解の分裂が
生じた。それは明らかに、理論的な対立というよりはイデオロギー的な対
立であった。
　この両者の対立は、一見すると経済学上の対立のようにも見える。とい
うのは、政府の財政支出拡大という政策について、一方はそれが雇用の改
善に役立つと述べ、他方は役立たないと述べているからである。それは確
かに、経済学という学問領域における理論と実証の問題である。実際、政
府の財政支出拡大がどのような経済効果を持つのか、あるいは持たないの
かに関しては、さまざまな立場からの膨大な理論的および実証的研究が存
在している。そして、それらの研究から得られた知見に関しては、経済学
者という集団において、一定の合意が存在している。
　にもかかわらず、経済学者たちはこのように、一つの政策をめぐって激
しく相争った。それは、政策の根底にあるのは、結局は経験的事実ではな
く価値判断だからである。さらにいえば、その価値判断を導き出すのは、
客観的な事実ではなく、何らかの意味でのイデオロギーだからである。政
府の財政政策上の関与が望ましいのか否かは、それぞれの陣営の経済学者
たちが自らの立論にいかに客観的な装いをこらしたとしても、究極的には
イデオロギーそして価値判断の問題である。それは、あらゆる経済政策は
何らかの規範すなわち価値判断に基づく以外にはない以上、むしろ当然の
ことといえる。

第II部　経済政策の現実

――社会はどのように選択を誤るのか――

第5章　貿易をめぐる空虚な争い
——1980 〜 90 年代日米経済摩擦の批判的回顧 *)

1. 一般社会と専門世界との間の認識モデルにおける齟齬

　一般社会の通念あるいは既得観念は、専門家の知見とはしばしば大きく異なる。第1章第2節ではそれを、専門知と世間知との間の対立と相剋の問題として指摘した。第2章第3節で明らかにしたように、政策に関してそうした対立が顕在化する蓋然性は、政策の因果的な帰結、すなわちその政策が現実にもたらすであろうと想定される帰結の自明性に依存する。その自明性が低い場合には、専門家にとっては常識であるような認識モデルが、一般社会にはなかなか浸透しない。それどころか、それは時には、学者がもてあそぶ空理空論であるかのような扱いさえも受ける。そのような場合には、科学的に信頼できる考え方ではなく、マスメディア等を通じて流布されているような、科学的には誤っているにもかかわらず生活実感から得られる感覚に近いために人々に幅広く信じ込まれているような認識モデルが一般的な通念となり、それが政策決定に強い影響力を持つことになる。そのような事態は、民主主義社会における公共的意志決定に対して、明らかに望ましくない結果をもたらす。

　民主主義とは一般的には、「すべての構成員が彼らの生活に影響を与える課題に関する決定において平等な権利を持つ政治の一形式」として定義される。その含意は、「公共的意思決定においては、特定の特権的な立場にある人々の見解ではなく、一般の人々が持つ支配的な見解が最も決定的な要素となる」ということである。民主主義はこれまで、あらゆる統治の中での最善の方法であり、それに対抗できる政治体制は存在しないと考えられてきた。しかしながら、その事実は、民主主義の政治的成果が常に最善であることを意味しない。例えば、一般大衆の知識や判断力が政治的エ

リートのそれに大きく劣るような場合には、民主主義は必ずしもエリート独裁的な賢人政治よりも望ましいとは言えないであろう。実際、民主主義的な手続きに基づいて公共善の名のもとになされた政策決定が、結果として人々にとてつもない災禍をもたらしたという事例は、歴史上において枚挙に暇がない。

　民主主義は他方で、それが衆愚政治に陥ることを防ぐための一定の機能を備えてもいる。民主主義は通常、「基本的な公共的意思決定は、あらゆる選択肢を十分に吟味し、議論し尽くしたあとで行う」という前提条件を含んでいる。確かに、一般の人々がそれなりの知識や判断力を持っていると考えられる場合には、公の場で十分な議論が保証されている限り、愚かな見解はやがて排除され、最終的には最も賢明な見解が残ることが想定できるかもしれない。多くの民主主義社会においては、草の根の政治集会から国会までをも含む、意見表明や議論や説得のためのさまざまなレベルのプラットフォームが制度化されているが、それはこの「議論を通じた最善の公共選択」を実現させるためのものと考えられる。

　その社会的な合意形成の過程においては、通常は情報メディアが最も重要な役割を果たす。というのは、大多数の国民が、ある政治的なアジェンダに関する問題の所在や、それについて専門家の見解といった情報を得るのは、新聞、雑誌、テレビ、ラジオ、インターネットといった各種の情報メディアだからである。そして、民主主義社会における議論と説得のプロセスが理想的に働いた場合には、信頼できる専門家たちが表明した賢明な見解が、これら情報メディアを通じて一般社会に浸透し、それが国民全体の意志として実際の政策に反映されていくことが期待できるであろう。

　この図式の問題点は、それがほとんどの状況において理想的にすぎることである。それはせいぜい、一般の人々が競合する選択肢の中から最善の見解を選び出せるほど十分に事情に通じている場合にしか当てはまらない。しかしながら残念なことに、われわれの社会はしばしば、門外漢が正しく理解するには微妙あるいは複雑すぎる問題に満ち溢れている。高度に分業化された現代社会において、そうした微妙かつ複雑な問題に関して、人々に信頼できる情報や知識を提供することを期待されているのが、専門

家たちである。しかし、彼らが常にその社会的情報提供の役割を成功裡に果たすとは限らない。その正否は、当該する問題の自明性や複雑性、さらには人々がそれに対して事前に持つリテラシー等々に依存する。

　さらに、一口で専門家とはいっても、彼らの世界もまた決して一枚岩ではない。第4章第5節でも述べたように、本来であれば、専門世界と一般社会の境界領域にあって、専門世界で確立されている知見を一般社会に正しく伝える役割を担っているのは、情報メディアであり、そこで活動する職業的なジャーナリストである。彼らもまた広い意味の専門家であり、一般社会の側からもそう見られていることが多い。しかしながら、彼らはあくまでも情報発信の専門家にすぎない。彼らが当該する専門世界の文脈や知見に通じているその程度は、まさに千差万別である。

　つまり、一般社会から一括りで専門家として扱われている人々の専門性は、実際にはきわめてばらつきが大きい。その中には当然、専門知とは無縁な世間知をもっともらしく唱えているだけの擬似的な専門家も数多く存在する。しかしながら、専門世界の内情に十分に通じていない一般の人々にとって、世間において専門家と呼ばれている人々が述べている個々の見解の適否を正しく判断することは、ほぼ不可能に近い。むしろ一般の人々は、自らがあまり理解できそうにない本来の専門家の見解よりも、自らの既得観念とより親和性の高い擬似専門家の語る世間知の方により強い共感を持つかもしれない。

　こうした専門知と世間知すなわち人々の既得観念との対立は、ある政策課題に関して競合する政策プログラムが存在する状況においては、とりわけ深刻な帰結を生む。というのは、そのような場合、一般社会に受け入れられ、現実の政策決定に最終的に影響を及ぼす可能性が高いのは、多くの専門家が合意するという意味で科学的な信頼性が高い政策プログラムの方ではなく、専門家にとっては誤りであることが明らかであるが、世間知との高い親和性のゆえに幅広く受け入れられているような、疑似科学的な政策プログラムの方だからである。これは、民主主義の衆愚政治化が現実に存在する大きなリスクであることを意味している。

　本章では、その課題に関するケース・スタディとして、日本のアメリカ

の間で主に 1980 年代後半から 1990 年代半ばまで存在した貿易・経済摩擦と、この摩擦に関連する政策論議について検証する。日米間の貿易は、長年にわたり両国間の経済的および政治的な紛争の原因となってきたが、1980 年代から 1990 年代に出現した貿易摩擦は、疑いもなくその最も深刻な一つであった。この時期の摩擦は、個別産業の輸出入ではなく、経常収支の黒字や赤字のようなマクロ的な経済指標が対立の焦点になっていたという点で、それ以前のものとはまったく性質が異なっていた。この摩擦はやがて、「経常収支の不均衡を是正する」ことを目的とした、深刻かつ華々しい二国間交渉をもたらした。アメリカ政府はそれらの交渉において、貿易制裁の可能性を示唆することよって威嚇しつつ、日本政府に「黒字減らし」を迫った。しかし、それは結局、何の具体的合意をもたらすことはできなかった。そこに残されたのは、日米はこの時明らかに貿易戦争の一歩手前にいたという、その事実のみである。

　アメリカ政府は、1990 年代後半のある時期に、この日本の経常収支黒字に対する批判を突然停止した。日米間の貿易紛争は、まさしくその瞬間に終わった。この事実は、この日米経済摩擦なるものは、日米間における現実上の利害対立の反映ではまったくなく、単に「日本の経常収支黒字はアメリカにとって有害であり、したがって減らすべきである」という、当時のアメリカの一般社会に蔓延していた誤った通念の産物にすぎなかったことを明示している。実際には、日米両国の多くの経済学者が指摘していたように、国としてもアメリカも、またアメリカ国内の誰も、アメリカの経常収支赤字によって何ら損失を被ってはいなかった。つまり、この時期の日米経済摩擦は、利害によってではなくもっぱら観念によってもたらされた、本来必要でも不可避でもない「空虚なる争い」にすぎなかったのである。

２．1990 年代までの日米貿易摩擦の進展

（１）頻発する比較優位・劣位のシフトに伴う貿易摩擦

　第 2 次世界大戦後の日米貿易摩擦の歴史は、1950 年代に始まった。摩

擦の最初の顕著な兆候は、アメリカ政府が 1955 年に実行した繊維製品に対する輸入関税の引き下げが、日本からアメリカへの繊維製品の急激な流入を招いた時に現れた。それ以降、アメリカの繊維産業は、「ワンダラー・ブラウス」に象徴される日本の安価な繊維製品輸入からの激しい競争圧力の下に置かれることになった。

　この厳しい状況に直面したアメリカの繊維業界は、アメリカ政府に対して、日本からの繊維製品の輸入を制限する措置を講じるように要求した。アメリカ政府は、この要求に動かされて、アメリカ繊維産業を保護する措置を検討し始めた。しかしながら、アメリカ政府は他方で、あからさまな輸入制限の実施が「アメリカは自らが行い始めた貿易自由化を自ら放棄した」という内外からの批判を招くことを恐れてもいた。アメリカ政府は、その批判を避けるために、アメリカが輸入を直接制限するのではなく、日本政府に対してアメリカへの輸出を制限するための措置を講じるよう求めた。

　1950 年代の日本経済においては、繊維産業は唯一無二の比較優位産業であり、日本の最大の輸出産業であった。その外貨の稼ぎ頭であった繊維製品の対米輸出を自ら抑制するというのは、日本としてはまったく不本意きわまりないことであった。しかしながら、当時の日本は、戦後復興は進みつつあったとはいえ、多くの点で未だアメリカに依存するような状態にあり、アメリカの要求に抵抗するにはその立場が弱すぎた。日本政府は結局、不承不承ながらその要求に応じた。そして、1957 年に両国政府の間で、日本がそれ以後の 5 年間は自主的にアメリカへの繊維製品の輸出を制限するという規定を含む「日米綿製品協定」が締結された。これは、日本製品の輸入に苦しむアメリカ産業を保護するための措置としてその後に慣習的に利用されることになる輸出自主規制（Voluntary Export Restraints: VERs）の端緒となった。

　1950 年代から 1980 年代にかけての日本経済は、1980 年代からの中国経済に比較できるような、世界で最も急速な成長を遂げた実例の一つであった。日本経済は、単に量的に成長しただけではなく、その構造も劇的に変化した。日本の主要産業は、1960 年代に、繊維産業のような労働集約

型産業から鉄鋼業や造船業などの資本集約型産業へと移行した。そして
1970 年代には、日本産業の主導的地位は、機械産業や自動車産業などの
技術集約型産業によって占められるようになった。1980 年代にはさらに、
電子電機産業や半導体産業のような技術集約性のより高い産業がその裾野
を大きく拡げていった。労働集約型産業から資本集約型産業へ、そして技
術集約型産業へといった、日本の主要産業のこうした移行は、日本経済に
おける比較優位のシフトを反映していた[1]。

　国際貿易理論の教科書に説明されているように、ある特定の財に関する
ある国にとっての比較優位は、常に他の国にとっては比較劣位を意味する。
そして、比較優位を享受する国はその財を輸出し、比較劣位の国はそれを
輸入する。したがって、ある特定の財の比較優位がアメリカから日本に移
ったとすれば、それはまさにその財がアメリカにとっては比較劣位に転じ
たことを意味する。その時、日本はその財を輸出し、アメリカはそれを輸
入することになる。

　このような現象は、1960 年代から 1980 年代にかけての日米間の貿易
において、明確に観察することができる。アメリカが日本から輸入した財
は、日本がその時々に享受していた比較優位に従って、繊維から鉄鋼、鉄
鋼から機械、機械から自動車、自動車から半導体部品などへと連続的に変
化した。それはまた、鉄鋼、機械、自動車、半導体に関してアメリカがそ
れまで享受していた比較優位が失われ、それらが比較劣位へと転じていっ
たことを意味していた。

　両国の比較優位と比較劣位はこのように相伴ってシフトしていったが、
両国の間では、そのシフトのたびごとに、繊維産業の場合と同様の対立が
生じた。1960 年代においては、日本からのアメリカへの鉄鋼輸出が紛争
の主要な原因であった。1970 年代初めには、その焦点がカラーテレビに
移った。それはさらに、1980 年代初めの自動車、1980 年代半ばの半導体
部品へと転じていった。

　これらすべての場合において、紛争の本質は実質的に同じであった。ま
ずは、日本製品の輸入による厳しい競争圧力下にあるアメリカの業界が、
日本からの「アンフェア」な競争について不満を表明する。そして、状況

を緩和するための行動を取るようにアメリカの政治家や政府関係者に陳情
する。その結果は多くの場合、アメリカ政府から日本政府への、対米輸出
自主規制に関する日本の義務を規定した二国間貿易協定の押し付けであっ
た。

（2）自動車摩擦と半導体摩擦——レント・シーキング型管理貿易の二つの類型

　これらの紛争とその解決の中で、経済的にも政治的にも最も重大な影響
をもたらしたのは、自動車と半導体に関するそれである。

　1970年代までは、アメリカの自動車産業と、その主要3大企業である
ゼネラル・モーターズ、フォード、クライスラーのいわゆる「ビッグ・ス
リー」は、アメリカ経済それ自体を代表するも存在と考えられていた。そ
うした状況はしかし、1970年代の石油危機を契機として劇的に変化した。
石油価格の世界的な高騰によって、小型で燃費の良い日本製の自動車がア
メリカの消費者にとってより魅力的なものとなり、日本からアメリカへの
自動車輸出が拡大した。1980年代に入ると、日本からの自動車輸入によ
ってその市場地位を脅かされたビッグ・スリーは、業務の縮小と労働者の
解雇を余儀なくされた。アメリカにおける自動車生産の中心地であったこ
とから「モーター・タウン」とも呼ばれていたミシガン州のデトロイト市
では、工場労働者の失業が急激に拡大した。その状況はメディアを通じて
幅広く報道され、アメリカ中に反日感情が広がった。アメリカ政府は、そ
の問題を解決するために、例によって日本政府に二国間交渉を要求した。
その結果は、これまでの慣行通りであった。すなわち、両国政府は1981
年に、日本が自発的にアメリカへの自動車輸出を制限するという「対米自
動車輸出自主規制」を合意するに至ったのである。

　半導体の輸出入に関する紛争とその解決は、貿易摩擦が管理貿易へと展
開した典型的ケースとして後に繰り返し参照されることになる、もう一つ
の実例であった。アメリカの半導体メーカーは、少なくとも1980年代初
頭までは、世界市場において支配的な立場を享受していた。しかしながら、
1980年代半ばに近づくと、日本の半導体メーカーがアメリカへの半導体
輸出を急激に拡大し始めた。そのことは当然、アメリカの半導体メーカー

の経営状況を危うくした。このようにして始まったアメリカ市場への日本製半導体の急速な拡大は、アメリカのビジネス界と一般社会の双方に大きな衝撃を与えた。当時、半導体産業は、あらゆる先端産業の中でも最も重要なものと信じられていた。それゆえ、アメリカ製の半導体が日本製のそれによって駆逐されつつあるという事実は、アメリカ経済それ自体が日本経済に対して競争力を失っている何よりの証拠と見なされたのである。

　ところが、この問題に対処するために両国によって取られた措置は、従来の同様なケースで取られたそれとは明確に異なっていた。当時、日本製の半導体製品は、価格と品質の双方に関してアメリカ製半導体を凌駕しつつあった。そして、IBMに代表される当時のアメリカのコンピューター産業は、この安価で良質な日本からの半導体部品供給に完全に依存していた。そのため、日本に半導体製品の輸出制限を強制するというそれまでの慣習的措置に対しては、アメリカのコンピューター業界からの強い反発が生じていた。アメリカ政府はそこで、日本政府に対して、従来のような輸出制限要求の代わりに、アメリカ製半導体製品の日本市場への輸入を所定の目標水準まで自発的に拡大するという新たな措置の実施を要求した。その結果として成立したのが、「日本が自発的にアメリカ製半導体の輸入を国内市場の20％に至るまで拡大する」という非公式条項が含まれていたとされた、1986年の「日米半導体協定」である。この管理貿易の新たな手法は、それ以降、輸入自主拡大（Voluntary Import Expansions: VIEs）と呼ばれるようになった。

　日米間で生じたこの繊維から半導体に至るまでの貿易紛争の背後にある主な要因は、比較優位と劣位のシフトである。ある産業が比較優位に移行すれば別の産業は比較劣位に転じるという現象は、自由な貿易が行われている限り、どのような貿易参加国も決して避けることはできない。各国の産業構造が時代とともに変化していくのは、まさしくそのためである。その過程において、海外からの競争財輸入の拡大という厳しい調整圧力を受けるのは、比較優位が失われて比較劣位に転じた産業である。アメリカの繊維産業、鉄鋼業、自動車産業、半導体産業などはすべて、まさしくそのようにして衰退していったのである。

　こうした状況に直面した時、その衰退しつつある産業の経営者あるいは利害関係者たちはしばしば、厳しい事業調整を行うことを避けるために、あるいはそれをできるだけ先延ばしするために、何らかの政治的な手段に頼ろうとする。より具体的には、政策の策定に影響力を持つ政治家や政府関係者たちに対して、市場の競争圧力を抑制するような政策措置の実現を働きかける。日米間で行われた輸出自主規制や輸入自主拡大といった政策は、まさしくその実例であった。それは、縮小しつつある利益を守り、事業の調整や再編にかかる費用を可能な限り縮小したいという、衰退産業の経営者や利害関係者たちのきわめて合理的な政治的行動の結果であった[2]。

　第2章第5節で指摘したように、合理的選択政治理論の先駆は、シカゴ学派やバージニア学派によって構築された公共選択論である。その創始者の一人であったバージニア学派のゴードン・タロックは、民間企業の関係者が政策や法制度を自らの利益の拡大に寄与する方向に変えさせるために政治家、政府関係者、官僚組織などへの働きかけを行うことを、レント・シーキングと呼んだ（Tullock [1967]）。この場合のレントとは、政策や法制度の変更によってもたらされる超過的な利益を意味する。アメリカ政府が日本に課した輸出自主規制や輸入自主拡大は、利益の拡大のためというよりはむしろその縮小を抑制するためのものではあったが、その本質においては、日本の輸出からの競争圧力に直面したアメリカの衰退産業が関与したレント・シーキングの産物そのものであった。それはまさに、合理的選択政治理論という分析枠組みが最も得意とするような対象であったといえる。

（3）経常収支不均衡をめぐる新たな摩擦

　日米貿易紛争の性格が急激に変化し始めたのは、1980年代半ば頃のことである。自動車や半導体といった特定の業界に関する紛争は依然として続いていたが、そこに新しい要素が付け加わった。それは、1980年代初頭から、両国の対外的不均衡、すなわちアメリカの経常収支赤字と日本の経常収支黒字が共に拡大していたという事情である（図5-1）。後述のよ

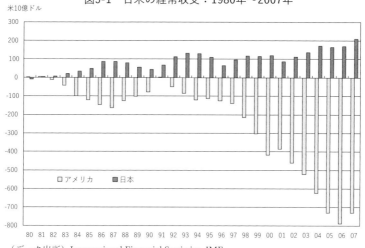

図5-1　日米の経常収支：1980年〜2007年

（データ出所）International Financial Statistics, IMF

うに、このような対外的不均衡は、基本的に両国の国内貯蓄と国内投資という　マクロ経済的要因から生じるマクロ経済的な現象である。しかしながら、大多数のアメリカ国民にとっては、それはアメリカが日本から収奪されつつあることを示す新たな証拠に他ならなかった。というのは、当時のアメリカのメディアは、ほぼ全面的に日本の「アンフェア」な貿易慣行を批判する論調によって支配されていたからである。

　1980 年代の後半にもなると、アメリカの経常収支赤字の責任は主に日本の不公正な貿易慣行にあるという認識は、アメリカ国民の間ではほぼ常識となっていた。このような反日感情の高まりに触発されたアメリカ議会は、1988 年に、1974 年通商法 301 条を改正した「包括貿易・競争力強化法」を可決した。その後「スーパー 301 条」と呼ばれるようになったこの法改正は、アメリカの輸出品に対する外国の貿易障壁の結果として生じたと想定されるアメリカの二国間貿易赤字に対して、その解消のための対抗措置を実行可能にさせることを目的としていた。貿易相手国にとってみれば、これは「制裁という威嚇の下で、アメリカが"不公正"と決めつけた貿易慣行を貿易相手国に対して排除するように強制する力をアメリカ政

府に与える」という、きわめて一方的なものであった。その具体的な標的が日本であったことは、当初から明白であった。

　当時のアメリカの政界においては、このような日本への敵対的な政策を議会という舞台で主導していたのは、共和党よりも民主党の方であった。そこには、当時の民主党が、日本からの輸出によって最も直接的な打撃を受けていた自動車産業に代表される製造業の労働組合を有力な支持基盤にしていたという事情があった。1980 年代から 90 年代初頭までのレーガンおよびブッシュの両共和党政権は、表向きはあくまでも伝統的な自由貿易主義の擁護を掲げていた。実際には、日米間の管理貿易が自動車や半導体といった基幹的な領域にまで拡大するのはこの共和党政権下においてではあったが、そこには常に「不透明な日本の貿易慣行を是正して日本に “まっとうな” 市場経済を根付かせるためのやむを得ない措置」という建前が存在していた。1989 年から 1990 年にかけては、日米貿易摩擦解消のためと称して、ブッシュ政権と当時の日本政府の間で、日米構造協議（Structural Impediments Initiative: SII）と呼ばれる交渉が行われた。ブッシュ政権はそこで、日本政府に対して「経済構造改革と市場開放の推進」を強く求めたが、その要求はおおむね「日本により積極的な市場志向型改革を促す」という建前に沿った形で行われた。

　アメリカの対日貿易政策に決定的な変化が生じたのは、クリントン民主党政権が 1993 年にホワイトハウスの新たな支配者となった時においてであった。クリントン政権が日本に対処するために取ったアプローチは、日本の「アンフェア」な取引慣行が正しく是正されたことを「客観的基準」に基づいて評価しようとした点において、それ以前の政権とは大きく異なっていた。このクリントン政権のアプローチの背後には、「アメリカは日本に対して、“構造改革要求” のようなスローガン的なものではなく、対米貿易黒字を削減する具体的な手段を取るように強制すべきであり、その進捗は定性的にではなく定量的に評価されるべきである」という考え方が存在していた。

　クリントン政権がこの目標を達成するために用いようとした政策手段の一つは、1986 年の日米半導体協定で導入されていた VIEs（輸入自主拡大）

であった。クリントン政権は日本政府に対して、この VIEs を半導体のみ
ならず自動車などその他の重要産業の市場にも受け入れるように求めた。
これは、アメリカが伝統的な自由貿易主義の立場を放棄し、管理貿易のあ
からさまな是認へと転換したことを意味していた。

　大統領であったクリントンは、この対日戦略を胸中に秘めながら、
1994 年 2 月に、当時の日本の総理大臣であった細川護熙とのトップレベ
ル会談に臨んだ。クリントンはそこで、「日本は経常収支黒字削減の進捗
を評価するための客観的基準の設定を受け入れるべきである」と強く要求
した。細川は、それまでの日米交渉の慣行を覆し、このクリントンの要求
を最終的に拒否した。

　1995 年春には、日本の当時の通産大臣であった橋本龍太郎と、アメリ
カの通商代表であったミッキー・カンターとの間で、仕切り直し的な交渉
が行われた。その焦点は、日本がアメリカからの自動車輸入に関する客観
的基準の設定を受け入れるか否かであった。日本政府にその要求を呑ませ
るために、カンターは橋本に、「もし日本が輸入数値目標という客観的基
準の受け入れを拒否したならば、アメリカは日本に対して、日本から輸入
される高級車に対して 100%の関税を課すといった形の制裁を行う」と脅
した。当初、両国政府間の和解はまったく実現しそうになかったために、
日本に対するアメリカの制裁は不可避であるかのように思われた。そうし
たぎりぎりの状況の中で、両政府は 1995 年 6 月 28 日に、合意に達した
という発表を突然行った。実際のところは何が合意されたかは少しも明ら
かではなかったが、アメリカは確かにその後も制裁は実行しなかった。つ
まり、貿易戦争は避けられたのである。

3．経常収支不均衡に対する競合する二つの理解——リビジョ
ニスト対経済学者

（1）アメリカの世論と通商政策に強い影響を与えたリビジョニストの対日認識
　1980 年代から 1990 年代にかけて拡大した日米の経常収支不均衡は、
日本に対するアメリカ国民の認識にきわめて否定的な影響を与えた。その

ことを背景に、アメリカ政府は、日本に対する通商政策をより強圧的なものにシフトさせていった。自由貿易主義の立場を放棄し、貿易黒字削減のための輸入数値目標の受け入れを日本に要求したクリントン政権の通商戦略は、その一つの終着点であった。アメリカにおけるこうした通商政策上の変位は、現実に関して人々が抱いている必ずしも科学的に正しいとはいえない通俗的な把握が、メディアからの拡散を通じて圧倒的な世論に転換され、それが現実の政策決定に関して大きな影響力を持ち得たことを示す、一つの明白な実例であったと考えられる。

　この世論形成のプロセスにおいて、とりわけ重要な役割を果たすのは、人々がメディアから得る情報と、それに対する人々のリテラシーである。人々がメディアによって提示された情報をどのように解釈するかという情報リテラシーは、情報それ自体と同程度に重要である。一般に、それぞれの情報の持つ意味を適切に解釈することは、門外漢にとってはきわめて難しい。当該する問題の自明性や複雑性にもよるとはいえ、それが可能になるためには、通常は一定程度の専門的な知識や訓練が要求される。そのことがまさしく、われわれの社会が、関連する情報の特定の知見に基づく解釈を託されるべき、さまざまな専門家たちを必要とする理由である。多くの人々は、ある情報に関して自分自身の頭で自前の解釈を行うというよりは、新聞、雑誌、テレビ、インターネットといった情報メディアから得られる専門家たちのさまざまな解説や解釈の中から、自らが納得できるその一つを選び取っているのである。それが、専門家たちの見解が情報メディアを通じて世論の形成に影響を与える、その具体的な道筋である。

　1980年代から1990年代にかけての日米貿易摩擦のケースにおいては、焦点となっていた最も重要な情報とは、「拡大しつつある日米間の経常収支不均衡」そのものであった。この時期のアメリカのメディアでは、いわゆる「日本問題」の専門家たちが、この事実を両国間の貿易関係の「不公正さ」を示す証拠として盛んに言及していた。そうした解釈は、アメリカの対日世論に対してきわめて大きな影響を及ぼした。

　『フォーブス』『フォーチュン』と並ぶ3大英字ビジネス誌の一つである『ビジネス・ウィーク』1989年8月7日号は、アメリカ国内での日本批判

が急速に高まる中、日本再考（Rethinking Japan）と題された特集を組んだ。その特集のカバー・ストーリーの冒頭部分では、当時のアメリカのジャーナリズムで幅広く共有されていた、この問題に対する一般的な理解が、以下のように要約されている。

> 何年もの論争ののち、アメリカは未だに年間 520 億ドルもの対日貿易赤字を計上しており、日本社会は依然として決定的に閉じられたままとなっている。結果として、日本に関するアメリカの考え方に、急激な変化が進行している。このリビジョニスト的見解によると、日本は真に異なっており、そこでは伝統的な自由貿易政策は機能しない、と考えられている。かつては、そのような見方は“日本叩き”として退けられていた。しかし今では、そこには知的な基盤が存在する。(Neff [1989])

　当時のアメリカのジャーナリズムおよび世論の一般的な対日認識とは、まさにここで言及されている「リビジョニスト的見解」そのものであったと考えられる。その見解とは、「日本経済はアメリカのような市場経済とは根本的に異なっているため、それが将来的に市場経済に近づいていくとは期待できない。したがってアメリカにとっては、日本が自らを変えざるを得ないようなより強硬な対日政策を実行する以外には、自国の利益を確保する有効な手段は存在しない」といったものである。このような見解の唱導者たちがリビジョニスト（修正主義者）と呼ばれたのは、「日本経済は今は確かにアメリカとは異なっているが、成熟するにつれて徐々にアメリカ的な自由で開かれた市場経済に近づいていくであろう」といった、アメリカの「日本専門家」の間でかつて支配的だった考え方の「修正」を要求するものと理解されていたためである。
　『ビジネス・ウィーク』同号ではさらに、当時最も影響力を持つと考えられていた 4 人のリビジョニスト、すなわちクライド・プレストウィッツ、カレル・ヴァン・ウォルフレン、チャルマーズ・ジョンソン、ジェームズ・ファローズの主要な著作と経歴が紹介されている（Neff and Magnusson

[1989]）。彼らの見解は、その視角や強調点においては異なっていたが、リビジョニスト的見解の中核にあった以下の3つの把握を共有していた。その第一は、「アメリカの貿易赤字拡大は、日本のような貿易相手国に対して過度に寛大すぎていたアメリカの従来の自由貿易政策の結果として生じた」である。その第二は、「日本はこれまでさまざまな目に見えない貿易障壁によってアメリカからの輸入を妨げてきたが、日本の貿易黒字拡大とは、まさしくその日本の不公正な貿易慣行の結果として生じた」である。そしてその第三は、「アメリカは、この日米間の貿易不均衡を是正するため、従来の一方的な自由貿易政策を改め、日本の市場を力ずくで開放させるようなより強硬な措置を取る必要がある」である。

　『ビジネス・ウィーク』と世論調査会社『ハリス』が共同で実施した世論調査の結果は、以下のように、少なくとも1980年代末には、こうした「日本問題に対するリビジョニスト的見解」が、世論すなわちアメリカ国民の大多数の見方とほぼ重なり合うようになっていたことを示唆していた。

　　アメリカ国民は、アメリカの貿易赤字を心配している。そして彼らは、それが誰のせいなのかを知っている。国民の69％が、対日貿易不均衡は深刻な問題だと考えている。アメリカの対日輸出品の品質と価格には問題があると多くの人が考えているが、それでも、68％は日本がアメリカ製品に不当な障壁を課していると考えている。これは、われわれが最後に行った1985年3月の世論調査のときの54％から増えている。この状況をどうやって改善するのか？　保護主義と貿易制裁だ、と圧倒的多数のアメリカ人は言う。彼らは、日本のアメリカ輸出品への数値目標、そしてアメリカにおける日本製品に対する関税や輸入割り当てを支持している。（Business Week [1989]）

　リビジョニストの考え方は、一般の人々だけではなく、政治家や政策当局者にも大きな影響を及ぼしていた。1992年のアメリカ大統領選挙では、予備選挙段階で民主党の有力候補の一人であったボブ・ケリーのように、テレビ・コマーシャルで「自分が大統領になれば日本製の自動車は一台た

りとも輸入させない」といった「選挙公約」を掲げていた候補者さえもいた。最終的に民主党の大統領候補となり、本選において現職の共和党候補ジョージ・ブッシュを打ち破ったクリントンは、選挙戦の間は対日批判を戦略的に控えていた。しかし、政権の成立後には直ちに、対日通商政策をリビジョニスト的方向に大きく転換させた。

　その象徴は、従来は主流派の大物経済学者が就任するのが常識であった大統領経済諮問委員会委員長に、代表的な戦略的貿易論者であったローラ・タイソンを抜擢したことである。タイソンは1992年に出版された著書『誰が誰を叩いているのか』（Tyson [1992]）の中で、1986年の日米半導体協定で日本がアメリカに「約束」したとされる、「日本は外国製（事実上はアメリカ製）半導体の国内シェアを20％以上に高めなくてはならない」という輸入数値目標を高く評価し、アメリカのハイテク産業の競争力強化のためには、制裁を後ろ盾としたこのような「結果志向」の管理貿易が有効なことを主張していた。

　この時期に通産省の通商産業審議官を務めていた畠山襄は、新政権の貿易・通商問題に関するスタンスを確認するため1993年4月にワシントンを訪れたが、回顧録『通商交渉・国益を巡るドラマ』の中で、その時に垣間見た対日通商問題に関するクリントン政権の政策思考を以下のように要約している。

　　彼らが私との個別会談や、前述の全体会合を通じて述べたことは、次の五点に要約できる。
　　第一は、経済第一主義である。日米関係の柱は、安保・政治・経済だが、今後はこのうち経済を最優先する。
　　第二は、その“経済”の中で大事なのは、日本の経常収支黒字の削減だ。
　　第三は、日本異質論である。数年前のリヴィジョニスト（修正主義者）たちの主張が、クリントン政権になって遂に政権の中枢の思想になってしまったわけだ。今回の日本異質論の根拠は、次のようなものである。すなわち、日本の経常収支削減のためには輸入拡大が必要だ

が、日本市場は他の市場と異なり、非商業的（non-commercial）で、このため製品輸入が異常に少ない、というのだ。"非商業的"というのは、この文脈では耳なれない言葉であったが、米国側によると"商業的"というのは価格と品質に基づいて購入動機が決定されるものであって、"非商業的"はその反対だから、価格と品質に基づいて購入動機が決定されず、系列とか情実などに基づいて決定されることをいうのだとのことであった。

　第四は、結果主義である。日本との交渉は、文言をいかに立派に書き上げても駄目で、成果がどれだけかがすべてだという主張だ。私と会談した一人が「この政権は極度に（extremely）に結果志向（result-oriented）なのよ！」と"誇らしげに"語った時は、私は本当に驚いた。世界中の移民を魅きつけた機会の国（Land of opportunity）は、いったいどこへいったのか。

　第五が、たしかな（tangible）尺度（bench mark）が必要という考えだ。これは、日本異質論と結果主義の両方からきた考えであるといってよい。日本経済は異質だから通常の市場経済的アプローチでは有効ではない、と一方で考え、結果が測れなければ意味がない、と他方で考えた産物なのだ。さすがにどの会談相手も直接は"数値目標"という言葉こそ使わなかったが、"指標"とか"測定可能"とか"尺度"とか述べており、実質的には数値目標を主張していたことになる。（畠山 [1996] 53-54 頁）

　クリントン政権がその成立当初から色濃く持っていたこのリビジョニスト的な志向性からすれば、1994 年から 95 年にかけて日米両政府の間で生じた、ほぼ貿易戦争の一歩手前まで行き着いた深刻な対立は、起きるべくして起きた必然的な出来事であった。世界最大の経済新聞である『ウォールストリート・ジャーナル』は、橋本とカンターとの間で 1995 年春に行われた、日本の対米自動車輸入に対する客観的基準の受け入れをめぐる交渉の最中に、このクリントン政権の企てが持っていた政策思想上の意味について、以下のように解説している。

ワシントンと東京との対決は、単に日本がアメリカの自動車部品をさらに受け入れるかどうかを決するだけではない。それは、アメリカがその大きな経済的ライバルにいかに対処すべきかについての、いくつかの影響力のある考えをテストするという意味を持っている。この貿易をめぐる戦いは、アメリカは東京の巨大な貿易黒字を抑えるために伝統的な市場の力を当てにすることはできないという、これまで議論の的となってきた"リビジョニスト"見解の是非に決着を付けるものとなりつつある。リビジョニストは、日本の経済は他の国のそれとは根本から異なると主張する。したがって、ワシントンは、強制的に日本にその市場を開かせ、より市場に敵対的ではない取引慣行を採用させる必要がある、と彼らは言う。(Hamilton [1995])

　日米両国にとっては幸いなことに、この「リビジョニスト見解」が現実の政策に影響力を持ち得る機会は、この橋本カンター会談を最後として、再び訪れることはなかったのである。

（2）アメリカの経済学者たちによる政策批判

　このように、1980 年代から 1990 年代半ばにかけては、拡大する日米の経常収支不均衡を背景として、その原因は主に日本の不公正な貿易慣行にあるとするリビジョニスト見解が、メディアを通じてアメリカの一般社会に広く拡散された。それに対して、大学などに籍を置くアカデミックな経済学者たちの多くは、おそらく内心では大きな違和感を感じながらも、それほど強く肯定も否定もしなかった。もちろん中には、第 6 章で詳述するジャグディッシュ・バグワティのように、アメリカの通商政策がますます自由貿易から離れ、管理貿易の方に近づいていることの危険性に対して、啓蒙書等を通じて一般社会に対して懸命な問題提起をし続けているような経済学者も、数少ないながらも存在していた。他方で、当時の経済学界では、戦略的貿易理論のように、むしろ管理貿易の裏付けともなるような新しい考え方も展開されており、経済学者たちの政策的立場は必ずしも一様

ではなかった。

　しかしながら、クリントン民主党政権が誕生し、リビジョニスト的な通商政策が現実化される可能性が強まっていくうちに、経済学者たちもようやく事態の深刻さに気付き始めた。彼らは、1993年9月に行われることが予定されていたクリントンと細川との首脳会議において、アメリカから日本に対してリビジョニスト的政策が押し付けられ、それが日米間そして世界全体の貿易関係を大きく歪める結果になることを怖れた。その危惧に突き動かされた経済学者たちのグループは、クリントン細川会談の来たるべき帰結を警告する「クリントン大統領と細川首相への公開書簡」（Bhagwati et al. [1993]）を公表することで、この問題に対する専門人としての知見を一般社会に向けて示した[3]。彼らはそのようにして、民主社会における専門家としての責務を果たそうとしたのである。以下はその公開書簡の内容の一部である。

管理貿易は間違いである

　アメリカが日本に対し管理貿易を要求するのは誤っており、われわれは細川総理大臣が断固としてそれに対し"ノーと言い"続けること、さらによいのは、クリントン大統領がそれらを放棄することを強く促すものである。管理貿易に対するこのような要求の根底にある主な要因は、日本を"特殊"なものにしている"構造的障壁"のせいで日本が輸入する製品が少なすぎるという、粗雑で単純化された見方である。それは、"自主輸入拡大"（VIE）として知られる輸入拡大目標の設定のみが、従来の貿易障壁削減と釣り合った輸入増加をもたらすことができる、という見方につながる。しかし、数値的な目標を課すことは、半導体や現在求められている他の分野でのケースと同じように、逆行的なステップとなるだろう。

（中略）

貿易黒字削減目標も間違っている

　細川首相はまた、アメリカ政府による対外黒字削減目標設定要求を拒否する必要がある。この問題でも目標設定は不適切である。それら

の要求はまったくの誤解に基づくものであり、貿易と世界の貯蓄に損傷を与える重大な危険を引き起こす。

（中略）

　おそらく最も重要なのは、細川首相とクリントン大統領が、日本の貿易黒字が明らかに不正で世界を害するものであるという考えを、黒字削減目標に焦点を当てることによって助長させてはならないということである。黒字は、日本の貯蓄が国内投資を上回っていることを表しており、それは、ロシア、インド、中近東など、今日緊急に資本を必要としている多くの国々への資金供給に貢献することができる。アメリカが過去の浪費と現在の財政赤字の結果、自国の資金需要も満たせず、他国の需要はなおさら満たせない状況である時に、日本の黒字が有害であるという印象をアメリカ自身がつくり出すのは、あまりにも近視眼的である。（Bhagwati et al. [1993]）

　この公開書簡の百名を超える署名者の中には、ポール・クルーグマン、ロバート・ボールドウィン、アラン・ディアドルフ、アン・クルーガー、ロナルド・フィンドレー、ロバート・スターン、デビッド・ワインスティン、ゲーリー・サクソンハウスなど、国際経済や日本経済を専門とする著名経済学者たちだけではなく、ジェームズ・トービン、ローレンス・クライン、ポール・サミュエルソン、ロバート・ソロー、フランコ・モディリアーニという5人のノーベル賞受賞者が含まれていた。グループの取り纏め人であるジャグディシュ・バグワティは後に、「この書簡は一週間足らずで集めることができる最大限の数の署名を集めた」（Bhagwati [1999] p.xxvi）ことを記している。

　上の書簡に示されるように、経済学者たちは、「日本はアメリカ経済に損害を与える不公正取引を意図的に実行している」という多くのアメリカ人たちの一般通念を否定し、「アメリカの貿易赤字削減のためには日本に対して客観的な輸入数値目標を受け入れさせるべきである」というクリントン政権の政策戦略に対して明確に反対した。経済学者たちのそうした見解が、アメリカの一般世論にどの程度の影響を与えたのかを確かめること

は容易ではない。1995年6月9日付の『ウォールストリート・ジャーナル』は、「これまでのところ、"アメリカの要求に日本が屈するのでない限り、6月28日には日本製高級車に59億ドルの制裁を科す"という脅しは、国内では際立って人気がある。72%対19%の差で、アメリカ国民はクリントン大統領の制裁計画を承認している」（Davis [1995]）と報じている。この記事は、上記の「公開書簡」が発表されてから約半年後に書かれたものであることを考えれば、上の経済学者たち意見表明は世論に何ら実質的な影響を与えはしなかったと想定しても、それほど大きな間違いにはならないであろう。

　経済学者たちの見解表明は、一般の人々には何の影響も与えなかったかもしれないが、クリントン政権にはそれなりの打撃を与えた可能性がある。というのは、バグワティが後に回顧したように、政権は彼らに対して、敬意を払ったり、あるいは無視したりするのではなく、明らかな侮辱を行ったからである。

　　われわれの書簡に対するクリントン政権の反応は激烈なものであり、迅速な反撃と情報攪乱装置が早送りを始めた。私自身、政権内の著名な経済学者との間で日本の貿易の実態に関する書簡を交換していたが、そのとき、彼らのほとんどは民主党員だったにもかかわらず、書簡に署名した貿易を専門とする著名な経済学者らを招いてミッキー・カンター代表あるいはその顧問たちと問題を協議させるといった努力はまったくなされなかった。その代わりに、署名した一部のノーベル賞受賞者らは、屈辱的な状況に置かれることになった。モンタナ州のマックス・ボーカス上院議員は、例の公開書簡とノーベル賞受賞者らについて、議会の公聴会で律儀に質問したが、彼らはそこで当然ながらも当惑の表情を見せた。当時の財務省副長官だったロジャー・アルトマンは、その当惑を、ノーベル賞受賞者たちは考え直したのだ、という自らに都合のよい誤解を招く主張に翻訳し替えたのである！　世の不可解は決して止むことはない。（Bhagwati [1999] p.xxvi）

（3）経済学者たちが貿易黒字削減目標を否定した論拠

　リビジョニストと経済学者それぞれの対照的な見解は、当時のアメリカの通商政策論議の中において、経常収支の黒字や赤字の意味に関してまったく相反する解釈が存在していたことを示している。リビジョニストたちは、この不均衡は日本経済に「構造的障壁」が存在する最も明白な証拠であると考えた。それはまた、アメリカ国民の大多数の考えでもあった。それに対して、経済学者たちは、「構造的障壁」が日本経済に存在することは必ずしも自明ではないと指摘したが、その点をそれほど強く主張しようとはしなかった。というのは、経済学者たちの主張とは、「仮にそのような障壁が実際に存在したとしても、それは二国間の莫大な経常収支不均衡の原因とは決してなり得ない」というものだったからである。上の書簡で論じられているように、彼らは、日本の黒字は日本の国内投資に対する貯蓄の過剰を反映するものであり、アメリカの赤字は逆にアメリカの国内投資に対する貯蓄の不足を反映するものと考えていた。その意味で、リビジョニストと経済学者は、経常収支不均衡という同じ情報を見てはいたが、それをまったく異なる仕方で解釈していたわけである。

　経済学者たちがなぜ、経常収支不均衡は「構造的障壁」を反映してではなく、基本的には一国の国内投資と貯蓄との差を反映して生じると主張したのかを理解するためには、国際収支に関する基礎知識が必要となる。その基本となるのは、国際経済論の初級テキストには必ず登場する、以下の単純な公式である。

$$(S - I) + (T - G) = X - M$$

ここで、S は民間貯蓄、I は民間投資、T は政府収入、G は政府支出、X は輸出額、M は輸入額を表す。この式によれば、経常収支の不均衡（$X - M$）は、マクロ経済全体としての貯蓄余剰あるいは不足を反映しており、それは民間部門と政府部門それぞれの貯蓄・投資バランスを、すなわち（$S - I$）と（$T - G$）を加算することで推定できる。経済学者たちは、この関係式に基づいて、アメリカの経常収支赤字が1980年代初頭から増大してきた

主な理由は、民間貯蓄余剰の減少、政府部門の赤字の増大、あるいはその両方であると結論付けた。

経済学者たちの多くは、1980年代前半のレーガン政権のマクロ経済政策、とりわけその所得減税政策と軍事支出の拡大政策が、政府財政 ($T - G$) を悪化させ、それが左辺すなわち政府と民間を含むマクロ経済全体の貯蓄不足を経由して、右辺すなわちアメリカの経常収支赤字の拡大をもたらしたと考えていた。実際、1980年代以降のアメリカ経済では、政府財政赤字の拡大に伴って経常収支赤字が拡大していた。経済学者たちはしばしばこの現象を「双子の赤字」と呼んでいたが、それは、貯蓄・投資バランスと経常収支赤字・黒字との関係を示す上の式が、現実を見事に説明するものであることを示唆していた。

経済学者たちはさらに、この関係式から、「貯蓄・投資バランスが変わることがない限り、経常収支不均衡を是正するいかなる方策も無駄になるだろう」と確信をもって主張することができた。これは、仮に日本が輸入自主拡大政策を実施したとしても、それは単に両国の貿易構造を歪めるだけで、経常収支不均衡の是正には役立たないことを意味する。というのは、両国の貯蓄・投資バランスが変わらない場合には、日本が品質の劣ったアメリカの自動車部品の輸入を無理矢理に拡大したとしても、それは単に日本がアメリカからの別の財の輸入を縮小させるか、あるいは日本からアメリカへの別の財の輸出を拡大させることになるだけで、両国間の経常収支不均衡はまったく変化しないはずだからである。

経済学者たちはそもそも、一国の経常収支の均衡は、きわめて長期的にのみ必要となるような条件であって、数年あるいは数十年といった期間内に達成すべきものではないと考えていた。それは、経常収支の黒字とは要するに海外への資本流出を、そして赤字とは海外からの資本流入を意味するものだからである。その意味では、日本の経常収支黒字は、アメリカ経済に害を与えているのではなく、むしろそれを助けていることになる。というのは、それは、日本がその限られた貯蓄を、今後の経済成長の実現のためにより多くの資本を必要としているようなアメリカを含む諸外国に提供していることを意味するからである。経済学者たちが上の公開書簡のよ

うに「日本の貿易黒字は有害であるとアメリカが論難するのは、自らを顧みない近視眼的な行いである」と主張したのは、まさしくそのためである。

4．日米経済摩擦の教訓——一般社会と専門世界の断絶をどう克服するか

　この 1980 ～ 90 年代に生じた日米経済摩擦の回顧は、経常収支不均衡問題のように、その適切な理解のためにはそれなりの専門知識やリテラシーが必要な「自明性の低い」問題に関しては、一般社会は必ずしも信頼されるべき専門家の見解を十分に尊重せず、むしろ世間的には幅広く受け入れられているが実は科学的に危うい政策の選択を後押しする結果がもたらされる可能性を示唆している。それは、「十分な議論と説得のプロセスが保証されていれば、悪い考えは良い考えによって淘汰され、社会に災禍をもたらす結果となるような衆愚的な選択の実現を防ぐことができる」という民主主義の理想像が、現実においてはあまりにも楽観的にすぎることを意味する。

　民主主義においてはしばしば、こうした「多数派の見解を尊重したがゆえに結果として社会全体に望ましくない選択が実現された」という事態が生じるが、それは、多くの人々にとって、経済現象の因果的な帰結を適切に推論することは必ずしも容易ではないからである。日米間の貿易摩擦問題がアメリカのビジネス系メディアにとっての日常的なテーマとなっていた時代には、アメリカの一般市民の大多数はおそらく、日米間の貿易不均衡について、それが日本によるアメリカからの収奪を意味すること、したがってその是正のためには日本に「黒字減らし」を強要するしかないことを、証明するまでもない自明な真理と考えていたに違いない。しかし実際には、多くの人々が固く信じ込んでいるこの「貿易黒字は得で貿易赤字は損」という世間知は、「重商主義の誤謬」と呼ばれてきた、古くから知られる謬説にすぎないのである。

　もちろん、社会の中には、必ずしも経済学の専門家ではなかったとしても、国際収支の何たるかを多少なりとも学ぶ機会を持っていた人々は存在

するであろう。また、後に古典派と呼ばれることになる経済学の礎を築いたアダム・スミスがまず行ったのは、それまで支配的な政策原理であった重商主義に対する批判であったことは、おそらくは経済学を多少とも学んでいれば知っているような、ごく初歩的な常識であろう。しかしながら、こうした知識を断片的には持っていたとしても、経済学へのある程度のリテラシーがない限り、それを現実の政策課題と結び付けて考えることは困難なのである。

　きわめてやっかいなことに、このような「政策の因果的な帰結についての自明性が低い」政策課題については、「アカデミックな専門世界ではほとんど受け入れられていないにもかかわらず、なぜか実務やジャーナリズムの世界では幅広く受け入れられている」といったような疑似科学的な政策プログラムが影響力を持ち、それがより科学的に信頼できる政策プログラムの社会的受容に対する妨げとなるような状況がしばしば発生する。1980年代から90年代に至る日米経済摩擦の時代にアメリカのジャーナリズムで一世を風靡した「リビジョニスト見解」は、まさしくその「人々の正しい問題把握を妨げる」ことに寄与した、疑似科学的政策プログラムの代表的な一つであった。

　このリビジョニスト見解が専門知とは無縁な世間知にすぎなかったことは、それが一過性の知的ファッションとして終わったことによって示されている。それがもし科学的な知見を多少とも含んでいたのであれば、必ずアカデミズムにおいて何らかの形で継承されていたはずである。リビジョニスト見解はしかし、経済学、政治学、あるいはその他のどの隣接領域においても、有力な追随者を何ら生むことはなかった。

　リビジョニスト見解はそもそも、その全盛期においてすら、アカデミックな専門世界においては支持者をほとんど持っていなかった。すなわち、その支持者はほぼ、政界、実業界、ジャーナリズム世界に限定されていた[4]。リビジョニスト見解はその点においては、疑似科学的な政策プログラムの実例として第3章で言及したサプライサイド経済学と似ていた。リビジョニスト見解とは要するにリビジョニスト特有の「日本異質論」を、経済学的に誤りであることが明らかな貿易黒字・赤字に対する重商主義的把握と

結合させたものであるから、経済学の基本的な枠組みに依拠する多くの一般的な経済学者にとっては、古典派かケインズ派かといった政策スタンスの如何にかかわらず、本質的に受け入れ難いものだったのである。

　リビジョニストが指向していた管理貿易政策が、自由な市場を何よりも重視する古典派的な政策思想とはまったく相容れないことは、もとより自明であった。だからといって、それはリビジョニストとケインズ派との親和性を意味するわけでもなかった。実際、トービン、クライン、サミュエルソン、ソロー、モディリアーニという「クリントン大統領と細川首相への公開書簡」に署名した5人のノーベル賞経済学者たちは、すべて生粋のケインジアンだったのである。このようなリビジョニスト見解に対する経済学者たちの一致した反対表明には、政策イデオロギーの相違を超えた「科学としての経済学」という共通の基盤を確認することができる。

　それでは、「より信頼されるべき専門家ほど社会的に無視される可能性が高い」という、この不都合な現実を克服するためには、いったい何が必要なのであろうか。おそらく、そこに簡単な処方箋は存在しない。というのは、そのためには何よりも、政策をめぐる科学的な因果関係の理解についての人々のリテラシーの向上が必要だからである。それは、一般社会の側の問題であるとともに、一般社会と専門世界を取り結ぶ役割を果たすジャーナリストたちが持つ専門性の問題であり、さらには専門家たちによる一般社会への働きかけの努力の問題でもある。

　本章の事例が示しているように、その専門家たちの努力は、やがては意味を持つにしても、直ちに報われるとは限らない。というのは、その正否はまさしく、人々のリテラシーに依存しているからである。たとえそうであったとしても、それは専門家たちが一般社会に対して負う大きな責務の一つであり、人々のリテラシーは専門家たちによるその努力なくして改善されることはないのである。

第6章　経済学と「国際競争主義」との対立
──1960 年代日本と 1980 〜 90 年代アメリカ^{*)}

1．疑似科学的政策プログラムとしての国際競争主義

　本章では第 5 章に引き続き、専門的見地に基づいた政策プログラムと対立する、世間知と結びついて幅広く受け入れられた疑似科学的な政策プログラムが一般社会で受け入れられている場合に生じる諸問題を取り上げる。その疑似科学的政策プログラムとは、具体的には国際競争主義である。この政策思想は、重商主義に始まるきわめて古い歴史を持つ。その政策プログラムは、古典派経済学の批判によって経済学の専門世界からははるか以前に消え去ったにもかかわらず、専門知とは異なる「世間知」として生き残り、現実の政策論議に対してしばしば強い影響を与え続けてきた。本章ではそのことを、1960 年代の日本と 1990 年代のアメリカで展開された二つの政策論議の中に確認する。

　国際競争主義とは端的には、貿易を相互に利益をもたらすような自発的取引としてではなく、「輸出と輸入をめぐる勝ち負け」として把握するような政策論である。それは、一国の貿易利益をもっぱら「輸出によって海外から所得を奪うこと」と把握する。逆に、輸入は所得を海外に奪われることを意味する。したがって国際競争主義においては常に「輸出は勝ちで輸入は負け」なのである。

　政策思想としての国際競争主義の歴史は古い。経済学史では一般に、アダム・スミスやデヴィッド・リカードが古典派経済学を築き上げる以前に支配的であった経済に関する思考枠組みは、重商主義と呼ばれている。この重商主義はまず、「国富とは金や銀などの貨幣のことであり、国富の拡大とはその貨幣の蓄積のことである」と把握する。その貨幣としての金銀の蓄積を拡大させるためには、輸出をできるだけ拡大させる一方で、輸入

をできるだけ抑制することが必要になる。それが、重商主義の政策戦略としての「貿易差額主義」である。それはまさしく、輸出は勝ちで輸入は負けと捉える国際競争主義そのものといえる。

　古典派経済学は、この重商主義の思考様式を否定することから始まった。アダム・スミスは『国富論』の冒頭で、一国の富とは人々が生活する中で消費する一国の生産物、現代的に言えば国内総生産に他ならないと述べた。これは、金や銀などの貨幣こそが国富という重商主義的な把握の否定を意味する。古典派経済学は、人々がいかに金や銀を珍重しようとも、それは基本的には単なる交換媒体にすぎず、一国の実質的な豊かさである生産物の量とは無関係であることを論じた。

　古典派経済学はさらに、貿易の意義に関する重商主義の把握を根底から否定した。それが、リカードの比較生産費説である。それによれば、貿易の利益は、輸出そのものではなく、「比較優位財を輸出すれば、国内で生産するよりも多くの比較劣位財を輸入することができる」という点にある。輸出それ自体は、単に国富としての生産物を海外に引き渡すだけにすぎない。貿易の真の利益は、その見返りに得られる輸入の方にある。これは、輸出が善で輸入を悪とした貿易差額主義の全否定を意味する。

　貿易に関するこの古典派経済学の把握は、19世紀半ばにおけるマンチェスター学派の政策運動を起点として、自由貿易主義として各国に拡がり、世界経済の拡大を先導した。それは、リカードが明らかにした比較優位や貿易利益についての考え方が、少なくとも貿易政策にかかわる専門家たちの間では理解されるようになっていったからである。

　にもかかわらず、貿易を勝ち負けとして把握する国際競争主義の思考様式は、決して消え去りはしなかった。それは、各国で貿易問題が政策課題に浮上するたびに、必ず亡霊のように蘇り、政策上の対立を引き起こした。その意味で、国際競争主義は、これまでに存在した最も根の深い疑似科学的政策プログラムの一つとさえいえる。

　国際競争主義の根強さの根源は、その「直感性」にある。専門世界とは無関係な一般の人々にとっては、比較優位や貿易利益といった概念を直感的に理解することは、おそらくほとんど不可能に近い。それに対して、輸

出が善で輸入が悪といった把握は、人々の直感に容易に訴えかけることができる。その直感性こそが、世間知の世間知たるゆえんである。一般向けのメディアなどではしばしば、経済学的な知見に基づく政策論よりも、国際競争主義のような疑似科学的な政策論の方が幅をきかせてしまうのは、まさにその直感性による。

　本章では、そのような事態が生じた二つの典型的な事例を取り上げる。その第一は、貿易自由化と資本自由化が課題となっていた1960年代の日本で展開された論争である。その第二は、日米貿易摩擦が最も深刻化していた1990年代のアメリカにおける「国際競争力」をめぐる政策論争である。その二つは、時代背景も論争の文脈も異なってはいたが、「経済学に基づく政策論と国際競争主義との対立」という、一つの明確な共通点を持っていた。

2．日本経済の国際化をめぐる政策思考の対立

（1）貿易自由化をめぐる対外情勢と国内の対応

　日本の貿易自由化政策が本格的に具体化されたのは、1960（昭和35）年6月24日に閣議決定された「貿易為替自由化計画大綱」（経済企画庁[1960]）においてである。そこでは、当時約40％であった自由化率（輸入通関総額に占める自由化品目のシェア、ただし政府輸入物資を除く）を、3年後には90％程度にまで引き上げることが目標とされた。この目標は、実際に自由化を進めていく過程ではさまざまな抵抗が予想されることを考えれば、相当に大胆なものであったともいえるが、そこにはそうせざるをえない事情があった。

　日本の貿易自由化の最大の推進力は、それを求める国際的な圧力であった。日本がIMFおよびGATTへの加入を認められたのは、それぞれ1952（昭和27）年と1955（昭和30）年である。この両機関は、戦前のブロック経済化の反省から、貿易や為替の差別的取引の撤廃を基本精神としていたが、ドル不足に悩む各国は、IMFの第14条「過渡期」条項や、GATT第12条の国際収支を理由にした輸入制限に基づいて、戦後も引き

続き為替管理や輸入制限を行っていた。しかし、ドル不足が世界的に解消される 1950 年代の後半ともなると、アメリカは各国に対し、自由化を強く要請し始めた。欧州の主要国は、このアメリカの求めに応じて、1958 年に通貨の交換性を回復させ、さらに 1959 年には貿易の大幅な自由化に踏み切った。このような世界的な自由化の趨勢に取り残される形となった日本は、1959 年 9 〜 10 月の IMF 総会や、1959 年 10 〜 11 月の GATT 総会などで、各国から強い自由化要請を受けた。そこにいたって、政府はようやく貿易自由化に向けた動きを本格化させ、それが最終的に 1960 年 6 月の「貿易為替自由化計画大綱」として取りまとめられることとなったのである。

この「自由化計画大綱」は、当時の日本にとってはかなり思い切ったものであったが、国際社会はそこに示された「3 年後に 90％まで自由化」といったペースには満足しなかった。実際、日本はその後も、IMF や GATT において、自由化をより早急に実現するよう要請され続けた。さらに、1961 年 8 月 5 日には、アメリカ政府から、16 項目の対米輸入品目の自由化要求が突きつけられた。政府は、これらの情勢を配慮して、1961 年 9 月 26 日に、「自由化計画大綱」を繰り上げて実行する「貿易為替自由化促進計画」を策定した。そしてこれ以後は、ほぼこの「促進計画」に沿って貿易自由化が実施されることになったのである。

以上のように、貿易自由化を求める世界的趨勢は、1950 年代末にはもはや抗しがたいものになっていたが、それに対する日本国内の反応といえば、当初は「外圧」や「黒船」になぞらえて危機感をあおる論調が支配的であった。しかし、一部の根強い自由化反対論を除けば、国内世論はやがて、ほぼ次の二つの考え方に集約されていった。その一つは、「自由化は世界の大勢であるから、日本が世界の孤児にならないためにも進めるべき（そうならないためには進めざるをえない）」とするものである。この当時さかんに打ち上げられた、著名財界人・学界人等による「自由化提言」は、ほぼこの観点に立つものであった[1]。そしてもう一つは、「とはいえ日本経済はまだ弱体なので、政府の強力な政策的対応が必要」とするものである。これについては、すでに上述の「自由化計画大綱」において、「自

由化に伴う過渡的な混乱を防止するための企業の協調体制の整備を図るほか、企業規模の拡大、専門生産体制の確立、設備投資の調整、原材料購入の合理化などが円滑に行われ得るように措置する」という形で、一定の方向性が示唆されていた。この「産業秩序の整備」という考え方はその後、特定産業振興臨時措置法を焦点とする「新産業体制」をめぐる議論の中で大きな政策論議の対象となる。

（2）特定産業振興臨時措置法と産業構造調査会

　1963（昭和38）年3月22日に国会提出が閣議決定された特定産業振興臨時措置法（以下「特振法」と略記）の基本的な目的は、その原案が「特定産業の国際競争力の強化に関する臨時措置法案」となっていたことからも明らかなように、貿易自由化の本格化に対応して、国際競争力の強化を図る必要のある産業を指定し、合併や合理化などを官民が協調して推進しようとするものであった。その背後には、日本経済の後進性は「企業規模の過小性」とそれゆえの「過当競争」の中に最も明白に現れているという、この時期の政策当局者に幅広く共有されていた認識があった。そして、彼らが想定する「企業規模の拡大を通じた有効競争が実現された望ましい産業体制」を指し示す言葉として当時しばしば用いられたのが、「新産業体制」や「新産業秩序」なる概念であった[2]。

　特振法が通産省官僚たちによって企画され、さまざまな批判の中で国会に提出され、最終的には「スポンサーなき法律」として審議未了廃案とされる経緯については、小説などを含めて語り尽くされている。通産省が特振法に執着した内部事情としては、産業界を睥睨するその力の大きな源泉でもあった外貨割当権などの権限を自由化によって手放さなければならない以上、それに代わる何らか権限を求めたいという強い動機があった[3]。他方では、学界人や財界人を含む多くの人々が、自由化の進展に対して確かに強い危機感を抱いており、「産業構造の高度化」や「産業体制の整備」といった特振法的なスローガンに大いに共感していたもの事実であった。それは、特振法の形成と密接に連携して活動した、学界人や財界人を主要なメンバーとする「産業構造調査会」によって打ち出された考え方が、特

振法の廃案後も、日本の「産業構造政策」を裏付けるものとしてしばしば援用されたことからも明らかである。

　産業構造調査会は、1961（昭和 36）年 4 月 1 日に、通産省の付属機関として設置された。その目的は、「貿易自由化に即応する調査体制の整備」にあった。産業構造調査会には、その活動期間中、中山伊知郎を部会長とする「総合部会」を含めて 12 の部会（および 32 の小委員会）が設けられたが、それらの中でも特に大きな役割を果たしたのは、有沢広巳を部会長とする「産業体制部会」であった。その基本的な発想は、自由化に直面する日本経済の最大の問題点は「過小規模」と「過当競争」であり、その克服のためには「適正規模」と「有効競争」が必要であるとするものであった。政策的には、そのように企業の合併・集中を政策的に後押しするからには、独占禁止法を緩和する、またはそれを迂回する適用除外立法を行うといった「独禁法の骨抜き」が必要であるという立場を明確にしていた。

　特振法は結局、「官民協調を謳いながらも事実上は官僚統制ではないのか」という産業界全体の根強い疑念を払拭することができず、日の目を見ることなく終わった。とはいえそれは、特振法の背後にある考え方それ自体に産業界が反対だったからでは必ずしもない。もとより産業界も、海外との競争が激化する中では企業合併やカルテルに対する法的制限の緩和が必要だと主張していたのであり、独禁法を形骸化させることについては通産省以上に強い熱意を持っていたのである。産業界の本意は、そうした企業合併やカルテル化を「官僚主導」ではなくあくまで民間の「自主調整」によって行いたいというところにあった。そして、このような産業界の雰囲気を察知した通産省もまた、特振法の廃案ののちには、その政策運営手法を、「行政指導を通じた産業政策」という、より非強制的・誘導的なものに変化させていくのである。

（3）資本自由化をめぐる日本の論争

　「資本自由化」とは、日本独特の言葉であり、より正確には、経営参加的株式取得や子会社設立などの「対内直接投資」の規制の緩和である。この問題への日本の対応は、それを強く求める国際的な圧力への「譲歩」と

して不承不承行うという、貿易自由化時のそれのまさしく繰り返しであった。それは結局、1967（昭和 42）年 7 月の第 1 次資本自由化から 1975（昭和 50）年 12 月の完全自由化まで 10 年近くもの歳月を要したが、このように自由化を小出しに行うそのあまりの慎重さは、しばしば海外の反発や嘲笑を呼び起こした。それに対する国内の反応もまた、当初の「外圧＝黒船」論から次第に「自由化は世界の大勢なのでやむをえない」という見解に収束していくという、恒例のパターンであった。

　日本の資本自由化が具体的な課題となるのは、1964 年 4 月の OECD（経済協力開発機構）への加盟によってである。OECD は、経済成長、発展途上国援助、自由貿易の拡大というその設立目標の達成のために、貿易外取引および資本移動の自由化に関する規約を定めていたが、日本は OECD 加盟時に、対内直接投資を含む 18 項目について、その規約の実施を留保していた。しかしその後、日本は諸外国から、この自由化義務の留保に対して強い批判を受け、OECD において自由化のスケジュールを明確にするよう求められた。さらに、アメリカからも、日米貿易経済合同委員会などにおいて、同様な要請が繰り返されるようになった。とりわけ、1966 年 7 月の第 5 回日米貿易経済合同委員会は、資本自由化が本格化する契機となった。

　通産省は、この第 5 回委員会におけるアメリカの自由化要求を受けて、1967 年 2 月に外資審議会に対して資本自由化の進め方を諮問し、並行して産業構造審議会・総合部会に有沢広巳を委員長とする「資本自由化対策特別委員会」を設置した。そして、1967 年 6 月に外資委員会の答申を受け、その方針に基づいて、1967 年 7 月の第 1 次資本自由化措置が実施されることになったのである。

　日本国内では、第 1 次資本自由化の前後から、この問題をめぐってさまざまな議論が展開されることになるが、そこには、貿易自由化時にはまだ明確には存在していなかった一つの特徴的な構図を見出すことができる。それは、外資の脅威を強調して産業再編成や独禁法緩和の必要性を訴える通産省およびそれに近い立場の論者に対峙する形で、積極的な資本自由化の必要性と産業再編成や独禁法緩和という通産省の意図する政策の有害性

を訴える一群の論者が登場したことである。これこそが、翌年の八幡・富士両製鉄の「大型合併」の是非をめぐる論争にまで引き継がれることになる、「第1世代」の経済学者と「第2世代」の経済学者との対立の端緒であった[4]。

この両方の立場の経済学者や官庁エコノミストたちは、貿易自由化およびそれへの対応をめぐって、『週刊東洋経済』や『エコノミスト』などの経済雑誌上において、さかんな論争を行った。この時それぞれの立場を代表した経済学者を、あえて一人挙げるとすれば、第1世代は篠原三代平であり、第2世代は小宮隆太郎である。また、この時に通産省側の政策的立場を前面に立って主張していたのは、通産省官房企画室長（当時）林信太郎および通産省企業局企業第一課長のち通産省大臣官房総務課長（当時）小松勇五郎であった。

通産省の基本的な考え方は、「資本自由化に際しては、企業合併＝企業規模の拡大による国際競争力の強化を通じて外資に対抗すべきである」というものであり、貿易自由化時の「新産業体制」論と実質的にはほとんど変わるところはない。そして、林が中心となって、日本企業と欧米企業とは「資本力」が違うので資本自由化の方が事態はより深刻であるというたぐいの広報活動をさかんに行った[5]。

当時の経済学者の中で、このような通産省の見解に最も近い立場にあったのが、篠原三代平である。篠原[1967]は、資本自由化が実行されれば、「外国資本そのものが流入し、経営参加が行われ、優越した技術が国内企業を撹乱する」（篠原[1967]27頁）という事態になるのであり、それは「資本力、技術力の絶対的格差がモノをいう」という点で、貿易自由化とはまったく段階が異なるとする。したがって、企業規模の拡大によってそれに対抗することは、比較生産費の見地には反しているが、資本自由化対策としては理にかなったものであるという（篠原[1967]26頁）。そして、資本自由化に対して適切な対応を怠れば、「それぞれの業種がワールド・エンタプライズに牛耳られてしまって、いわゆる"技術的帝国主義"の下に日本産業、日本技術の自主的発展が阻害されてしまうような状態になる」（篠原[1967]28頁）と警告したのである。

　このような通産省およびそれに近い立場の論者の「自由化消極論」に対して、第2世代の経済学者たちは一斉に批判を開始した。それらの中でもとりわけ大きな反響を生んだのは、小宮隆太郎の「資本自由化の経済学」（小宮 [1967]）である。小宮はそこで以下のことを指摘した。まず、直接投資の本質とは、企業の持つ経営資源（技術、ノウハウ、パテント、ブランド等）の国際的移動であり、その意味で、あらゆる生産要素移動と同様、その資源の限界生産性の低い国から高い国への移動によって、両方の国に利益が発生する。したがって、資本自由化は基本的には望ましい事柄であり、外資による国内産業支配によって国益が侵されるといった危惧は多くの場合は無根拠である。外資による産業支配の危険性を訴える論者の議論のほとんどは、「資本力」や「技術力」といった経済学的に明確でない概念の上に構築されており、そのために的外れな「対策」が蔓延する結果となっている。その典型は、通産省や財界を中心として推し進められようとしている産業再編成や独禁法の緩和であり、それは「独占に対するには独占をもってする」というきわめて危険な考え方である。通産省的な政策論をこのように批判した上で、小宮は、外資系企業は行政指導や勧告に従わず、業界の自主調整や「官民協調」にも協力しないであろう点を資本自由化の弊害として挙げる見解に対して、「もしそういう効果がいちじるしいとしたら、それは弊害どころか資本自由化がもたらす最も大きな利益ではないか」（小宮 [1967] 28頁）とさえ論じたのである。

（4）大型合併への経済学者の批判

　特振法による「新産業体制」の構築の試みが失敗に終わった後も、通産省は一貫して、行政指導などの手段を用いた産業再編成と独禁法の緩和を試みてきた。そして、第1世代の経済学者たちは、産業構造審議会などを通じて、通産省のそうした「産業構造政策」の形成に深く関与してきた。それに対して、第2世代の経済学者たちは、資本自由化をめぐる論議の中で、通産省およびそれを支持する彼らの考え方を厳しく批判した。その両者の対立が最高潮に達したのは、八幡・富士両製鉄の「大型合併」問題をめぐってであった。

　この両製鉄の合併問題が政策論争の前面に躍り出たのは、両社の社長が合併に合意したことを報じた『毎日新聞』1968（昭和43）年4月17日のスクープによってである。それは、産業界、学界、政界、そして通産省や公正取引委員会などを巻き込んで展開される一大騒動を引き起こした。両社は当時、日本の製鉄産業の第1位と第2位を占めており、合併後には世界第1位の鉄鋼メーカーになることが明らかであった。それは、独占禁止政策の観点から見れば大きな問題をはらんでいた。実際、公正取引委員会は、この合併計画に対して厳しい姿勢を示し、事前審査、正式審査、裁判という法的手続きをとり、約1年半後に同意審決という形式によってようやく合併承認を行った。

　この両製鉄の合併の是非が大きな社会問題となった理由の一つは、本来は独禁法に基づく競争政策の観点から判断されるべき事柄に対して、政府、自民党、財界などが、合併推進を急ぐあまり、干渉まがいの行為を繰り返したというところにあった。この計画が明らかになった時、通産省は即座に、新聞紙上などで大いに歓迎する旨のコメントを発表した。通産省にとってみれば、この合併計画は、自らが推し進める「産業再編成」の模範的ケースであり、支援を惜しまないのは当然であった。また、佐藤栄作総理大臣、宮沢喜一経済企画庁長官、椎名悦三郎通商産業大臣などの時の政府首脳も、国会などで合併を好意的に評価する旨の答弁を繰り返した。財界では、中山素平が会長を務める日本興業銀行が、両製鉄の最大の株主であり幹事銀行であるという立場から、強く支援する意向を示していた。そして、通産省・産業構造審議会に設けられた基本問題特別委員会（委員長は有沢広巳）は、1968年8月に、大型合併は必要であるという主旨の「意見書」を発表した。

　こうした合併に向けた着々とした流れの中で、それに抗うように1968年6月15日に発表されたのが、独占禁止政策懇談会（代表幹事は館龍一郎と建元正弘）による「『大型合併』についての意見書」であった[6]。翌日の新聞各紙の第一面を飾った、この「学者グループによる大型合併への反対声明」の主旨は以下である。

(1) 現在問題となっている「大型合併」は、競争を実質的に制限するものであるという点で、独禁法第 15 条に抵触する疑いが濃い。

(2) この合併は、合併支持者の主張するような、企業規模の拡大による利益をもたらしうるものであるようには思われない。

(3) 政府首脳や通産省当局者の一部は、しばしば進んで「大型合併」への賛意を表し、それを積極的に支援する態度を示しているが、これは、この問題に対して公正な判断を下すべき公正取引委員会に圧力を加えるような行為であり、行政府の越権行為といわねばならない。

(4)「大型合併」を支持する動きは、経済審議会、産業構造審議会などにもみられるが、そこには中立的立場に立つ専門的な学者などの意見が不十分にしか反映されておらず、したがってその見解は権威あるものとは認めがたい。

(5) 現在の独禁法を変更または有名無実化することによって、さまざまな競争制限や私的独占を認めようとするならば、企業間の競争という日本経済の成長の原動力は衰え、将来の日本社会の発展に重大な支障をきたすことになる。

　このように、第 2 世代の経済学者たちは、競争秩序の維持のための独占禁止政策の重要性を訴え、それを無視する政府、通産省、審議会を厳しく糾弾した。この反対声明の中心人物の一人であった建元正弘は、その真意について、「われわれは、日本経済の成長と発展にとって、"競争原理" がいかに重要かということを、理論的に明示するために行動した」のであり、「近代経済学者の反対したものは、八幡と富士という "小さな目標"──あの非能率のモンスター──ではなく、"産業再編成" = "産業統制" という大きな悪魔だった」（建元 [1969] 25 頁）と述べている。すなわち、第 2 世代の経済学者たちが訴えようとしていたのは、市場における競争の重要性であり、彼らが攻撃対象にしていたのは、そのことを理解しようとせず、競争力強化の名のもとに独占宥和的な政策を推し進めようとする政策当局と、その背後にいる前世代の経済学者たちだったのである。

（5）国際化をめぐる二つの思考様式の対立

　日本経済の国際化が政策的な焦点であった時代に展開された以上のような政策論議は、経済学的知見に基づく政策プログラムと国際競争主義という疑似科学的政策プログラムと間の対立を、きわめて典型的な形で示している。それはとりわけ、第 2 世代の経済学者たちの言動の中に明確に見出すことができる。彼らが第 1 世代の経済学者たち、そしてその影響下にある政策担当者たちの政策的立論を強く批判した最も大きな理由は、それが自らが身につけていた標準的経済学であった新古典総合の観点からみれば、一方では理解不可能なものであり、他方では無意味ないし有害なものであったからである [7]。

　この二つの政策的立場の対抗関係は、第 2 世代経済学者の主要な論者が一同に会して行われた八幡・富士合併問題をめぐるシンポジウム（小宮・内田・竹中・村上・今井・小西 [1968]）における、村上泰亮による以下の発言からも明らかである。

　　　今われわれは、二つの政策的立場の間の選択を迫られている。その一つは、いわゆる "新古典派総合"、または "ニュー・エコノミクス" の立場で、できるだけ競争原理を活用し、必要に応じてケインズ的な景気政策を用いるというものです。もう一つは、統制主義的な立場で、産業ごとにガイド・ラインを敷き、中央計画当局がそれの立案の調整に当たるという方向です。われわれは、ほぼ前者の立場をとり、合併推進論者のうちのかなりの人が、後者の方向を目指しているように思われます。(小宮・内田・竹中・村上・今井・小西 [1968] 122 頁)

　彼らにとってみれば、第 1 世代経済学者やそれに連なる論者たちの政策的主張は、「経済学以前的な直感的政策論」という意味において、きわめて「前史的」なものであった。小宮 [1984] は、有沢広巳、中山伊知郎、篠原三代平をはじめとする、産業構造審議（調査）会で活躍した経済学者たちを「前史時代の巨人」と呼び、同時期に通産省で産業政策の衝にあたっていた両角良彦や並木信義らの著作や論考（両角 [1966]、並木

[1973]）を、前史的な政策論の代表的実例として挙げている。小宮によれば、彼らに代表される、戦後日本で産業政策を担当してきた実務家やそれに近い立場の経済学者たちは、しばしば「わが国産業の国際競争力の強化」のためには「産業構造政策の策定」が必要だと論じてきたが、その根拠を経済学的な概念によって説明することを拒んできた。したがって、「産業政策をめぐっては、70年代の中頃までは、学者たちと実務家たちの間の対話が成立ち難かった」のであり、経済学者のあいだでも、小宮以降の世代と「前史時代の人々」の間では、議論は噛み合わなかったのである（小宮 [1984] 6頁）。

　そのことを最も鮮明に示したのは、八幡・富士両製鉄の「大型合併」をめぐって、その問題に深く関わってきた当時の代表的な学者、財界人および政策当局者によって行われた討論会である（永野・土光・中山・湊・小松・篠原・内田・渡部・小宮・大来 [1968]）。それを掲載した雑誌の冒頭には、「この特集号は、かなりの反響を呼ぶものと思われる。第一は、大型合併を支持する財界・通産側と、これに反発する中堅学者層、わけても近代経済学者との激しい意見の対立である。そこには、政策の論理をめぐる新旧ジェネレーション・ギャップや、通産行政に対する不信がムキ出しにされた感がある」（『週刊東洋経済・臨時増刊』1968年7月3日号、2頁）と記されていた。その討論の中では、日本の鉄鋼業の国際競争力は低賃金に基づくものにすぎないことを強調する小松と、「国際競争力」という概念の曖昧さを比較優位の観点から指摘する小宮、渡部および内田との間で激しい応酬が展開された。その対立の様相は、両陣営の思考形態の隔たりを示すという意味で、きわめて象徴的であった。

　以上のように、1960年代当時の政策担当者や、それに近い立場の経済学者たちは、対外自由化や市場の自由な競争の持つ経済学的意味を十分には理解せず、常にそれを「危険なもの」として捉える傾向があった。この時代の通産省による産業構造政策あるいは産業政策とは、端的にいえば、この過剰なまでの危機意識が、政策担当者たちがその影響下にあった第1世代の経済学者に特有な経済観と結びついて形成されたものと考えることができる。小宮が述べるように、「第2世代からみれば、第1世代は概し

て保護主義的、重商主義的、介入主義的であり、しかもこの世代の人々の政策思想は実際の産業政策にきわめて大きな影響を及ぼした」のである（小宮 [1985]）。1960 年代の日本における資本自由化をめぐる論争は、こうした国際競争主義の政策思想が、新しい世代の経済学者たちによって体現されていた「経済学に基づく政策論」と真正面から対立した、一つの典型的な実例であったと考えることができる。

3．1990 年代アメリカにおける「国際競争力」をめぐる論争

（1）アメリカの経常収支赤字の原因に関する二つの世間知

　前第 5 章では、1980 年代から 90 年代のアメリカにおける、貿易および通商政策をめぐる思考の対立について論じた。アメリカでは、1980 年代前半を境として経常収支が恒常的に赤字化し、さらにはその赤字が趨勢的に拡大するようになった。当時の経済学者たちの多くは、その原因は 1981 年に成立したレーガン政権のマクロ経済政策、いわゆるレーガノミクスにあると考えていた。レーガノミクスは、当時一世を風靡していたサプライサイド経済学に依拠して、大胆な所得税減税政策を実行したが、その結果、政府財政収支の赤字は急拡大した。それは結局、政府と民間を含むアメリカ一国全体の貯蓄・投資バランスを悪化させ、経常収支赤字を拡大させた。これがいわゆる「双子の赤字」である。

　ところが、この「アメリカの経常収支赤字の根本的な原因はレーガン政権のマクロ経済政策にある」という経済学者たち見方は、アメリカの一般社会にはほとんど受け入れられていなかった。第 5 章で明らかにしたように、そこで支配的であったのは、リビジョニストと呼ばれる一群の論者たちによって唱えられていた、「アメリカの貿易赤字の原因は、さまざまな目に見えない貿易障壁によってアメリカからの輸入を妨げてきた日本の不公正な貿易慣行にある」とする不公正貿易論であった。

　この不公正貿易論は、当時のアメリカのジャーナリズムにおいてはきわめて強い影響力を持っていたが、そこには、それと密接に関連して展開されていたもう一つの有力な仮説が存在していた。それは、「アメリカの弱

い国際競争力」仮説である。この不公正貿易論と国際競争力論という、アメリカの経常収支赤字の原因に関する二つの仮説は、経済学者たちが常識と考えていた上の貯蓄・投資バランス論とは厳しく対立していた。というのは、貯蓄・投資バランス論が経常収支不均衡という問題を一国の貯蓄と投資というマクロ経済学的な観点から把握していたのに対して、不公正貿易論と国際競争力論は、それをあくまでも輸出と輸入の問題として把握していたからである。端的に言えば、不公正貿易論と国際競争力論はともに、経常収支不均衡を、マクロ経済的な問題ではなく、市場構造というミクロ経済的な問題として把握していたのである。実際、当時のアメリカのジャーナリズムでは、不公正貿易者と国際競争力論者は、半ば相互に補完し合うかのように共存していた。

　それに対して、前第5章で紹介した「クリントン大統領と細川首相への公開書簡」が示すように、当時の経済学者たちの多くは、経常収支不均衡という問題については、まずは貯蓄・投資バランス論の枠組みを用いて論じるべきだと考えていた。それは明らかに、当時の段階における「専門知」であった。それに対して、不公正貿易論と国際競争力論は、専門知と対立する代表的な「世間知」であった。

　この不公正貿易論と国際競争力論は、その「直感性」のゆえに、ジャーナリズムから一般社会へと幅広く拡散していたが、その担い手には若干の背景の相違が存在した。不公正貿易論を唱えていた当時の代表的なリビジョニストは、クライド・プレストウィッツ、カレル・ヴァン・ウォルフレン、チャルマース・ジョンソン、ジェームズ・ファローズの4人であったが、彼らは政治学者やジャーナリストなどであり、いずれも専門的なエコノミストではなかった。それに対して、レスター・サロー、ロバート・ライシュ、ローラ・タイソン、アイラ・マガジナーといった、当時の国際競争力論の代表的な主唱者たちは、決して主流派ではなかったにせよ、いずれも世間的には有力な経済学者やエコノミストとして認知されていた。

　彼ら国際競争主義者は、アメリカの経常収支赤字の拡大に関しては、その原因を何よりもまず「アメリカの他国（とりわけ日本）に対する国際競争力の低下」に求めた。したがって彼らによれば、アメリカが自らの赤字

を減らすためには「国際競争力の強化」が必要ということになる。アメリカにとってそのために必要なのは、旧来の自由貿易主義の転換であり、日本がかつて実行していたような「国家主導の産業政策」の導入であるというのが、彼らの政策的主張であった。当時、この「国家主導の産業・貿易政策」に対しては、戦略的貿易政策という新しい名前が与えられていた。

（2）アメリカの通商政策における攻撃的一方主義の拡大

　戦略的貿易政策という新しい国際競争主義がアメリカの通商政策に全面的な影響を与え始めたのは、基本的にはクリントン政権が誕生した 1990 年代初頭以降のことである。しかし、その徴候は、1980 年代後半には既に現実化しつつあった。その端緒は、拡大する日米の経常収支不均衡に対するアメリカ国内での懸念の高まりを背景として成立した、1988 年包括通商競争力法である。そこで最も大きな焦点となったのは、1974 年通商法第 301 条の強化版として導入された「スーパー 301 条」であった。それは、1974 年通商法第 301 条が個々の産業の障壁除去を目的としていたのに対して、貿易相手国の不公正な取引慣行に対して当該国と協議することを義務付け、問題が解決しない場合にはその国からの輸入品への関税引き上げなどの制裁措置をとるべきことを定めた条項であった。

　このスーパー 301 条のプロトタイプは、民主党の有力政治家であったリチャード・ゲッパートによって提出されていた、1986 年貿易・国際経済政策改革法案・通商法 301 条関係条項、いわゆる「ゲッパート条項」である。これは、単に対米貿易黒字が大きな貿易相手国に対して協議を義務付けるのみならず、二国間交渉によって当該国の対米貿易黒字を強制的に 10% ずつ削減させることを義務付けたものであった。このゲッパート条項の報復規定を若干和らげることによって成立したのが、1988 年のスーパー 301 条だったのである。こうした強硬な対日通商政策によって一躍名を馳せたゲッパートは、1988 年米大統領選挙予備選で日本批判を繰り返し、各地で「ゲッパート旋風」を巻き起こすなど、民主党を代表する顔にのし上がっていった。

　こうしたアメリカにおける国際競争主義の政策潮流を先導していたの

が、この頃から台頭しつつあった、後に戦略的貿易論者と呼ばれるようになる一群のエコノミストであった。彼らは、アメリカの国際競争力の改善のためには日本やその亜流である東アジア諸国の不公正な取引慣行の是正が必要であること、そしてそのためには、1986年の日米半導体協定でアメリカが日本に強要した輸入自主拡大（Voluntary Import Expansions: VIEs）のような管理貿易政策が必要であることを主張していた。その政策戦略を最も明確な形で示したのが、のちのクリントン政権で大統領経済諮問委員会委員長に抜擢されるローラ・タイソンの著書『誰が誰を叩いているのか』（Tyson [1992]）である。

　彼らはまた、戦後世界の貿易秩序にとっての基本的枠組みであり、その意味で世界的自由貿易体制の象徴でもあったGATT（General Agreement on Tariffs and Trade）に対する強い反感によっても特徴付けられていた。その点に関する彼らの認識は、ほぼ以下のようなものである。リカード以来の旧来的自由貿易主義に囚われるGATTは、自国市場を保護しつつ他国に向けて破壊的な輸出攻撃を行っている日本やその他の東アジア諸国の不公正な貿易慣行を正すべき有効な手段を持っていない。したがって、それらの国々を抑えつけるためには、報復を背景としたVIEsの強要といった攻撃的通商政策を用いるしかないが、GATTはむしろその足枷となっている。当時そのような政策的立場を代表していたレスター・サローは、1989年1月のスイス・ダボスでのセミナーで「GATTは死んだ（Gatt Is Dead)」と発言し、GATTはアメリカにとってもはや無用の長物でしかないことを論じた。

　1980年代末から90年代初頭のアメリカに拡大しつつあったこうした政策潮流に対して、アメリカの経済学者の中で当初から最も厳しい批判を展開していたのは、「貿易論の王様」と呼ばれる貿易理論の権威であり、多角的自由貿易体制の重要性を説き続けてきたことから「GATTの守護神」とも呼ばれていたジャグディシュ・バグワティである。バグワティはかねてから、GATTの多角的自由貿易主義理念の対極にあるアメリカのスーパー301条のような通商政策を、攻撃的一方主義（aggressive unilateralism）と名付けて厳しく批判していた（Bhagwati and Patrick

[1990])。1991 年に出版された著書『危機に立つ世界貿易体制』(Bhagwati
[1991]) は、アメリカにおける国際競争主義的政策潮流のさらなる拡大を
背景として書かれた、バグワティのその時期の政策論の集大成と言えるも
のである。彼はそこで、サローによる GATT 無用論、ファローズやジョ
ンソンなどリビジョニストたちによる声高な日本叩き、ルーディガー・ド
ーンブッシュに代表される一部経済学者による学者としての良心を売り渡
したかのようなリビジョニスト的言動等に対してだけでなく、「不完全競
争と収穫逓増に基づく貿易理論の新たな発展によって、介入主義的貿易通
商政策の正当性が示された」という誤った理解をファローズやロバート・
カトナーのような管理貿易論者の中に植え付けた一部の国際経済学者の不
注意な発言に対しても情け容赦のない批判の矢を向けていた。

　バグワティは、クリントン政権がいよいよ始動し始めた 1993 年春に、
「没落した巨人シンドローム (The Diminished Giant Syndrome)」と題さ
れた論説を『フォーリン・アフェアーズ』誌に寄稿している (Bhagwati
[1993])。それは以下の文章から始まる。

　　アメリカの衰退に対する現実とははるかにかけ離れた認識は、アメ
　　リカの国際経済政策にいくばくかの有害な結果をもたらしつつある。
　　1980 年代半ばから顕在化はしていたが、ブッシュ政権によって押さ
　　えつけられていたその衰退への憤懣は、ビル・クリントンの選挙キャ
　　ンペーンによって過剰なまでに弄ばれることになった。共和党の大統
　　領統治を終わらせたという政治的成功は、"自分たちにとって何が利
　　益か"という近視眼的で自己満足的な政策の追求によって世界の舞台
　　でのアメリカのリーダーシップが犠牲になるという見通しを致命的
　　なまでに現実化させるという付随的な結果をもたらした。(Bhagwati
　　[1993] p.22)

　バグワッティによれば、当時のアメリカの政治経済論壇で展開されてい
た日本批判や自由貿易政策批判のほとんどは、「アメリカが世界経済の中
で優位性を失いつつあるのは、アメリカがこれまで貿易相手国に寛容すぎ

たためである」という、アメリカ中に蔓延する妄想的な観念から発していた。それが、彼の言う「没落した巨人シンドローム」である。

　結果から見ると、このバグワッティ論説は、クリントン政権の登場が世界的自由貿易に対する一大脅威を醸成する可能性をはらむものであることを、最も早い時期に指摘していた。この論説の最後は、「経済学者というものは自らの考えが売りものであり、それだけ予想が的中した時には大いに喜ぶものである。しかし、ここでわたしが指摘してきたことに関していえば、わたしは、その予測がはずれることを願ってやまない」という言葉で締めくくられている。バグワティのこの願望に反して、彼の予想が単なる杞憂では終わらなかったことは、その後の経緯が示すとおりである。

（3）新国際競争主義の政策戦略とクリントン政権の誕生

　バグワッティが指摘しているように、アメリカにおける国際競争主義的政策潮流は1980年代半ばから顕在化はしていたが、レーガンからブッシュへと続く共和党政権の間は、少なくとも政府レベルでは抑え込まれていた。これら共和党政権はそもそも、マクロ政策における政府介入を是とするケインズ主義を、リベラル派の志向する「大きな政府」ともども批判し、市場を重視して政府の役割をできるだけ限定しようとするネオ・リベラリズムをその政策思想的基盤としていた。そのような政策思想の下では、政府が管理貿易のようなあからさまな介入政策を表立って是認することは難しかった。上述のスーパー301条なども、民主党のゲッパートが法案化した「ゲッパート条項」が元になっていたことからも明らかなように、どちらかといえば民主党主導の政策であった。

　それに対して、当時は野党であった民主党では、政策アジェンダにおける一つの大きな転換が生じつつあった。それが、1980年代末頃から戦略的貿易政策と呼ばれ始めていた、新しい国際競争主義である。民主党は伝統的に、自動車産業に代表される製造業の労働組合を一つの大きな支持基盤にしていたことから、共和党よりも保護貿易志向が強い。その民主党の政治性向はまた、政策目標として雇用を重視するケインズ主義とも親和的であった。実際、民間への政府介入を極端に嫌うアメリカ的風土にもかか

わらず、マクロ経済政策や社会保障・労働政策等の領域で政府が一定の役割を果たすようになったことの背景には、1930年代のルーズベルト政権成立以来の、民主党とその支持母体を中心とした「ニューディール連合」が存在した。民主党は、1930年代の世界大恐慌を契機として、ケインズ主義と強い労働組合を基盤とするこのアメリカ流リベラリズムを政治的に担い続けてきた。そこに新たに付け加えられたのが、拡大する日米貿易摩擦を背景にリベラル派の中で急速に浸透していった、通商政策における介入主義としての戦略的貿易政策論だったのである。

　この新国際競争主義を体現する当時のリベラル派の代表的イデオローグは、前述のレスター・サローであった。サローが一躍論壇の寵児となったのは、1980年に出版された大ベストセラー『ゼロ・サム社会』（Thurow [1980]）によってである。サローのこの本は、そのタイトルが示すように、「低成長経済に移行したアメリカが、自らが抱え持つ困難を解決するためには、常に何らか意味での犠牲が必要となる」ということを、さまざまな実例に即して繰り返し論じたものである。要するに、経済的利益と損失は常に裏表の関係にあり、両者を合計すればゼロになるから、「ゼロ・サム」というわけである。こうした経済的なトレードオフの存在は、経済学では周知のものであり、それ自体として大きな異論を生むような性質の議論ではない。

　ところが、その書物には、そのトレードオフとは必ずしも結びつかない、その後に物議をかもす一つの政策的処方箋が含まれていた。それは、「アメリカもまた、日本やヨーロッパに対抗して、"高生産性産業"への重点的な研究開発投資を中心とした政府主導の積極的な先端産業保護育成政策を導入すべきである」という主張である。この考えは、レーガン共和党政権の下で華々しく進行していた「新保守主義革命」の中で思想的基盤を喪失しつつあった当時の民主党系のイデオローグや政治家たちに、願ってもない政策的アイデアを提供するものとなった。そしてそれによって、サローはたちまちのうちに新保守主義＝ネオ・リベラリズムに対抗する「真正リベラリズム」の旗手としての地位を論壇の中で占めるに至ったのである。

　このサローの登場を契機として、アメリカのリベラル派界隈では、『ア

メリカン・プロスペクト』誌や『チャレンジ』誌などを舞台として、国際
競争主義を標榜するサローの追随者たちが雨後の竹の子のように現れ始め
た。彼らは概ね以下のことを論じていた。

(1) アメリカのこれまでの一方的な市場開放政策は、アメリカ経済に「損
　　害」を与えてきた。

(2) アメリカが貿易赤字になるのは、アメリカの国際競争力が弱く、ま
　　たアメリカ市場が開放的なためである。そして、日本が貿易黒字にな
　　るのは、日本の国際競争力が強く、また日本市場が閉鎖的なためであ
　　る。

(3) アメリカは、ハイテク産業などの「高付加価値産業」を保護育成す
　　ることで、国際競争力を回復させることができる。そうすれば、アメ
　　リカの輸出が増え、アメリカの貿易赤字は減り、日本の輸入が増え、
　　日本の貿易黒字も減る。同時に、日本の輸入に「数値目標」を設けて
　　日本の市場を開放させれば、日本の輸入が増え、日本の貿易黒字は減
　　り、アメリカの輸出が増え、アメリカの貿易赤字も減る。それは、ア
　　メリカにとっての利益を意味する。

　クリントン政権が成立する前年である 1992 年に出版されたサローの『大
接戦──日米欧どこが勝つか』（Thurow [1992]）は、そのタイトルが示
すように、アメリカにおけるこの新国際競争主義の一つの集大成であった。
サローはその書の中で、日米欧はこれから世界経済を三分する準貿易ブロ
ックに移行し、そのブロック相互間では管理貿易が支配的となるという展
望を示した。サローはその上で、「アメリカがその闘いを勝ち抜くためには、
政府主導による先端産業の積極的な保護育成政策が必要」と論じた。
　特徴的なのは、サローはそこで、世界経済の自由貿易体制から管理貿易
体制への移行を、危機としてではなく歓迎すべき事態として捉えていた点
にある。サローは『大接戦』第 3 章で、そもそも経済理論から導き出され
る「自由貿易の利益」は現実の世界では存在しないと論じている。という
のは、現実の貿易には常に、理論モデルでは想定されていない産業間構造

調整や失業のコストが伴うからである。とりわけ、貿易拡大に伴う失業の拡大はサローが最も重視する問題であった。彼はそれについては、「貿易の自由化によって平均的国民所得が向上するという理論は、失業者が出ることを想定していない」、「理論とは裏腹に、国内市場を失えば大きな失業コストを背負うことになるのだ。失業コストを計算に入れて分析しなおすと、貿易の自由化によって平均的国民所得がかならず向上するとは言い切れなくなる」と述べていた（Thurow [1992] p.83）。

　1992 年の大統領選挙において、民主党の大統領候補ビル・クリントンは、1991 年初頭における湾岸戦争での圧倒的勝利によって大きな政治的得点を稼いでいたはずの共和党現職ジョージ・ブッシュを破った。それは"Putting People First" すなわち「アメリカはこれまで自国の国際的使命を優先するあまり自国経済をおろそかにしてきたが、これからは自国が抱え持つ問題への取組みを最優先させるべきだ」という彼の訴えが、選挙戦当時ちょうど景気の谷間で失業率が高くなっていたこともあって、アメリカの有権者の心情に大いに訴求したからである。この時にクリントンが掲げた「競争力の強化によるアメリカ経済の再生」をスローガンとした経済政策、いわゆるクリントノミクスは、こうしたアメリカ国民の意識の変化を巧みに捉えていた。

　そのクリントンにとっての政策ブレーンの一人と目されていたサローは、その選挙の最中に、日本経済新聞のインタビューに応じて、あたかも専属スポークスマンであるかのようにこのクリントノミクスを解説している（「クリントン氏の経済政策」『日本経済新聞』1992 年 11 月 2 日朝刊）。それによれば、クリントノミクスにおける「競争力の強化」の具体的な方策には二つの柱があった。その一つは、投資拡大による産業基盤の整備であり、その最大の目的は先端産業の振興である。アメリカでは従来は「汚い言葉」とされてタブー視されてきた、日本の通産省流の産業政策の部分的導入も示唆されている。これはいうまでもなく、サローらの古くからの持論である。そしてもう一つは、期限切れとなっていたあの悪名高い「スーパー 301 条」を復活させ、それを武器とした「脅し」による対外貿易交渉を貫くことである。

クリントン政権の通商政策のこうした方向性は、政権の人選が明らかに
なれるにつれてより一層明らかになっていく。新大統領が常々その著作の
熱烈な愛読者であることを披露していたサローは政権入りはしなかった
が、ロバート・ライシュ、アイラ・マガジナー、ジェフリー・ガーテンと
いった人々が、次々と重要なポストを得た。彼らはすべて、その著作を通
じて「自国産業の競争力の強化」を目標とする政策を唱道してきた、生粋
の戦略的貿易論者たちであった。とりわけ、クリントンの数十年来の親
友であり、そのアーカンソー州知事時代からの政策ブレーンだったハー
バード大学教授のライシュは、新政権の経済政策全般の青写真づくりを
担当するものと目されていた。彼は、1991年に『諸国民の労働』（Reich
[1991]）という書を著して、その政策のヒントとなるようなヴィジョンを
明らかにしていたが、その自著を「アダム・スミスの『諸国民の富』の現
代版」と称していた。

（4）リベラル派経済学者のクリントノミクス批判

こうしたアメリカにおける新国際競争主義に対するアカデミックな経済
学者からの反応は、上述のバグワティが孤軍奮闘しているといった状況で
あり、当初は必ずしも大きな流れにはなっていなかった。むしろ、共和党
的な「小さな政府」志向の政策からの転換を求め続けてきたリベラル派
経済学たちの間では、当初はクリントノミクスに大きな期待を寄せる雰
囲気さえあった。例えば、リベラル派の論壇誌『チャレンジ』の1992年
9-10月号には、クリントノミクス支持を訴える "On Clinton's National
Economic Strategy" という共同声明が発表されたが、それにはケネス・
アロー、ジェームス・トービン、ロバート・ソロー、ポール・サミュエル
ソン、フランコ・モジリアーニ、ローレンス・クラインなど、ノーベル経
済学賞受賞者の多くが名を連ねていた。実際の紙面にはその中のごく一部
の名前しか記載されていないが、これには600人近くの経済学者が署名
をしたとも言われている。

ところが、クリントン政権の政策プログラムの国際競争主義的な方向性
が、政権の人選や政策遂行などを通じて明らかになるにつれ、リベラル派

経済学者たちのクリントン政権に対する期待は急速に萎んでいった。そしてそれは、その後はむしろ大きな批判の波へと転化していく。その一つの象徴が、第5章で言及した、1993年秋にバグワティを中心として取り纏められた「細川首相・クリントン大統領への公開書簡」である。そこには、1992年秋の時点ではクリントノミクス支持を表明していた、トービン、ソロー、サミュエルソン、モディリアーニ、クラインという5人のノーベル賞受賞者の名が含まれていた。

　このようなクリントノミクス支持から批判への転身を状況によって余儀なくされたリベラル派経済学者の代表的な一人は、ポール・クルーグマンである。クルーグマンは本来は民主党ともかかわりの深いリベラル派経済学者であり、上の『チャレンジ』誌1992年9-10月号でのクリントン支持宣言にも署名していた。しかし、クリントン政権が始動してその本質が露わになった時、彼も多くのリベラル派経済学者と同様、それを批判する側に身を転じた。その意思表示の一つは、上の「細川首相・クリントン大統領への公開書簡」にバグワティらと並んで名を連ねたことである。しかしながら彼の場合、これは単なる手始めにすぎなかった。

　クルーグマンが、戦略的貿易論に対する手厳しい批判者としての立場を世間に圧倒的に印象付けたのは、『フォーリン・アフェアーズ』誌1994年3-4月号に掲載された論文「競争力という名の危険な妄想」（Krugman [1994a]）と、それを口火として同誌を舞台に展開された「競争力重視論者」たちとの論争、いわゆる「競争力神話論争」においてである。この競争力神話論争におけるクルーグマンの論争相手は、戦略的貿易論のグルともいえる上述のレスター・サローのほか、レーガン政権で日米貿易交渉に携わった後に代表的なリビジョニストとして論壇に転じたクライド・プレストウィッツ、国際関係論の観点から貿易政策を論じてきた政治学者であり、『カウボーイとサムライ――アメリカはなぜ日本との闘いに敗れつつあるのか、それがなぜ問題なのか』（Cohen [1991]）の著者でもあったスティーヴン・コーエンらである。

　ここで注意すべきは、クルーグマンが彼ら戦略的貿易論たちを批判するということの持つ意味は、バグワティのような生粋の自由貿易論者による

それとは大きく異なっていたという点である。というのは、クルーグマンはむしろ、一部では戦略的貿易論のアカデミズムにおける理論的指導者の一人と見られていたからである。

　上述のように、バグワティはその著書『危機に立つ世界貿易体制』（Bhagwati [1991]）の中で、管理貿易論者たちに言質を与えた一部の国際経済学者を強く批判していたが、実はその批判された一人はクルーグマンであった。そもそも、クルーグマンが国際経済学者としての指導的地位を確保したのは、国際貿易の「新理論」と呼ばれる、不完全競争と収穫逓増に基づく貿易理論の展開によってである。彼のそこでの意図は、完全競争と収穫不変の仮定に基づく従来の貿易理論から得られる結論への挑戦にあった。実際それは、介入主義的貿易政策が正当化できるようなケースを、従来よりもいくつかの点においては強く示すことに成功した。

　問題だったのは、本来は一つの仮説にすぎない純粋な理論が、その位置付けの分からない隣接知識層に、「クルーグマンらによる新しい貿易理論は、自由貿易の擁護に終始してきた従来の伝統的貿易理論の誤りを明らかにし、戦略的通商政策のための理論的基礎を築き上げた」といったような、まったくの誤解を植え付けてしまった点にある。これは、保護主義のための口実なら何でも欲しがっているような人々の政治的プロパガンダに、願ってもない「一見すると洗練された」裏付けを与えることになった。そして、バグワティが批判するように、クルーグマン自身も、ある時期までは確かに自らの理論のそのような利用のされ方に特に明確な異議申し立てをしていなかった。

　しかしそのクルーグマンも、クリントン政権が国際競争主義者たちの考えをそのまま受け入れて、生半可な理解に基づく通俗化された戦略的貿易論を政治的にプロモートしようとしていることが明らかになったからには、もはやそのような曖昧な立場ではいられなくなった。上記「競争力という名の危険な妄想」は、クルーグマンによるその俗説批判ののろしとでもいえるものであった。

（5）「競争力神話」論争──国際競争主義者対クルーグマン

　クルーグマンの「競争力という名の危険な妄想」（Krugman [1994a]）
の論旨は、「国際競争力などという概念は明確には存在しない。経常収支
は国際競争力を反映して決まるという考えは誤りである。国際競争力なる
概念は、国家を企業のように見立てて、貿易のことを市場をめぐる勝つか
負けるかのゼロ・サム的闘いと考えてしまうような、門外漢にありがちな
誤った認識が生んだ妄想にすぎない」というものである。それは、確かに
挑発的ではあったが、本質的には教科書的な国際経済学の考え方に基づい
て「素人専門家」にありがちな世間知的な国際経済把握を批判するという
啓蒙的な論説であった。そして、そのような素人専門家の代表として槍玉
に上げられていたのが、サローらだったのである。

　第5章で指摘したように、各国の経常収支は本来、「国際競争力」など
ではなく、各国の貯蓄・投資バランスを反映して決定される。また、貿易
に関するリカード以来の考察が示しているように、貿易とは、各国間の勝
つか負けるかの争いではなく、相互に利益を与え合うものである。それは、
戦略的貿易論云々以前の、単なる経済学的常識である。「競争力という名
の危険な妄想」でのクルーグマンの主張それ自体は、そのごく当然のこと
を述べたにすぎない。つまり、クルーグマンに言わせれば、クリントン政
権の通商政策に実際に大きな影響を与えている戦略的貿易論者たちの議論
の大部分は、彼がアカデミズムの場で追求してきた理論とはまったく似て
非なる通俗的経済論に他ならなかったのである。

　このクルーグマンによる「通俗的戦略的貿易論」批判は、当然ながら、
批判された側からの怒濤のような反論を呼び起こした。実はこれは、クル
ーグマンが意図したところのものであった。というのは、このクルーグマ
ン論文の目的は、論壇の寵児であるサローなどによって流布されている
経済学とは似ても似つかない考え方が、有識者の間でさえも通念になっ
てしまっているという社会状況に警告を発し、その元凶となっている疑
似専門家を挑発するというところにあったからである。この狙いは見事
に的中した。クルーグマンによれば、「俗流国際経済論を代表する人たち
は、わたしの攻撃に憤慨して反論し、ほとんど信じがたいほど、俗流国際

経済学論の誤りを示す例を提供してくれた」のである（Krugman [1996] introduction）。

　確かに、プレストウィッツ（Prestowitz [1994]）、サロー（Thurow [1994]）、コーエン（Cohen [1994]）らによるクルーグマン論文への批判は、俗流国際経済論のありがちな類型そのものであった。とりわけ印象的であったのは、結局彼らのうちの誰一人として、自らが最も重視する「国際競争力」という概念を適切に定義さえできなかったことである。例えばコーエンは、それを「一つの数字で説明するのは無理」であり、「さまざまな指標を再検討することで導き出されるもの」としか述べることができなかった。

　同じことは、彼らが重視する「高付加価値産業」についても言える。彼らはしばしば、一国の経済的盛衰は高付加価値産業を掌中にするか否かにかかっていると論じてきた。そして、「アメリカの衰退」の最大の原因は、その高付加価値産業を日本などに次々と奪われていったからだと主張し続けてきた。その把握から導き出されてきたのが、サローなどが唱導する、日本の産業政策をモデルとしたハイテク産業の保護優遇政策であった。彼らがその時に念頭においていた「高付加価値産業」とは、具体的には半導体、コンピュータ等の、当時の先端産業である。しかしながら、彼らは結局、それらの産業が「高付加価値」であり、逆に農業が「低付加価値」であることについては、単にそれを自明とするだけであり、その理由を論理や証拠によって示すことはできなかったのである。

　そもそも、リカード以来の伝統的な国際貿易理論においては、比較優位や絶対優位という概念は存在しても、「国際競争力」といった概念は存在しない。多くの場合、国際競争力とは事実上、絶対優位すなわち生産性における優位性と同義である。ところが、伝統的国際貿易理論によれば、各国の輸出と輸入すなわち貿易は、絶対優位によってではなく比較優位で決まる。それはすなわち、「国際競争力は貿易には無関係」ということを意味する。

　さらにいえば、そもそも一国が生産と輸出によってより高い付加価値を得ることができるのは、それが比較優位産業だからである。逆に、生産し

ても低い付加価値しか得られないのであれば、それは比較劣位産業だから
である。アメリカが半導体産業を失ったのは、単にそれがアメリカにとっ
ては比較劣位産業であり、したがって低付加価値産業だからである。逆に、
アメリカが農産物の輸出大国であるのは、それがアメリカにとっては比較
優位産業であり、高付加価値産業だからである。高付加価値とか低付加価
値というのは、産業固有の属性ではまったくない。比較生産費説は、まさ
しくそのことを教える。クルーグマンに批判された通俗的戦略的貿易論者
たちは、こうした貿易の基本さえ踏まえていなかったのである。

　クルーグマンが指摘するように、国際競争主義者たちの最も大きな誤り
は、国家が直面する経済問題を、本質的に世界市場をめぐる競争力の問題
とみなし、コカ・コーラとペプシがライバルであるのと同様に、アメリカ
と日本をあたかもライバルであるかのように捉えている点にある。国際貿
易においては、国と国は互いに輸出および輸入をしているだけであり、決
して「競争」しているわけではない。日本がアメリカに工業製品を輸出し、
アメリカが日本に農産物を輸出するのは、単に国境を挟んだ財と財との交
換にすぎない。

　それに対して、プレストウィッツはクルーグマンへの反論の中で、「貿
易が双方にとっての利益となるのは、お互いにまったく別々の財を生産し
ているアメリカとコスタリカの間の貿易についてはいえるが、同じ航空機
を生産していているアメリカとヨーロッパの間についてはいえない。後者
の場合には、貿易は市場をめぐる食うか食われるかのゼロ・サム・ゲーム
になる」と主張している。この議論は、同一の産業に属する企業間競争の
問題を国と国との間の貿易問題と混同している。二国二財の単純な貿易モ
デルとは異なり、現実の世界経済の中では、各産業は一国に集中するより
も、各国に分散して存在していることの方が多い。それは、自動車にして
も半導体にしてもしかりである。同一の産業内では当然、各企業は互いに
熾烈な競争を行う。日本のトヨタや日産は、アメリカのビッグ3と厳しい
ライバル関係にある。しかし、それは単に、トヨタや日産が日本企業であ
り、ビッグ3がアメリカ企業だからではなく、これらがすべて同一の産業
に属する企業同士だからなのである。

4．二つの国際競争主義の共通点と相違点

（1）経済学的政策論と通俗的政策論の対立

　本章では、現実の通商政策における国際競争主義の根強い影響を、1960年代の日本と1980〜90年代のアメリカという、場所も時代背景も異なる二つのケースにおいて確認した。そこには、歴史背景のきわめて大きな相違にもかかわらず、一つの大きな共通する本質を指摘することができる。それは端的に言えば、経済学の専門知に依拠した政策論とそれに依拠しない世間知に依拠した通俗的政策論との間の厳しい対立である。

　資本自由化への対応をめぐる1960年代後半の日本の論争は、英米では主流となっていた標準的な経済学に基づく政策論が、小宮隆太郎のいう「前史時代の政策論」と対峙した、日本における最初の実例であった。事実、貿易自由化が焦点となっていた1960年代前半の論争では、このような対立図式はまだ明確には存在していない。それは、当時の日本の社会科学においては、講座派や労農派の流れをくむマルクス主義経済学の影響力が圧倒的であり、それと区別するために「近代経済学」と呼ばれていた英米流の経済学は、ごく一部の専門家以外にはほとんど理解されていなかったからである。

　しかしながら、1960年代後半になると、その状況は大きく変わり始める。それは、小宮が指摘するように、新しい世代の経済学者たちが、「当時の日本にとってはきわめて新鮮な新しい経済理論を欧米の大学で学んで帰国してきた」からである（小宮［1985］）。八幡・富士両製鉄の合併に反対する『『大型合併』についての意見書」（1968年6月15日に発表）に発起人として名を連ねた経済学者たち（注6を参照）の多くは、その新しい世代に属していた。彼らが学んできた新鮮な経済理論とは、戦後のアメリカで体系化・制度化された、新古典派経済学とケインズ経済学を二本柱とする「新古典派総合」である。

　村上泰亮が要約しているように、この新古典派総合に基づく政策論とは、要するに「できるだけ競争原理を活用し、必要に応じてケインズ的な景気

政策を用いる」というものである。これは、今となっては経済政策における常識にすぎないが、「政策当局の最も大きな役割は、企業への行政指導のような民間市場領域における政策介入にある」と考えられていたこの時代には、ほとんど理解されてはいなかったのである。

　それに対して、戦略的貿易政策の是非をめぐる1990年代のアメリカでの論争は、経済学にとってのまさに「本場」であるアメリカにおいてさえ、標準的な経済学とはまったく結びつかない国際競争主義的な通俗的政策論が時には大きな影響を持ちうることを示している。バグワティやクルーグマンに代表されるように、経済学者たちはもちろん、その通俗的政策論を、経済学の初歩的な原理とさえ矛盾していると批判した。しかし、同様な主張がその後も繰り返し現れては消えることを見れば、彼ら経済学者の指摘がアメリカの一般社会にまで十分に浸透しているとは考えられない[8]。

　アメリカでの論争が典型的に示しているように、国際競争主義の是非をめぐる経済学者と「専門家」との論争は、例えばケインジアンとマネタリストとの間の論争のような、相応の科学的根拠を持った政策プログラム同士の対立とは性格がまったく異なる。それは端的に言えば、科学的な政策プログラムと疑似科学的な政策プログラムとの間の対立である。というのは、「政府による高付加価値産業の保護育成」といった国際競争主義の政策戦略には、明確な経済学的な根拠が何ら存在していなかったからである。それは、素人目にはきわめてもっともらしく、したがって一般メディアからは取り上げられやすいが、本質的にはスミスやリカードのような古典派経済学者によって批判され尽くした重商主義の現代版なのである。

　サローに代表されるように、この時代のアメリカの戦略的貿易論者たちの多くは、自らをリベラル派であり、かつケインジアンであると自認していた。その一例は、リベラル派の論壇誌『アメリカン・プロスペクト』の創設者であったジャーナリスト、ロバート・カトナーの著書 The End of Laissez-Faire（Kuttner [1991]）である。その邦訳書名が『新ケインズ主義の時代』とされたことに示されているように、それはまさしく、通商政策における自由放任主義の廃棄を、ケインズ主義の新たな政策戦略として位置付けようとしたものである。

　ケインズ主義が、古典的自由主義の基本原理である自由放任主義への批判から出発していたことは事実である。しかしながらそこでは、政府の果たすべき役割はあくまでも「マクロ経済政策を用いた経済の安定化」に限定されている。ケインジアンたちの政府観は、確かにシカゴ学派のような政府性悪論とは大きく異なる。とはいえ、ケインジアンだからといって、ミクロ的な市場領域への政府の無限定な介入を常に支持していたわけではない。彼らケインジアンは、市場の持つ資源配分機能の重要性を基本的に認める点で、社会主義者たちとは根本的に異なっている。実際、彼らの多くは、他の非ケインジアン的な経済学者たちと同様に、政府がミクロ的な領域にあえて介入する必要があるとすれば、それは主に市場の失敗が明確に存在するケースに限られると考えていたのである。

　ところが、当時のアメリカにおける通俗的戦略的貿易政策論には、このような経済学的な発想が欠けていた。彼ら国際競争主義者たちにとっては、「高付加価値産業を維持しない限りアメリカは日本などの貿易相手国に国際競争で負けてしまう」ことは自明であった。それは彼らにとっては、経済学的に証明するまでもない絶対的な真理であった。彼らは要するに、「政府介入の正当化には“市場の失敗”という経済学的根拠が必要となる」という経済学者たちの考え方そのものをまったく理解していなかったのである。

　既述のように、民主党クリントン政権が誕生しようとした時に、それに対する支持を真っ先に表明したのは、当然ながらリベラル派あるいはケインズ派の経済学者たちであった。しかし、その政権の持つ国際競争主義的な政策志向性が露わになるにつれ、彼らの多くはクリントン政権批判へと転向した。この事実は、国際競争主義の是非をめぐる論争は、決して科学的な政策プログラム同士の争いではなく、科学的なそれと疑似科学的なそれとの間の争いであったことを示している。

（2）経済学者と政策プロモーター

　国際競争主義をめぐる論争における、もう一つの重要な教訓は、「ある政策プログラムの実現においては政策アイデアの社会的認知が必要である

が、社会的に認知された政策アイデアが必ずしも専門世界で認知されたそれと一致するとは限らない」という、きわめてやっかいな事実である。ある政策に関して認識の対立が存在する場合、どちらが社会的な認知を得られるのかは、専門世界における評価よりも、一般社会における評価により大きく依存する。そして、その一般社会における評価は、それぞれの専門家が有する知見の専門性よりは、その主張内容の直感性すなわち「非専門家にとっての納得のしやすさ」に依存する。

　国際競争主義はまさしく、そのような意味での直感性が最も高い政策イデオロギーの一つである。そのことは、この 1980 ～ 90 年代のアメリカで、国際競争主義の唱導者たちがなぜメディアの寵児となったのかを説明する。おそらくは、彼らが口々に述べる「アメリカは国際競争において日本の後塵を排しつつある」とか、「それを克服するためにはアメリカは自由貿易を放棄してより自国優先的な貿易政策を用いる必要がある」といった主張は、当時のアメリカの一般人に違和感なく受け入れられるような直感性を持っていたのである。

　このように、現実の経済政策においては、専門家たちによって非科学的な俗説としてかねてから批判されてきたような考え方が、その直感性のゆえに大きな影響を持つことがしばしば生じる。1994 年に出版されたクルーグマンの著書 Peddling Prosperity（Krugman [1994c]）は、そうした通俗的経済政策論の唱導者たちを、政策プロモーター（policy entrepreneurs）と名付けている。クルーグマンによれば、彼ら政策プロモーターの著作物は、しばしば世間一般の注目を集め、一般メディアで大きく取り上げられる。また、それが時には政治家の目にとまり、彼らから政策的助言を頼まれたりもする。しかし、経済学者の専門的な著作や論文で、それらが肯定的な形で引用されることはほとんどない。場合によっては、彼らから全否定に近い超越的批判が投げつけられることもある。それは、世間一般の人々の目からは、経済学者の偏狭さや傲慢さを示しているように見えるかもしれない。しかし、経済学者の側からすれば、政策プロモーターの著作の多くは、経済学者たちが当然と考える知的手続きや枠組みを無視し、安易な政策的プロパガンダを扇情的に訴えるだけのものでし

かない以上、超越的批判以外の対応は不可能なのである。

　クリントン政権の公認教義であった戦略的貿易論や、その対日認識の基本範例であったリビジョニズムの唱道者たちは、明らかにこうした意味での政策プロモーターであった。それは、彼らの著作のほとんどに、戦争のメタファーを含むような、人々のナショナリスティックな感情を煽るがごときタイトルが付けられていたことに現れている。実際、それらの著作の内容は、攻撃的通商政策のような俗受けのする政策的主張に満ち溢れていた。彼らの著作は、それゆえにこそ大きな世間的評判を勝ち得たのである。しかしながら、それらが専門的な経済学者から真面目な学術的著作として取り扱われることはほとんどなかった。そして、そのことに恨みを抱く彼らは、しばしば「守旧派経済学者」に対する敵意をあからさまにしていた。これらはまさに、クルーグマンが描き出す「政策プロモーター」の一般的な特質と考えることができる。

第7章　デフレをめぐる政策思潮の対立
——昭和恐慌と平成大停滞の経験から ^{*)}

1．デフレをどう捉えるか——対立する二つの思考様式

　本章は、これまでの二つの章に引き続き、ある政策課題に関して対立す
る二つの思考様式が存在する場合、社会の選択は必ずしも専門的評価に基
づく判断とは一致しないという可能性を検証する。その具体的な対象は、
日本の経済史に強い刻印を残した二つの経済危機である。その一つは、激
しいデフレをもたらした 1930 年代の昭和恐慌であり、もう一つは、1990
年代後半からの 20 年近くにわたるデフレによって特徴付けられる平成大
停滞である。そのどちらにおいても、深刻な経済危機は一般物価の下落、
すなわちデフレーションと分かちがたく結びついていた。そして、その危
機は明らかに、デフレを阻止するよりはむしろ促進するようなマクロ経済
政策の選択に起因していた。

　特徴的であったのは、この二つの経済危機はともに、政策選択をめぐる
激しい経済論争を伴っていたという点である。昭和恐慌に先だって展開さ
れたのは、日本の金本位制復帰の是非を争点とする金解禁論争である。日
本経済史上の最も重要な政策論争の一つとして知られるこの論争はまた、
第 1 次世界大戦後に展開された金本位制復帰をめぐる世界的な論争の一部
を形成していた。

　それに対して、1990 年代後半から 2000 年代初頭までのデフレ不況期
に行われたのは、国内外の専門家による、長期停滞の原因と処方箋をめぐ
る論争であった。その争点は構造改革から金融政策の評価まで多岐にわた
っていたが、デフレはそこでの最も中心的な論点の一つであった。すなわ
ち、デフレを克服するために必要な政策とは何か、「デフレはそもそも良
いのか悪いのか」が、論争における最大の対立点となっていたのである。

　この二つの論争はともに、少なくとも現実における政策選択という点か
らみれば、まずは「デフレ容認論」の側の勝利に終わった。1920 年代の

金解禁論争においては、旧平価金解禁論が当時のジャーナリズムやアカデミズムを含む経済論壇における圧倒的な多数派であり、その政策選択は結局、1930年に浜口雄幸内閣の下で蔵相・井上準之助の主導によって現実化された。また、1990年代末からのデフレ不況期においては、マスメディアや経済論壇ではデフレ克服の必要性を訴える声よりも「良いデフレ論」の方が多数派であり、それによって日本銀行は容易にデフレ許容的な金融政策運営を続けることができた。

　結果としては、こうした多数派見解に基づく政策選択は、経済状況の改善ではなく、より深刻な危機をもたらす原因そのものとなった。昭和恐慌という未曾有の危機は、浜口内閣による旧平価金解禁がもたらした、その直接的な帰結であった。また、日本経済が1990年代末から泥沼のような長期デフレに陥った背後は、明らかに日本銀行によるデフレ容認的な金融政策運営が存在していた。幸いなことに、このどちらの事例においても、最終的には政策レジームの劇的な転換が実現された。それは具体的には、1931年に蔵相に就任した高橋是清によって実行されたいわゆる高橋財政であり、2012年末に成立した第2次安倍晋三政権によるいわゆるアベノミクスである。しかし、どちらの場合も、そこに至るまでには、学界、政策世界、経済論壇、一般メディアなどを巻き込んだ一大論争が必要とされたのである。

　経済政策の選択をめぐるこうした現実の展開は、一般社会を舞台とした政策論争においては、専門世界内の論争では重要になる「論理や証拠という観点からみた仮説の確からしさ」という科学的基準は、必ずしも政策の現実化という意味での成果を保証するものではないことを示唆している。その後の評価が示しているように、金解禁論争においては、旧平価金解禁の必要性を説く側がもっぱら「直感的常識」をその論拠としていたのに対して、それに反対する側は、当時における最新の経済学的知見をその論拠としていた。平成デフレ論争においては、多くの専門家が、マスメディアが好む「良いデフレ論」は理論的にも実証的にも無根拠であることを論じ続けていた。にもかかわらず、その経済学的知見に依拠する側は、少なくとも政策実現という点では、論争の第一義的な目的を果たすことができなか

った。それは、デフレという問題にかかわる経済学的な知見が、人々の一般的な通念すなわち既得観念とは必ずしも一致してはいなかったためである。この事実は、現実の政策形成においては、人々の既得観念は時には専門家の持つ科学的知見よりも大きな意味を持つことを示唆している。

　一般に、自然現象や社会現象についての一般社会の通念や常識は、科学的な裏付けのない、ある種の「迷信」にすぎない場合が少なくない。専門的な手続きを経て確立された専門家による知見が十分に尊重されるべきなのは、まさしくそのためである。ところが、集合的意志決定としての経済政策は、多くの場合、何らかの意味での社会的な合意を必要としている。したがって、その決定はしばしば、専門家の持つ科学的知見よりも、人々の持つ通念すなわち既得観念の方により強く依存する。経済政策をめぐるこうした事情は、経済問題についての人々の一般的通念＝既得観念に中に存在する「歪み」が、時には深刻な経済的帰結を導く可能性があることを示唆している。昭和恐慌と平成大停滞という本章が扱う二つの実例は、まさにそのようなケースであったと考えられる。

　本章では、人々の既得観念を表象するものとして、特にこの二つの時期の「新聞論調」に注目する。そして、その中に存在した「歪み」が現実の政策的帰趨とどのように関連していたのかを考察する。

２．金本位制への復帰をめぐる日本の経験

（１）金本位への固執が生んだ経済的な災い

　経済史上において、政策選択における既得観念の役割を最もよく示しているように思われる実例の一つは、第１次世界大戦後に行われた国際金本位制の再建である。第１次世界大戦が終了した直後から、国際金本位制をどのように再建するのかは、各国にとっての大きな関心事となっていた。実際、1920年のブリュッセル会議や1922年のジェノヴァ会議における焦点の一つは、その問題であった。結局、各国はその後、いくつかの例外を除き、戦前の平価での金本位制復帰を決定し、それを実行した。

　注目すべきは、国際金本位制再建問題がまだ専門家の間の論議にとどま

っていた 1920 年代初頭という段階において既に、この課題については鋭い見解の対立が存在したという点である。そこでは、政治家、政策担当者、ジャーナリストの多数派と、当時の主導的な経済学者たちの考え方の間には、乗り越えがたい相違が存在していた。政治家、政策担当者およびジャーナリストたちはおおむね、「世界経済を戦争による混乱からそれ以前のより正常な状態に復帰させるためには、旧平価すなわち戦前の平価での金本位制復帰を可能な限り早期に実現することが必要である」と考えていた。

　それに対して、ジョン・メイナード・ケインズ、アーヴィング・フィッシャー、グスタフ・カッセルらを含む、当時の主導的な経済学者たちは、この支配的な政策方針に強く反対した[1]。彼らは、「もし各国が金本位制に復帰するのであれば、それは金と各国通貨の実勢の相対価値に応じた新平価に基づいて行われるべきであり、戦前の旧平価に基づくものであってはならない」と主張していた。さらに、この立場の経済学者のうちの最も先鋭的な一部は、金本位制そのものをより合理的な制度に改革すべきと考えていた。例えばそれは、金平価ではなくある適切な商品バスケットで表示した通貨価値の安定を目標とする「補整ドル」という考えを提起していたフィッシャー（Fisher [1913][1920]）であり、さらには金本位制から現代的な管理通貨制度への移行の必然性を示した記念碑的な著作『貨幣改革論』（1923 年）を公表したケインズ（Keynes [1971a]）である。

　これらの経済学者たちによる旧平価金本位制復帰への強い反対の背後にある経済学的論拠は、きわめて単純明快である。第 1 次世界大戦が開始されると、各国は自国通貨の金兌換を停止したために、それまで世界経済の基本的な政策規範となっていた国際金本位制は崩壊した[2]。その後、戦争の長期化とともに、各国の財政支出は拡大していった。その過程で各国の通貨供給は膨張し、それは戦争直後には、いくつかの国の激しいインフレとなって現れた。その状況の中で、各国が戦前の旧平価で金本位制に復帰するためには、インフレ抑制を目的とした単なる金融引き締めではなく、戦争の過程で膨張した通貨を戦前の水準にまで縮小させるような厳しい金融収縮を必要とする。それは必然的に、各国経済にデフレとそれに伴う失業の拡大をもたらす。確かに、デフレが十分に進めばやがては失業も解消

されていくかもしれない。しかし、そもそも経済的に重要なのは通貨価値の安定であって、通貨価値を無理に昔の水準に復帰させることではない。その意味で、たとえ短期的にせよ各国経済にデフレによる厳しい調整を強いる旧平価での金本位制復帰は、経済的にはほとんど意味のない政策的選択である。通貨価値の安定のためには、現状の実勢を反映した新平価で金本位制に復帰すれば、それで十分である。以上が、旧平価での金本位制復帰に反対していた経済学者たちの、基本的な考え方であった [3]。

　他方で、旧平価での金本位制復帰には経済学的根拠がまったくなかったかと言えば、それは必ずしもそうではない。Bordo and Kydland [1997] が指摘するように、金本位制は、政府による政策の時間的不整合性から生じる望ましくない帰結を抑制するための付帯条件付ルール（contingent rule）として解釈できる。その文脈からすれば、戦争や経済危機などの「付帯状況」下で金本位制から一時的に離脱した場合には、金本位制への復帰を以前の平価に基づいて行うことが決定的に重要となる。というのは、もしそれを実行しなければ、金本位制というルールへのコミットメントに対する信認が必然的に失われることになるからである。実際、旧平価金本位制復帰に対する最も強硬な反対論者であったカッセルも、1925 年に実行されたイギリスの旧平価金本位制復帰には賛成した。カッセルはおそらく、イギリスの場合には、金本位制というルールへのコミットメントを保持することで得られる利益は、デフレーションによる経済的損失を上回ると考えたのであろう [4]。

　しかしながら、こうした例外的ケースを除けば、旧平価での金本位制復帰に反対した経済学者たちは、デフレーションの経済的コストは一般に金本位制ルールへのコミットメントを保持することで得られる利益を大きく上回ると考えていた。そして、その後の各国の経済的経験は、こうした経済学者たちの推論の正しさを否応なしに証明する結果となったのである。

　不幸なことに、こうした経済学者たちのきわめて妥当で合理的な推論は、人々にはまったく受け入れられなかった。それは何よりも、各国がその後に行った金本位制への復帰のほとんどが、彼らの主張を無視して、新平価ではなく旧平価によって行われたという事実によって示されている。

　ケインズらも関与して策定された1922年ジェノヴァ会議の一般原則は、各国に平価の切り下げを認めるという、きわめて穏当なものであった。しかし、ケインズは結局、ジェノヴァ会議における各国の代表たちが、それをまったく無視するかのごとく、次々と旧平価での金本位制復帰の意向を明らかにしたことを、『貨幣改革論』の中で以下のように憤りを込めて名指しで指弾せざるを得なかったのである。

　　ペアノ氏、ピカール氏、およびチュニス氏はそれぞれの国である、イタリア、フランスおよびベルギーの立場を代表して、彼らが平価切り下げと無関係であり、戦前平価にそれぞれの通貨を復帰させる決心をしている旨を述べた。改革は共同の同時的行動でもたらされるものではないようである。ジェノヴァ会議の専門家たちはこの点を認め、平価切り下げにより「まず最初に金により即時的安定を確保する範を示す国は、多大の貢献をすることになるであろう」と「あえて述べた」のである。(Keynes [1971a] p.118n)

　ジェノヴァ会議のもう一人の著名な参加者であるカッセルも同様に、以下のような証言を行っている。

　　新しい金平価の選択についての会議の勧告に対して、いかに多くの反対が起きたかを理解するのは、若い世代の人々にとってはおそらく容易ではないであろう。政府や中央銀行の当局者たちは、いくつかの貨幣の価値に大きな変化が生じたことをいまだ明確には理解していなかった。彼らは依然として、戦前の金平価の回復が可能であり、実際それが通貨問題の唯一の"誠実な"解決であるという考えをもてあそんでいた。(Cassel [1936] p.31)

　そして、旧平価での金本位制復帰を行った各国は、その政策の実行後には、まさに経済学者たちが正しく予見したように、デフレと失業を伴う経済停滞を余儀なくされたのである。その最も典型的な実例はイギリスであ

る。1925 年に、当時のイギリスの大蔵大臣であったウィンストン・チャーチルは、世論の圧倒的支持を背景に、戦前の旧平価によるイギリスの金本位復帰を実現させた。しかし、かねてから旧平価による金本位復帰に強く反対していたケインズは、この政策を激しく批判したパンフレット『チャーチル氏の経済的帰結』(1925 年) を出版した (Keynes [1972a] に所収)。これは結果として、デフレ、失業、社会騒乱という、イギリス経済のその後の困難を見事に予言することになる。このエピソードは、ケインズがその後に出版した『説得論集』(1931 年) の序文（Keynes [1972a]）において、自らをギリシャ悲劇の聞かれざる予言者カッサンドラになぞらえた理由の一つと考えられている。

　重要なのは、のちの日本の実例にも見るように、こうした各国の旧平価での金本位制復帰は、世論の圧倒的支持を背景にして行われたということである。ここには、経済学者たちが抱く専門的知見とは鋭く対立する、一般社会の側の通念すなわち既得観念の存在を認めることができる。そして不幸にも、この国際金本位制再建問題については、各国の現実の政策の成り行きにより大きな影響を与えたのは、経済学者たちの専門的知見ではなく、既得観念の方だったのである。

　この時期の経済学者たちの経済学的予見の正しさは、ピーター・テミン、バリー・アイケングリーン、ベン・バーナンキらを主導的な担い手として確立された、世界大恐慌についての国際的視角（international view）からも確認できる[5]。彼らの研究が明らかにしたのは、実はこの第 1 次大戦後に再建された金本位制こそが、その後の世界恐慌を導く制度的要件であったということである。金本位制の下では、各国は、金流出に対応して必ず金融引き締めを実行する必要がある。したがって、一国の金準備拡大を目的とした過度の金融引き締めや、金流入国の金不胎化による不十分な金融緩和は、必ず他国の金融引き締めを誘発することになる。つまり、金本位制には、相互的な金融収縮連鎖のメカニズムが内在されている。大恐慌の世界的な拡散とは、まさにその世界的な金融収縮メカニズムの発現過程にほかならなかった。金本位制を維持し続けていた国が当時経験した厳しい物価下落は、こうした金融ショックの世界的連鎖が生じていたことの端的

な証拠である。実際、バーナンキがその実証的研究によって明らかにした
ように（Bernanke [2000b] ch.3）、各国の大恐慌からの離脱は、各国がま
ずは金本位制を離脱し、金融政策の自律性を確保することによってのみ可
能だったのである。

　こうした 1980 年代後半以降の大恐慌研究が示しているのは、1920 年
代当時に旧平価による金本位制復帰に反対していた経済学者たちの予見
は、彼ら自身が考えていた以上に正しかったということである。逆にいえ
ば、金本位制を経済的安定のための不可欠の制度として捉えていた一般社
会の通念＝既得観念は、通常考えられている以上に有害なものであった。
というのは、まさにそうした既得観念こそが、世界大恐慌という人類史上
未曾有の経済的災難を生み出す元凶そのものだったからである。

（2）金本位制復帰をめぐる日本の論争とその帰結
　明治維新によって封建制度から離脱し、近代国家として歩み始めた日本
は、日清戦争後の 1897 年に、その勝利で得た賠償金を元手に金本位制に
移行し、国際金本位制の枠組みに加わることになった [6]。日本は、第 1 次
世界大戦の主要な交戦国ではなかったが、その最中の 1917 年に、他の諸
国に追随して金兌換を停止した。したがって、第 1 次大戦終了後には、金
本位制への復帰をいつどのように実行するかが、日本にとっての最大の政
策的課題となった。結局、日本がさまざまな論議の末に旧平価による金本
位制復帰を果たしたのは、世界大恐慌の最中の 1930 年であった。

　1920 年代に金本位制への復帰を実行した他の多くの国々と同様に、日
本においても、金本位制から離脱していた 1920 年代には、その問題をめ
ぐって、学界および一般ジャーナリズムでさまざまな論議がたたかわされ
た。この日本の金本位制復帰をめぐる 1920 年代の論争は、日本では金解
禁論争と呼ばれている。それは、日本の近代史における最も華々しい経済
論争の一つであった。

　その論争の構図は、他国の場合とほぼ同様である。すなわち、一方に
は、旧平価での金本位制復帰に強く反対する一握りのエコノミストたちが
いた。しかし、圧倒的な多数派は、旧平価金本位制復帰の必要性を盲目的

に信じるような人々であり、それは一般ジャーナリズムだけではなく学界においてもそうであった。

この金本位制復帰をめぐる日本の論争の、他の国々の例と比較した特徴は、旧平価金本位制復帰に反対していた論者たちのほとんどが、大学に在籍する学者ではなく、民間のエコノミストであったという点である。その立場を代表するのは、当時「新平価解禁四人組」と呼ばれていた石橋湛山、高橋亀吉、小汀利得、山崎靖純らである。彼らはすべて、経済雑誌や新聞に論説や記事を書く民間エコノミストであり、あるいはジャーナリストであった。それに対して、大学の経済学者の多くは、旧平価金本位制復帰論者であった[7]。

しかしながら、日本の旧平価金本位制復帰反対論者たちの多くがアカデミックなエコノミストではなかったという事実は、彼らの経済学的な知識と能力の水準がその論敵たちよりも劣っていたことを少しも意味していなかった。実情はむしろ、そのまったく逆であった。彼らは、その当時海外で展開されていた経済論争の文脈に、彼らの論敵たちよりもはるかによく通じていた。実際、石橋湛山や高橋亀吉が日本における旧平価金本位制復帰反対論者としての立場を確立したのは、まさしくケインズ、フィッシャー、カッセルらの議論を学ぶことによってであった。

ケインズは、上述のジェノヴァ会議（1922 年）に先立ち、国際金本位制再建についての自らの構想を示した小論「ヨーロッパの為替の安定：ジェノヴァに向けての一計画」を準備し、それを後述の『マンチェスター・ガーディアン』商業補遺において公表した。そしてジェノヴァ会議では、専門家としての立場から、ラルフ・ホートリーおよびイギリス蔵相ロバート・ホーンらとともに、各国に新平価での金本位制復帰を求める内容を含む専門家提言の策定に関わった。さらに、当時『マンチェスター・ガーディアン』誌から依頼されていた編集主幹としての立場から、その問題に関連する記事および論考を掲載した全 12 巻にもおよぶ商業補遺『マンチェスター・ガーディアン・コマーシャル：ヨーロッパの再建』（1922 年 4 月から 1923 年 1 月まで発刊）を編集した。そこには、のちの『貨幣改革論』（1923 年）の基になるケインズ自身の諸論考だけではなく、アーサー・ピ

グー、アーヴィング・フィッシャー、ピエロ・スラッファ、グスタフ・カッセルらの論考が掲載されていた。実は、日本における新平価金解禁論は、『マンチェスター・ガーディアン・コマーシャル：ヨーロッパの再建』1922年4月20日号に掲載されたケインズの上記論考「ヨーロッパの為替の安定——ジェノヴァに向けての一計画」の内容が、当時は『東洋経済新報』の一記者であった高橋亀吉によって同紙1922年6月10日の記事において紹介されたことが一つの契機となって生まれたのである。

　このように、日本の金解禁論争においては、旧平価金解禁反対論者たちは、その論敵たちに対し、知的な意味では常に優位を保ち続けていた。しかしながら、そのような政策論争という文脈における優位は、必ずしも実際上の政策的影響力における優位を意味しなかった。彼らは何よりも、まったくの少数派にすぎなかった。経済メディアにおいて、新平価金解禁論の立場を明確に表明していたのは、石橋湛山と高橋亀吉の出身母体であった『東洋経済新報』のみであって、その他は、新聞および雑誌メディアを含めて、ほぼ旧平価金解禁論を支持する論調によって占められていた。それらはまさに、既得観念によって支配されていたのである。

　こうした激しい論争を経つつ、日本は結局、1930年に旧平価による金本位制復帰を果たす。それは、浜口雄幸内閣の下で、時の井上準之助蔵相の主導によって行われた。1929年に成立した浜口雄幸内閣は、当初から旧平価金本位制復帰を最も重要な政策課題として位置付けていた。そして、その年の8月に、金解禁とその前提となる緊縮政策に対する国民の理解を得るため、1300万枚の宣伝ビラとラジオ放送を用いて、大宣教活動を行った。世論はこれを大いに歓迎し、巷では「金の解禁立て直し、来るか時節が手を取って」という歌詞の金解禁節が流行し始める。また、かねてから「旧平価による金解禁の即時断行」のキャンペーンを行っていた『大阪毎日新聞』、『大阪朝日新聞』といった当時の大手メディアも、浜口内閣による旧平価解禁を大いに歓迎し、その紙面においてさかんに政府方針支持の論陣を張った。

　その時に旧平価金解禁を主導した井上準之助自身の悲壮なまでの決意は、浜口内閣の政策を訴えるために出版された著書『国民経済の立直

しと金解禁』（井上 [1929a]）および『金解禁——全日本に叫ぶ』（井上 [1929b]）における、以下のような記述の中に端的に現れている。そこには、後に述べる「清算主義」的心性の存在を明瞭に確認できる。

　　今日日本の経済界は不安定であります。斯る時期に金解禁の準備をして政府は財政を緊縮し、国民一般は消費を節約したならば物価は下落し一層不景気を持ち来すこともありませうが、然しながら、今日の状態は全く先の見えぬ不景気であります。何時回復するか見据の付かぬ不景気であります。此儘に差置けば、益々深みに陥る不景気であります。吾々はどうかして之を打開しなければならぬと考えるのであります。……どうしても今日の状態を打開するには、自力でなければ出来ぬのであります。自己の力自己の勤倹努力に依る外途はないのであります。……此不景気はどうして景気に直るのか、どうして打開されるのか、財界はどうして安定されるのか、殆ど国民全体が迷って居るのであります。今吾々の行かんとする途には坂はある。汗は出ますけれども、此道は確かな間違ひのない道である。此道は最も近道であると考えます。即ち今日の不景気を転回するには骨は折れても最も確かな道で、最も近い道をとらねばならぬのであります。（「金解禁は今日の不景気打開の唯一の途」、井上 [1929a] 33-36 頁）。

　　元来物価の高きことは国民生活及産業全般の利益に反するのである。殊に今日の如く生活難の声が高く社会問題の喧しい時に於ては出来得る限り物価の低下を図り国民生活を容易ならしむることが極めて緊要となるのである。又産業の見地から伝ふても、一般物価の低下に依て生産費を引下ぐると伝ふことは事業繁栄の鍵であり、殊に輸出貿易の振興の根本でなくてはならぬ。政府が自ら鋭意財政の整理緊縮を行ひ又国民に対し消費の節約を求むるも、其目的の一半は物価を調整し以て国民生活の安定を図ると共に産業貿易発展の基礎を確立せんとするものに外ならぬ。(井上 [1929b] 135-136 頁)。

> 平和時における国際的経済戦といふものは、実は銃剣の戦争に劣らぬ
> ほど激しいものである。愚図々々していればそれこそどんな事になる
> か判らない。今や我が国はこの経済戦に臨み、金解禁といふ一大決戦
> を行はんとしているのである。(井上 [1929b] 148-149 頁)。

　日本の旧平価金本位制復帰は、世論の圧倒的支持の下で実行された[8]。
しかし、その経済的帰結は、まさに悲惨そのものであった。そこで生じた
のは、その政策に反対していたエコノミストたちが正しく予見していたよ
うに、厳しいデフレを伴う未曾有の経済危機であった。それが、日本の昭
和恐慌である。その経済的な混乱は、やがて社会的な騒乱へと発展してい
く。国民の不満が高まる中、浜口雄幸首相は右翼のテロによって重傷を
負い、浜口内閣はそれが原因で崩壊する。さらに、1931 年 9 月にイギリ
スが金本位制を離脱したことで、日本の金本位制再離脱を見越した円売
りの投機アタックが急速に拡大する。そうした状況の中で、日本は結局、
1931 年 12 月に、その直前に成立した犬養毅内閣のもとで、金本位制から
の再離脱を余儀なくされたのである。

（3）金本位制復帰をめぐる日本の新聞論調

　これまでに明らかにしてきたように、第 1 次世界大戦後の金本位制復帰
をめぐる論議においては、世界でも日本国内においても、一部の経済学者
やエコノミストによって共有されていた経済学的推論に基づいた考え方
と、政治家、政策担当者、ジャーナリストなどの間で支配的であった考え
方とは、大きく異なっていた。すなわち、専門的知見は人々の既得観念と
対立するものとして存在していた。しかしながら、こうした社会的な「思
考」や「観念」の持つ重要性がどのように明白であったとしても、その役
割を具体的に確証することはきわめて難しい。その理由は、個々の専門家
たちの言説とは異なり、社会全体の「観念」なるものは、実体としてはど
こにも存在していないからである。

　例えば、われわれは、ケインズ、フィッシャー、石橋湛山、高橋亀吉、
高橋是清、井上準之助といった人々の過去の論説や言説を検討することに

よって、彼らが金本位制についてどのような見解を抱いていたのかを明瞭に把握することができる。さらには、現実に行われた政策が、彼らの見解とどの程度まで一致あるいは相違していたのかを確認することもできる。しかしながら、人々の既得観念なるものは、そのような直接的かつ具体的な実体を持ってはいない。この事情は、人々の既得観念の内実を把握するためには、それをもっともよく代理あるいは表象するであろうと考えられる何かを探し出す必要があることを意味している。それに最も近い媒体の一つは、おそらく新聞であろう。

　新聞論調が一般社会の既得観念をよく代理すると考えられる理由は、いくつか存在する。第一に、大新聞の読者の多くは、一部の社会的エリートや知識層ではなく、識字能力を持つごく一般的な大衆である。したがって、新聞は、一国の政策的な課題について、問題の所在を幅広い層の人々に伝え、さらには一定の観点から問題提起を行うという役割を果たすことで、政策現場と一般社会との間の最も日常的な接点を形成している。第二に、新聞で表明される政策的主張の多くは、特定の個人の主張というよりも、その新聞の方針を反映したハウス・ビューである。とりわけ、日本の新聞の「社説」においては、明確にそれが当てはまる。そうした新聞のハウス・ビューは、新聞もまた商業的なメディアである以上、多くの場合において、世論あるいは一般社会の既得観念と明確な親和性を持つと考えられる。

　もちろん、新聞の社説等で示されている見解の背後には、おそらくより複雑かつ多様な相互作用が存在する。というのは、新聞を含むマスメディアは、一方で世論や公衆の一般的感情を代弁しつつも、他方では明らかに、自らの見解によって世論に一定の影響を及ぼそうとしているからである。もしこの後者のチャネルが多少なりとも有効であれば、政治家、政策当局者、財界、各種利害団体等々は、マスメディアを通じて世論を操作しようと試みるであろう。このような、新聞等のマスメディアを舞台とする政策の相互作用や各利害主体間の戦略的関係の分析は、政策研究という領域における今後の重要な課題となろう。しかしながら、本章では第1次接近として、もっぱら世論がマスメディアに作用するチャネルにのみ焦点を当てる。

　中村宗悦は、以上の観点からみてきわめて興味深い研究を行っている（中村 [2004][2005]）。中村はそこで、日本の金解禁論争期から、金解禁と金輸出再禁止を経て高橋是清によって拡張的財政金融政策への劇的な転換が実行された 1927 年から 1932 年末までを対象に、当時の大新聞の一つであった『大阪毎日新聞』（以下では『大毎』と略称）が金解禁問題をどのように論じていたのかを克明に検証する新聞論調研究を行っている。以下では、当時の新聞が金解禁問題をどのように論じていたのかを、中村の研究に基づいて確認する。

　次の引用は、フランスが金本位制復帰を実施した 1928 年 6 月 25 日の翌日の社説の一部である。

　「社説　フランスの金解禁実現　我国も猛省せよ」『大毎』1928 年 6 月 26 日
　　今や世界に於て解禁せぬものは、スペイン、ポルトガル、ギリシャ、メキシコと我日本のみである。文明国として一等国としての日本が、ひとり落伍して、何等の恥なきものであろうか。……吾等はこの上多弁を要するの必要を認めない。生きた現実の好例は眼前にある。敢て朝野の猛省を促す。

　この社説において不可思議なのは、このように日本の金本位制復帰を煽動的なまで強く求める一方で、フランスの金本位制復帰が戦前の平価からほぼ 5 分の 1 にまで切り下げた新平価によってなされていたという事実については、何も言及されていないという点である。中村は、こうした形での明らかな世論誘導は、この時期の新聞論調の持つ大きな特質であったとしている。

　金解禁断行を求める新聞の論調は、この時期から次第に、論理的というよりも情緒的な色彩を帯びてくる。以下の社説は、その典型的な一例である。

「社説　在外正貨激減の教訓　解禁反対論者に」『大毎』1928 年 9 月
10 日
　　要するに今日の日本の経済界は金の禁止の如き不自然な状態を続け
　てゆけば、ジリジリと疲弊して、それこそ取り返かえしのつかぬこと
　となる憂いは十二分に存するのである。この際とるべきゆい一の手段
　は、解禁によって、たとえ一時多少の苦痛は忍んでも、正しく、希望
　多き安定の上に立つ常態に復せしむるより他はないことを確信するも
　のである。

　浜口雄幸内閣が 1929 年 7 月に誕生し、「金解禁」を公約に掲げ、その
ための緊縮路線を世に訴えたときには、大新聞もこれに諸手を上げて歓迎
した。

「社説　整理緊縮と国民の協力」『大毎』1929 年 7 月 16 日
　　この［緊縮］政策を実行してその効果を確保せんがためには、一時
　は深刻なる苦痛を忍ばなければならぬ。不景気、失業増加等、幾多好
　ましからぬ現象がおこるであろう。しかし、すべてこれらはわが財界
　立直しのために必須なる予備条件である。国民は癌を治療すべく手術
　台の痛苦に耐えねばならぬ。伸びんがために先づ屈せねばならぬ。

　ここで用いられている「伸びんがために先づ屈せねばならぬ」というレ
トリックは、浜口首相が金解禁の必要性を訴える演説の中で好んで用いた
表現である。それはまたたく間に、メディアが好んで用いる常套句となる。
そうした中で、1930 年 1 月 11 日に、日本は金解禁の日を迎えることにな
る。以下は、その日の新聞社説である。

「社説　金解禁の日は来た　多難なる前途打開の覚悟」『大毎』1930
年 1 月 11 日
［赤裸々なる国際経済戦］に処するの道としては、まづ財政策として
は国民の負担の軽減であり、経済策としては産業の合理化であり、真

剣なる生産費の逓減でなければならない。……吾等はこの記念すべき
更生の日を、真に公私経済の根本的革新の実行第一歩として、力強く
踏み出す日たらしめんことを、希望して止まぬものである。

しかしながら、こうした希望に反して、日本経済の状況は、金本位制復
帰以降、急速に悪化していく。その状況の中で、新聞の論調からも、以前
のような勇ましさは徐々に失われ、防御的な姿勢が顕著となってくる。

　「社説　無意味なる不景気の呪詛　経済決議案」『大毎』1930 年 5 月
　11 日
　　不景気は誰しも喜ぶものではない。けれども不景気に苦しむの余り、
　金解禁そのものまで間違った政策ででもあったかのように考え、再び
　通貨膨張政策の復活を望むもの多きを見て、敢て今日の不景気の帰趨
　を明白にし、世人の反省を促して置くゆえんである。

　イギリスが金本位制を離脱し、日本の金本位制再離脱も近いという思惑
による円への投機アタックが拡大しつつあったとき、新聞は、悪いのはも
っぱら投機筋であるという観点から、投機悪玉論を展開した。実際には、
ここで生じた投機アタックとは、「もはや日本の金本位制は維持可能では
ない」と市場に予見されたことの当然の帰結にすぎなかったのであるが、
以下にはそのような観点は微塵も見られない。

　「社説　金本位制の維持」『大毎』1931 年 11 月 3 日
　　今回の金流出は英国やドイツの場合と異り、外国側の短期資金引揚
　げから来たのではなく、一部の投機思惑によるものである。勿論、英
　国金本位制の停止で、わが在英資金が固定化し、決済資金補充のため
　米国に金を現送することは已むを得ぬとしても、それには限度がなけ
　ればならぬ。……然るにも拘わらず、一部の者が盛んにドル買いを試
　み、財界の不安を甚だしくしているのは、全くわが金輸出再禁止を促
　進せしめ、国家の利益を犠牲にして不当の暴利を得んがための投機思

惑と見るの外ない。

　結局、こうした投機アタックによって日本の金準備は急速に枯渇し、日本は 1931 年 12 月に金本位制を再離脱する。そして、その直前に成立した犬養毅内閣の蔵相に就任した高橋是清は、日本を世界恐慌から救い出すために、当時の世界において最も大胆な拡張的財政金融政策を展開することになる[9]。その政策によって、日本経済は、劇的に改善し始める。しかしながら、新聞は当初、このような拡張的マクロ政策を用いた回復には、きわめて懐疑的であり、かつ冷淡であった。

　「社説　通貨膨張の程度」『大毎』1932 年 6 月 20 日
　　即ちインフレーション政策は、通貨の増発によって、貨幣価値の低落と、物価の騰貴を策し、架空の繁栄を作らんとするもので、これによって生ずる景気は財界回復による真の景気ではない。……如何に救済が必要だとはいえ、わが通貨制度の根底を覆してまで、その大膨張を策するが如きは、わが財界を全く破綻に導くものといわねばならぬ。従って吾等は政府が時局匡救のため、各種救済策を講ずるについても、インフレーションを適当の程度に止め、以てインフレーションによる生ずる幾多の禍害を避くることに最善の努力を尽さんことを切望するものである。

　しかしながら、新聞は結局、1932 年末頃には、以下のように、高橋是清の政策の正しさと、その先進性を認めるようになるのである。

　「社説　財界の回顧」『大毎』1932 年 12 月 31 日
　　思うに本年に入ってから不況打開の方法として世界各国は相率いて高物価策を採っているが、わが国は期せずしてその先導を承る立場にいる。今後の進捗は無論甚だ予測し難いが、その過渡期における利害得失は、すでに吾等の明白に感得するところだ。その財政経済上および社会上におよぼす弊害を最小限にし、財政経済の真の更生の地堅め

に努力するのが昭和八年における最大の問題だと言わねばならぬ。

（4）政策決定における知覚ギャップの意味

　以上の概観から得られる結論を要約しておこう。当時の新聞論調から判断する限り、金解禁問題をめぐっては、明らかに二つの既得観念が存在した。第一は、自国通貨の正統性は金本位制によってのみ保証されるという思考様式である。当時のメディアはしばしば、金本位制を離脱し続けていることを不自然で異常な状態とし、金本位制への復帰をあたかも自然状態への復帰であるかのように論じていた。バリー・アイケングリーンとピーター・テミンは、当時の世界に幅広く存在した、金本位制にまつわるこうした観念のあり方を、金本位心性（Gold Standard Mentality）と呼んでいる（Eichengreen and Temin [2000]）。

　第二は、経済の健全性は、市場での苦痛に満ちた淘汰の過程をへることによってのみ確保されるという考え方である。このような観念は、清算主義（liquidationism）と呼ぶのが適当であろう[10]。こうした清算主義の心性は、金本位制への復帰を求める当時の人々が、新平価ではなく旧平価での復帰を求めたことの理由の多くを説明する。人々は、旧平価での金本位制復帰は、マクロ的な緊縮政策を必要とし、それは必然的にデフレをもたらすことを、少なくとも漠然とは知っていた。しかし、だからこそ人々は、苦痛のない新平価ではなく、苦痛を伴う旧平価での金本位制復帰を求めたのである。そこには明らかに、苦痛を通じてこそ経済の健全性が得られるという清算主義的心性を認めることができる。新平価解禁論に対する井上準之助の以下の批判は、その点を明瞭に示している。

　　かかる、国の信用問題だとか、或は面目問題だとかいふ問題は暫く措
　　いて、平価切下は我国現在の経済的実情において将来の為に甚だよく
　　ないといふ点を、私は諸君に語らねばならない。といふのは諸君も御
　　承知の通り、日本の今日は欧州戦後の成金気分がまだ抜け切らず、公
　　私共に収入を超えた借金生活、即ち虚偽の生活を続けている。この身
　　分不相応の生活を反映して、政治的にも、経済的にも将又思想的にも、

　日本は暗澹として行詰りつつあるのである。それ故に此の際是非とも
全日本国民が一致協力して緊張せねばならぬ時期なのである。即ち緊
褌一番、消費節約を行ひ、浪費の風を改めて物価を引下げて置かなく
ては、たとへ平価切下によつて無痛の金解禁を行つても、依然として
輸入は減らず輸出は振はないで、経済界の建直しなぞは永久に出来な
くなつてしまふことになるのである。(井上 [1929b] 111-112 頁)。

　このように、日本の金本位制復帰においては、既得観念が決定的な役割
を果たした。専門家たちによって一定の思考枠組みに基づいて導き出され
た考え方と、新聞などに表象される一般社会の既得観念とが大きく異なっ
ている場合、現実の政策選択は、前者よりもむしろ後者によって左右され
がちとなる。専門家たちの見解は、それが人々の既得観念と異なっている
場合、一般社会にはなかなか浸透しない。それは結果として、大きな弊害
を生み出すことが明らかであるような政策の実現可能性を高めることに帰
結する。第 1 次世界大戦後に各国が行った金本位制復帰とその後の世界的
経済危機は、こうした専門世界と一般社会との間の知覚ギャップが生み出
す深刻な帰結を典型的に示していたのである。

3．平成デフレ不況の政策的諸局面

(1) デフレ下における日本経済の長期停滞

　政策形成と既得観念との関連性を示すように思われるもう一つの実例
は、昭和恐慌から約 70 年を経た 2000 年代の日本経済において再び発生
したデフレーションである。ここでは、この時期の日本のデフレと、それ
をめぐる社会的通念、そしてデフレに対する政策的対応の関連を吟味する。
　日本経済は、90 年代後半以降、戦後の各国が経験したことのない長期
デフレを経験した。日本の消費者物価（Consumer Price Index: CPI）の
上昇率は、1980 年代末から 90 年代初頭に生じた「バブル」が崩壊して以
降、低下を続けた。そして、1995 年には、円高の影響もあり、CPI 上昇
率はついにマイナスに転じた。日本の景気が一時的に回復した 1996 年か

ら 97 年には、消費税がそれまでの 3 ％から 5 ％に引き上げられたことも
あり、CPI 上昇率は一時的に若干のプラスになったが、97 年後半の景気
後退以降は、日本経済には恒常的な物価下落＝デフレが定着するようにな
った（図 7-1）。

　この厳しい物価下落によって、日本銀行は、金融政策の操作目標である
オーバーナイト・コールレートをゼロにまで低下させる、いわゆる「ゼロ
金利政策」に追い込まれた。しかしながら、物価と資産価格の下落は、こ
のゼロ金利政策にもかかわらず継続した。さらに、錯綜した論議の末に日
本銀行がゼロ金利を解除した 2000 年後半以降、物価下落はより深刻さを
増し、2001 〜 02 年にはほぼ 1 ％程度のデフレが続いた。そうした中で、
2003 年 3 月に、日本銀行総裁は 1998 年 3 月から 5 年間その地位にあっ
た速水優から福井俊彦へと交代した。CPI 上昇率のマイナス幅はその頃か
ら次第に縮小し始め、2003 年末以降はほぼゼロの水準を保つようになっ
た。

　このようなデフレの進展の中で、日本の経済成長率は低迷し続けた。
1992 年から 94 年までの実質 GDP 成長率は常に 1 ％以下であり、1998
年には遂にマイナス成長となった。そして、完全失業率は、1990 年代初
頭以降ほぼ一貫して上昇し続け、90 年の約 2 ％から、2003 年には 5.5％
まで上昇した。つまり、日本のデフレの進展は、成長率の低下と失業率の
上昇という、実体経済の悪化を伴っていたのである。

　この日本の長期停滞が何によって引き起こされたのかについては、専門
家たちの間で、さまざまな論議や論争が行われた [11]。ここでは、その論
争の詳細に踏み込むことはできない。しかし、一つ明確に言えるのは、そ
の日本の経済停滞とりわけ GDP 成長率の低下と失業率の増加は、デフレ
の進行と深く結びついていたということである。そして、そのデフレは、
貨幣的収縮と密接に結びついていた。

　日本のマネーサプライおよびベースマネーの伸びは、1980 年代末期か
ら 90 年代初頭の「バブル期」に急膨張した（図 7-2）。これは、1985 年
のいわゆる「プラザ合意」を契機として進んだ円高ドル安の傾向を阻止す
るために、日銀が長期にわたって低金利政策を続けたためである。しかし、

図 7-1　消費者物価上昇率：1990 年〜2004 年

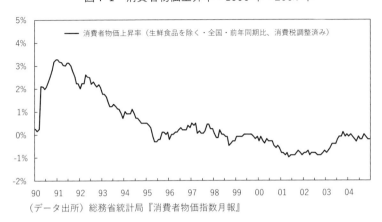

（データ出所）総務省統計局『消費者物価指数月報』

図7-2　マネーサプライ（マネーストック）とベースマネー
：1985年〜2004年

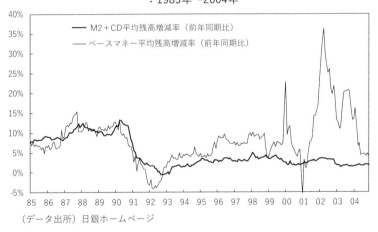

（データ出所）日銀ホームページ

　三重野康が日銀総裁に就任した 1989 年以降、日銀は「バブル潰し」のための攻撃的な金利引き上げを開始した。その結果、政策金利であるコールレートは、89 年以前の 3 ％台から、最終的には 91 初頭の 8 ％台にまで上昇した（図 7-3）。

　マスメディアは当初、三重野日銀のこうした強いバブル潰しの姿勢を大

いにほめそやした。三重野は当時、メディアにおいてしばしば「平成の鬼平」
と呼ばれた。しかし、図 7-2 が示すように、実はその背後には、90 年以降、
急激な金融引き締めによるマネーサプライおよびベースマネーの伸び率の
急減が生じていたのである。こうした中で、日銀は 1991 年春に、ようや
く金融引き締めから緩和に転換し、それ以降は、政策金利を緩やかに低下
させていった。しかしながら、後の状況を踏まえていえば、その金融緩和
の程度は、既に生じていたマネーサプライおよびベースマネーの急減とい
う貨幣的ショックを吸収するにはあまりにも緩慢すぎるものであった。政
策金利の引き下げにもかかわらず、CPI 上昇率の低下は止まらず、95 年
にはそれはほぼゼロにまで低下した。そのために、日銀はより一層の金利
引き下げを余儀なくされ、95 年末にはコールレートは 0.4％という、当時
としては未曾有の水準にまで低下したのである（図 7-3）。

　この焦点となる 90 年代前半において、一部のエコノミストたち、具体
的には岩田規久男、新保生二、宮尾尊弘、原田泰らは、日銀の緩慢な金
融緩和を批判し、翁邦雄に代表される日銀側エコノミストと対立してい
た。その後の推移を見れば、正しかったのは圧倒的に日銀批判派の側で
あったといえよう。というのは、地主・黒木・宮尾 [2001]、Ahearne et
al.[2002]、McCallum[2001] といった、90 年代の日本の金融政策の問題
点を検証したその後の研究の多くが、日本の長期デフレの直接的な原因は、
この 90 年代前半、とりわけ 1993 ～ 94 年の金融緩和の遅れであったこと
を指摘しているからである [12]。この時期の日銀における金融緩和に対す
るこうした消極性は、米 FRB（連邦準備制度理事会）議長アラン・グリ
ーンスパンが、1992 年 12 月の訪日時に、資産価格バブルの崩壊の後に生
じる民間部門におけるバランスシート問題の深刻な影響について日本の政
策当局者たちに強く警告していたという、エドウィン・トルーマンが指摘
する事実を踏まえると（Truman [2003] p.145）、より一層問題を含んで
いたように思われる。

　このように、政策金利がその下限であるゼロの近傍までに低下したとい
うことは、日銀に伝統的な金融政策の手段が失われたことを意味する。幸
いにも、96 年および 97 年前半には景気拡大が続いていたため、そのこと

図7-3　日本の政策金利（短期市場金利）の推移
：1985年〜2004年

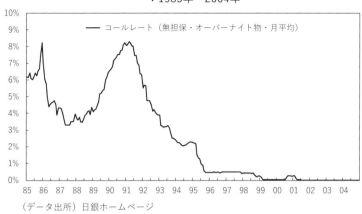

（データ出所）日銀ホームページ

が問題になることはなかった。しかし、97 年後半から景気が再び悪化し、
CPI 上昇率がゼロを下回るようになってくると、このことの恐ろしさは次
第に明確になっていく。具体的にいえば、日本経済は、「デフレの罠」と
でもいうべき袋小路に追い込まれていくのである。

　中央銀行は通常、景気が悪化してインフレ率の低下が続くような状況で
は、政策金利を引き下げることによってそれに対応する。しかし、政策金
利が既にゼロあるいはそれに近いところまで低下している場合には、その
伝統的な対応を用いることができない。そこでデフレが進行し、人々のデ
フレ期待が高まれば、名目金利から期待インフレ率を差し引いたものとし
て与えられる実質金利は、必然的に上昇していく。そして、その実質金利
の上昇は、人々の支出、すなわち家計の消費と企業の投資を減少させるこ
とになる。したがって、マクロ的な総需要が縮小し、デフレはさらに進行
する。日本経済は明らかに、90 年代末以降、このような自己強化的なデ
フレ過程に陥りつつあった。

　こうした状況にもかかわらず、1998 年 3 月から総裁の任に就いた速水
優に率いられた日銀は、速水の任期全般を通じて、デフレに対抗する大胆
な政策手法を試みるよりも、wait-and-see 型の対応に傾きがちであった。

日銀の内部には、98年4月から2001年6月まで金融政策審議委員を務めた中原伸之のような積極的金融緩和派が存在しないわけではなかったが、それは常に非主流の位置にとどまっていた。日銀がようやくゼロ金利政策に踏み込んだのは、既に景気が回復しつつあった99年の2月であった。しかし、このゼロ金利を「異常な状態」と捉えていた日銀は、一刻も早いゼロ金利からの脱出が必要と考えていた。そして結局、デフレがまだ継続していたにもかかわらず、2000年8月にそれを解除した。当時の日銀の首脳部は明らかに、デフレそのものよりも、金利操作という伝統的政策手段が失われることの方を恐れていたのである。

（2）デフレをめぐる観念の対立と政策対応

　ゼロ金利という金融政策の極限状況のもとでのデフレという日本経済の特異な経済状況は、日本だけではなく海外の経済学者たちが注目するところとなった。そして、大恐慌期のアメリカ以来の「流動性の罠」に陥った日本経済をどのように救い出すべきかについて、さまざまな提案がなされた。例えばそれは、Krugman[1998]、Bernanke[2000a]、Svensson[2001]などである。それらは、戦間期の金本位制をめぐるケインズ、フィッシャー、カッセルらの議論が日本国内の金解禁論争の契機となったのと同様に、日本国内の経済学者の間での政策論議に対して、きわめて大きな影響を与えた。

　日本国内においては、この問題に関して、当初から専門家たちの間で大きな見解の相違があった。一方には、インフレ目標の導入、非伝統的な金融政策、拡張的財政政策、円安誘導（ないしは円高阻止）を目標とした為替政策、あるいはそれらの組み合わせを唱導する、上記の海外学者たちと共鳴する立場の経済学者たちがいた。しかし他方では、より以上の拡張的なマクロ政策の発動には懐疑的な経済学者たちも多かった。彼らは、「伝統的な手段による金融緩和の余地はもはや存在せず、不良債権によって金融システムが機能不全に陥っており、さらに政府の財政赤字も既に危機的な水準にあるという現状においては、マクロ政策にはもはや多くを期待すべきではない」と主張した。

　このような見解の対立にもかかわらず、専門家の内部での論争には、一定の共通の基盤があった。それは、「デフレは日本経済に対してきわめて否定的な影響を与えており、それはいずれにせよ克服されなければならない」という認識である。経済学者やエコノミストたちは確かに、デフレを克服する有効な手段は存在するのか否か、存在するとすればそれは何かという点では、見解は一致してはいなかった。しかし、デフレはわれわれの社会にとって望ましくない経済状況であり、したがって克服されるべきものであるという点については、いくつかの例外はあっても、おおむね見方は一致していた。

　ここで注意すべきは、このような意味での共通の土俵は、ごく狭い専門家の世界にのみ存在していたにすぎなかったという点である。すなわちそれは、新聞などの一般メディアにはまったく根付いていなかった。実際、マスメディアで展開されていた議論の多くは、デフレの弊害とその克服の必要性を説くという観点からのものではまったくなかった。むしろ、デフレがより深刻さを増してくる2002年頃までは、メディア論調の主流は、「デフレは流通革命や合理化の結果で消費者の利益にかなう」とか、「デフレは経済のグローバル化に伴う"大競争"の結果であり、日本経済の高コスト体質の是正につながる」といった、いわゆる「良いデフレ論」であった。当然ながら、こうした雰囲気の中では、デフレ脱却を目標とした拡張的な金融政策を求める経済学者たちの主張は、「不健全なインフレ誘導策」として、メディアにとっての批判と揶揄の対象となる以外にはなかったのである。

　こうしたデフレについての一般通念すなわち既得観念は、明らかに日本の政策運営に対して否定的な影響を与えた。経済学者たちの一部が既に強くデフレの危険性を訴え続けてきたにもかかわらず、政府が「デフレ対策」や「デフレ克服」を重要な政策課題として位置付けるようになるのは、ようやく2002年頃からであった。そのような変化が生じたのは、現実におけるデフレの進行によって、デフレが経済停滞と密接に結びついていることが、この頃にはもはや誰の目にも明らかになり始めたからである。つまり、人々が「良いデフレ論」の呪縛から解放されるには、現実上の「デフ

レの痛み」が必要だったのである。

　ところで、デフレはそもそも、それが深刻化する 2001 年以前は、マスメディアの興味の対象でさえなかった。図 7-4 は、日経テレコン 21 の新聞記事全文データベースを用いて確認した、「デフレ」というワードの全国新聞（朝日、毎日、読売、産経、日経 4 紙）での年別ヒット数の推移である。景気悪化によってインフレ率がマイナスに転じた 1995 年と 1998 年を除けば、デフレが新聞紙上で社会問題として盛んに取り上げられるようになるのは、もっぱらデフレが深刻化した 2001 年以降であったことが分かる。

　同じことは、政府の政策対応に対するマスメディアの関心についてもいえる。図 7-5 は、「構造改革」と「デフレ対策」という二つのワードの、同じく全国新聞での月別ヒット数の推移を示している。一見して明らかなように、2001 年の春から夏にかけては「構造改革」がマスメディアの大きな関心の対象となっている。これは、2001 年 4 月に小泉政権が誕生し、その政権が掲げる「痛みに耐える構造改革」という政策スローガンが、マスメディアの中で一大フィーバーを引き起こしたからである。しかしながら、この時にメディアを席巻した構造改革フィーバーは、その年の終わり頃にはほぼ沈静化する。そして、2002 年に入ると、「構造改革」と並んで「デフレ対策」や「デフレ克服」が政府の最重要な政策スローガンとして浮上する。とりわけ、政府が「総合デフレ対策」を発表した 2002 年 10 月には、「デフレ対策」のヒット数が「構造改革」のそれを上回るにまで至る。

　このような政府の政策的重点のシフトは、経済財政諮問会議の論議の変遷をたどることによっても確認できる。この経済財政諮問会議とは、「経済財政政策に関し、内閣総理大臣のリーダーシップを十分に発揮することを目的にして、2001 年 1 月に内閣府に設置された合議制機関」（経済財政諮問会議ホームページ）であって、政府の経済政策全般の方向付けという点では、当時最も重要な役割を果たしている機関と考えられていた。その構成メンバーは、内閣総理大臣や各経済閣僚を含む政府首脳および日銀総裁のほか、4 人の民間委員からなる。この経済財政諮問会議の議事タイトル一覧から確認する限り、「デフレ」という言葉は、2001 年には 1 回だけ

図7-4　全国紙紙面での「デフレ」という言葉のヒット数
：1990年～2003年

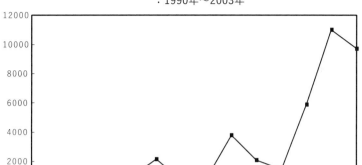

（注）日経テレコン 21・全文データベースによる 5 大全国紙
　　（朝日、毎日、読売、産経、日経）での月別ヒット数

図 7 -5　全国紙紙面での「構造改革」「デフレ対策」という言葉のヒット数
：2001年～2002年

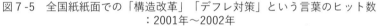
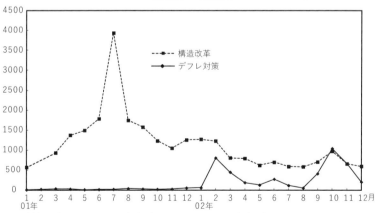

（注）日経テレコン 21・全文データベースによる 5 大全国紙
　　（朝日、毎日、読売、産経、日経）での月別ヒット数

しか登場していない。しかしそれは、2002年には6回登場しており、明らかに最重要の政策アジェンダの一つとなっている。そうした変化は、経済財政諮問会議の議事録要旨からも確認できる[13]。

　もちろん、こうした政府の政策スタンスの転換が現実においてどれだけ意味があったのかは、大いに議論の余地がある。しかし、そのことの解明は、本章の直接の課題ではない。重要なのは、政府のこうした政策転換が、デフレに対する人々の認識の転換とどの程度まで密接に結びついていたのかという点である。以下ではそれを、日本経済が最もクリティカルな状況にあった2000年から2003年までの、デフレに対する新聞論調の変遷によって確認する。

（3）デフレ問題をめぐる主要新聞論調の傾向

　以下の新聞論調の検証は、読売新聞、朝日新聞、毎日新聞という日本の3大全国紙について、2000年から2003年までの各紙社説を対象としてのみ行う。日本ABC協会が発行する『新聞発行社レポート』によれば、2004年1〜6月平均の各紙朝刊販売部数は、読売は10,075,479部、朝日は8,259,173部、そして毎日は3,956,348部であった。また、それぞれの全世帯に対する普及率は、読売は20.13％、朝日は16.45％、そして毎日は7.89％であった。単純合計すると、この三紙で全世帯の44.47％をカバーしていたことになる。

　表7-1は、「デフレ」というワードを含む2000年から2003年までの各紙社説を検索した結果である。一見して明らかなように、デフレを社説で取り上げている回数は、朝日、毎日と比較して読売が圧倒的に多い。実際、デフレに対する読売の論調は、その内容やこだわりの強さにおいて、マスメディアの中では特異かつ異端的であった[14]。それに対して、毎日の一貫した「親デフレ」性向は、デフレに対するメディア論調における、もう一方の極を代表するものであった。以下にみるように、毎日もまた読売と同様に、速水時代の日銀の金融政策運営にはきわめて批判であった。しかしながら、その批判の性格はもっぱら「日銀はインフレ論者に迎合し過ぎている」という観点からのものであり、日銀により積極的なデフレ対策を

表7-1　3大全国紙（朝日、毎日、読売）における「デフレ」という
　　　　言葉を含む社説の年別総数：2000年〜2003年

	朝　日	毎　日	読　売
2000	7	11	12
2001	7	20	90
2002	35	32	109
2003	34	39	90

求める読売とは正反対であった。

　おそらく、この三つの新聞の中で、マスメディア全体の平均的な論調を
最もよく代表していたように思われるのは、朝日の論説である。その基調
は、2001年前半頃までは、毎日とほぼ同様な「良いデフレ論」であった。
しかし、デフレが深刻化するにつれて、この種の議論は次第に減少し、デ
フレ克服の必要性を主張し始めるようになる。もっとも、朝日は、その手
段としての金融緩和やインフレ目標導入には、依然として否定的である。
しかしながら、2003年の末頃には、日銀の量的緩和拡大を好意的に言及
するようになる。つまり、朝日の社説論調は、経済情勢の変化に伴って徐々
に変化していったのである。これは、上で確認した、政府の政策的重点の
「構造改革」から「デフレ対策」へのシフトに、ほぼ対応している。

　以下では、これらのことを、この三つの新聞の社説そのものから、いく
つかの時期に区分けしつつ確認しよう。

①ゼロ金利解除まで：2000年〜2000年8月
　日本経済は、2000年前半には景気回復局面にあったが、デフレが反転
する兆しは見られなかった。1999年2月にゼロ金利政策を導入した日銀
は、その解除の条件は「デフレ懸念の払拭」であることを公式にアナウン
スしていた。しかしながら日銀は、何をもってデフレ懸念が払拭されたと
考えるのかについては明確には述べていなかった。そのことは、ゼロ金利
は果たして解除されるべきか否かについての論議をメディアに巻き起こす
原因となった。その白熱した論議は、結局は日銀が実際にゼロ金利の解除

を決定した同年8月まで続くことになる。

　この時期のメディアの一般的な論調は、以下の朝日社説に代表されている。

　　「際立つ日本の異常さ　米利上げ（社説）」『朝日新聞』2000年2月4日

　　　異常な政策には弊害が付きまとい、それは時間とともに拡大する。財政、金融当局はその現実から目をそむけず、金利を正常な世界に戻すタイミングを探っていかなければならない。……借りる側でいえば、金利負担の軽減は緊張感をなくし、構造改革を先延ばしにさせる。企業だけではない。ゼロ金利がもたらすモラルハザード(倫理観の喪失)の最たるものは、政府の財政規律を緩ませてしまったことだ。利払い費が膨らむ心配がなければ、国債増発へのブレーキが利かない。おまけに他に良い投資先がないとあって、買い手探しにも困らない。日銀が国債の大量発行を助けることで、政府のモラルハザードに手を貸している図である。……速水総裁はゼロ金利から抜け出す条件として、「デフレ懸念の払しょくが展望できること」と繰り返している。それではあまりに抽象的だ。「こうした環境になれば」という判断基準をできるだけ明確に示すことが必要ではないか。それは市場の思惑や過剰反応を防ぎ、市場との対話を深めることにもつながろう。

　それとは対照的なのは、この頃から政府部内でその可能性が検討され始めたといわれている「インフレ目標」の導入を、メディアの中ではほぼ唯一、肯定的に言及した読売である。

　　「［社説］インフレ目標の議論を深めよ」『読売新聞』2000年2月5日
　　　一定の物価上昇率を定め、その達成に向けて金融政策を運営する「インフレ目標」について、自民党が、導入の是非や、導入する場合の具体的な方法を検討することになった。……日本銀行による「ゼロ金利」政策の導入から一年が経過した。景気は明るさを増しながらも、民需

主導の自律的な回復軌道を描くまでには至っていない。景気回復を確実にするためには、当面、金融の量的な緩和をさらに進めることが重要である。物価上昇に具体的な目標値を設けることは、その際の目安になり、デフレ不安をぬぐう上でも有効だ。インフレ目標の早期導入に向け、精力的な議論を期待したい。

　毎日の論調は、この時期の朝日とほぼ同一であるが、拡張的マクロ政策に対してはより一層批判的であり、したがってより「親デフレ」的である。

「［社説］ゼロ金利 1 年　利上げで日本経済に活を」『毎日新聞』2000年 2 月 10 日
　世界史でも例を見ない世界第 2 の経済規模を持つ国のゼロ金利政策実行から 1 年がたつ。この間金融機関も小康状態、景気もずいぶんと回復した。物価も安定している。……デフレ的傾向が払拭^{ふっしょく}されれば、金利を上げると日銀は言っているが、それは間違いだ。今日からでもまずゼロ金利解消に向け動き、速やかに公定歩合を 0.5％から引き上げ、早急に正常な水準に直すべきだ。……ゼロ金利の弊害は慣れてしまって気づかないが、そこら中にある。まず財政赤字そのものがそうだ。国債の利払いが小さいから出しやすくなり、それに 10 年近く甘えつづけてきた。それとあわせ、日本経済全体が、財政・金融というマクロ政策に依存しすぎる体質を醸造した。我々は景気からベンチャー企業設立まで、これほど政府だのみで生きていこうとする自活力のない国民だったのだろうか。

「［社説］物価下落　価格破壊はさらに続けよ」『毎日新聞』2000 年 7 月 8 日
　日本の物価は、経企庁の調査で、国際的にはまだ高い。競争制限的な規制や非合理的な取引慣行の改善の努力を、一層、続けていく必要がある。消費者も物価の監視役としての役割を、果たしていくことが求められる。……今年に入り、物価下落幅は大きくなっている。それ

でも、国際的に日本の生活関連の物価は高い。消費者が豊かさを実感
できる経済にするためにも、物価はさらに下げる必要がある。言い換
えれば、「価格破壊」は今後とも、その先導役として、一層、進めら
れなければならない。いま起きている物価下落は「良い物価下落」だ
からだ。この点で、日本経済のデフレ懸念払しょくのため、物価をあ
る水準まで引き上げようという「インフレ・ターゲット論」は間違い
である。

　こうしたゼロ金利解除を求めるメディアの圧力の中で、日銀はゼロ金利
解除への地ならしを徐々に進めていく。その結果、メディアや市場では、
ゼロ金利解除が同年7月には実行されることが確実視されるにまで至る。
そこに降って湧いたのが、大手百貨店そごうの経営破綻である。これによ
って、7月の時点でのゼロ金利解除は見送られることになった。以下は、
それに対する各社の論評である。朝日および毎日と読売の評価はまさに対
照的である。

　「日銀総裁は今こそ語れ　ゼロ金利維持（社説）」『朝日新聞』2000年
7月18日
　　日本銀行の政策決定会合がゼロ金利政策の維持を決めた。……私た
　ちは、緊急避難であったはずのゼロ金利政策を早く是正するべきだ、
　と主張してきた。短期金融市場の翌日物金利がゼロになるよう潤沢に
　資金を供給する、という政策のもとで、金融機関も企業も緊張感をな
　くし、バブルの処理を先送りしてきた。そごうの行き詰まりも、先送
　りがその傷口を広げたという点では、異常な政策の影響があったとい
　えよう。ゼロ金利政策の維持論者は、建設や流通業界、中小金融機関
　などの行方を心配する。だが、いつまでもゼロ金利を続けることこそ
　が回復や体質改善を遅らせる、という側面をもっと重視すべきだ。

「［社説］ゼロ金利継続　日銀に「気概」はないのか」『毎日新聞』
2000 年 7 月 18 日

　金融政策で一企業の動向に左右されることは、中央銀行として決定
的な誤りといわざるをえない。改正日銀法で日銀の独立性は強まった。
それにもかかわらず、相変わらず、政治や米国に気を使う。日銀に「気
概」はないのか。日本経済は 21 世紀に向けて、大変革を遂げなけれ
ばならない。そこで重要なのが経済構造の改革だ。1990 年代は「失
われた 10 年」といわれているように、ただ、流れに身を任せてきた。
バブルの清算も先送りされ、その結果、経済構造全体の改革にも着手
されずにきてしまった。こうした先送り体質を支えてきたのが、日銀
の超低金利金融政策だった。そうであるとすれば、構造改革を進めて
いくためには、金融環境の正常化が不可欠である。言い換えれば、ゼ
ロ金利という異常事態を一刻も早く解消し、資金に正常な感覚のコス
ト、つまり、金利がかかる状況にすることだ。

「［社説］ゼロ金利　この時点の解除見送りは当然だ」『読売新聞』
2000 年 7 月 18 日

　国内総生産（GDP）の六割を占める個人消費の回復力が弱い現状
では、日銀がゼロ金利解除の条件に挙げてきた「デフレ懸念の一掃」は、
まだ展望できていない。そごう問題の展開次第では、民需主導の自律
回復はさらに遅れる可能性がある。ゼロ金利の解除を見送った判断は
妥当である。……そもそも性急にゼロ金利を解除しなければならない
理由が、あるだろうか。ゼロ金利は、そこに安住する企業にモラルハ
ザード（倫理の荒廃）を生み、身を削るリストラが先送りされるとい
う。だが、ゼロ金利が解除されても、短期金利の誘導目標はせいぜい
0.25％ほど上昇するに過ぎない。金利 0 ％なら企業経営が無責任にな
り、0.25％なら責任感が備わる、という理屈は成り立つまい。

　日銀は結局、翌月 8 月 11 日に、政府の反対を押し切ってゼロ金利の解
除を実行した。以下は、その日銀の決定に対する各社の論評である。ここ

215

でも、朝日および毎日と読売の立場は対立している。

「解除の決定を支持する　ゼロ金利（社説）」『朝日新聞』2000年8月12日

　日本銀行が、ゼロ金利政策を一年半ぶりに解除した。速水優・日銀総裁は、記者会見で「日本経済が改善するなかで、非常事態の危機政策を続けると、将来、急激な金利調整をするリスクが待ち構えている。いつまでもゼロ金利を維持すると、経済は活力を失い、再生にも影響する」と述べた。そうだと思う。私たちは、緊急避難だったはずの政策なのだから、なるべく早く脱するよう主張してきた。政策決定会合が下した結論を支持したい。

「［社説］ゼロ金利解除　正常化への一歩に過ぎぬ」『毎日新聞』2000年8月12日

　なぜ、ここまで紆余（うよ）曲折をたどることになったのか。日銀が異常状態を長期間、放置したからだ。99年2月のゼロ金利政策導入は、実質的な国債の日銀引き受けを阻止するための妥協であった。ゼロ金利がデフレの進行を食い止めるうえで寄与したとしても、早期に元に戻すべきだった。金融システム不安の拡大を回避するために実施した98年9月の0.5％から0.25％への誘導金利引き下げ自体が緊急措置だった。その点で、金利を0.25％引き上げても歴史的超低金利に変わりない。ところが、ゼロ金利の長期化で、政府や企業が異常を正常と受け取り出した。こうした状況を作ったのは日銀の責任である。……今回の利上げだけで金融が正常化するわけではない。これを第一歩として、まずは、98年9月以前の状態に戻すことが日銀にとって明日からの課題だ。

「［社説］ゼロ金利解除　日銀は混乱回避へ万全を期せ」『読売新聞』2000年8月12日

　日本銀行がゼロ金利政策の解除を決めた。「デフレ懸念の一掃」と

いう解除の条件が満たされた、との判断によるものだ。この判断が妥当かどうかについては、疑問も残る。……経営に致命傷を受けた企業群を大きな混乱なく退場させることが出来るかどうか。つま先で一寸ずつ地面を探るように神経質な局面が続く、胸突き八丁の経済再生だ。今回のゼロ金利政策の解除を、新たなかく乱要因にしてはならない。日銀は機動的で柔軟な政策運営を通じ、混乱の回避に万全を期す責任がある。ゼロ金利の解除後も金融緩和を継続し、十分な通貨供給量（マネーサプライ）を確保すること、次の利上げが当面視野にないことなどを、国民と内外の市場に明確に説明することが重要である。

②ゼロ金利復帰＝量的緩和導入まで：2000 年９月〜 2001 年３月

　日銀のゼロ金利解除ののち、世界的な景気後退もあり、国内の景況は次第に悪化し、再びデフレ傾向が鮮明化していく。そうした中で、インフレ目標の導入や円安政策などが改めて政策論議の焦点に浮かび上がっていく。それらに対して、毎日および朝日は以下のような批判を展開している。

「［社説］日銀物価見通し　インフレ目標は本末転倒」『毎日新聞』
2000 年 10 月 29 日

　日本銀行が年２回、物価見通しを発表することを決めた。金融政策運営の透明性向上が目的だ。物価見通しを巡っては、自民党内やエコノミストのなかから、需要不足で物価が下がるデフレから脱出するため、インフレ目標を設定する「インフレ・ターゲット論」が提唱されてきた。言い換えれば、インフレ期待論だ。中央銀行にとって最大の任務は通貨価値の維持である。そのために、物価安定が必要なのだ。物価見通しもこのためのものでなければならない。……いまの日本の物価下落は、規制緩和によるところも小さくない。これは良い物価下落だ。インフレ・ターゲット論は、こうした成果も無にしてしまう可能性を秘めている。さらにいえば、いったん、上昇に転じた物価を抑え込むことは容易なことではない。調整インフレが経済政策として受け入れられないのも、そのためである。

「語る以上は腰を据えて　物価見通し（社説）」『朝日新聞』2000年11月1日

　「通貨の番人」を任じ、物価の安定を理念として掲げる日銀にとって、通貨の価値を落とすインフレをめざす政策など取れるはずもないし、取ってはならない。一度、インフレになれば、簡単には収まらないことは、これまでの例でも明らかだ。日銀が、インフレ待望論をはねつけてきたのは当然である。

「［社説］世紀のページをめくる前に　円相場　通貨高は経済を強くする」『毎日新聞』2000年12月29日

　今年の外国為替相場は日本経済の回復が緩やかなことや、政局混迷などを受けて、円じり安の展開となり、年末になり年初来安値を連日更新している。円高恐怖症が染み付いている産業界は、さぞかしホッとしていることだろう。それで、いいのだろうか。……為替相場での円高は日本経済にメリットをもたらしていたのだ。輸出産業からみても原材料価格が下がることは、競争力を高めることにつながった。2度の石油危機も円高があったからこそ乗り切ることができた。さらに、円高が進む過程で産業界は合理化や技術革新を急速に進めた。これが、その後の「ジャパン・アズ・ナンバーワン」といわれた日本の繁栄に下地となった。消費者にも円高は、海外旅行、輸入品のみならず、国産品でも物価引き下げ効果をもたらした。これだけから判断しても、円高は恐れることではない。歓迎すべきことなのだ。

　景気後退がもはや決定的となり、デフレの深刻化が明らかになり始めていた頃、政府は、「デフレ」の概念をその本来の意味に即してより明確化するために、それまでの「物価の下落を伴った景気の低迷」というデフレの定義を、「持続的な物価下落」に改めた。政府はそのうえで、「現在、日本経済は緩やかなデフレにある」ことを、戦後初めて公式に認めた。それに対して、毎日と読売は例によってきわめて対照的な論評を行っている。

「[社説] デフレ宣言　物価下落を止めてはならぬ」『毎日新聞』2001
年3月17日

　政府は16日、3月の月例経済報告で、現在の物価状況をデフレー
ションと認定した。いまの状況を「悪い物価下落」と断定したわけだ。
しかし、最近の消費者物価を中心とした物価の低下は、輸入品の増大
や技術進歩、流通合理化などによるところが大きい。これまで割高と
いわれてきたサービス価格も下がっている。経済の国際化や規制緩和
などが進むなかで、新しい価格体系への移行過程にある。ところが、
月例経済報告は、デフレの定義を、物価下落を伴った景気後退から、
継続的な物価下落に改め、一方的にデフレ宣言した。これは、形を変
えた日本銀行への一段の量的金融緩和要求だ。経済政策の貧困さを露
呈していると言わざるを得ない。物価はもっと下がっていい。

「[社説] デフレ認定　なお甘さ残る政府の景気認識」『読売新聞』
2001年3月17日

　政府は16日、これまで「物価下落を伴う景気後退」と説明してき
たデフレの定義を「持続的な物価下落」に改めた。同時に、現在の日
本経済がデフレであることを公式に認めた。デフレの悪性の進化型、
デフレ・スパイラル（物価下落と景気後退の連鎖）さえ現実味を増し
ている時に、「現状はデフレでない」という政府の見解は、一般に納
得できるものではなかった。定義の見直しとデフレ認定は、日本経済
の実相をより正しく把握する試みの一歩として、ひとまず評価できる。
……デフレ認定は、危機意識が実際の政策に生かされてこそ意味があ
る。生産活動や消費活動を最終的に委縮させる物価下落に歯止めをか
ける有力な手段は、「インフレ目標率」の導入だ。一定の物価上昇率
を目標に、政府・日本銀行が政策を運営するものである。どんな指標
を用い、具体的な数値はどの水準が妥当か。政府は日銀との間で、早
急に検討を始める必要がある。

そうした状況の中で、日銀は3月19日に、量的緩和政策を導入し、事

実上のゼロ金利復帰を実行する。以下は、それに対する各社の論評である。

「「異常」に戻すからには　ゼロ金利復活（社説）」『朝日新聞』2001
年3月20日

　日本銀行が「ゼロ金利」の事実上の復活や長期国債の買い入れ増な
ど、金融の大幅な量的緩和策に乗り出した。消費者物価指数の前年比
がマイナスを脱するまで続けるという。……金融政策を不自由にする。
金融機関や産業界から厳しい自己改革の意欲を失わせる。そんな理由
から、私たちはゼロ金利への復帰に疑問を呈してきた。こうした政策
は強い副作用のある劇薬のようなものである。……速水氏は政治や政
府の圧力に屈したわけではないことを強調している。だが、ずるずる
押されていく印象を与えたら、中央銀行に何より大切な「信認」を失
わせる。政府や経済界には、円安を救世主のように望む声がある。輸
出企業がうるおう、輸入物価の上昇はデフレを打ち消してくれるとい
った理由だ。しかし過度の円安期待は危険だ。政府や日銀が大幅な円
安を望んでいるという見方が広がれば、円建て資産の目減りを恐れ、
日本からお金が逃げ出しかねない。

「［社説］ゼロ金利復活　マネーに構造改革できるか」『毎日新聞』
2001年3月20日

　この日決まった日銀の新たな金融調節方式は、ゼロ金利の復帰を前
提に、量的な金融緩和を消費者物価指数の前年比上昇率が0％以上に
なるまで継続することにした。これまで日銀が嫌っていたインフレ・
ターゲティングを半ば受け入れたに等しい。さらに長期国債の買い切
り増額も決めた。いまのところ日銀の長期国債残高は、銀行券発行残
高を上限としているが、これも景気がさらに悪化すればさらに拡大さ
せられる危険がある。……日銀が今回量的緩和という世界に一歩踏み
込んだことで、長期国債買い切りから、やがて日銀引き受けという「金
融地獄」に落ちかねないことを改めて警告しておく。この緩和処置が
心理的な不安感を除去するには良いという意見もあるが、説得的では

ない。問題はデフレの原因があたかも日銀の「ゼロ金利からの脱却」
にあったかのような政治サイドの立論そのものに、この「10 年の失政」
を見る思いがする。構造改革の痛みをマネーの供給で和らげられるは
ずはなく、代わって金融政策が改革をやってくれるわけでもないこと
に留意すべきだ。

「［社説］量的金融緩和　危機克服へ日銀の決断を生かせ」『読売新聞』
2001 年 3 月 20 日
　昨年 8 月のゼロ金利政策の解除から、日銀は一貫して、ゼロ金利復
帰も量的緩和も必要ないと主張してきた。それを撤回したのは、日本
経済が深刻なデフレ状態に陥り、世界経済をも混乱の渦に巻き込みか
ねない情勢になったからだ。デフレ・スパイラル（物価下落と景気後
退の連鎖）の危機を回避するため、政府は、この決断を最大限、生か
さなくてはならない。……日銀には苦い教訓が残った。利上げは早計
とする政府の「議決延期請求」を否決してゼロ金利の解除を強行しな
がら、わずか 7 か月で、前例のない金融緩和を余儀なくされたからだ。
米国経済の急減速など、解除後の動きに応じた政策変更と説明できな
くもないが、インフレの兆候など金融緩和の副作用が皆無の状態で利
上げを強行した判断に、誤りがあったのは明らかだ。……日銀は謙虚
に反省する必要がある。金融政策が「政府の経済政策の基本方針と整
合的なものとなるよう、常に政府と連絡を密にし、十分な意思疎通」（同
第四条）を図る努力を求めたい。

③段階的量的緩和期：2001 年〜 2003 年 1 月
　この日銀による量的緩和政策の導入は、前年の 8 月に政府の反対を押し
切ってゼロ金利解除を強行した速水総裁の責任問題を浮上させた。事実、
翌月の 4 月には、新聞等において、速水総裁がその職を辞任する意向を持
っていることが報じられた。以下は、その問題についての毎日と読売の論
評である。両者とも速水氏の責任を厳しく言及しているが、その批判の論
拠は正反対である。

「［社説］速水氏辞意　デフレと戦う日銀総裁が必要だ」『読売新聞』
2001 年 4 月 28 日
　日銀は昨年 8 月、速水氏の主導のもとで、政府・与党の強い反対を
押し切り、ゼロ金利政策を解除した。それと前後して景気の減速が始
まり、深刻なデフレ危機が発生するに及んで今年 3 月、日銀が事実上
のゼロ金利へ政策を逆戻りさせたことは周知の通りである。ゼロ金利
解除の強行によって日銀は、新日銀法のもとで手に入れた「独立性」
の有効性を身をもって実証したが、国民と市場は、起こるはずのない
インフレの幻影におびえ、眼前のデフレ危機を傍観する中央銀行の姿
勢に失望した。2000 年度の消費者物価指数が過去最大 0.4% の下落幅
を記録するなど、デフレの進行は深刻だ。要所で判断を誤った速水氏
の責任は小さくない。

「［社説］日銀総裁の進退　全うできないなら決断を」『毎日新聞』
2001 年 5 月 24 日
　金融政策は結果がすべてだ。99 年 2 月からのゼロ金利は、金融シ
ステム危機への対応と説明された。あくまで、緊急事態だった。しか
し、今年 3 月 19 日から量的緩和による実質ゼロ金利に復帰した。異
常事態を日常化させてしまったのだ。3 月の緩和以降、長短金利とも
に低下、短期金融市場ではだぶつき感すら出ている。にもかかわらず、
企業には元気が出てはいない。ゼロ金利政策が成功したとは、とても
いえない状況だ。量的緩和とともに、事実上のインフレ目標に踏み込
んだことは、従来の日銀の政策に違背している。速水総裁はどこまで
このことを深く考えているのだろうか。

　この速水辞任問題は、同時期に構造改革断行を掲げる小泉内閣が誕生し
たことにより、いつの間にかうやむやになってしまう。そしてその後、国
内のメディアでは、空前の構造改革フィーバーが盛り上がることになる。
しかしながら、景気の悪化は否応無しに進み、日銀は 8 月 14 日に、3 月
の量的緩和政策導入後はじめての金融緩和措置を実行する。

「［社説］金融緩和拡大　日銀はどこまで敗走する」『毎日新聞』2001
年 8 月 16 日
　　短期市場金利がほぼゼロ水準で、銀行貸し出しも減少している下で
の量的緩和には、日銀当局自身あまり効果を期待していない。それに
もかかわらず、金融緩和の決断がなされた。速水優総裁はさらなる緩
和の可能性も示唆している。3 月に実質ゼロ金利を強いられた時点で
政府に敗北した日銀は、どこまで敗走を続けるのか。

「［社説］金融緩和策　デフレ断絶へ手綱を緩めるな」『読売新聞』
2001 年 8 月 16 日
　　今回の措置について日銀は、景気回復の基盤を強化し、構造改革を
支援するものだとしている。だが、実際は、政府・与党の強い危機感
と株式市場の急落に押される形でようやく実現した。今回の決定を含
め一連の金融緩和は小出しの印象が否めない。今後とも日銀は、デフ
レと闘う強い意志を示し、中央銀行としての最大限の努力を継続しな
ければならない。

　日銀はそれ以降、デフレ不況の深刻化に伴い、なし崩しの量的緩和措置
を強いられることになる。しかしながら、状況が好転する兆しはなく、メ
ディアでは再びインフレ目標導入の是非が論議の対象となる。

「［社説］金融不安　インフレ目標の導入に踏み切れ」『読売新聞』
2001 年 9 月 14 日
　　金融システム危機の再来を防ぎ、株価下落の根本原因であるデフレ
を阻止するためには、日銀は来週開く金融政策決定会合で、金融の大
幅な量的緩和を決める必要がある。より根本的には、一定の物価上昇
率を定め、達成に向けて金融政策を運営する「インフレ目標」の導入
に踏み切るべきだ。政府も、導入を目指して、日銀と連携しなければ
ならない。……「インフレ目標」の導入が必要な理由の一つは、日銀
法が「物価の安定」をその責務としていることだ。日銀はインフレと

ともにデフレ阻止に責任を負う。この政策を導入すれば、デフレ脱却期待が高まるうえ、金融政策の透明性向上にも役立つ。

「［社説］デフレ　インフレ目標で解決しない」『毎日新聞』2002 年 1月 26 日
日銀の金融緩和も極限まで来ている。そこで、勢いを強めているのが、デフレからの脱却を日銀が明言するインフレ目標の設定論である。日銀は設定した物価上昇目標の実現に向け、あらゆる政策を繰り出し、企業や個人は将来の物価上昇期待を持ち、投資や消費が持ち直すという手法だ。現実には、日銀は昨年 3 月の金融緩和で物価上昇率がゼロ％に戻るまで、緩和を続けることを決めている。それを受け、市中銀行への資金供給も大量に行われている。これ以上、金融政策に頼ることは現実的ではない。さらには、外国為替相場を円安方向に誘導することで、輸出の拡大とともに、物価を押し上げようという議論も、受け入れることはできない。……物価が上昇に転ずれば、すべて解決するという議論は間違いだ。政府がやるべきことは、新たな物価体系への軟着陸に向け、財政支出の大胆な組み替えや、企業や消費者のマインド回復につながる確信の持てる展望を示すことだ。

　毎日と同様に、朝日もインフレ目標に対しては常に批判的である。しかしながら、その論調には一定の変化が確認できる。それは、かつての「良いデフレ論」が時の経過とともに影を潜めた点である。

「自らを信じて、もう一度　日本経済の再生（社説）」『朝日新聞』2003 年 1 月 6 日
　デフレから脱却し軽いインフレになるのが、いまの日本経済にとって望ましいことには異論はない。だが、どうやってそれを実現するのか。具体的で安全確実な処方箋は見あたらない。日銀が株や不動産までもどんどん買い進めれば、インフレにはなるかも知れない。しかし、日銀の財務体質が弱くなるだけでなく、日本経済への信頼が揺らぎ、

国債急落につながりかねない。際限のないインフレに陥る恐れもある。そうなれば、多くの国民が一生懸命努力して築いてきた貯蓄は大幅に目減りしてしまう。円安によってインフレを起こそうという案にも同じような副作用があるし、ほかの国の協力なしに日本だけの力で相場を動かすには限界があろう。魔法の薬を追い求めても、副作用ばかりが残ることになりかねない。

　2002年末から03年初頭にかけてのもう一つの焦点は、2003年3月に退任する速水日銀総裁の後継者選定問題である。それは、小泉首相が2003年12月に、新総裁の選考基準として、「デフレを克服するために積極的な意向を持っている人が望ましい」と発言したことが契機となった。その時に、その基準にふさわしい新総裁候補として浮上したのは、インフレ目標導入論者として知られていた中原伸之・元日銀政策審議委員であった。以下は、それについての毎日新聞の論評である。

　「［社説］日本銀行人事　「インフレ総裁」待望論の愚」『毎日新聞』2003年1月17日
　　日本経済の長期停滞の影響は日銀総裁人事にまで及んでいる。金融政策として「インフレ目標」を採用することを総裁就任の「踏み絵」にしかねない政府首脳のこのごろの発言はその典型だ。乱暴極まりなくいかにも軽率な発言と言わなければならない。……日銀総裁の第一義的な役目は通貨価値の安定にある。政府のご都合で今日の1万円の価値が1年後に9500円（5％のインフレ）にならないよう厳重に管理してもらわなければならないのだ。ところが「新総裁はインフレ目標政策に積極的な人を」などの声が政府や与党内でコンセンサスを得ようとしている。危険な考えで納得できないものだ。

④新総裁選定とそれ以降：2003年2月〜2003年12月
　政府は結局、2003年の2月に、元日銀副総裁であった福井俊彦を任命した。以下は、それに対する各社の論評である。

「金融の再生に全力を　福井新総裁（社説)」『朝日新聞』2003 年 2 月
25 日

　政治家や学者らの間では、特効薬だとしてインフレ目標の設定を求
める声がくすぶっている。政界には、思い通りにならない日銀にしび
れを切らし、独立性を強めた新日銀法を再改正する動きさえあった。
しかし、そうした目先の効果ばかりを追い求める結果、中央銀行の信
用が失われることになれば、円の価値は下がり、人々の生活も打撃を
受けかねない。政府と日銀が協力してデフレ対策に全力を尽くすのは
当然だが、手詰まりの財政政策の肩代わりを日銀に押しつけても、日
本の抱える難題は解決しない。

「［社説］福井新総裁　日銀の信認回復に全力を」『毎日新聞』2003 年
2 月 25 日

　今回の日銀総裁人事を巡っては、国民の関心が高かった。小泉純一
郎首相が「デフレ退治に熱心なことが条件」と言うように、経済の低
迷からの脱却に期待しているからだ。しかし、日銀のみならず、日本
にとって 90 年代後半以降の問題は、ゼロ金利政策、量的緩和政策の
もと、中央銀行の信認がおびただしく低下したことである。同時に、
日本経済にのしかかった暗雲はそのままだ。福井氏に求められるのは、
まず、「通貨の番人」として、安易に政治や内閣に迎合しない政策運
営である。それこそが、新日銀法のいう中央銀行の独立性である。

「［社説］日銀新総裁　伝統的政策を超える勇気を持て」『読売新聞』
2003 年 2 月 25 日

　福井氏に期待されるのは、危機に瀕した日本経済をデフレから生還
させることだ。そのためには、従来の日銀の路線と明確に決別しなけ
ればならない。……日銀の任務は「物価の安定」（日銀法二条）である。
インフレだけでなくデフレと戦うことも総裁の使命だ。……「デフレ
は日銀の力だけでは止められない」などという消極姿勢にとどまる段
階は、とうに過ぎている。物価安定に第一義的な責任を負わない中央

銀行などあり得ないことを、肝に銘じるべきだ。金融政策の責任者が
デフレ脱却に確固たる信念を持っていなければ、デフレ継続の予測を
転換することも不可能だ。

　総裁就任前の福井は、その前任者と同様に、金融緩和には必ずしも積極
的ではないと見られていた。しかし、そのような事前の予想に反して、福
井執行部は、福井の総裁就任後ただちに積極的な金融緩和措置を実行する。
また、2003 年秋に生じた急激な円高に対しては、財務省による巨額為替
市場介入と歩調を合わせて、その介入の不胎化を意味する量的緩和拡大を
実行した。以下は、それについての毎日と朝日の論評である。朝日の論調
には明らかな変化が見られる。

「［社説］量的緩和解除　日銀は自縄自縛になるな」『毎日新聞』2003
年 10 月 17 日
　消費者物価が前年比 0 ％を上回っても、国民経済全体の物価変動率
である国内総生産（GDP）デフレーターはしばらくの間はマイナス
が続くと見られる。政府は財政出動が困難な状況下で、景気の下支
えのため、量的緩和政策継続を求めている。とりわけ、1 ドル＝ 110
円を上回る円高がさらに進んだ場合、日銀には追加緩和の圧力をかけ
るであろう。……ゼロ金利にしろ、量的緩和にしろ緊急避難政策であ
り、金融政策の道具である金利機能の一時的放棄であったはずだが、
長期化、常態化している。一刻も早く、本来の金融政策への復帰の道
を探るべきなのだ。……経済の先行きに十分、注意することはいうま
でもないが、それは、量的緩和の長期化を容認するものではない。め
りはりの利いた政策こそが金融に求められている。

「宿題を忘れないよう　デフレ克服（社説）」『朝日新聞』2003 年 11
月 16 日
　総選挙で、自民党は政権公約の柱として「2006 年度に名目 2 ％以
上の成長」というマクロ経済目標を掲げた。その実現にはデフレの克

服が欠かせない。物価は下落していくのに、借金の返済額は変わらないから、金を借りている企業や個人の負担は重くなる。それがデフレの問題点だ。今のような「ゼロ金利下のデフレ」になると、実質金利は高止まりする。これらが個人消費や設備投資を抑制しかねない。今週発足する新内閣は、デフレ克服という大きな宿題を引き継いでいる。いま、その対策の中心とされているのは金融の量的緩和である。日本銀行は先月、金融緩和を一層拡大することを決めた。景気が回復しつつある中で金融緩和を強めることには異論もあり、政策委員会で９票のうち賛成票は６票にとどまった。景気に水を差しかねない円高傾向が進んでいることも併せて考えると、量的緩和の重視という施策は理解できる。

　しかしながら、毎日は最後まで「良いデフレ論」を放棄することはなかった。毎日はその後も一貫して、ゼロ金利の早期解除を訴え続けることになる。

　「［社説］CPI 上昇　新物価観への転換が必要だ」『毎日新聞』2003 年12 月 8 日
　　政府は依然、緩やかなデフレが続いているとの認識だが、いまや物価観転換の必要があるのではないか。これまで、消費者物価下落の主因となってきたのは技術革新の著しいパソコンや家電製品のほか、家具・家事用品である。この基調は現在も変わっていない。それに加えて、衣料品や食料品も輸入品の増加などで物価押し下げに寄与した。……物価下落の主因である技術革新はむしろ、経済を引っ張っていく原動力である。この流れは継続していくことが望ましい。その一方で、国際的に高いといわれてきたサービス分野でも、規制緩和などの効果で、物価は下がり出している。下方硬直性の典型とされてきた賃金も、雇用形態の多様化などで状況は変わってきた。90 年代初頭から続いている供給過剰是正と合わせて、物価の正常化が進んでいるとの見方こそが、いまの日本経済の本質を突いているのではないか。

（4）デフレをめぐる既得観念の内実

　既述のように、日本政府は 2002 年に入った頃から、「デフレの克服」を構造改革と並ぶ重要な政策目標として位置付けるようになった。そのような政策的な流れの中で、政府は、新総裁の福井俊彦を含む新たな日銀執行部を任命した。速水優総裁時代の日銀は、金融緩和に消極的であったがゆえに、しばしば政府と鋭く対立した。それに対して、2003 年 3 月に始動した日銀の新執行部は、積極的な金融緩和措置を実行することで、デフレの克服という目標を政府と共有していることを内外に印象付けた [15]。日本経済はこうした中で、2007 年頃から顕在化し始めるサブプライム危機まで続くことになる世界的景気拡大にも助けられて、一時的にせよ緩やかな景気回復の局面を迎えた。

　デフレとそれに対する政策対応に関する以上のような経緯は、その深刻さの度合いには違いがあるが、昭和恐慌前後の日本の状況と類似している。昭和恐慌時もこの平成デフレも、政策転換は最終的には現実の経済状況の悪化によって実現された。逆にいえば、その状況に至るまでは、必要な政策的措置は人々の持つ既得観念によって妨害され続けてきた。平成のデフレ期において、メディアはしばしば「良いデフレ論」を吹聴し、それによって日銀のゼロ金利解除を後押しし、逆に日銀に金融緩和を求める政府を批判し続けた。

　2000 年前後のメディアに顕著であったこのデフレに関する既得観念、いわゆる「良いデフレ論」は、主に以下の四つの命題からなっていた。

(1) デフレは良いことだ。
(2) デフレは貨幣的な現象ではなく構造的な現象である。
(3) デフレの構造的な原因とは、グローバル化、規制緩和、技術革新である。
(4) 円安は日本にも海外にも悪影響を及ぼす。

こうした議論は、平均的な経済学者の多くにとっては、明らかに受け入

れがたいものである。まず命題 (1) については、経済学者たちは確かに、デフレやインフレのような名目変数の変化は「長期的には」実物経済に対して中立でありうると考えている。しかし、名目変数の硬直性が存在する限り、名目変数の変化は実物変数にも影響を与える。したがって、少なくとも名目的調整が十分ではない短期では、デフレは経済を潜在的に達成可能な水準以下にとどめる大きな原因となる。いずれにせよ、こうした経済学的な推論の中では、デフレは実物経済に対して中立ではあり得ても、「良い」ものではあり得ない[16]。「良いデフレ論」は単に、特定の財貨やサービスの絶対価格の低下を、技術進歩などによるその相対価格の低下と混同しているにすぎない。

　次の命題 (2) と (3) は、良いデフレ論の核心を構成している。この種の議論の問題点は、物価に対する実物的要因の影響をどの程度まで重視するかというところにあるのではない。というのは、経済学者たちは、実物的な要因は物価に影響を与えないと主張しているのではないからである。貨幣数量説の恒等式から明らかなように、もし貨幣数量が一定であれば、実質所得の増加は必然的にデフレをもたらす。また、マクロ経済学の教科書的な総需要・総供給分析では、貿易財の価格低下や技術進歩のような「正の供給ショック」は、総供給曲線を右側にシフトさせることで、物価を低下させることが示される。その分析自体には、何の問題もない。良いデフレ論の問題点とは、こうした分析を飛び越えて、それが貨幣的な要因は物価に影響を与えることができないかのように主張している点にある。それは、明らかに誤りである。というのは、物価とは財貨サービスに対する貨幣の相対価格のことであり、それはいうまでもなく、貨幣供給に大きく依存するものだからである。

　また、良いデフレ論はしばしば「正の供給ショックによるデフレは良いものである」と主張するが、それもまた誤りである。確かに、正の供給ショックそれ自体は、実質所得の増加につながる望ましい現象である。しかしそれは、正の供給ショックによって生じるデフレもまた良いものであることを意味しない。というのは、たとえ正の供給ショックが生じたとしても、マクロ経済政策によってデフレを阻止することは常に可能だからであ

る。一般的には、正の供給ショックによる潜在成長率の上昇と、過度なディスインフレやデフレをもたらさない適切なマクロ政策運営という組み合わせは、現実の成長率を最も望ましい水準に高めることを可能にする。Blinder and Yellen[2001] によって「すばらしき十年（fabulous decade）」とまで名付けられたアメリカ経済の 1990 年代の高成長は、技術進歩による潜在成長率上昇と適切な金融政策の結びつきが生んだ成果と考えられる。

　最後の命題 (4) の問題は、日本の通貨制度とは変動相場制であり、その変動相場制下では「自国の為替レートはさまざまなマクロ変数に依存して決まる内生変数である」ということを忘却している点にある。古典派的な開放経済モデルにおいては、名目為替レートはもっぱら貨幣的な要因によって決定され、その影響は実物経済に対して中立である。マンデル＝フレミング・モデルのようなケインズ型の開放経済モデルでは、金融緩和による自国の名目為替レートの低下は、実質為替レートの低下をもたらすことで、自国にとって望ましい外需の増加をもたらす。「良いデフレ論」派の論者たちはしばしば、これを近隣窮乏化政策であるかのように論じるが、その見方は正しくない。というのは、各国がそれぞれ金融政策の自律性を確保している変動相場制下においては、他国もまた、同様な金融緩和を行う自由を保持しているからである。各国はそれによって、外国の実質為替レートの低下によって生じたネガティブな効果を遮断することができる。その過程は、双方の国にとって成長促進的である [17]。

　デフレに関する日本国内の論議においては、日本の経済学者たちの一部は、以上のような主張を粘り強く積み重ねていくことで、「良いデフレ論」の誤りを世間に訴え続けた [18]。しかしながら、その経済学者たちの試みそれ自体が、人々の強固な既得観念を変えることにどれだけ貢献したのかは分からない。明らかなのは、これまでに確認したように、少なくともデフレが深刻化する 2001 〜 02 年までは、メディアで圧倒的に優勢であったのは上記の 4 命題を声高に論じるような「良いデフレ」派の方であったということである。

4．経済政策形成における専門家の役割

　本章はこれまで、日本が経験した二つの経済危機とその後に生じた政策転換の背後には、人々の既得観念と専門家の知見との対立が存在していたことを明らかにした。昭和恐慌期には、旧平価金解禁を通じた清算主義から高橋是清によるリフレ政策へという、経済政策の大きな転換が生じていた。同様に、約70年後の日本においても、構造改革というスローガンに掲げていた小泉政権が次第にデフレ克服を政策課題として位置付けるようになるという、経済政策スタンスの転換があった。どちらの場合も、そのような政策転換の障害となっていたのは、メディアなどに表象されるような人々の既得観念であった。金解禁やデフレといった問題についての専門家たちの把握は、そうした既得観念と鋭く対立するものであったがゆえに、その現実的な影響力は自ずと限定されたものとなっていた。結局のところ、その既得観念の現実的影響力が縮小するには、その既得観念によってもたらされる政策選択の弊害が現実の中で十分に顕わになることが必要だったのである。

　こうした事態は、一社会科学としての経済学とその応用としての経済政策との関連について、いくつかの重要な示唆を与えている。本書が提起した政策生成プログラムという把握においては、ある経済政策の「科学性」は、その防備帯における政策戦略が十分な理論的および経験的な内容によって裏付けられていることによって担保される。逆にいえば、そうした理論的あるいは経験的な根拠を欠いた経済政策は、たとえ素人的な直感からはきわめてもっともらしいように見えたとしても、十分な科学的根拠を持たない疑似科学的な政策プログラムと判断されなければならない。

　当然ながら、そうした疑似科学的な政策プログラムが現実の政策として実現されたとしても、その政策の目的として想定されていた結果は、偶然以外には得られない。場合によっては、それによってまったく予想もされていなかった結果がもたらされる可能性さえある。それはある意味では、ある政策的命題の現実性が現実によって反証されるという、科学の進歩の

一局面として解釈できる。このような経験的事実を通じて、疑似科学的な考え方の誤りを科学的観点からより明確化することは、経済学を含む科学全体にとっての重要な社会的役割の一つである。

　しかしながら、こうした「政策実験」には、しばしばきわめて大きな社会的および経済的なコストが必要となる。そのコストの大きさは、人々の既得観念がきわめて強固であり、専門家たちによる社会的な啓蒙が役立たない状況においては、とりわけ顕著になる。旧平価金本位制復帰の弊害を示すべくケインズやフィッシャーらによってなされた社会への説得や啓蒙は、第一級の経済学者であると同時に熱烈な政策唱導家であった彼らの能力をもってしても、当時の社会には容易に受け入れられるものとはならなかった。そして、そのことは結局、大きな経済的損失を当時の社会全体にもたらしたのである。

　本章の二つの実例は、より適切な経済政策の現実化のためには、経済学的知見についての一般社会における理解の程度や質が死活的に重要なことを示している。経済に関する人々の認識には、常に一定の偏りが含まれている。そして、経済政策はしばしば、人々の利害以上に、人々の持つその認識によって左右される。したがってそこでは、専門家たちによって蓄積されてきた経済学的知見が、専門世界と一般社会との間に存在するこの認識ギャップのゆえに、最も重要な局面においてこそ生かされないという可能性が絶えず生じる。

　おそらく、このような専門世界と一般社会との間の知的分裂が克服されないまま存続する限り、われわれの社会は、大きな災いとなって帰結するような政策実験を絶えず繰り返すことになるであろう。これは、経済学の究極的な役割が、その知見の政策的利用による人々の経済厚生の改善にあるとすれば、経済学にとっても社会にとっても不幸なことである。その克服のためには、前章で言及したバグワティやクルーグマンの実例が示すような、専門人としての経済学者による一般社会への適切な啓蒙的働きかけが重要になる。さらには、ジェフリー・フランケルが指摘するような（Frankel [2003]）、現実を相手にする政治家や政策当局者に対する、経済学者からの直接間接の働きかけも重要になる。というのは、経済学者がそ

のことを忌避した場合、その隙間は確実にクルーグマンが言う「政策プロモーター」たちによって埋められてしまうはずだからである。

第Ⅲ部　ケインズ主義の政策戦略と

その変遷

第8章　世界経済危機からみたマクロ経済学の現状 *)

1．世界経済危機がもたらした現代マクロ経済学への懐疑

　アメリカのサブプライム・バブルの崩壊から始まった世界経済危機は、グローバリズムすなわち自由な市場経済の世界的な拡大を善とする考え方に対してとともに、既存のマクロ経済学の有効性に対して疑問を投げかけた。深刻なのは、このマクロ経済理論への疑義が、ジャーナリスト、政治家、経済学に懐疑的な隣接領域の社会科学者、異端派の経済学者といった、経済学にとっての部外者たちだけではなく、部内者たちすなわち主流派といわれている経済学者たちの一部にも拡がっていたという事実である。事実、現代経済学の発展に貢献した傑出した一人であるポール・クルーグマンは、「過去30年間のマクロ経済学の大半は、よくいって役立たずであり、悪くいえば有害なものであったことが明らかになった」とまで述べたのである。

　このように、マクロ経済学は、世界経済危機以降、あたかもあらゆる立場の論者たちの単なる揶揄とこき下ろしの対象に成り下がってしまったように見える。クルーグマンもその一人であるが、ケインジアンの一部は、現在のマクロ経済学がそのように「役立たずで有害」なものになってしまった理由を、マクロ経済学のそもそもの出発点にあったケインズ的な発想や構成要素が古典派的な論理の浸食によって希釈化あるいは消失させられてしまった点に求めている。彼らは当然ながら、「世界経済危機によって明らかになった現在のマクロ経済学の歪みを正すためには、まずはケインズに立ち戻ることが必要だ」と主張する[1]。

　マクロ経済学がこの30年あるいは40年の間に古典派的な方向に大きく変化したことそれ自体は、どのような立場からであれ否定できない客観的な事実であり、そこに疑問の余地はない。問題はその評価である。それ

に関しては実は、既に世界経済危機の以前から、大枠ではケインジアンと括られている経済学者の間においてさえ、大きな立場の相違が存在していた。

　その評価の分裂ぶりを示す興味深い資料は、ブライアン・スノードンとハワード・ヴェインによるインタビュー集 Conversations with Leading Economists（Snowdon and Vane [1999]）である。そこに示されているように、ジェームズ・トービン、フランコ・モジリアーニ、ロバート・ソローといった旧世代の主導的ケインジアンたちは、この「現代マクロ経済学における古典派的な構成要素」に対してきわめて批判的である。それに対して、新しい世代のケインジアンを代表するグレゴリー・マンキューやオリビエ・ブランシャールは、この 30 ～ 40 年の間に生じたマクロ経済学の「進展」に対して、限定的ながらも一定の肯定的な評価を与えている。

　この対立する新旧ケインジアンの外側にはさらに、もともとマクロ経済学の主流からはやや離れたところに位置していた、ポスト・ケインジアンに代表されるより異端的なケインジアンが存在する。その一人であるリシャール・アリーナによれば、この「旧」と「新」のケインズ経済学は、ケインズの考えを新古典派の枠組みの中でモデル化するという共通の課題によって動機付けられていたという点においてはまさに同じ穴のむじなであり、その意味で両者はともに批判の対象でしかないのである（Arena [2010]）。こうした原理主義的なケインジアンからすれば、ケインズの死から始まったその原初の考えからの離脱は、すべからくケインズからの退化以外の何ものでもないことになるのであろう。

　確かに、マクロ経済学はケインズから出発したが、古典派的なそれに変質する過程の中で、経験的に重要な多くの「ケインズ的要素」が失われ、あるいは忘却された。ポスト・ケインジアンたちによって強調されることが多い「金融市場の不安定性」の問題は、明らかにその一つである。それは、経済学の世界においては旧世代のケインジアンからさえ無視され続けてきた異端的ケインジアンであったハイマン・ミンスキーの理論が、世界経済危機によって改めて再評価されるに至ったことの、大きな理由となっている。

　このように、世界経済危機によって、多くの経済学者たちは、これまで慣れ親しんできた考え方の再考を余儀なくさせられた。しかし、それはおそらく、マクロ経済学といえばまずはケインズ流の単純な財政乗数理論が思い浮かべられていたような、古き良き時代に戻ればよいことを意味しない。というのは、当初はケインズ経済学そのものであったマクロ経済学が、その後は次第に古典派的な理論によって置き換えられていったことには、それなりの理由があったからである。

　古典派的な立場のマクロ経済学者たちは、ケインズ経済学の弱点を盛んに攻撃したが、それは単に、彼らの持つイデオロギーがケインズ主義と相容れなかったからというだけではない。そうではなく、ケインズ経済学それ自体が、批判を受けてしかるべき実証科学としての大きな弱点を持っていたからである。それは何よりも、より新しい世代のケインジアンたちが、こうしたケインズ経済学に対する批判の正当性を部分的にせよ受け入れたこと、さらにはその批判者たちの理論を積極的な取り入れ、それを通じてケインズ経済学をより進化させていったことに現れている。その意味で、政策生成プログラムとしてのケインズ主義は、古典派的な観点からの批判によって弱体化させられたというよりは、むしろそれを自らの防備帯の強化に役立てたのである。

　本章は、マクロ経済学がなぜ現在のようなそれになったのか、より具体的には、マクロ経済学者たちはなぜその古い中身の一部を捨てて新しい要素の受け入れを促されたのかを示すことによって、現在のマクロ経済学のあり方を、それに対するケインズ原理主義的な批判から擁護することを意図している。

2．危機を契機とした「マクロ経済学の現状」に関する論争

　世界が経験したこれまでの経済危機は、しばしば「経済学の危機」の大きな引き金となってきた。1929 年に始まった世界大恐慌は、その頃までは支配的であった古典派経済学に対する信頼を失墜させ、結果として、古典派と対峙するケインズ経済学が生み出される大きな契機となった。おそ

らく同じことは、2008 年 9 月に発生した世界的な金融危機を発端として始まった世界大不況（Great Recession）についてもいえる。というのは、それは明らかに、既存の経済学とりわけマクロ経済学に対する学界の内外からの糾弾を噴出させる号砲となったからである。

　最も辛辣きわまりなかったのは、異端派経済学者からの批判である。The Death of Economics（Ormerod [1994]）や Butterfly Economics（Ormerod [1998]）の著者として知られるポール・オームロッドは、「この危機は過去 10 年から 15 年間の経済政策の知的正当化を提供してきた現代マクロ経済学の中心にある考えの誤りを立証した」と宣言した（Ormerod [2010] p.5）。ジョン・メイナード・ケインズの 3 巻からなる伝記（Skidelsky [1983][1992][2000]）の著者であるロバート・スキデルスキーは、既存のマクロ経済学はまさに「恥ずべき科目（shamed subject）」であり、それはケインズの精神に基づいて解体され、再構築されなければならないと論じた（Skidelsky [2009]）。

　実際のところは、こうした外部的な批判は、たとえそれがどれほど厳しいものであっても、経済学主流派の部内者にとってはそれほど痛手にはならない。というのは、彼らは「部内者と外部の批判者の間では、何がどうあっても和解の望みなどほとんどない」ことをよく知っているからである。これらの外部的批判に対して、それを「2008 年のはるか以前から批判を口にしていた人々が、危機という機会に乗じてただそれを言い換えただけのもの」と位置付けたロバート・ルーカスの見解（Lucas [2009]）は、そうした部内者の立場を代表している。

　しかし、現実に生じていたことは、必ずしもこうしたこのルーカス的な見立てに完全には一致していなかった。例えば、最も伝統のある経済雑誌の一つである英『エコノミスト』誌は、「経済学の何が間違っていたのか」と題された 2009 年 7 月 16 日付の特集記事の中で、世界金融危機後の経済学界に生じた混乱を以下のように描写していた。

　　経済学というものは、門外漢にとっては常に陰鬱な科学であった。しかし、これらの攻撃は、すべてギルドの内部から来ている。すなわち、

　　カリフォルニア大学バークレー校のブラッド・デロング、プリンスト
　　ン大学とニューヨーク・タイムズのポール・クルーグマン、ロンドン・
　　スクール・オブ・エコノミクス（LSE）のウィレム・ブイターである。
　　過去２年間のマクロ経済の危機はまた、マクロ経済学に対する信認の
　　危機をも引き起こしている。（The Economist [2009]）

　最も深刻であったのは、この記事が指摘するように、外部からの批判と
ほとんど見分けがつかないような批判の声が、既存の経済学への貢献が
明らかなクルーグマンのような学者からも発せられていたという事実で
ある。確かに、仮にある経済学の門外漢が、その著者に関して何の背景
知識もなしにクルーグマン論考（Krugman [2009]）とオームロッド論考
（Ormerod [2010]）を立て続けに読んだとすれば、彼は間違いなく「この
両者は同じ陣営の経済学者たちに違いない」と想像するであろう。
　クルーグマン論考は、シカゴ大学を起点として 1970 年代以降に影響力
を拡大した反ケインズ的な「新しい古典派」マクロ経済学だけではなく、
この新しい古典派の攻撃からケインズの基本的発想を擁護すべく 1980 年
代以降に徐々に構築されてきたニュー・ケインジアン経済学をも攻撃対象
にしている。実際、このクルーグマン論考は、苦心の末にニュー・ケイン
ジアン経済学を作り上げた主要な一人であるオリヴィエ・ブランシャール
への批判から始まっている。ブランシャールは、マクロ経済学の現状に関
するサーベイ論文（Blanchard [2009]）の中で、「マクロ経済学の現状は
良好である」と述べた。クルーグマンはブランシャールのこの把握を、現
状を完全に見誤った虚偽の表明として批判した。クルーグマンは、「自ら
をニュー・ケインジアンと名乗っていた経済学者たちは、合理的な個人や
完全な市場の持つ魅力に免疫がなく、新古典派的な正統性からの逸脱はで
きるだけ限定しようと試みていた」と述べて（Krugman [2009]）、ニュー・
ケインジアン経済学における新古典派的性格そのものを批判の俎上に載せ
た。
　このクルーグマンの批判は、ニュー・ケインジアン経済学の発展に貢献
したブランシャールと並ぶもう一人の重要人物であるマイケル・ウッドフ

ォードを、「的外れにも経済危機の最中に“マクロ経済学の収束”（Woodford [2009]）などと言った」と嘲笑したオームロッドの批判（Ormerod [2010]）と、その論調においてほぼ軌を一にする。現代マクロ経済学に対する、クルーグマンのこのほぼ拒絶に近い態度は、彼が 2009 年 6 月 10 日のロンドン・スクール・オブ・エコノミクスでのライオネル・ロビンズ講義の最後で発した「良く言って役立たず悪く言えば有害」という、その後に物議を醸すことになる表現が象徴するとおりである。

　著名な金融経済学者であり、1997 年から 2000 年までイングランド銀行金融政策委員会委員を務めていたウィレム・ブイターも、新しい古典派とニュー・ケインジアンの双方に対して同様な手厳しい批判を行った。ブイターは、「過去 30 年くらいの間に英米の大学で行われたマクロ経済学と金融経済学における典型的な大学院レベルの教育は、マクロ経済行動とそれに関連する経済政策の理解に関する真摯な探求を数十年も後退させた可能性がある」と述べた。彼はさらに、「1970 年代以降の最も主流なマクロ経済学における理論的革新（ロバート・E・ルーカス Jr.、エドワード・プレスコット、トーマス・サージェント、ロバート・バローなどのような名前と結びつけられる新しい古典派の合理的期待革命と、マイケル・ウッドフォードやその他大勢によるニュー・ケインジアン的理論）は、自己参照的な性格のものであり、せいぜいのところ内向きの気晴らしにすぎないことが明らかになった」と断言した（Buiter [2009]）。ブイターはそこで、完全市場の仮定、動学的最適化、線形化といった、新しい古典派とニュー・ケインジアンによる経済モデルの慣習的な手続きはきわめて非現実的であり、これらのモデルに没頭した経済学者たちが 2008 年頃から世界経済を覆い始めた逆境を予測できなかったとしても、それはまったく不思議ではなかったと論じている。

　マクロ経済学の現状に関するこの「論争」の最も注目すべき特徴は、それがまったく論争の体をなしていないという点にある。既存のマクロ経済学は、新しい古典派であろうがニュー・ケインジアンであろうが、部外者と部内者の双方から、まるでパンチング・バッグのように一方的に叩かれ続けてきた。この図式に対するほぼ唯一の例外は、「リーマン・ショック

に発する世界金融危機は経済学が誤謬に満ちた虚構であることの証拠に他ならない」といったありがちな主張の誤りを正すことを目的とした、ロバート・ルーカスによる啓発的な小論考である（Lucas [2009]）。それを除けば、標準的なマクロ経済理論の有用性を信じているはずの経済学者が、自らが慣れ親しんだ思考や方法を擁護しようとする明確な試みは、論争の中にほとんど見出すことはできない。世界中の大学や研究機関で経済学の理論的あるいは実証的研究を行ったり教鞭を取ったりしている経済学者たちの多くは、おそらくはこの範疇に含まれることを考えれば、これはきわめて驚くべき事態である。

　しかし、本当にそれでよいのであろうか。上述のように、クルーグマンは、過去30年間におけるマクロ経済学の進展のほとんどは役立たずか有害だと述べたが、経済学者たちはこの主張に全面的に同意するのであろうか。おそらくそうではないであろう。というのは、このクルーグマンの主張は、「1960年代に主流であった古いケインズ経済学の方が、それ以降のどのマクロ経済学よりも優れていた」といっていることと同じだからある。もしこのことが真実とすれば、マクロ経済学は、科学的進歩ではなく長期にわたる科学的な退歩を示しているにもかかわらず、実体もなく知的世界の一角を占有し続けた、科学史上におけるきわめて珍妙なケースとみなされなければならないことになる。確かに、オームロッドやスキデルスキーのような、既存のマクロ経済学を批判し続けてきた異端派の経済学者であれば、この見方に同意するのも十分に理解できる。しかし、標準的なマクロ経済理論の有用性を信じており、その枠組みに依拠して研究を続けてきた経済学者であれば、自らの存在意義を証明するためにも、その見方が真実ではないことを示す必要があるはずである。本章は以下で、それを試みる。

　おそらく、正統派的なマクロ経済学者の多くも、彼らがもし知的に誠実であるならば、世界金融危機は既存の経済学のあり方に大きな反省を迫るものであり、経済学者たちは自らが用いる経済モデルの数学的厳密性よりものその現実性の方により多くの注意を向けるべきであるというクルーグマンの主張に賛同するであろう。しかし、もしクルーグマンが「現実の危

機を分析したり政策の処方箋を提供したりするツールとしては、1960 年代までマクロ経済学の領域を支配していた古いケインズ経済学の方が、ニュー・ケインジアン経済学を含むその後のマクロ経済学の理論よりも役に立つ」という表明を行ったのだとすれば、彼らがそれに同意することはないであろう。

　古いケインズ経済学が、歴史的文脈の中で、それ自身としての固有の意義を持っていたことは確かである。しかしながら同時に、古いケインズ経済学を構成していた要素の多くは遅かれ早かれ切り捨てられていただろうと想定できるもっともな理由も数多く存在する。もちろん、経済学者たちは、マネタリストや新しい古典派は常に正しかったと考えているわけではない。現在のニュー・ケインジアンの中には、彼らは断固間違っていたと主張する経済学者も存在するかもしれない。しかしながら、マネタリストや新しい古典派といった反ケインズ派の経済学者たちが影響力を持ったのは、まさしく初期のケインズ経済学に存在した明らかな弱点の指摘を通じてであったことは、ほとんど否定し難い事実である。実際、ニュー・ケインジアン経済学のその後の発展は、ケインズ的な経済把握の中核をそれら反ケインズ的批判から擁護するために、批判派が指摘した弱点を理論モデルの修正や再構築を通じて克服するという努力の中から生み出されてきたものなのである[2]。これは、ある特定の研究分野を支配してきた退行的なプログラムが徐々により前進的なそれに取って代わられるという、イムレ・ラカトシュの科学的研究プログラム論が想定する「科学およびその進歩」の典型的な局面として解釈することができる。

3．ケインズ経済学の「新しい古典派」による変容

（1）マネタリストの反革命はなぜ容易に達成されたのか

　マネタリズム反革命がどのように成就されたのかについては、一つの定型化された物語が既に存在している。それは通常、ミルトン・フリードマンによるアメリカ経済学会での有名な会長講演（1967 年）から始まる。フリードマンはそこで、インフレと失業の間のトレードオフを示したフィ

リップス曲線に関する既存のケインジアン的解釈を、自らの「自然失業率」仮説を提示することにより批判した（Friedman [1968]）。

　フリードマンによると、ケインジアンたちが何の疑いもなくその存在を仮定しているインフレと失業の間のトレードオフは、現実のインフレが人々のインフレ期待に完全に織り込まれていない短期においてのみ存在する。長期においては、人々のインフレ期待が現実のインフレによって調整されることで、現実の失業率が自然失業率に収斂するため、インフレと失業のトレードオフは存在しない。

　定型化された物語によれば、このフリードマンの主張が経済学者たちの間で受け入れられていった理由の一つは、彼の自然失業率仮説が、その後のアメリカ経済で実際に生じたスタグフレーションの発生を「予言」したことにある。自然失業率仮説によれば、仮に現実のインフレ率が上昇し、失業率が一時的には改善したとしても、そのインフレが人々のインフレ期待に織り込まれてしまえば、失業率は結局は元の「自然率」に逆戻りすることになる。したがってそこでは、インフレと失業のトレードオフではなく、「インフレと失業の同時的な進行」の観察が予想される。実際、アメリカを含む先進国経済では、1970年代になると、まさしくインフレと失業が同時に進行するスタグフレーションが生じるようになった。それによって、旧来的なケインズ経済学の権威は失墜し、フリードマンの自然失業率仮説と彼によってそれ以前から唱えられていたマネタリズムという政策的主張が専門世界に拡がっていった。以上が、マネタリスト反革命についての定型化された物語である。

　この話は、マネタリズムが当時の経済学者たちによって受け入れられていった一般的な図式を理解するのには、確かに有益である。しかし、それまでは圧倒的な主流であったケインズ経済学への反革命がなぜあれほどたやすく成就されたのかを、必ずしも十分には説明はできない。その疑問に対する答えを見出すためには、フリードマンが攻撃を続けていた当時のケインズ経済学がどのような特徴を持っていたのかに関心を向ける必要がある。

　マクロ経済学の歴史という視点から検証した場合、そこには二つの顕著

な特殊性があった。第一に、当時のケインジアンたちは、需要という要因に注意を集中し過ぎた結果、経済というものは常にその資源の存在量により制限されるという、すべての経済学者が心に留めておかねばならない重要な真実を忘れがちであった。第二に、やはり需要要因に焦点を当て過ぎた結果として、彼らは、デビッド・ヒュームからアーヴィング・フィッシャーに至るそれ以前の世代の貨幣経済学者たちがきわめて説得的に論じていた貨幣的要因の重要性を軽視する傾向があった。フリードマンが攻撃していたのは、当時のケインズ経済学に明白に存在していた、このような偏向であった。

　要するに、フリードマンが実行しようとしたことの本質とは、ケインズ革命により過度に貶められていた、経済および貨幣についての伝統的な思考の復活という意味での「反革命」であった。ケインズ経済学がマクロ経済学を支配する以前の貨幣的経済学においては、経済変動という現象は、もっぱら経済の「自然的状態」あるいは「規範」からの逸脱として取り扱われていた。この自然状態あるいは規範とは、現代流にいえば、市場が完全に機能し、資源の遊休がまったく存在しないような完全雇用経済のことである。そこでは、貨幣的な要因は、実質所得すなわち人々が享受できる財貨の量には影響を与えない。というのは、社会全体が享受できる財貨の量は、究極的には社会に存在する労働も含む資源の量によって制約されているからである。貨幣的な要因は単に、商品の絶対価格や賃金の貨幣価値のような名目値に影響を与えるにすぎない。この古典派経済学以来の伝統的な思考様式は、「貨幣経済と実物経済の古典派的二分法」あるいは「実物経済に対する貨幣の中立性」などと呼ばれてきた。ヒュームからフィッシャーを経てフリードマンに至る長い歴史を持つ貨幣数量説とは、単にこの考え方の一つの応用にすぎない。

　重要なのは、このケインズ以前の貨幣的経済学者たちは、単純な貨幣数量説が成立するような、経済のこの自然的あるいは規範的状況の考察のみで満足していたわけではまったくなかったという点にある。彼らは、貨幣的な要因が少なくとも短期的には実物経済に対して攪乱的な影響を与えること、したがってそこでは必ずしも貨幣の中立性が成り立たないことをよ

く知っていた。彼らはまた、景気循環といった現象の本質がまさしくそこにあるということも、きわめてよく把握していた。その事実は、ケインズ以前の時代に出現した、景気循環に関する膨大な文献によって確認できる。貨幣的経済学者たちの多くにとっては、むしろこの領域こそが主戦場であったのであり、彼らのそうした研究こそがケインズ革命への道を実質的に切り拓いたのである[3]。

　それでは、ケインズ『一般理論』の最も本質的な革命性とは、いったいどこにあったのであろうか。それはおそらく、以下の二点に集約できる。第一に、ケインズの『一般理論』は、「貨幣の中立性が成立する自然状態の攪乱あるいはそれからの一時的逸脱としての景気循環」という、彼以前の貨幣的経済学者たちが慣れ親しんでいた思考の定型を覆すものであった。というのは、ケインズ『一般理論』では、それまでの経済学者たちが規範からの一時的逸脱と想定していた不完全雇用状況こそが経済の「一般的」な状況として分析されていたからである。第二に、ケインズ『一般理論』は、資源の供給量ではなく総需要が生産にとっての制約となり、したがって貨幣的要因が経済に実質的な影響を与えるという状況を描写できるような経済モデルを、明瞭な前提と論理に基づいて提示することに最初に成功した。その成功は、今日でも IS-LM モデルや AD-AS（総需要―総供給）モデルなどといった『一般理論』に淵源を持つケインズ型のモデルが、マクロ経済学の教科書などにおいて教育上幅広く用いられていることからも明らかである。『一般理論』以前にも、クヌート・ヴィクセルの影響を受けた多くの貨幣的経済学者たちが景気変動のモデル化に取り組んでいたが、1930 年に出版されたケインズ自身の『貨幣論』も含めて、それらは結局のところ、その後の経済学者たちに十分に深い影響を与えるまでには至らなかったのである。

　問題は、政治のそれであれ科学や思想のそれであれ、革命というものはしばしばあまりにも行き過ぎてしまう点にある。完全雇用を絶対の規範と考えてきた古典派経済学に対するケインズの批判に触発された彼の追随者たちは、総需要の不足が問題となる状況こそが規範なのであり、逆に完全雇用は一時的な僥倖によって達成される偶然でしかないと考える傾向があ

った。後から振り返ってみると、こうした思考様式は、需要不足を解消するための拡張的なマクロ経済政策に過度に頼りすぎるという明らかな欠陥を抱えていた。これらの政策が本来意図されていたような需要不足以外の状況に適用された場合には、古典派の二分法が教えるように、実質所得の増加を伴わないインフレの発生は不可避であった。実際、1960年代末以降のアメリカ経済では、そのようなことが生じたのである。経済全体の生産可能性は常にその資源の存在量によって制約されているという経済学的真理を思い起こしてみる必要性は、革命のあとでさえもまったく失われてはいなかったのである。

　フリードマンは要するに、「規範とそこからの逸脱」という古典派以来の貨幣的経済学の伝統に立ち返ることによって、ケインズ革命によって生じた経済学者たちの思考様式における行き過ぎを正そうとしたのである。雇用と物価の変動を考察するフリードマンの枠組みにおいては、規範は自然失業率という概念により定義され、その規範からの逸脱は、期待錯誤すなわち実際のインフレに対するインフレ期待の不適応によって説明される。フリードマンは、この自然失業率という概念を用いることにより、拡張的マクロ経済政策を経済に過剰投与する明らかな傾向を持っていた当時のケインジアンたちの政策論を、きわめて効果的に批判することができた。

　フリードマンがケインズ以前の貨幣的経済学から復活させたもう一つの重要な視点は、経済変動における貨幣的要因と金融政策の役割の重視であった。当時のケインジアンたちは概ね、「重要なのは総需要であり貨幣ではない」と考えていた。一般的には、貨幣的要因あるいは金融政策は、さまざまな経路を通じて総需要に影響を与えるのであるから、貨幣は総需要重視のケインジアンにとってもやはり重要なはずである。実際、ケインズは『一般理論』では、財政政策だけではなく金融政策の役割にも十分な注意を払っていた。しかしながら、ケインズを追随した初期のケインジアンたちは、いくつかの理由により、金融政策は総需要に対してそれほど大きな影響を与えないと信じる傾向があった。そのことから、彼らは多くの場合、総需要に対して直接的に影響を与えることができる財政政策の方を、それができない金融政策よりも好んだ。

　このように、初期の時代のケインジアンの間では、「貨幣は重要ではない」
という財政重視の政策論が拡がっていた。しかし、貨幣的経済学の長い伝
統という視点からみれば、これは明らかに奇妙で理解し難い考え方であっ
た。この財政政策偏重のマクロ経済政策論は、マネタリストたちの批判も
あり、その後は次第に「粗野なケインズ主義（Crude Keynesianism）」と
呼ばれて批判されることになる。彼らに対する最も手厳しい批判者の一人
であったハリー・ジョンソンは、この問題に関して以下のように述べてい
る。

　　貨幣とは単に物々交換経済の仕組みを覆うベールにすぎないと主張し
　　た古典派の誤謬への正面攻撃から始まったケインズ経済学が、結果的
　　には、実は貨幣は確かに単なるベールにすぎなかったと一般大衆に対
　　して説得を試みる羽目になったのは、皮肉な逆説である。（Johnson
　　[1972] p.56）

　マネタリズム反革命は、このような逆説を正すためにも必要だったので
ある。
　結局のところ、マネタリズム反革命があれほど容易に成就したのは、当
時のケインズ経済学に存在していた明らかな弱点のゆえであったといえ
る。他方で、フリードマン自身は、ケインズ経済学の全体を完全に置き換
えるようなマクロ経済モデルを提供することはできなかった。しかし、古
典派以来の経済学の伝統を復活させるというフリードマンの試みそれ自体
は、ロバート・ルーカスらに代表される彼以降の新しい世代の経済学者た
ちによって引き継がれた。それはやがて、ケインズ経済学に対峙する「新
しい古典派」マクロ経済学として結実することになる。

（２）なぜ合理的期待革命が必要だったのか
　既存のマクロ経済学に対する批判の中でしばしば見出される顕著な要素
の一つは、合理性仮説への糾弾である。典型的には、「経済学者が金融危
機を予測できなかったのは、彼らのモデルが合理的個人という現実離れし

た仮定に基づいているからだ」というのが、そうしたありがちな批判の一類型である。

　現代のマクロ経済学者たちがこのように批判されるのは、実はきわめて皮肉なことである。というのは、彼らの多くは、初期のケインズ経済学が経済学者たちの間で信用をなくしていった理由の一つは、それが「ミクロ的な基礎」を欠いていたためだと理解しているからである。このミクロ的な基礎とは、例えばミクロ経済学における効用関数のような、個人が経済的意思決定を合理的に行う場合の説明原理のことである。確かに、ケインズ型の消費関数に基づく初期のケインズ経済学は、個人が消費や貯蓄の選択をどのように合理的に行うのかに関する説明原理を欠いていた。しかし、後述するフランク・ラムゼイのモデルを基礎とする現代のマクロ経済モデルでは、そのような欠陥は払拭されている。ところが皮肉なことに、ニュー・ケインジアンも含む現代のマクロ経済学者たちは、彼らのモデルが合理性原理の欠如のゆえにではなく、「合理性のような非現実的な仮説に基づいている」がゆえに、部外者たちから非難されているのである。

　ロバート・ルーカスやその追随者たちが、1970年代に経済学者たちに対して最初に合理的期待の概念をマクロ経済学に導入することを促したとき、当時のケインジアンたちの多くは、そのルーカスらの意図に対して、まったく躊躇することなくあからさまな憎しみを表した。彼らケインジアンたちの合理的期待概念への嫌悪は、合理性仮説に基づく経済モデルに対する上述のような近年の外在的批判よりもはるかに激しいものであった。

　今日では、合理的期待概念についての把握のあり方は、少なくともマクロ経済学者たちの間では当時とは完全に異なっている。ニュー・ケインジアンを代表する一人であるマイケル・ウッドフォードは、これについて以下のように説明している。

　　現在では、期待を内生的なものとしてモデル化することの重要性、特に政策分析における代替的な政策が採用される場合の期待の異なったあり方を考慮に入れることの決定的な重要性は、幅広く同意されている。これはもちろん、計量経済学的な政策評価の伝統的方法に対する

　　ルーカスによる著名な批判（Lucas [1976]）の要点であった。この問
　　題への考慮のために、マクロ経済学データの実証的解釈と可能な経済
　　政策の規範的分析との双方において、1970年代における新しい古典
　　派の文献を通じて導入された方法論に従って、経済的意思決定者の側
　　に合理的期待を仮定することは、現在では定型的な手続きになってい
　　る。(Woodford [2009] p.271-272)。

　こうした劇的な転換がこの専門分野で起こり得た理由は、経済学者らが
合理的期待仮説の正しさを説得されたからではない。それはおそらく、モ
デルにおいてそれとは異なる仮定をすることは、しばしば致命的に誤った
結論へと導かれる可能性があることに、経済学者たちが徐々に気づいたか
らである。その可能性を最初に指摘したものこそ、ウッドフォードが言及
したルーカス論文（Lucas [1976]）であった。ルーカスは、後に「ルーカ
ス批判」として知られるようになるこの問題提起の中で、当時存在してい
たほとんどすべてのケインズ型の計量経済モデルが、事実上この誤りの可
能性を含んでいることを明らかにした。
　ケインズ型の経済モデルが持つこの欠陥は、最も標準的なそれである
IS-LMモデルにおいても明らかである。IS-LMモデルは一般に、ある一
定の値に固定されたインフレ期待を将来においても持ち続けるだろうとい
う、いわゆる静学的期待を前提としている。これは、マクロ経済政策がど
れほど劇的にシフトしようとも、個々人のインフレ期待は変化しないこと
を意味する。しかしながら、現実の世界では、マクロ経済政策がシフトす
れば、人々はその結果を織り込んでいくものである。例えば、政府が財政
支出拡大のための新しい計画を突然発表すれば、それによって人々のイン
フレ期待もまた上方にシフトしたとしても不思議ではない。民間投資は一
般に、名目金利から期待インフレ率を引いた実質金利に依存すると考えら
れるため、このケースでは、インフレ期待の上昇によって実質金利が低下
し、民間の投資需要が拡大する。したがって、経済全体の総需要は、単な
る政府財政支出の拡大効果による以上に拡大する。ところが、静学的イン
フレ期待を仮定した標準的なIS-LMモデルでは、インフレ期待の変化が

もたらす民間投資への影響は考慮に入らない。そのため、政府財政支出拡大の効果は、体系的に過小評価されることになる。したがって、仮に政府支出の大きさが同様な構造の計量経済モデルに基づいて決定された場合には、その政策は必然的に、経済を安定化させるよりも過熱化させる傾向を持つことになるのである。

　合理的期待仮説の考え方それ自体は、概念的にはきわめてありきたりのものである。それは単に、「個々人は貯蓄や投資といった異時点間の経済的選択を行う場合には常に、その前提となる所得や利潤やインフレ率といった将来の経済状況に関する期待を、入手できる限りの情報を利用して形成する」と述べているにすぎない。対照的に、静学的期待という仮定は、「個々人は異時点間の選択を行うに際しては、入手可能な新しい情報を何も利用せず、将来の経済状況に関しては特定の固定した期待を持ち続ける」ことを含意する。もしこれが人間行動の正しい描写であるとするならば、人間というものは、情報とそれへの対応に関しては、外界から最新の情報とりわけ身の危険に対する新たな兆候を常に懸命に得ようとし、それに対して迅速に対応しようとする動物よりもはるかに劣っているということになる。そのことの奇妙さに気付いた経済学者たちが、そのような固定的期待という仮定に基づいたモデルを十分に信じることができなくなるのは、きわめて自然なことである。

　ウッドフォードが述べている通り、合理的期待の導入は今日、マクロ経済学者にとってのコンセンサスとなっている。しかし、その領域の部外者の間では、まったくそうなってはいない。そこではむしろ、合理的期待はあからさまな軽蔑と嫌悪の対象になっている。部外者の間でのこの敵意は、「人々が将来を正しく見通すという合理的期待は、社会的に望ましい結果の実現を前提によって先取りしており、現実の世界が直面する不都合な真実を範疇的に排除している」といった先入観に基づいているように思われる。実際のところは、この先入観は、単なる誤解にすぎない。合理的期待とは、単に「個々人は期待形成に際しては入手可能な情報を効率的に利用するであろう」という仮説に過ぎず、社会的に望ましい帰結をそれ自体として何ら含意するものではない。

その仮説は、個々人が入手する情報や、その情報を解釈する方法について
は、それが完全であるとか正しいとかいうことをまったく前提として
はいない。実際、もし個々人が入手する情報が不完全であれば、その経
済的帰結は、情報が完全に正しかった場合のそれと比較すれば、必ず歪
められたものとなるはずである。実は、これこそまさしく、ルーカスが
Lucas[1972] において、不完全情報を伴う合理的期待モデルから得た結論
そのものである。ロバート・ホールが「マクロ経済の理論においてほぼ間
違いなくケインズ以来の最も重要な論文」と述べたこの論文において（Hall
[1996] p.40）、ルーカスは、貨幣的ショックに関する不完全な情報が経済
変動の原因となる可能性を理論的に提示したのである。

　同様な誤解は、ユージン・ファーマによって提示された「効率的市場」
仮説に関しても容易に見出すことができる。ロバート・スキデルスキーは、
この仮説に対して、以下のような痛烈な批判を行った。

　　この見方（合理的な主体が利用可能な情報を効率的に利用する安定し
　　た反復的な世界）の重要な意味合いは、株価が常に正しく設定されて
　　いるということである。これが、金融経済学を支配してきた、いわ
　　ゆる効率的市場仮説の基本である。それは、銀行家たちによる、数
　　学的な予測モデルへの盲目的な信仰をもたらした。それは、政府と
　　規制当局による、金融市場の破裂可能性への軽視をもたらした。そ
　　れは、アラン・グリーンスパンが（米連邦準備制度議長を退任後に）
　　"リスクの世界的な過少評価" と呼んだものをもたらした。（Skidelsky
　　[2009]）

　ロバート・ルーカスが「金融危機は経済学の失敗を示すという批判に反
駁する」ことを目的に書いた簡潔な論文（Lucas [2009]）で行った主張は、
このスキデルスキーの見方と鋭い対照をなしている。ルーカスはそこで、
経済モデルがリーマン・ショック後に起きたような金融資産価値の急激な
下落を予測できなかったという事実は、効率的市場仮説に対する反証事例
ではまったくないと主張する。それどころか、彼によれば、その事実はま

さに、効率的市場仮説の「主な含意の一つ」なのである。ルーカスは以下のように述べる。

> もし経済学者が危機を一週間前に予測できる確実な公式を持っていたとしたら、その公式は一般に入手可能な情報の一部となって、価格は一週間早く下がったであろう。（ここでの効率的という用語は、個人がその私的な利益のために情報を使用することだけを意味する。それは、社会的に望ましい価格設定とは何の関係もないが、人々はしばしばこの二つを混同している）。(Lucas [2009])

　仮に、経済学者たちが、ある経済モデルに基づいて現実データを解釈し、その結論に基づいて危機の発生を確信し、それを情報として公開していたにもかかわらず、人々がその情報を利用しなかったとすれば、それは明らかに効率的市場仮説に反する。しかし、そうした「正しい経済モデルに基づく確実な情報」が存在していなかった場合には、人々が危機を予想せず、したがって株価が下がらなかったとしても、それはまったく当然のことである。要するに、経済学者たちが危機を予測できなかったという事実は、単に確実な経済モデルや情報が事前には存在していなかったことを示唆するだけであり、効率的市場仮説を反駁する事例にはまったくならない。経済学者たちは決して、自らが神のような予知能力を持っていることを主張しているわけではないのである。

（3）実物的景気循環理論は壮大な玩具でしかなかったのか
　合理的期待革命が過ぎ去ったのち、マクロ経済学者たちは主に二つの陣営に分かれた。その一つは新しい古典派の陣営であり、もう一つはケインジアンの伝統的立場に踏みとどまった陣営である。激しい相互批判を繰り広げてきた彼らのかつてのリーダーたち、すなわち一方におけるフリードマンやルーカス、他方におけるポール・サミュエルソン、ロバート・ソロー、ジェームズ・トービンといった経済学者たちとは異なり、この二つの陣営の経済学者たちは、お互いを批判し合うというよりは、無視し合うこ

とを選んだ。その原因は、明らかに新しい古典派の側にあった。彼らの陣営の中で、ブランシャールにより「メンシェヴィキがボルシェビキに道を譲った」と描写されたような（Blanchard [2009] p.211）、研究課題の劇的なシフトが生じたのである。このボルシェビキとは、エドワード・プレスコットに先導された、実物的景気循環（Real Business Cycle: RBC）という経済モデルをもっぱら駆使した経済学者たちである。期待錯誤による貨幣的攪乱という、フリードマンとルーカス以来のメンシェヴィキの基本的問題意識は、それによって完全に失われた。

　ロバート・ホールは、新しい古典派とケインズ派のそれぞれが拠点として所属する大学や研究機関の地理的位置を示唆して、この両者を「淡水」派と「塩水」派と呼んだ（Hall [1976]）。このホールの命名それ自身は 1970 年代半ばになされたものであるが、その後の新しい古典派が、貨幣的景気循環理論の放棄と実物的景気循環理論への傾倒を通じて純理論的色彩をますます強めていったことを考えれば、それはまさに慧眼というべきものであった。両者はそれ以降、完全な冷戦状態に突入することになる。

　ブランシャールは、二つの陣営の間にかつて存在した「緊張した、しばしば不快（tense, and often unpleasant）」な関係について、以下のように述べている。ここで、第一のグループとは淡水派＝新しい古典派のことであり、第二のグループとは塩水派＝ケインズ派のことである。

　　第一のグループは第二のグループのことを、古めかしい信念と信用をなくした理論にしがみつく、良からぬ経済学者たちであると非難した。第二のグループは第一のグループのことを、基本的な事実を無視し、美しいけれども不適切なモデルの追求によって"科学的錯覚"の犠牲となっている、と非難した。これは、人がマクロ経済学の将来について絶望しても当然の状況だったのであり、実際にそれに近いことは起きていたのである。（Blanchard [2009] p.212）

　RBC モデルの原型は、ケインズの同時代人であったフランク・ラムゼイによって提示された、代表的な消費者が消費と貯蓄の間で異時点間の

最適な選択を行うという、経済の動学的な性質を描写したモデルである（Ramsey [1928]）。RBC モデルは、このラムゼイ・モデルの修正版であり、そこに確率的な生産性ショックと異時点間で調整される労働供給を加えたものである。このモデルでは、経済変動は主に、技術革新、悪天候、石油輸入価格上昇、規制の厳格化等により外生的にもたらされる生産性のランダムな変動に対する個々人の最適な反応によって生じる。そこでは、生産性を上昇させるようなショックは、個々人が将来よりも現在により多く働くことを促す。というのは、通常のより低い生産性トレンドに戻った場合の労働は、個々人により少ない量の生産物しかもたらさないからである。生産性を低下させるようなショックが生じた場合には、結果はこの逆になる。これがまさに、淡水派の経済学者たちが景気循環を把握する仕方なのである。

　この RBC による景気循環の説明、とりわけ「負の生産性ショックが生じる“景気停滞期”に人々は仕事の代わりに余暇を増やすことを合理的に選択する」という図式は、少なくともケインズ的な観点から景気循環を把握してきた経済学者たちとっては、きわめて直感に反するものである。このモデルは、ワルラス的な一般均衡理論の伝統に沿って完全競争と完全な伸縮価格を前提としているため、負の需要ショックが意図せざる資源の遊休や非自発的失業に帰結する余地は存在しない。同様に、このモデルは完全情報を前提としているため、貨幣的ショックが経済の実物面に何らかの影響を与える余地も存在しない。これはまさに、「実物経済に対する貨幣の中立性」に関する古典派命題を純然たる形で体現した、その現代版である。RBC に新奇性があるとすれば、それが事実上、貨幣は一時的に生じる経済変動に対してさえも無関係であることを含意している点にある。これは、貨幣は経済の一時的変動を説明するのに必要不可欠とする古典派以来の貨幣的経済学とも、その現代版たるフリードマンやルーカスらよる貨幣的景気循環論とも異なる。

　RBC はその意味で、貨幣の中立性という古典派経済学の思考様式をその限界まで推し進めることで、結果として貨幣経済についての古典派以来の思考の伝統さえも切り捨ててしまったわけである。景気循環は貨幣的シ

ョックに関する不完全な情報によってもたらされるというルーカスの結論が、完全情報という仮定によって貨幣を排除する論拠として用いられたこと、そしてこの「供給側だけで景気循環が説明できる」理論モデルがその後の新しい古典派にとっての標準モデルとなったことは、まさに逆説的な皮肉であった。

　ローレンス・サマーズ の強烈な反対表明（Summers [1986]）が示すように、ケインズ派が RBC モデルを受け入れることは、少なくとも当初はまったく不可能であるように思われた。しかし、彼らの抵抗にも拘わらず、淡水派は徐々に学界を浸食し、そこを半ば占領することに成功した。他方で、実際のマクロ経済政策は、その学界動向とはほぼ無関係に、塩水派の経済学者たちの手に委ねられたままであった。

　グレゴリー・マンキューは、マクロ経済学における淡水派と塩水派との間のこの対立を、二つの競合する理論的立場の間の対立としてではなく、世界がどう機能するのかを理解したい純粋科学者と世界が直面する実践的課題を解決したいエンジニアという、その役割分担の違いとして説明している（Mankiw [2006]）。マクロ経済学者の志向性をこのような観点から分類した後に、彼は一歩進めて、「新しい古典派とニュー・ケインジアンたちの研究は、実際の金融政策や財政政策を遂行する厄介な仕事を任された実践的なマクロ経済学者たちに対しては、ほぼ何の影響も及ぼさなかった」（Mankiw [2006] pp.29-30）と断じた。

　マイケル・ウッドフォードは、動学的確率論的一般均衡（Dynamic Stochastic General Equilibrium: DSGE）と呼ばれる理論的枠組みに沿って構築された実証的モデルのいくつかの実例を引用することで、マンキューによるこの評価に対して強い反対意見を述べている（Woodford [2009] pp.275-277）。この DSGE モデルとは、元々は RBC モデルに基づいていたが、その後は価格硬直性を伴うケインズ型のモデルにも応用されるようになった、より広いカテゴリーのモデルである。ウッドフォードは要するに、こうしたケインズ経済学の新しい展開は、マクロ経済政策の現場にも着実に浸透していると主張していたのである。

　エンジニアたちは通常、モデルの現実適用力をその一貫性よりも好むと

いう点では、マンキューはおそらく正しい。しかしこれは、エンジニアたちが実際の政策に利用しているモデルの一貫性を気にしないということを意味しない。モデルに一貫性がないことは、そこから導き出される政策的結論についてのエンジニアたちの確信を、明らかに弱める。エンジニアたちはやがては、既存のモデルを置き換えできるような、より一貫性のあるモデルを待ち望むようになるであろう。これはまさしく、旧来型のケインズ的モデルを用いて政策分析を行ってきた経済学者たちが直面した状況である。

　旧来のケインズ的モデルは、長きにわたって、そのミクロ基礎の欠如を批判され続けてきた。その弱点は、その構造を RBC モデルと比べれば明らかである。RBC モデルは、通常はオイラー方程式で表現される、異時点間の最適化された消費選択という厳格なミクロ的基礎をラムゼイ・モデルから継承している。旧来のケインズ的モデルにおいてそれに対応するものは、現在の消費は単に現在の所得に依存するというケインズ型消費関数であるが、その真理性はケインズ主義の全盛期においてさえ大いに疑われていた。ケインズ後の多くの経済学者たちは、なぜ現在の消費が現在の所得だけに依存し、既に蓄積された資産や将来稼得可能な所得に依存しないのかを疑問視していた。しかしそれについては、モデル化のための便宜という理由を除けば、もっともらしい答えはなかった。

　ケインズ型の消費関数が問題視され続けた理由の一つは、ケインズ経済学から導き出される政策的結論の最も主要な部分が、このケインズ型消費関数の特殊な性質に依存していたからである。ケインズ主義の黎明期には、ケインズ経済学の核心はもっぱらその財政乗数理論にあると幅広く信じられていた。ローリー・ターシスの The Elements of Economics（1947 年）に続く 2 番目のケインズ経済学の教科書である、ポール・サミュエルソンの Economics（1948 年）の大きな商業的な成功は、その「ケインズ経済学すなわち財政乗数理論」という理解の社会的な浸透に貢献した。サミュエルソンのこの教科書では、財政乗数理論は、単純な代数式と「45 度線モデル」とのちに呼ばれるようになる図を用いて、財政政策があたかも当初の財政支出の数倍もの所得拡大をもたらす魔法のような力を持つかのよ

うに説明されている。そのモデルをよく吟味すれば明らかであるように、この結論は、ケインズ型の消費関数が成立する場合にのみ正しい。しかしながら、ケインズ型の消費関数が本当に正しいかどうかは、理論的にも実証的にもまったく明らかではなかったのである。

　ケインズ型の消費関数とそこから導き出される財政乗数理論は、現在においても、初歩的マクロ経済学の教科書における定番的な一部であり続けている。しかし、それが経済学研究の最前線でそのまま用いられることは、現在ではほとんどない。それは、1950年代以降に、ミルトン・フリードマン、フランコ・モディリアーニ、アルバート・アンドウらによって、ケインズ型消費関数よりも明らかに信頼がおける消費と貯蓄の理論が提起されたからである。クルーグマンは、この状況を以下のように説明している。

　　フリードマンは、1957年の『消費関数の理論』の中で、貯蓄と支出を解釈する最良の手法は、ケインズがしたような曖昧な心理学的理論化に頼るのではなく、個々人が生涯にわたって自らの富をどう費やすかについての合理的な計画として把握することにあると主張した。これは、必ずしも反ケインズ的な考えではなかった。実際、偉大なケインズ派の経済学者であったフランコ・モディリアーニも、アルバート・アンドウとの共同研究の中で、同時かつ独立して同様な主張を行った。(Krugman [2007])

　フリードマンやモディリアーニの消費と貯蓄に関する理論は、ケインズ型消費関数とは異なり、家計が常に異時点間で消費と貯蓄の間の最適な選択を行うことが想定されており、その点で堅実なミクロ基礎に基づいていた。こうした動学的最適化モデルの最も顕著な特徴は、消費はその時々の所得よりも変動が少ないという、消費の平準化にある。つまり、消費に対する現在の所得の感度という点では、動学的最適化モデルにおけるそれは、ケインズ型消費関数モデルにおけるそれよりも必ず小さくなる。これは、「財政支出は所得と消費の連鎖を通じて一国の所得を乗数倍拡大させる」というケインジアンの財政乗数理論の結論を、明らかに損なう。

　結局のところ、RBC モデルが 1980 年代と 1990 年代にアカデミアの間
で流行し、学界の支配に成功した理由は、その理論としての現実説明力で
はなく、競合するケインズ的モデルに欠けていた理論的一貫性を提供した
点にあったと言える。しかしながら、理論的一貫性という点での優位性は、
科学的理論としての優位を意味するものでは必ずしもない。その対象が何
であれ、科学とは常に、われわれを取り巻く現実世界の現象を支配する因
果的なメカニズムを理解可能なものにするための思考の道具として生み出
された、人間の知的営みである。つまり、科学という観点から見た場合に
は、「現実世界に生じている現象をより良く説明できる可能性が大きい理
論ほど良い理論」なのである。

　この意味においては、ケインズ的モデルに対する RBC モデルの優位性
は、きわめて心もとない、というのは、RBC モデルの現実説明力はケイ
ンズ的モデルよりも明らかにより劣っているからである。RBC モデルは、
需要ショックや貨幣的ショックがマクロ経済の変動と結びついている可能
性の考察を、範疇的に拒絶している。それはまた、RBC モデルが、これ
までのマクロ経済学の最大の焦点であった「金融政策や財政政策はマクロ
経済の安定化のためにどのような役割を果たすことができるのか」という
課題とは何の関連も持たないことを意味する。その事情は、マクロ経済政
策を主な関心事としていた塩水派の経済学者たちが、1980 年代から 1990
年代にかけて進行していた RBC モデルの理論的展開をほぼ無視し続けた
理由を説明する。

　しかし、経済学者たちはやがて、RBC モデルを適切に修正していけば、
ケインズ的なマクロ経済変動のメカニズムをそれによって描写できる可能
性があることに気付き始めた。ブランシャールはそれについて、上掲のス
ノードンとヴェインによるインタビューへの回答の中で、以下のように述
べている。

　　実物的景気循環のアプローチは、われわれに自然な出発点を与えてく
　　れました。しかし、そこに留まることはできないことは明らかになっ
　　ています。われわれは、財市場であろうが労働市場であろうが、ある

いは信用市場であろうが金融市場であろうが、そこに不完全性を導入すればどのような世界が現れるのかを確認できるようなモデルの構造を持っています。ケインズは、世界をどのように考えるべきかというそのやり方をわれわれに教えてくれましたが、そのために必要な道具を与えてはくれませんでした。実物的景気循環アプローチの唱導者たちは、それとは正反対のことをしました。彼らはわれわれに有益な道具を与えてくれたのです。(Snowdon and Vane [1999] p.233)

　そもそも、RBC モデルの最も大きな利点は、その非ケインズ的な労働供給変動の説明にではなく、動学的最適化の導入にあった。さらに、ブランシャールが指摘するように、RBC モデルは、それによってマクロ経済の現実を説明あるいは推定するための完成した道具としてというよりは、さまざまな方向への拡張のためのベンチマークとして有用であることが明らかになった。当初の RBC モデルは、価格が完全に伸縮的な市場を仮定していたが、現実世界がそのような完全なものではない以上、その仮定に留まる説得力のある理由は、単純性以外には存在していなかった。むしろ、これらの単純化の仮定を伴ったモデルは、実際の政策分析に用いるには、あまりにも現実からかけ離れすぎていた。ケインジアンたちが、そのモデルに市場の不完全性や価格の粘着性を埋め込む試みを始めたのは、その意味できわめて自然な成り行きであった。

（4）なぜ非ケインズ的概念がコンセンサスとして受け入れられたのか
　現代マクロ経済学を代表する二人の経済学者によるマクロ経済学の現状についてのサーベイ論文（Blanchard [2009]、Woodford [2009]）は共に、今日のマクロ経済学には、新しい古典派かあるいはニュー・ケインジアンかという立場の相違を超えた、明確な理論的および方法論的コンセンサスが存在していることを指摘している。これは主に、当初は非ケインズ的なものと思われていた概念枠組み、すなわち合理的期待と DSGE の枠組みを、ニュー・ケインジアンたちが受け入れたことによるものである。ニュー・ケインジアンたちがそれを受け入れたのは、それらの概念枠組みが、「生

産と所得が総需要によって決まる」というケインズの基本的な経済把握と
必ずしも矛盾しないことが明らかになったからである。彼らはさらに、そ
れらの概念枠組みを利用すれば、ケインズ的な性質を受け継ぎながらも、
同時に旧来のケインズ型経済モデルよりもより厳密な理論的基礎を持つよ
うなモデルを提示することができ、それによって理論的および政策的分析
の信頼性をより高めることができることに気付いた。

　そもそも、ニュー・ケインジアン経済学の主な動機は、ケインズ的な経
済把握の核心を、新しい古典派経済学者たちから投げかけられた批判から
効果的に擁護することにあった。その端緒は、1960 年代にロバート・ク
ラウアーに代表される当時のケインジアンたちによって展開されていた、
一般不均衡アプローチ（General Disequilibrium Approach）と呼ばれる研
究プロジェクトの崩壊にあった。

　ケインズが提起した経済学の中核とは何かは、ケインズ経済学の誕生以
来の不滅の主題であるが、一般的には、その不可欠の前提条件は財市場や
労働市場における価格や賃金の硬直性あるいは粘着性であると認識されて
いる。実際、過去から現在に至る大半のケインズ型モデルは、価格と名目
賃金のどちらかあるいは双方が固定されているような「固定価格の一般均
衡モデル」という構造を持っている。これは、価格や名目賃金という変数
が、市場における需要と供給によって内生的に決定されるのではなく、モ
デルに対して外生的に与えられていることを意味する。そこでの価格や賃
金は、通常の需要供給の均衡モデルのように、市場の需給を一致させるた
めに調整されることはない。したがって、こうしたモデルでの均衡解は、
必ず市場に超過需要あるいは超過供給を発生させる。もしこの結果生じる
不均衡が、労働市場における労働の超過供給であった場合には、それはケ
インジアンたちが一貫して焦点を当て続けてきた非自発的失業として解釈
できる。教科書的な IS-LM モデルは、そのようなモデルの代表例である。
そこでは、名目賃金が固定されているため、十分な総需要が存在しない場
合には、結果として得られるモデルの解は必ず非自発的失業を伴う均衡と
なる。一般不均衡アプローチとは、要するにこのような「固定価格の一般
均衡アプローチ」のことである。

　1970年代になると、ルーカスとその仲間たちが、ケインズ経済学に対して、そのミクロ的基礎の欠如を批判し始めた。彼らがその時に攻撃の標的にしたのは、ケインズ経済学におけるその固定価格という前提そのものであった。確かに、固定価格がいったん仮定されれば、市場における不均衡の発生は不可避である。しかし重要なのは、それがなぜ固定されてしまうのかである。一般不均衡アプローチの理論家たちを含む当時のケインジアンたちは、この「価格がなぜ固定されてしまうのか」という本質的な問いに答えることはせずに、単に固定価格を天下りに仮定したにすぎなかった。ルーカスたちは、「ケインジアンたちによる価格についてのそのような外生的な扱いは、非自発的失業の発生という結論を先取りしているにすぎない」と批判したのである。

　ケインジアンたちは、このルーカスたちによる批判に対応するためには、価格の適応不全に対するミクロ的基礎、すなわちなぜ価格が市場の清算に失敗するのかを説明する理論を提供する必要があった。今日に至るニュー・ケインジアン経済学は、まさしくその課題の追及から始まった。そこでは、さまざまな種類の仮説が提示され、探究された。

　この探求過程の中で明らかにされた最も重要な論点の一つは、「ケインズ的な性質を持つ経済モデルがミクロ的な基礎を持つためには、必然的に完全競争という通常の仮定を放棄する必要がある」ということであった。というのは、価格設定者が自らの利潤の最大化のために価格と数量を同時に設定することができるのは、不完全競争という設定においてのみだからである。その不完全競争のさまざまなケースの中では、独占的競争が最も扱いやすい。そのため、その後のニュー・ケインジアンのモデルにおいては、独占的競争を仮定することが基準となったのである[4]。

　さらに、グレゴリー・マンキューは、そのような独占的競争的な状況でメニュー・コストすなわち企業が価格を変更するためのコストが存在した場合に、企業が設定する価格と生産量にどのような調整が生じるのかを追求した（Mankiw [1985]）。その結論は、「メニュー・コスト大きさが、仮にそれが存在しなかった場合の価格改定により得られる利益の増加を上回るのであれば、企業は価格調整よりも数量調整を優先する」ということで

あった。このメニュー・コストが実際の経済変動においてどの程度の重要性を持っているのかついては、マクロ経済学者たちの間でも見解は分かれている。しかし、その概念は少なくとも、「経済に生じる需要ショックが、価格の変化ではなく、もっぱら供給の変化によって吸収される」というケインズ的状況を、合理性というミクロ的な基礎に基づいて説明可能なものにしたのである。

　こうした重要な進展があったにせよ、彼らニュー・ケインジアンたちのモデルは、当初は必ずしも十全なミクロ的基礎を持つマクロ経済モデルとは言えなかった。というのは、それらは 1980 年代には、旧来のケインズ型モデルと同様に、基本的に静学的な性質のモデルであったからである。彼らのモデルは、競合する新しい古典派の RBC 的モデルが備えていたような動学的最適化の構造を欠いていた。この事情は、1990 年代初めに行われていた大学院レベルでのマクロ経済学教育の大部分が、ニュー・ケインジアン的なモデルよりも RBC 的なモデルに基づいて展開されていた理由を説明する。

　しかしながら、その状況は、1990 年代半ば以降、急速に変わり始めた。その一つの契機は、ギレルモ・カルボが考案した粘着的な価格改訂（Calvo [1983]）を RBC 的な動学モデルに導入した、タック・ユンの研究である（Yun [1996]）。このユンのモデルは、その後にニュー・ケインジアン DSGE モデルと呼ばれるようになるものの基本的構造を提供し、この方向に沿った研究文献の拡散を引き起こした。これらの領域の研究の理論的結果は、Woodford[2003] によって広範に、そして Gali[2008] によって簡潔に整理されている。

4．変化によって生き延びたケインズ経済学

　ケインジアンという呼び名は長い間、貨幣ではなく需要に焦点を合わせた経済学者たちの範疇と考えられていた。また、合理的期待はケインズ的思考にはそぐわない概念と考えられてきた。そして、ケインズ型の消費関数は、ケインズ的モデルの本質的要素と考えられてきた。しかし、マネタ

リズム反革命以来のマクロ経済学の進展は、これらがすべて誤りであることを明らかにした。

　旧世代のケインジアンたちが貨幣的要因や金融政策を無視しがちだったことは、古典派経済学以来の伝統を否定しようとするあまりの、彼ら特有の教条にすぎなかった。その意味で、マネタリストの批判にも一理あると考える新しい世代のケインジアンたちが、金融政策の役割をより重視するようになったことは、ごく自然な成り行きであった。

　さらに、1980 年以降のニュー・ケインジアン経済学の進展は、静学的期待やケインズ型消費関数のような概念は、ケインズ経済学の中核でも、その本質的要素でもないことを示した。それどころか、それは実際には、旧来型のケインズ的モデルの最も弱いリンクであった[5]。ケインズ的なモデルにおいて最も本質的なのは、価格や賃金などの名目的硬直性あるいは粘着性である。というのは、それさえ仮定されれば、そのモデルは概ね、「貨幣や需要が生産や所得の変動において重要な意味を持つ」というケインズが想定していたような経済の特徴を示すことになるからである。合理的期待や動学的最適化といった概念のケインズ的モデルへの導入は、結果として、モデルのケインズ的本質を損なうことなく、その信頼性を高めることに役立ったのである。

　近年、多くの経済学者が、ニュー・ケインジアン・モデルを用いたマクロ経済政策研究に着手している。こうした研究の大半は、2008 年以降のきわめて大きな困難のもとにあった世界経済を救うためのより良い政策的ガイダンスを提供するという意図によって動機付けられている[6]。1960 年代に用いられていた旧来的なケインズ的モデルが、この目的のためにより良く役立つだろうとは、とても考えられない。こうした昔の方が良かった式の懐古主義をほのめかすことで、マクロ経済政策の問題を真剣に考えている経済学者たちの努力を揶揄したり批判したりする経済学者がいるとすれば、それは仲間の兵隊を後ろから撃つ兵隊のようなものであろう。彼らが発する揶揄や皮肉は、経済学者という職種の社会的信認を貶めるような自傷行為であり、あるいは現実世界の改善に貢献するという一般社会が経済学に期待する役割それ自体をあざ笑うようなニヒリズムでしかないの

である。

第9章　巨大な不況に対するケインズ主義の新たな 対応 [*)]

1．世界大恐慌と世界大不況——二つの危機は経済政策をどう 変えたか

　現代のわれわれは、中央銀行のような政策当局を含むわれわれの政府が、金融政策や財政政策といったマクロ経済政策を用いて経済のマクロ的安定化を実現させ、適正な雇用、所得、物価を実現させることは、政府の負う当然の責務と考えている。政府の経済的な役割に関するこうした把握こそが、まさしくケインズ主義の中核である。第4章で明らかにしたように、それは、個人の経済的自由の拡大こそが重要であり、そのためには政府の経済的機能を可能な限り縮小させることが望ましいという、古典的自由主義の中核にある政策原理とは大きく異なる。

　この古典的自由主義からケインズ主義への政策思想的な大転換が生じた契機が、1929年のニューヨーク市場の株式暴落から始まる世界大恐慌（Great Depression）であったことは明らかである。大恐慌の発生当時において、マクロ経済の領域で最も影響力のあった政策的立場は、フリードリヒ・ハイエクやライオネル・ロビンズらが主導する、古典的自由主義のサブ・プログラムであるオーストリア学派であった。彼らは、「恐慌とはマクロ経済に生じた歪みを矯正する浄化過程であるから、それはそのまま放置されなければならない」という清算主義（Liquidationism）の立場から、政府によるあらゆる経済対策に反対した。結果からみれば、そのような政策的無為主義は、経済を浄化するよりはむしろ、史上最悪の恐慌をさらに深く長いものにすることに帰結した。

　各国はそこで政策方針を転換し、アメリカのフランクリン・ルーズベルトによるニュー・ディール政策や日本の高橋是清による財政・金融政策と

いった、事実上のケインズ主義的なマクロ経済政策を試行錯誤的に導入していくことになる [1]。世界大恐慌における各国のこうした経験は、ケインズの『一般理論』（1936 年）を契機とした経済学の革命、すなわち古典派経済学に対峙するケインズ経済学の出現という専門世界における大きな地殻変動と結びついて、古典的自由主義に対抗するケインズ主義という新たな政策生成プログラムの構築へと結実した。こうして生み出されたケインズ主義は、第 2 次世界大戦が終了し、人々の経済的厚生の向上が各国政府にとっての最優先の政策課題となるにつれて、先進諸国のマクロ経済政策運営にとっての基本的な規範として定着するに至ったのである。

　米投資銀行リーマン・ブラザーズが 2008 年 9 月に破綻し（いわゆるリーマン・ショック）、それが世界的な金融危機へ、さらには世界的な経済危機へと発展していったとき、マスメディアはそれを、世界大恐慌以来の危機という意味を込めて「百年に一度の経済危機」と呼んだ。現在では、この 2008 年 9 月以降の金融危機と経済危機の全体を含めて、世界大不況（Great Recession）と呼ぶ言い方が定着している。それは、リーマン・ショック以降の世界的不況が、世界大恐慌と対比されるほど長くかつ深いものとなった事実を反映している。

　世界大恐慌がそうであったように、世界大不況もまた、それまでの経済政策のあり方に対するさまざまなレベルでの疑念を噴出させる大きな契機となった。第 8 章で概観した、現代マクロ経済学に対する批判は、政策的というよりは理論的あるいは概念的なレベルのものではあるが、明らかにその一つである。より一般的なレベルでは、リーマン・ショックに始まる世界金融危機の元凶としてネオ・リベラリズムやグローバリズムといった政策イデオロギーを槍玉に挙げるような批判も、とりわけ反ネオ・リベラリズムや反グローバリズムの立場の論者を中心として数多く見られる。

　本章の観点は、こうした立場とは大きく異なる。リーマン・ショックは確かに既存の経済政策のあり方に大きな変更を迫るものであったが、それは必ずしも、世界大恐慌を契機とした生じた古典的自由主義からケインズ主義への大転換といったような、政策生成プログラムそれ自体の社会的な転換を伴うものではなかった。というのは、各国のマクロ経済政策運営の

レベルでは、リーマン・ショックの前も後も、ケインズ主義枠組みにおけるそれが基本を担っていたことに変わりはなかったからである。

　局所的には、国際決済銀行（Bank for International Settlements: BIS）のエコノミストが提起していたことから、BIS ビューと呼ばれるようになった政策的立場が存在してはいた。この BIS ビューは、明確にオーストリア学派的であり、したがって当然ながら反ケインズ主義的な性質を帯びていた。しかし、その影響は、ほぼ白川方明総裁時代の日銀などに限定されていた[2]。

　原理主義的なケインジアンや反ネオ・リベラリズムの立場の論者はしばしば、「リーマン・ショックの前にはネオ・リベラリズムが世界経済を支配しており、ケインズ主義は片隅に追いやられていた」という図式を好んで描く[3]。イギリスのサッチャー政権やアメリカのレーガン政権が誕生した 1980 年代以降、ネオ・リベラリズムに影響を受けた経済自由化政策や規制緩和政策が、さまざまな国のさまざまな領域で展開され続けてきたことは事実である。しかしそれは、ケインズ主義にとっての主戦場であるマクロ経済政策の領域の問題とは基本的に無関係であった。

　サッチャー政権やレーガン政権の時代には確かに、古典的自由主義のサブ・プログラムであったマネタリズムが実際の金融政策運営に名実ともに大きな影響を与えた。しかしそれは、ほぼ両政権の初期から中期までの時期に限定される。英米も含む各国中央銀行のその後の金融政策運営は、マネタリズムの影響を多分に残しながらも、基本的には再びケインズ主義的なそれに戻っている。その意味で、しばしば散見される「リーマン・ショックがそれまで片隅に追いやられていたケインズ主義を蘇らせた」といったような主張は、ケインズ主義を財政政策主導のそれと限定するような場合においてのみ妥当するにすぎない。

　後に見るように、永らく忘却されていたケインズ主義的なマクロ財政政策が、リーマン・ショック後の大不況期に一時的ではあるが世界的に復活したのは事実である。しかし、その事実は、リーマン・ショック前にはオーストリア学派的な緊縮政策が世界各国を覆い尽くしていたという図式の傍証にはまったくならない。それは単に、「先進諸国の多くにおいては、

長期デフレ不況に陥っていた日本を例外として、金利操作という伝統的金融政策を手段とした金融政策主導のケインズ主義的マクロ政策運営が十分にうまく機能しており、結果として財政政策を不況対策に割り当てる必要性が生じていなかった」という事情の反映にすぎない。

　1980年代半ばから2008年のリーマン・ショックまでの時期の世界経済は、しばしば大安定（Great Moderation）の時代と呼ばれている。それは、日本を除く多くの先進諸国において、景気の変動幅が比較的に小さい、インフレなき経済成長が実現されていたからである。この "Great Moderation" という概念が一般化したのは、当時は米中央銀行FRBの理事であったベン・バーナンキが、2004年の講演（Bernanke [2004]）の中でそれを用いたことによる。バーナンキは、後のFRB総裁時代に行った講演の中で、この時期に「大安定」が実現された原因に関して、「より望ましい安定性を作り出すうえで金融政策が役割を演じたことを示す証拠がかなりある」と指摘している（Bernanke [2013] Lecture 2）。

　結局のところ、リーマン・ショック以降の世界大不況において実際に何が起きたのかといえば、それは、ケインズ主義の世界的復活というよりは、ケインズ主義の防備帯における政策戦略上の革新である。その第一は、伝統的金融政策から非伝統的金融政策への転換である。これは、「流動性の罠においては金融政策が無効化するため財政政策をより重視すべきである」という、ケインズ主義の旧来的な政策戦略の書き換えを意味していた。その第二は、財政政策と金融政策のより密接な統合である。これは、拡張的な非伝統的金融政策は、単に不況克服の手段としてのみではなく、ケインズ主義の伝統的な政策理念である赤字財政主義を堅持するためにも必要であることが、世界大不況の最中に生じた欧州ソブリン債務危機によって明らかにされた事情を反映している。

　本章では以下で、ケインズ主義の政策戦略におけるこの二つの革新が、いかなる経緯と背景のもとで実現されたのかを跡付けていく。

2．ケインズ主義的財政政策の復活とその暗転

（1）ケインズ主義的財政政策の世界的復活

　世界大不況がケインズ主義的財政政策の世界的復活をもたらしたその理由は、基本的にはきわめて単純である。それは、後述のように、金融危機の前までは機能してきた伝統的金融政策が、金融市場の混乱を収拾させるために各中央銀行によって実行された信用緩和政策によって、ほぼ機能停止状況に陥ってしまったからである。米投資銀行リーマン・ブラザーズの破綻から始まった金融危機は、やがて世界的な金融収縮や貿易の縮小などを通じて、各国経済それ自体の危機へと転化していった。しかし、伝統的金融政策の発動余地は既に失われていた。そこで各国の政策当局は、それ以上の危機の拡大を阻止するために、一方では非伝統的金融政策を導入し、他方では 1990 年代の日本を例外として先進諸国ではほぼ忘れ去られていた不況対策としての財政政策を発動することになったのである。

　世界大不況の初期段階において展開されたこのケインズ的財政政策の概要を示したのが、図 9-1 である。これは、主要国および地域が、2008年 9 月から 2010 年 4 月までに、金額および対 GDP 比でどの程度の規模の景気対策を計画したかを図示したものである（経済産業省『通商白書 2010』の図を転載）。この時期には、アメリカ、欧州、オーストラリア、東アジアにおける経済的に重要な国と地域のほとんどが、何らかの景気対策を計画していたことが分かる。

　この中でも規模的に特に大きいのは、アメリカ、中国、日本である。アメリカの数字は、オバマの就任直後の 2009 年 2 月に成立したアメリカ再生・再投資法に基づいている。中国は、1990 年代の日本が得意としていたような、地域開発を中心とした公共投資を、より大規模に実行した。中国経済はそれによって、世界大不況による経済収縮を最小限に留めることができた。しかしながら、そこで生み出された公的資本形成の過剰は、2015 年頃からの中国経済の減速によって顕在化し、中国語でゴースト・タウンを意味する「鬼城」と呼ばれる無人都市の林立として現れることに

図 9-1　主要国・地域の景気対策：2008 年 9 月〜2010 年 4 月

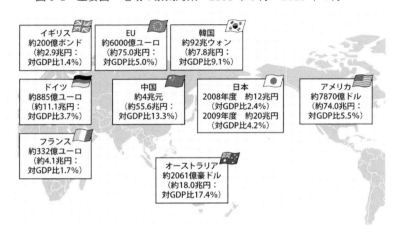

（注 1）金額は財政出動および減税額の合計
（注 2）円換算の金額は、各国通貨の対円為替レートの 2010 年 4 月平均値で換算
（データ出所）各種報道資料に基づいて作成された経済産業省『通商白書 2010』
　　　　　　　第 1-1-1-17 図を転載

なる。

　ケインズ主義的財政政策を日本において担ったのは、麻生太郎自民党政権である。麻生政権が成立したのは、アメリカでまさにリーマン・ショックが起きた直後の 2008 年 9 月末であった。麻生政権は、翌 2009 年 8 月の総選挙で敗北して政権を明け渡すまでに、2008 年度の第 1 次および第 2 次補正予算、2009 年度の本予算および補正予算を通じて、積極的な経済対策を行った。

　ケインズ主義的な拡張的財政政策が、経済的に重要なほとんどの国でこのように同時並行的に行われたのは、歴史上ほぼ始めてのことであった。1930 年代の世界大恐慌期でも確かに、アメリカのルーズベルト政権によるニューディール政策、日本の高橋是清蔵相による拡張財政、ドイツのナチス政権による公共投資および軍事支出など、ケインズ的といってもよい財政政策が行われてはいた。しかし、その頃にはまだケインズの『一般理論』は現れてはいなかった。それらは、何らかの明確な理論的根拠に基づ

くというよりは、もっぱら一部の先駆的エコノミストや政策当局者による断片的ながらも多分にケインズ的な要素を含んだ政策論議や、それに影響を受けた政治家の直感に基づいて行われていたのである。

それに対して、この世界大不況の初期段階に行われた各国の拡張的財政政策は、当初から明確なケインズ主義的な意図に基づいて行われていた。リーマン・ショック後に財政主導の経済対策を遂行した日本の麻生政権は、日本の代表的な財政派ケインジアンとして知られるリチャード・クーをブレーンに登用していた。第4章第5節で言及したように、アメリカのオバマ政権による2009年アメリカ再生・再投資法は、国内のケインズ派経済学者たちによる圧倒的な後押しを受けていた。他方で、財政再建を重視してきた日本の財務省派の経済学者たちや、反ケインズ主義的なアメリカの保守派経済学者たちは、こうした拡張的財政政策の発動にこぞって反対した。しかし、一般社会のコンセンサスは、少なくともこの段階では財政悪化懸念よりも景気悪化懸念の方に圧倒的に傾いており、それがケインズ主義的財政政策を復活させる大きな力となったのである。

（2）欧州ソブリン債務危機から財政緊縮への転換

この世界大不況の初期段階におけるケインズ主義的財政政策の世界的な展開は、確かに経済のさらなる悪化を食い止める下支えとしては役立ったが、世界経済の回復というその当初の目的を果たすことはなく、2010年半ばにはほぼ打ち止めとなった。そしてその後は、世界的な財政緊縮の拡大という、まったく逆の局面が現れた。マクロ政策状況のこのような暗転は、何よりも、2010年春に勃発したギリシャの財政危機、いわゆるギリシャ・ショックと、それを契機として拡大した欧州ソブリン債務危機によってもたらされたのである。

ギリシャの財政は、2001年のユーロ加盟に際しての加盟条件をクリアするために、財政赤字を過少申告するなど、もともと問題を抱えていた。ただし、ユーロに加盟して以降は、ドイツなどユーロ圏諸国からの資金流入拡大や2004年のアテネ五輪開催などもあって景気回復が続いていたため、財政赤字が問題視されることはなかった。

　しかし、リーマン・ショックから始まる世界大不況は、その状況を一変させた。2009 年になると、ギリシャの経済成長率が大幅なマイナスとなる中で、財政収支の赤字幅が急拡大し、その財政の持続可能性に対する疑念が急激に高まり始めた。

　そうした中で、2009 年 10 月に、ギリシャで政権交替が生じた。その新政権が財政状況を確認した結果、それまで対 GDP 比で 4 ％弱とされていた財政赤字は国家的な粉飾であり、実際には 12.5％であることが明らかになった。この財政赤字の数字は、2010 年 4 月には 13.6％に修正された。また、債務残高の対 GDP 比は 113％にも上ることが明らかとなった。格付け会社は当然ながら、相次いでギリシャ国債の格付け引き下げを行った。こうした中で、ギリシャの政府債務不履行懸念の高まりから既にじりじりと下落しつつあったギリシャ国債が暴落し、国債利回りが急騰する事態が生じたのが、2010 年 5 月のギリシャ・ショックであった。

　このショックは、スペイン、ポルトガル、アイルランド、イタリアなど、ギリシャと同様な財政危機に陥りつつあると認識されていた他のユーロ圏諸国への財政懸念となって波及し、それらの国々の国債の急激な価格下落と金利上昇という同様の危機をもたらした。ここから始まったのが、欧州ソブリン債務危機である。

　図 9-2 は、このギリシャ、アイルランド、ポルトガル、スペイン、イタリア 5 ヶ国の 10 年物国債利回りの推移である。この図が示すように、各国の国債利回りは、2010 年 5 月に急上昇したのち、いったんは低下するが、その後は乱高下を繰り返しながら翌 2011 年にかけて危機的な水準にまで上昇していくことになる。これら欧州における債務危機 5 カ国は、その後は PIIGS 諸国と呼ばれるようになる。

　この欧州ソブリン債務危機によって最初に財政政策スタンスの転換を迫られたのは、当然ながらその震源地にあったユーロ圏諸国である。それは、欧州ソブリン債務危機が、ユーロ圏そのものの崩壊に直結しかねなかったからである。仮にギリシャが財政破綻によってユーロから離脱するということにでもなれば、その動きはおそらく他の PIIGS 諸国にも波及していくことになる。そうなれば、ユーロ圏の分断や、最悪の場合にはその崩壊

図 9-2　欧州債務危機国の 10 年物国債利回り
：2010 年 1 月〜11 月

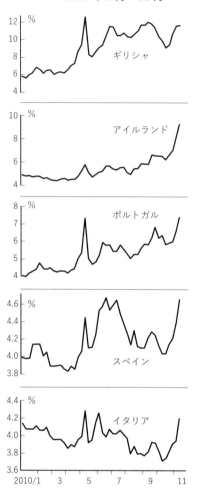

（データ出所）『日本経済新聞電子版ニュース』2010 年 11 月 12 日

が避けられない。ユーロ崩壊のそうした逼迫した可能性は、ドイツなどユ
ーロ圏の財政健全国に対して、PIIGS 諸国への財政的支援を引き受けさせ
る大きな圧力として作用した。

　ドイツなどユーロ圏の財政健全国は、こうして不本意ながらも PIIGS 諸国への財政的支援を引き受けたが、その負担に関して自国の有権者を納得させるため、PIIGS 諸国に対して、財政的支援の見返りとしての財政緊縮措置、具体的には政府支出の削減や増税を求めた。PIIGS 諸国は当然ながら、そのような緊縮の押し付けには強く反発した。しかしながら、PIIGS 諸国の側も、ユーロ圏に留まるためには財政破綻を避けなければならず、そのためにはドイツなどからの財政支援に頼る以外にはなかった。PIIGS 諸国の側が、不本意ながらも財政緊縮を受け入れることになったのは、まさしくそのためである。

　事態をより深刻化させたのは、単に欧州においてだけではなく先進諸国の中でも飛び抜けた財政健全国であったドイツが、「だらしのない」周辺諸国に範を示すべく、自ら率先してさらなる財政緊縮を実行したことである。このドイツの自発的な緊縮財政は、PIIGS 諸国に対して押し付けられていた緊縮財政によって既にぎりぎりの状態に追い込まれつつあった欧州経済全体に対して、さらなる収縮圧力をかけるものとして作用した。

　しかし、倹約の権化であったドイツにとっては、それすらも十分とはいえなかった。ドイツは、その緊縮主義理念を欧州全体に浸透させるべく、「経済通貨同盟における安定、協調、統治に関する条約」（通称は EU 新財政協定）を提起し、それを実現させた。それは、ユーロ圏の財政規律と監視の強化を図るための政府間条約であり、ユーロ圏の各国にドイツに準じた厳格な財政均衡ルールを導入するものであった。各国はそれによって、「単年の財政赤字が GDP の 0.5％を超えない」という財政均衡義務を、2014年1月1日までに国内法に、可能であれば憲法レベルで定めることが求められた。その条約には、ルールを逸脱した場合は是正メカニズムが発動され、当該国に制裁が科されることも定められていた。この EU 新財政協定は、2012 年 3 月に EU 加盟国中チェコとイギリスを除いた 25 カ国が調印し、2013 年 1 月 1 日に発効した。

（3）財政緊縮の世界的な拡大

　このように、ギリシャ・ショック以降の欧州ソブリン債務危機によって、

世界大不況の初期におけるケインズ主義的財政政策の世界的な復活という局面は完全に終焉を迎えた。その後に現れたのは、PIIGS 諸国のような財政危機国だけではなく、現実には財政破綻の可能性がほぼ存在しない日本やアメリカを含むあらゆる主要先進国においても、財政運営が拡張から緊縮へと根本的に転換されていくような、世界的な緊縮の局面であった。

　こうした財政運営の転換が財政危機国以外にも生じた最大の要因は、「このまま財政赤字を続けていけばギリシャの二の舞になってしまうのではないか」という、ギリシャ・ショックを目の当たりにして急速に拡がった、一般社会における財政懸念の拡大である。世界大不況の初期における各国のケインズ主義的財政政策は、確かに不況拡大の阻止には寄与したが、経済の本格的回復をもたらすまでのものにはならかなった。したがって、各国の税収は依然として低迷を続けていた。そして、この景気対策としての公的支出の拡大と税収の減少の両者が合算された結果、各国の政府財政収支はほぼ一方的に悪化し続けていた。ギリシャ・ショックは、人々の耳目を、改めてこうした各国の財政状況に向けさせるように作用したのである。

　アメリカにおいては、2009 年アメリカ再生・再投資法に象徴されるオバマ政権によるケインズ主義的な財政刺激策は、実はその当初から厳しい抵抗に遭遇していた。その抵抗の担い手は、アメリカ保守主義の基本理念である「小さな政府」を求めるリバタリアン的な立場から、ケインズ主義的なあらゆる政策に対して原理的な批判を展開していた、ティーパーティーと呼ばれる一派である。ティーパーティーは、当初は草の根的政治運動として出発したが、次第にアメリカの中央政界に影響を及ぼし、遂には数多くのティーパーティー系共和党議員を誕生させるまでに至る。彼らは、ギリシャ・ショック以降に拡大しつつあった一般的な財政懸念に乗じて、「オバマの財政支出拡大政策が財政赤字の拡大をもたらし、それが雇用の破壊をもたらしたのだから、連邦政府が財政支出を削減さえすれば雇用は増える」といった政治的プロパガンダを展開していた。

　そのティーパーティーによる政治戦略の行き着いた先が、アメリカ議会での与野党対立が激化する中で、2012 年後半から顕在化し始めた、債務上限によるデフォルト危機、いわゆる財政の崖（fiscal cliff）である[4]。共

和党の政治家たちはこの時期、穏健派も含めて、ティーパーティーからの強い圧力によって、オバマ政権と与党民主党に対して決して妥協することなく、政府歳出の削減や、政府歳出増加につながる医療保険改革の廃棄を求め続けることを強いられていた。この政治的混乱により、2013年10月には、アメリカの政府機関の一部が閉鎖されるという事態が生じた。さらには、財政資金の枯渇によってアメリカ国債の償還が不可能となる一歩手前の状況にまで至ったのである。

　日本もまた、ギリシャ・ショックを契機として財政政策の転換が行われた国の一つであったが、その背景には日本独特の事情があった。日本の場合にはまず、アメリカとは異なり、リバタリアン的な「イデオロギー的反ケインズ主義」の強い基盤は存在していなかった。日本においてより強い政策的な基盤を持っていたのは、財務省やそれに連なる専門家、政治家、政策担当者たちによって共有されていた「増税による財政再建」主義であった。もちろん、財政政策のあり方を最終的に決定するのは、財務省ではなく、有権者の信託を受けた政治家たちである。しかしながら、日本の多くの政治家にとって、財務省の財政再建主義と根本的に対立するような立場に身を置くことは、よほどの強い政策的信念と政治的基盤を持っている場合以外には、きわめて困難だったのである。

　日本の消費税増税を現実の政策課題として提起したのは民主党の菅直人政権であり、それはギリシャ危機が発生した直後の、参議院選挙を前にした2010年7月のことであった。財務大臣時代にはむしろケインジアンを自称していた菅が、総理大臣就任後に唐突に増税を打ち出した背景には、明らかにその頃に拡大しつつあったギリシャ危機があった[5]。菅政権はしかし、2011年3月に発生した東日本大震災への対応の不手際もあり、2011年8月に崩壊した。それを引き継いだのは、菅政権で財務大臣を務めていた野田佳彦であった。野田はかねてから、生粋の財務省派財政再建論者として知られていた。実際、野田政権は菅政権以上の財政再建優先路線を打ち出し、民主党の分裂をも厭わずに消費税増税に邁進した。

　その時の最大野党であった自民党はこの時期、「消費税10%」を持論とする、やはり典型的な財政再建論者であった谷垣禎一が総裁を務めていた。

　野田は、この谷垣と連携し、さらにかつて自民党との連立政権を担っていた公明党をも巻き込んで、事実上の政権移譲と引き替えに、2012年6月に「社会保障と税の一体改革に関する合意」を成立させた。このいわゆる「三党合意」の焦点は、それまでの5％の消費税率を2014年4月1日からは8％とし、2015年10月1日からは10％とすることを定めた消費増税関連法案であった。この法案は、2012年12月の衆議院選挙で民主党政権が崩壊し、自民党と公明党の連立による第2次安倍晋三政権が誕生したのちにも、政府のマクロ経済政策運営を制約し続けることになる。

3．伝統的金融政策から非伝統的金融政策への転換

（1）金融恐慌から信用緩和へ

　2008年9月に生じた米投資銀行リーマン・ブラザーズの破綻は、その後の未曾有の世界的金融危機の引き金となった。米投資銀行ベア・スターンズが同年3月に破綻した時にも、金融市場では大きな混乱が生じたが、それは結局、JPモルガン・チェースによる救済買収が米FRBの支援も受けて成立したことで収拾に向かった。それに対して、リーマン・ブラザーズの場合には、複数の金融機関との売却交渉がことごとく不調に終わり、最終的には負債総額にして約64兆円という史上最大の倒産劇に突入したのである。

　アメリカ政府がこのようにリーマン・ブラザーズを救済せずに破綻するにまかせたことで、欧米諸国の金融市場は、まさに恐慌状態に陥った。そして、金融市場には「次に破綻するのはどこか」という疑心暗鬼が蔓延した。金融市場のプレイヤーたちは、資金繰りに問題がありそうな企業や金融機関から、資金を一斉に引き上げ始めた。さらには、自らが市場の懸念の標的になることを防ぐために、リスク資産を投げ売って、現金や安全資産の確保に邁進した。これこそまさに、資本主義の歴史とともに古い金融恐慌であった。

　金融恐慌は一般に、民間金融機関が先を争うように安全資産である現金を確保しようとする結果として生じる。つまり、現金の奪い合いこそが、

金融恐慌の本質である。しかし、市場が渇望するこの現金は、中央銀行以外には誰も供給することができない。結局、金融恐慌がいったん発生したならば、問題を解決する手段は一つしかない。それは、民間金融機関の間で生じるこの現金の奪い合いが収まるまで、中央銀行が無制限に資金供給を行うことである。それが、ジャーナリストでありまた偉大なエコノミストでもあったウォルター・バジョットが、その主著『ロンバード街』（1873年）において、中央銀行が果たすべき必須の役割として位置付けた「最後の貸し手」機能である（Bagehot [1999]）。

　実際、厳しい金融恐慌に見舞われた欧米諸国の中央銀行は、それに対処するために、まずは金融市場への資金供給を未曾有の規模で拡大することになった。それは何よりも、各中央銀行のバランスシート（貸借対照表）によって確認できる。中央銀行のバランスシートにおける「資産」とは、金融調節によって貨幣を供給する結果として市場から買い上げられたもののことである。それに対して、そのバランスシートにおける「負債」とは、そのようにして市場に供給された貨幣そのものである。ただし、ここでの「貨幣」とは、中央銀行が供給するベースマネー、すなわち銀行券および準備預金（金融機関から中央銀行に預け入れられた預金）である。ちなみに、この資産と負債との差額は「資本」であるが、中央銀行にとっての資本は形式的なものにすぎない。

　図 9-3 は、日本銀行、米連邦準備制度理事会（Federal Reserve Board: FRB）、欧州中央銀行（European Central Bank: ECB）、イングランド銀行（Bank of England: BOE）という 4 大主要中央銀行のバランスシートにおける資産構成の推移を示したものである。日銀を除く三つの中央銀行のバランスシートには、2008 年 9 月のリーマン・ショックを境として、量的にも質的にも非連続的な変化が生じていることが確認できる。それはまさしく、この三つの中央銀行が、金融恐慌における最後の貸し手として、さまざまな資産の金融市場からの買い入れを通じた大量の資金供給を行っていたことを意味する。

　FRB 議長ベン・バーナンキは、2009 年 1 月にロンドンで行った講演で、この時の FRB の政策を、量的緩和と区別する意味で信用緩和（Credit

図 9-3　各国中央銀行のバランスシート資産
：2008 年〜2012 年 5 月

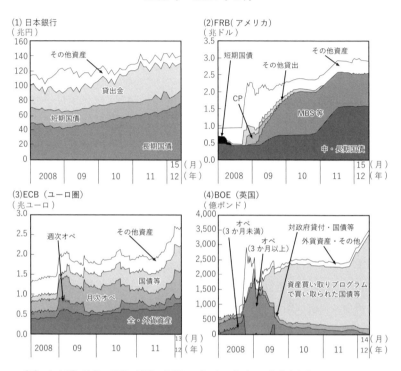

（データ出所）日銀、FRB、ECB、BOE のデータに基づいて作成された
内閣府『平成 24 年度年次経済財政報告』第 3-1-19 図を転載

Easing）と名付けた（Bernanke [2009]）。バーナンキがそこで信用緩和と
いう概念を提起したのは、FRB が当時実施していた政策を、日銀が 2001
年から 2006 年まで行っていた量的緩和（Quantitative Easing: QE）と区
別するためであった。バーナンキは、量的緩和と信用緩和との区別は、日
米の中央銀行間の政策思想の相違に基づくのではなく、金融市場の機能不
全の度合いに関する日米両ケース間の相違に基づくと指摘した。つまり、
量的緩和はマクロ経済政策の一部として行われていたのに対して、信用緩

和はあくまでもプルーデンス政策すなわち信用秩序維持のための政策として行われていたということである。

（２）伝統的金融政策とは何か

　伝統的金融政策と非伝統的金融政策とは、政策金利を金融政策の操作目標として設定しているのか否かで区別される。中央銀行が政策金利として定める金利は、一般的には銀行間の短期金融市場金利である。オーストラリアの中央銀行であるオーストラリア準備銀行（Reserve Bank of Australia: RBA）を含む 5 大中央銀行はそれぞれ、日銀はコールレート（無担保翌日物）、FRB はフェデラル・ファンド・レート、ECB は短期オペ最低応札レート、BOE はオフィシャル・バンク・レート、RBA はオフィシャル・キャッシュ・レートを政策金利としている。伝統的な金融政策とは、この政策金利の操作によって、雇用や物価や所得などの一国のマクロ経済状況を安定化させようとする政策である。

　中央銀行が不況期に政策金利を引き下げれば、それに伴って金融市場における各種金利が低下し、企業や消費者の借り入れが増加する。そうなれば、民間投資や消費が拡大することで、不況によって縮小した雇用や所得の回復が期待できる。中央銀行は、景気過熱期には逆に、政策金利を引き上げる。それによって、企業や消費者の借り入れが縮小し、物価の上昇が抑制される。これが、世界大不況期以前にはケインズ主義政策プログラムにとっての主要な政策戦略となっていた、伝統的金融政策である。

　図 9-4 は、日銀、FRB、ECB、BOE、そして RBA という 5 大主要中央銀行における政策金利の推移である。この図が示すように、リーマン・ショックまでの主要中央銀行における政策金利の動きは、この伝統的金融政策そのものであった。米サブプライム住宅バブルのピークは過ぎたとはいえ、バブルの余韻によって世界的には景気拡大局面にあった 2006 年〜2007 年頃までは、主要中央銀行の多くは、景気過熱抑制のために政策金利を徐々に引き上げていた。しかし、2007 年末から 2008 年初頭になると、FRB と BOE は、政策金利の引き下げに動き始めた。それは、2008 年 3月のベア・スターンズ破綻が示すように、この時期には既にサブプライム

図 9-4　主要中央銀行の政策金利：2005 年〜 2013 年

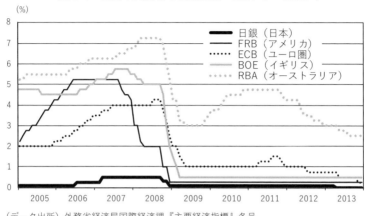

（データ出所）外務省経済局国際経済課『主要経済指標』各号

　住宅バブルの崩壊が欧米の巨大金融機関に深刻な経営上の問題を引き起こ
しており、景気それ自体も下降し始めていたからである。
　金融市場では、ベア・スターンズ破綻の後には、やや小康状態が続いた。
しかし、2008 年 9 月にリーマン・ショックが生じたことで、その状況も
一変する。それ以降、世界経済においては、金融危機とマクロ経済の収縮
が未曾有の深度と速度で拡大していく。それによって、ECB や RBA とい
った、リーマン・ショックの直前まで政策金利を引き上げていた中央銀行
でさえも、一転してなだれ落としのような政策金利引き下げを与儀なくさ
れたのである。
　図 9-4 においてもう一つ特徴的なのは、日銀の政策金利コールレートの、
他の中央銀行と比較した低さである。日銀は、福井俊彦総裁時代の 2006
年 3 月に、2001 年 3 月に導入されて以来約 5 年間継続されていた量的緩
和政策を解除した。さらに 2006 年 7 月には、短期市場金利コールレート
の誘導目標を 0.25％に引き上げた。そして、2007 年 2 月には、政策金利
をさらに 0.5％まで引き上げた。
　日銀が 2006 年 7 月に政策金利操作という伝統的金融政策に復帰したの

は、速水優総裁時代の 1999 年に、政策金利をゼロにする「ゼロ金利政策」に移行して以来のことである。日本経済は 1990 年代後半以降、管理通貨制度下ではあり得ないと考えられてきた「恒常的なデフレ」に陥っていた。日銀は、そのデフレの克服のためにゼロ金利政策を導入し、さらには異端派の日銀政策審議委員であった中原伸之が提唱していた量的緩和政策を導入した。しかし、伝統的政策手段に拘泥していた当時の日銀首脳部にとっては、ゼロ金利政策や量的緩和政策といった非伝統的金融政策は、決してその本意ではなかった。その意味で、福井総裁時代に行われた量的緩和およびゼロ金利の解除という金融政策の正常化は、日銀の長年の悲願そのものだったのである。

　しかし、日銀の悲願であったその伝統的金融政策への復帰は、2008 年 9 月のリーマン・ショックによって、結局は 2 年ほどの束の間のエピソードとして終焉を迎えることになる。そしてその後は、FRB や BOE が量的緩和政策に移行し、やがて日銀や ECB がそれに追随することで、世界的な非伝統的金融政策の時代が訪れる。その結果、2001 年から 2006 年までの日銀の苦渋に満ちた量的緩和政策の経験は、皮肉にも「非伝統的金融政策の世界的先駆」として位置付けられることになるのである。

（3）金利から「量」への金融政策操作目標の転換

　リーマン・ショックの直後に行われた信用緩和、すなわち金融危機対応の金融緩和は、2009 年の初頭にはその役割を基本的に終えた。それは、各国中央銀行による懸命の資金供給が奏功し、金融市場が安定を取り戻し始めたからである。その結果、図 9-3 が示すように、FRB、BOE、ECB の資金供給は、2009 年前半にはいったん縮小した。

　しかし、「百年に一度」と形容されるような各国の実体経済の急激な縮小が始まるのは、まさにそれからであった。先進諸国の実質経済成長率は、2009 年の第Ⅰ四半期には、おおむねマイナス 10％以上にも達した。こうした各国の経済活動の急激な落ち込みは、2009 年半ばには底を打ったが、各国の完全失業率は翌 2010 年あるいはそれ以降まで上昇し続けた。

　一般には、経済成長率が低下し、失業率が上昇しているという場合、ま

ず行われるべきは、中央銀行による政策金利の引き下げである。しかしながら、図 9-4 が示すように、金融危機対応のための資金供給が遂行されている間に、FRB においては 2008 年末に、BOE においては 2009 年初頭に、その政策金利は既にその下限に到達していた。それは、日銀による 1999 年のゼロ金利政策以来のことである。その後、2009 年春になって金融市場が落ち着きを取り戻すと、FRB と BOE の金融政策は、金融危機対応としての信用緩和から「非伝統的金融政策としての量的緩和」に、ごく自然に移行していった。

　FRB は 2008 年 12 月 16 日に政策金利の誘導目標を 0.25％に引き下げ、さらに 12 月 18 日には市中銀行が FRB に預け入れる準備預金への付利を 0.25％に設定した。これは、FRB が 0.25％という水準を市場金利の下限として設定したことを意味する。というのは、仮に市場の金利が 0.25％以下であれば、市中銀行は余剰資金をその 0.25％以下の金利で貸し出すよりも、FRB に準備預金として置いて 0.25％の金利を得る方が有利になるため、市場では 0.25％以下の金利は成立しないはずだからである。こうして、FRB の伝統的金融政策は停止した。

　FRB はその後、QE1（2009 年 3 月～ 2010 年 6 月）、QE2（2010 年 11 月～ 2011 年 6 月）、QE3（2012 年 9 月～ 2014 年 10 月）と、段階的に 3 回にわたる量的緩和拡大政策を行った [6)]。そこには、それ以前の信用緩和とは異なる二つの特徴が存在していた。第一は、量的緩和の各段階において、バランスシートそのものが政策的に拡大されている点である。第二に、そのバランスシート拡大の手段として、大規模資産購入（Large-Scale Asset Purchases: LSAP）プログラムが導入され、中長期国債および不動産担保証券の大規模な買い取りが実行された点である。

　リーマン・ショック以降の FRB の政策が、金融危機対応の信用緩和から純粋な量的緩和にいかにシフトしたかに関しては、それを主導したバーナンキ自身による説明が最も有用である（Bernanke [2013] Lecture 4）。図 9-5 は、FRB のバランスシートにおける資産の構成を、資産種別によってではなく政策目的別に示したものである。リーマン・ショック前後には「金融ストレスに対応するプログラム」すなわち金融危機対応としての

図 9-5　FRB 資産の政策目的別内訳
：2007 年〜2012 年 3 月

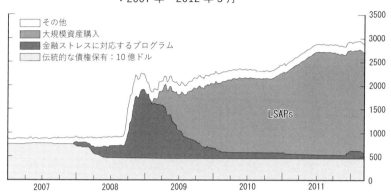

（データ出所）Bernanke [2013] 邦訳の図 4.2 を転載

　資金供給が大きく膨れあがっているが、それが次第に縮小し、QE1 が導入された 2009 年 3 月前後からは、量的緩和に対応する「大規模資産購入」が拡大したことが明瞭に示されている。

　BOE の政策も、ほぼ同様の推移を経て金融危機対応から量的緩和へと移行した。BOE は 2009 年 3 月 5 日に、政策金利を 0.5％に引き下げ、銀行が中央銀行に預け入れる準備預金への付利を 0.5％として、その水準を市場金利の下限に設定するとともに、国債を中心とした資産の購入を通じた量的緩和を実行する方針を決定した。BOE のバランスシートから明らかなように、この第一弾の資産購入プログラムはほぼ 2010 年 1 月まで続いた。しかし、この時の量的緩和拡大方針は、2009 年後半の景気回復によりいったん打ち止めとなった。

　そこに生じたのが、ギリシャ・ショックと、それに続くユーロ圏諸国の財政危機である。その危機を受けて、イギリス政府は 2011 年 1 月に、消費税（付加価値税）をそれまでの 17.5％から 20％へと引き上げた。それは、イギリス経済の回復に大きく水を差す結果となった。BOE はそこで、2011 年 10 月から量的緩和第二弾を開始し、それを 2012 年 11 月まで継

続した。その第二弾の量的緩和は、結果として第一弾を上回る規模となった。

4．非伝統的金融政策の理論と現実

（1）「流動性の罠」にどう対処するのか

　世界大恐慌が先駆ケインズ主義的なマクロ経済政策を各国が開始する端緒となったように、世界大不況は、アメリカや欧州を中心とする先進諸国が、量的緩和などの非伝統的金融政策を導入する契機となった。既述のように、アメリカのニューディール政策や日本の高橋財政といった世界大恐慌期に展開されたマクロ経済政策には、それを裏付ける体系的な理論はまだ存在してはいなかったが、そのような政策に途をひらく萌芽的なケインズ主義のアイデアは、それ以前にもさまざまな形で存在していた。それは、リーマン・ショック以降に展開された非伝統的金融政策においても同様であり、それについての理論的な検討は、各国が実際にそれを導入する以前から、少なくとも専門世界の中では相応になされていたのである。

　非伝統的金融政策についての論議が専門家たちによって幅広く展開されるようになった契機は、1997年の消費税増税を契機とした金融危機以降に深刻化した日本のデフレ不況である。既述のように、1980年代半ばから世界大不況までの世界経済は、大安定の時代と呼ばれるような、マクロ経済的には相対的に安定した時代であった。しかしながら、日本経済はそのほぼ唯一の例外であった。

　日本経済は、1980年代末のバブル経済が1990年前後に崩壊したのち、地価や株価の下落による資産デフレと、それによる厳しい景気悪化に直面した。1994年頃には景気は底を打ったかのようにも見えたが、1995年に入ると、深刻化しつつあった日米貿易摩擦を背景として為替市場で急激な円高が生じ、景気回復は頓挫した。1996年には日銀による再度の金融緩和によって円高が是正されたことで、景気がようやく回復軌道に乗り始めた。政府はそこで財政スタンスを緩和から緊縮に転換し、それまで3％であった消費税を1997年4月に5％に引き上げた。この増税は、結果とし

て事前の想定以上の景気後退をもたらし、それによって、それまで覆い隠されていた金融機関の不良債権問題が一挙に表面化した。結局、1997年から98年にかけての日本経済は、戦後最大の金融危機そして経済危機に陥ったのである。

　この1997年からの危機は、日本経済をきわめて特異な状況に追い込んだ。それは、デフレーションすなわち恒常的な物価下落であり、そのデフレ下での「流動性の罠」である。

　上述のように、日本経済は1990年初頭のバブル崩壊以降、継続的な資産デフレの状況にあった。1990年半ばになると、急激な円高に伴って、資産価格だけでなく一般物価にも低下傾向が現れ始めた。そして、1997年の経済危機以降は、遂に一般物価が下落し続けるような真性のデフレ経済に陥ってしまったのである。

　先進諸国では一般に、物価安定に第一義的な責任を負うのは中央銀行であると考えられており、中央銀行はだからこそ政府から独立した金融政策運営の遂行を制度的に保証されている。しかしながら、当時の日銀は、必ずしもデフレの阻止を自らにとっての必須の責務とは考えていなかった。

　また、1995年頃の円高対応の金融緩和によって、日銀の操作目標である政策金利は、既に0.5％程度まで引き下げられていた。つまり、日銀が仮にデフレ阻止のための金融緩和を実行しようにも、少なくとも伝統的金融政策の枠内でそれを行うことは不可能になりつつあった。日銀は結局、そのデフレ許容的な政策運営に対する外部からの批判の高まりによって、1999年初頭に不本意ながらも政策金利をほぼゼロ近くまで引き下げるという「ゼロ金利政策」を導入する。これは、日本の伝統的金融政策が名実ともに停止されたことを意味していた。

　つまり、世界大不況以前の世界的マクロ経済安定期においても、日本経済のみは未曾有のデフレに陥っており、さらにそのデフレ下において政策金利の引き下げ余地の存在しない伝統的金融政策の機能停止状況に陥っていたのである。そのことは、世界中の専門家の関心を集めずにはおかなかった。というのは、その状況は、ケインズが『一般理論』の第15章において理論的な可能性としてのみ指摘し、経済史上も1930年代のアメリカ

においてしか実例がないとされていた「流動性の罠」が、現代経済において始めて現実化した実例として受け取られたからである。

　ケインズ主義の伝統的な政策戦略では、こうした状況にどう対応すべきかは、きわめて明確であった。それはまさしく、拡張的財政政策の発動である。第 10 章で詳述するように、初期ケインジアンの多くは本来、景気回復のための政策としては金融政策よりも財政政策の方を重視していた。その理由の一つが、まさしくケインズが指摘した流動性の罠の可能性であった。というのは、金融政策が有効需要の拡大をもたらすのは通常は利子率の低下を通じてであるが、利子率の下限に達した流動性の罠では、その利子を通じた経路が閉ざされてしまうからである。それに対して、財政政策は、利子率が下限に達した場合にも有効性を持つ。

　そうしたことから、1990 年代末頃の日本の経済論壇でも、ケインジアンと目されているエコノミストの一部は、「金融緩和を行ってももはや効果は見込めない以上、景気対策の主体はあくまでも財政政策であるべきだ」と強く主張していた。その代表的な一人は、のちのリーマン・ショック後の麻生政権の時にはその政策アドヴァイザーを務めることになるリチャード・クーである [7]。こうした声を背景として、1997 年から 98 年の景気悪化を受けて 1998 年 7 月に成立した小渕恵三政権は、地方への公共投資を中心として、戦後最大ともいえる規模のケインズ主義的財政政策を実行した。

　他方で、この 1990 年代末頃の日本の経済論壇では、こうした旧来的な財政主導の景気対策とは異なる政策戦略の導入を訴える声が生じて始めていた。その戦略とは具体的には、量的緩和といった非伝統的な金融政策の導入や、インフレ目標という金融政策の新たな枠組みの設定である。こうした政策的立場は、決して経済論壇の多数派とはならなかったが、世界的な IT ドットコム・バブルの崩壊によって日本のデフレ不況がさらに深刻化する 2000 年以降になると、リフレ派と呼ばれる政策集団として認知され、一定の発言力を持つに至る。

　ここで重要なのは、ケインズ主義の伝統的な政策戦略である財政政策ではなく、このように金融政策における新たな方策に改めて焦点が当てられ

るようになった背景には、「デフレ下での流動性の罠」という日本の特異なマクロ経済状況によって触発された、世界の専門家たちによる真摯な論議が存在していたという点である。その中でも、クルーグマンが1998年に公表した「日本の不況と復活した流動性の罠」（Krugman [1998]）とバーナンキが2000年に公表した「自ら機能麻痺に陥った日本の金融政策」（Bernanke [2000a]）という二つの論文は、その後の論議と実際の政策的展開にきわめて大きな影響を与えた。

（2）バーナンキの「背理法」とポートフォリオ・リバランス

　バーナンキの上記論文は、「政策金利がゼロという流動性の罠に陥ってしまった状況では金融政策にできることは何もない」という典型的な政策的無為主義の立場を取り続けてきた日銀への批判のために書かれたものである。バーナンキはそこで、「明らかに流動性の罠に陥っていても、依然として金融政策立案者は名目総需要と物価水準を上昇させる力をもっている」ことを主張する。そして、彼によれば、それは「どう転んでも絶対に正しい」のである（Bernanke [2000a] p.158）。それはなぜか。

　中央銀行は一般に、国債その他の資産を市場から購入することによって貨幣を市場に供給する。それが金融調節である。中央銀行が発行する貨幣に何の裏付けもない管理通貨制度の下では、かつての金本位制とは異なり、中央銀行は貨幣供給を原理的には無制限に拡大できる。仮に中央銀行が無制限に政府国債を購入して貨幣を供給しても物価上昇が生じないとすれば、政府は過去はもとよりこれから行われようとする無制限の政府支出を、中央銀行の貨幣供給によるファイナンスのみによって物価上昇なしに実現可能であることになる。しかし、そのような「無税国家」は明らかに存続可能ではない。そうであるとすれば、中央銀行が貨幣供給を無制限に行っていけば、いずれかの時点で必ず物価上昇が生じることがいえる。これがいわゆる「バーナンキの背理法」である[8]。

　このバーナンキ論文は、単に金融政策を用いたデフレ脱却が流動性の罠の下でも原理的には可能であることを「背理法」を用いて示しただけではなく、いくつかの具体的な政策オプションをも提示している。その一つは、

中央銀行による市場からの「例外的な」資産購入である。中央銀行が貨幣供給を拡大させて「貨幣と代替物ではない」資産を購入するという金融調節を無制限に続けていけば、資産市場において必ず「資産価格の変動」が生じるであろう。このメカニズムは、一般にポートフォリオ・リバランスと呼ばれている。その結果として生じる資産価格の変動は、一定の条件の下で、民間経済主体のバランスシートや将来的な収益期待を改善させ、民間支出を拡大させ、最終的には雇用拡大と物価上昇をもたらす。つまり、量的緩和政策は、まずはポートフォリオ・リバランスによる資産価格上昇というチャネルを通じて雇用と物価に波及していくのである。

　このポートフォリオ・バランスあるいはリバランスという考え方の基礎にあるのは、旧世代のケインジアンを代表する経済学者の一人であったジェームズ・トービンによって創始された「資産市場の一般均衡分析」である（Tobin [1969]）。このアプローチによれば、さまざまな財貨の価格と取引量がそれぞれの財の市場での需要と供給を均衡させるように決定されるのと同様に、リスクや流動性において異なるさまざまな資産の価格や収益率が、資産市場における各種資産の需要と供給を均衡させるように決定される。その分析から得られる結論をきわめて単純化していえば、ある資産の供給量が増加した場合、その資産は市場においてその需要を拡大させるに足りるだけのより高い収益率を求められることとなり、結果としてその資産の価格は下落する。資産の供給量が減少した場合にはその逆が生じ、資産の価格は上昇し、収益率は低下する。

　一般に、中央銀行が金融緩和を行うということは、民間金融機関から国債等の資産を購入して、ベースマネーという流動資産を供給することを意味する。それは通常、株式、不動産、外国債券といったリスク資産の市場価値を高める。つまり、中央銀行が金融緩和を行えば、単に市場の利子率が低下するだけではなく、株価や不動産などの資産価格の上昇や自国通貨の為替下落がもたらされる。こうした資産価格の上昇は、それ自体が実体経済を刺激する効果を持つ。資産市場の一般均衡分析はこのように、金融政策すなわち中央銀行による各種資産の売買が、ポートフォリオ・リバランスすなわち民間における資産構成の調整を通じて各種資産価格を市場に

おいてどのように変化させるかを教えるのである。

　このポートフォリオ・バランス・アプローチは、とりわけ非伝統的金融政策に関して大きな含意を持っている。というのは、伝統的金融政策の波及メカニズムは基本的には短期市場金利というチャネルを通じてのものであるのに対して、非伝統的金融政策の場合には、各種資産の価格と収益率を通じたチャネルがより重要になるからである。むしろ、量的緩和政策の単体としての効果は、ほぼポートフォリオ・リバランスを通じた経路に尽きるといってよい。というのは、その資産経路は、政策金利がゼロとなり、さらなる金利引き下げが不可能になった場合にも、金融政策の波及チャネルとして十分に機能し続けるからである。

　バーナンキがのちの世界経済危機時に、FRB 議長としての立場から彼自身が「大規模資産購入プログラム」と呼ぶ量的緩和政策を危機からの回復策として開始した時、彼自身が最も重視していたのは、このポートフォリオ・リバランスを通じた資産チャネルであった。彼は、2012 年 8 月にジャクソン・ホールで行われた講演において、そのことをきわめて明瞭に語っている（Bernanke [2012]）。バーナンキはそこで、FRB が長期的な有価証券の購入を開始した背景には、トービンその他の金融経済学者たちによって解明された「ポートフォリオ・バランス・チャンネル」と呼ばれる波及経路があると指摘する。彼はさらに、このチャネルが有効に機能する前提条件は「投資家のポートフォリオにおける各種金融資産の不完全な代替性」にあるとした上で、FRB が不動産担保証券（Mortgage-Backed Securities: MBS）を購入することの効果を、以下のように説明する。

　　資産の不完全な代替性は、民間投資家にとって利用可能なさまざまな資産の供給の変化が、それらの資産の価格や収益率に影響を与えていくことを意味する。したがって、例えば FRB による MBS 等の購入は、それらの資産の価格上昇や収益率低下につながる。さらに、投資家が FRB に売却された MBS のかわりに他の資産を購入するという形で自らのポートフォリオをリバランスするにつれて、彼らによって購入された資産の価格もまた上昇し、その収益率もまた低下する。収益率の

低下と資産価格の上昇は金融市場全体の状況を緩和し、経済活動を刺激する。そのチャネルの有効性は、伝統的金融政策におけるそれとほぼ同様である（Bernanke [2012]）。

つまり、FRB による MBS 等の購入は、まずはそれらの資産の価格上昇や収益率低下につながる。さらに、投資家が FRB に売却された MBS のかわりに他のリスク資産を購入するという形で自らのポートフォリオをリバランスするにつれて、彼らによって購入された資産の価格もまた上昇し、その収益率もまた低下する。その収益率の低下と資産価格の上昇は、金融市場全体の状況を緩和し、実体経済の活動を刺激する、というわけである。

　以上のように、中央銀行が民間金融機関の保有する各種資産を購入してベースマネーを供給すれば、ポートフォリオ・リバランスの結果として、株価の上昇、不動産担保証券等のリスク資産の価格上昇、為替の下落等々が生じる。そして、それらは一般に経済活動を刺激する効果を持つ。株価の上昇は、投資の期待収益が投資のコストを上回ることを意味するので、投資の拡大がもたらされる。自国通貨の為替相場が下落すれば、輸出や輸入競争産業の生産が拡大する。地価の上昇は、企業や家計が保有する資産の価値の上昇を意味することから、企業や家計の支出を拡大させるように作用する。

　この資産市場の一般均衡分析に基づくポートフォリオ・リバランスのメカニズムは、量的緩和のような非伝統的金融政策に対して重要な理論的根拠を与える。というのはそれは、「仮に経済が利子率の下限という流動性の罠に落ち込んだとしても、金融緩和は必ずしも無効にはならない」ことを示唆しているからである。そこでは確かに、利子経路すなわち利子率の低下を通じた景気拡大効果は機能しない。しかし、資産経路すなわち株価、為替、地価といった資産価格を通じた景気拡大効果は残されている。バーナンキが、「非伝統的金融政策は伝統的金融政策と同様な有効性を持つ」と述べたのは、まさしくそのためである。

（3）「流動性の罠」脱出のためのクルーグマン提案

　非伝統的金融政策には、このポートフォリオ・リバランスに基づく方策の他に、「期待を通じて実体経済を刺激する」という、もう一つの重要なアプローチが存在する。そこでは、量的緩和政策の焦点であるベースマネーの拡大それ自体は、大きな役割を持たない。というのは、家計や企業の消費や投資を左右するのは、中央銀行がその時々に何をするのかというよりは、中央銀行が将来にわたってどのような方針に基づいて政策運営をするのかということだからである。

　仮に経済が利子率の下限という流動性の罠に陥ったとしても、この「期待に働きかける」ことによって実体経済を刺激することができ、それによって流動性の罠から脱出することができることを最初に論じたのが、クルーグマンによる上述の「日本の不況と復活した流動性の罠」（1998 年）である。クルーグマンはそこで、デフレの深刻化とともに政策金利がゼロ近くにまで低下し、戦後世界において初めて流動性の罠に陥りつつあった 1990 年代後半の日本経済を念頭に、そうした状況がなぜ生じるのか、そしてそれを克服するには何が必要なのかを示した。

　クルーグマンの議論で重要な役割を果たすのは、「実質金利＝名目金利―期待インフレ率」という一本の式である。これは、アメリカの経済学者アーヴィング・フィッシャーが提示したことから、フィッシャー方程式と呼ばれている。ここでの名目金利とは、現実の市場において観察される金利である。そして実質金利とは、名目金利からインフレ率を差し引いたものである。例えば、観察される金利が年率 4 ％であったとしても、その 1 年間に 4 ％のインフレが生じるとすれば、金利によって得られる利益はインフレによる元本実質価値の目減りによってすべて相殺されてしまうので、実質的な金利はゼロになる。

　フィッシャー方程式では、実質金利を得るために名目金利から差し引かれるのは、過去のインフレ率ではなく、期待インフレ率すなわち「将来生じるであろうと人々が予想するインフレ率」である。それは、企業や家計の貯蓄や支出に影響を与えるのは、過去の実質金利ではなく、将来の実質金利だからである。企業や家計の多くは、設備投資や住宅購入を行う場合、

そのための資金を金融機関から借り入れるが、その意志決定に影響を与えるのは、名目金利でも過去の実質金利でもなく、将来の実質金利である。それは、仮に契約上の金利が高くとも、返済までに生じると予想されるインフレ率が高ければ、企業や家計にとっての債務額は実質的に減少し、金利負担はその分だけ低くなるからである。

　ここで、完全雇用をもたらすような均衡実質金利がきわめて低く、それはマイナスであったとしよう。均衡実質金利は長期的な経済成長率である潜在成長率とほぼ等しくなるので、通常の成長する経済では、均衡実質金利がマイナスということはほとんどない。しかし、人口の減少率等が大きく、潜在成長率がマイナスとなるような場合には、均衡実質金利もまたマイナスとなる。また潜在成長率はプラスであったとしても、景気循環の特定の局面において、実質金利をマイナスにしなければ十分な回復が実現できないという状況は、きわめて一般的に生じる。実際、世界大不況においては、多くの先進諸国で、金融緩和による金利低下によって市場の名目金利がインフレ率よりも低くなり、事後的に実質金利がマイナスになるような事態が生じた。

　ここで、期待インフレ率はゼロと仮定しよう。また、中央銀行は景気回復のためにベースマネーを徐々に拡大させていくとしよう。その結果、名目金利はやがてゼロ近傍まで低下する。しかし、資金の貸し手がプラスの金利を求める以上、ベースマネーをどれだけ増加させたとしても、金利がマイナスになることはない。期待インフレ率がゼロの場合、フィッシャー方程式から「名目金利＝実質金利」となるので、名目金利の下限がゼロであれば、実質金利の下限もまたゼロとなる。完全雇用を実現させる均衡実質金利はマイナスであるのに対して、現実の実質金利がゼロ以下にはならないということは、金融緩和をどれだけ行っても完全雇用は実現できないことを意味する。これが、ケインズが示唆した「流動性の罠」という状況の、クルーグマンによる再解釈である。

　この「流動性の罠の下では金融政策は無効となる」という命題は、ケインジアンの伝統的な考え方そのものである。彼らはだからこそ、金融政策よりも財政政策に重きを置いたのである。しかし、クルーグマンによれば、

「流動性の罠である以上、財政政策しか方策はない」というこのケインジアン的な通説は、必ずしも常に正しいわけではない。

実は、この流動性の罠のストーリーには、重要な前提条件がある。それは、どのような政策変更を行っても期待インフレ率は変化しないという「静学的期待」の仮定である。しかし、期待インフレ率が「定数」ではなく「変数」であれば、話はまったく違ってくる。というのは、名目金利がゼロであったとしても、何らかの政策によって期待インフレ率をゼロからプラスに変更できるならば、「実質金利＝名目金利－期待インフレ率」というフィッシャー方程式から、実質金利をマイナスの領域に引き下げることができるからである。それは、仮に均衡実質金利がマイナスであったとしても、名目金利の下限という「流動性の罠」を打ち破って完全雇用が実現できることを意味している。

以上が、クルーグマンによる「流動性の罠」論と、その脱出策に関する基本的な論理である。このクルーグマンの議論は、流動性の罠によって金融政策の金利チャネルが失われ、伝統的金融政策が機能停止に陥った時に、そこからどのように脱出するのかという課題に対して、その筋道を理論的に示すことで、期待チャネルに関するその後の論議に先鞭を付けた。しかしながら、最大の問題は、その「期待インフレへの働きかけ」がどのような政策によって実現できるのかにある。

現在のマクロ経済政策の枠組みにおいては、インフレ率のコントロールに基本的な責任を負うのは、いうまでもなく中央銀行である。これは、中央銀行が担う金融政策こそが、インフレ率を適切な水準に制御する第一義的な政策手段であることを意味する。しかし、その中央銀行の金融政策による物価のコントロールとは、あくまでも現在あるいは近い将来のインフレ率を２％といった目標水準に近づけるためのものである。それに対して、人々の貯蓄行動や支出行動に影響を与える実質金利は、一定の時間を経た将来において実現されるインフレ率としての「期待インフレ率」に依存する。そして、その「期待」は、中央銀行が今何を行うかというよりは、中央銀行が将来にわたってどのようなスタンスで金融政策を行うのかに依存する。つまり、期待インフレ率および実質金利は、現在というよりは将来

の金融政策に依存する。

　これは、量的緩和政策を「今」行ったとしても、それは必ずしも有効ではないことを意味する。クルーグマンはだからこそ、常々「流動性の罠の下での量的緩和政策は、期待に働きかけるものでない限り、それ自体としては効果がない」と述べているのである。彼はその面では、「流動性の罠の下では金融政策は無効」というケインジアンの旧来の主張を強固に受け継いでいる。これは、彼の基本モデルが貨幣と債券しか含まず、ポートフォリオ・リバランスを考慮していないところから生じている。クルーグマンは、流動性の罠の問題性について論じたニューヨーク・タイムズ誌のコラムで、バーナンキ流のポートフォリオ・リバランスに依拠した量的緩和論を否定はしていないが、自らはその効果について懐疑的な立場にあることを明らかにしている（Krugman [2010]）。

　とはいえ、現実の政策として考えた場合、具体的な手段が明確な量的緩和とは異なり、どのような手段を用いれば「期待への働きかけ」が実現できるのかは、そう簡単に答えが出る問題ではない。重要なのは現在ではなく将来の金融政策とはいっても、中央銀行はその「将来の金融政策」を、人々にどのように浸透させればよいのであろうか。それについて、クルーグマンは例えば、「中央銀行は信認ある形で無責任になることにコミットすべき」と述べている。しかし彼は、何をすればそれが実現できるのかは示していない。そして、その課題の実現を阻む現実的な制約がきわめて強固であることは、クルーグマン自身も認めている（Krugman [2013]）。

　しかし、クルーグマンの問題提起は、決して無駄になったわけではなかった。というのは、その「期待に働きかける」という政策の重要性は、不況下でも定常的なインフレ期待が崩れることはなかった欧米とは異なり、20 年近い長期にわたって一般物価の下落が続き、将来もそれが続くであろうという「デフレ期待」が人々の思考の中に強固に根付いていた日本においては、とりわけ明らかだったからである。そして、後述のように、その政策戦略は、日本において確かに大きな実を結んだのである。

　将来的にもデフレが続くと人々が予想する「デフレ期待」がマクロ経済の安定化をいかに阻害するかは、「実質金利＝名目金利－期待インフレ率」

というフィッシャー方程式から直ちに明らかになる。デフレ期待とは、この式の期待インフレ率がマイナスになるということである。それは、どれだけ金融緩和を行っても名目金利はゼロ以下にはならない中で、さらに実質金利を引き上げることを意味する。デフレ期待が強まり、実質金利が上昇すれば、民間企業や家計の支出は縮小し、経済は確実に縮小する。そして、デフレはさらに進行する。これが、デフレ・スパイラルである。世界的なITドットコム・バブル崩壊後の2001〜2002年、そしてリーマン・ショック後の2009年〜2011年に、日本経済は半ばその「デフレの罠」に陥っていた。

　その後にリフレ派と称されることになった日本の経済学者とエコノミストたちは、日本がデフレに突入した1990年代末から、上のクルーグマンの問題提起を受け入れ、日本経済がデフレから脱却するためには、何よりも「デフレ期待をインフレ期待に転換させるような金融政策のレジーム転換」が必要と訴え続けてきた。彼らリフレ派の提案は、2012年末における第2次安倍政権の成立によって、ようやく日の目を見ることになる。

（4）日本経済に生じた多段階政策レジーム転換

　クルーグマンは以上のように、流動性の罠によって金融政策の利子経路が失われ、伝統的金融政策が機能停止に陥った場合でも、何らかの政策手段によって期待インフレ率を引き上げることができれば、経済を流動性の罠から脱出させることができると論じた。問題は、その「期待への働きかけ」がどのような政策によって実現できるのかにあった。

　この課題に対する一つの回答は、第10章で言及する「合理的期待形成」という仮説の中にある。その提唱者の一人であったトーマス・サージェントは、「4大インフレーションの終焉」（Sargent [1982]）という論文の中で、「政策レジーム」という概念を提起した。それは、「政策当局が経済状態の関数として繰り返し選択するためのルールの体系」と定義される。サージェントによれば、政府の政策戦略に変更があれば、民間経済主体はそれに対応して、消費、投資、ポートフォリオなどを選択するための戦略やルールを変更する。というのは、民間経済主体にとっての最適な選択は、政策

当局が現在から将来にわたって採用する政策経路に依存するからである。つまり、民間経済主体の行動は、政策レジームのあり方よって変化するのである。

　ここで重要なのは、この政策レジームの転換が、民間経済主体の意志決定を実際に変化させることになるか否かは、特定の政策に対する政策当局のコミットメントの程度と、そのコミットメントに対する経済主体の信認に依存するということである。例えば、中央銀行が何らかの政策目標を達成すべく金融緩和を行ったとしても、それが人々によって一時的なものと認識されているか、あるいは目標に達するまで確実に継続されると認識されているかで、金融緩和の効果は大きく異なる。中央銀行による金融緩和のアナウンスメントが「口先」だけのものと認識されている場合には、その効果は自ずと限定的なものとなる。

　これは、政策当局と民間経済主体との間の、ある種の戦略的なゲームと考えることができる。ある政策への当局によるコミットメントが民間経済主体によって十分に信認されていれば、政策目標の達成はきわめて容易になる。場合によっては、当局が具体的な政策を実行する前に、民間経済主体が政策を先取りして動き、現実を目標に近づけてしまうことさえある。実際、サージェントが上記論文で明らかにしたように、第１次大戦後にハンガリー、オーストリア、ポーランド、ドイツにおいて生じた「４大ハイパー・インフレーション」は、独立した中央銀行の創設や金本位制への復帰といった「政策レジーム転換」によって、中央銀行のベースマネーの拡大にもかかわらず終息に向かったのである。

　つまり、クルーグマンのいう「期待に働きかける政策」が存在するとすれば、この「政策レジーム転換」こそがその一つである。その要点は、政策当局がある政策目標を達成するための具体的な政策措置を、明確な将来展望とコミットメントに基づいて実行することである。そのコミットメントが民間経済主体によって十分に信任されていれば、第１次大戦後のハイパー・インフレーションがそうであったように、デフレーションや不況もまた、民間経済主体の行動そのものによって自ずと終焉に向かっていくと考えられる。

　以上のように、政策レジーム転換とは、政策当局の政策戦略やルールが、民間経済主体の信認を伴う形で変更されることである。それは現実には、政権や政策責任者の交替が契機となることが多い。日本の金融政策についていえば、そのような意味での政策レジーム転換の明らかな実例は、2012 年 12 月の第 2 次安倍晋三政権の成立と、その安倍が指名した黒田東彦を総裁とする新たな日銀の成立であった。

　黒田以前の日銀は、その政策上の優先順位を、明らかにデフレの克服よりは伝統的金融政策の枠組みをできるだけ守ることの方に置いていた。事実、日銀は速水優総裁時代（1998 年 3 月〜 2003 年 3 月）には、日本経済がまさに深刻なデフレの罠に陥りつつあったにもかかわらず、伝統的金融政策への早期復帰を優先し、2000 年 8 月にゼロ金利政策の解除を実行した。速水を引き継いで 2008 年 3 月まで総裁を務めた福井俊彦は、この元来はゼロ金利解除という失敗を糊塗する目的で速水時代に導入された量的緩和政策を積極的に活用し、デフレの抑制に一定の成果を挙げた。しかしその福井も、任期後半の 2006 年には、デフレ脱却が実現されないままに量的緩和解除を行った。さらに、福井を引き継いだ白川方明総裁時代（2008 年 4 月〜 2013 年 3 月）の日銀は、白川自身が量的緩和政策の強固な否定論者であったこともあり、主要中央銀行がリーマン・ショック後の世界経済危機に対処すべく非伝統的金融政策に乗り出す中で、ひとり伝統的金融政策の枠組みに固執し続けたのである。

　この旧来的な日銀の金融政策レジームが根本的に転換されたのは、制度的には 2013 年 3 月の黒田日銀の成立によってである。しかし実は、「政策戦略やルールが民間経済主体の信認を伴いつつ変更される」という意味での政策レジームの転換は、明らかにそれ以前から始まっていた。それは、単一のイベントを契機とした転換というよりは、安倍の自民党総裁再就任（2012 年 9 月）、衆議院解散（2012 年 11 月）、総選挙での政権交替（2012 年 12 月）、政府と日銀による「2 ％のインフレ目標導入」の共同宣言（2013 年 1 月 22 日）、そして黒田日銀による「異次元の金融緩和」の公表（2013 年 3 月）という一連のイベントを経て現実化した、「多段階レジーム転換」であった。

　その影響は、為替市場と株式市場において最も強く現れた（図9-6、図9-7）。ドルの対円レートは、リーマン・ショック以降、米FRBがQE1からQE2、QE3と量的緩和政策を段階的に拡大したことを背景に、傾向的に低下し続けてきた。しかしそれは、安倍が劣勢の予想を覆して自民党総裁選に勝利した2012年9月26日を契機に反転した。それから2013年5月までに、ドル円レートはほぼ3割上昇し、日経平均株価はほぼ倍増した。このドル円レートと株価は、その後はいったん調整局面を迎えるが、年末にかけて再び上昇局面に入り、年初来の高値を更新して2014年を迎えることになる。

　このように、日本の金融政策のレジーム転換は、まずは安倍の自民党総裁選での勝利が契機となって生じた。それは、以下の理由による。当時の民主党政権は、それまでに失政に次ぐ失政を重ねたことで、2012年内にも行われるはずの総選挙での敗北が確実視されていた。それは、来たるべき総選挙で自民党が与党の座に返り咲くこと、そして自民党総裁に復帰した安倍がその次期政権の首班となることを意味していた。さらに、その安倍が首相になった暁には、自らの権限を通じて日銀の金融政策を根本的に転換させるべく試みるであろうことは、それまでの安倍の言動から明らかであった。安倍は、2012年9月の自民党総裁選において、総裁候補者の中で唯一、デフレ脱却のための積極的な金融緩和の必要性を訴えていた。さらに、それを裏付ける枠組みとして、日銀法改正をも視野に入れつつ、2〜3％のインフレ目標の導入を掲げていたのである。

　つまり、目ざとい市場関係者たちは、この安倍の自民党総裁選勝利の時点で既に、ゲームのルールが変わることを読み切っていたのである。その結果として生じたのが、図9-6や図9-7が示すような、為替レートや株価における急激なトレンド転換であった。それはまさに、「消費、投資、ポートフォリオなどを選択するための戦略やルールの変更」という、サージェントが定義した意味でのレジーム転換の典型的な実例であった。

　このように、民間経済主体とりわけ市場関係者の行動は、日銀新体制が成立し、その日銀が異次元金融緩和という新たな政策を実施する以前から、その変更を事前に織り込んで、突発的に変化した。その変化はとりわけ、

図 9-6　ドル円為替レートの推移：2008 年〜 2016 年

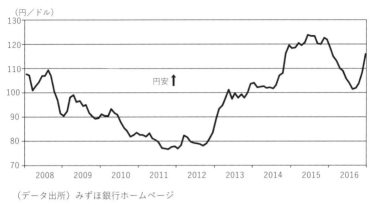

（データ出所）みずほ銀行ホームページ

図 9-7　日経平均の推移：2008 年〜 2016 年

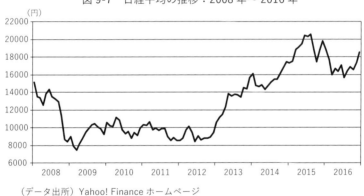

（データ出所）Yahoo! Finance ホームページ

市場関係者の期待転換を直接的に反映する為替市場と株式市場において顕著に現れた。それは、日銀がそれまでのデフレ許容的レジームを放棄し、インフレ実現のためにベースマネーを積極的に拡大するレジームに転じるとすれば、結果として円安と株高が進むことが確実に想定されるからである。これは、市場がポートフォリオ・リバランスによる理論上の効果を織

り込んでいったことを示している。

　他方で、このような劇的なレジーム転換の実現にもかかわらず、クルーグマンのモデルが本来焦点としていた「人々のインフレ期待の転換」は、それほど明確な形で現れることはなかった。政府と日銀は 2012 年 1 月末にインフレ目標を導入したが、もしそのコミットメントが信頼されていれば、人々の期待インフレ率はそれに近い値までジャンプしたはずである。しかし、市場の期待インフレ率を示すと考えられている、通常の国債と物価連動国債の利回りの格差であるブレーク・イーブン・インフレ率は、2 ％インフレ目標の導入時にも、確かに一定の反応は見られたものの、2 ％の水準に達するまでには至らなかった。

　それはおそらく、為替レートや株価などの資産価格とは異なり、物価や賃金には強い粘着性が存在するからである。物価や名目賃金が実際に上昇するためには、期待の変化だけではなく、実体経済における需給ギャップの縮小が必要となる。そのギャップの縮小がどの程度のペースで進むのかを正確に見通すことは、民間経済主体にとってだけではなく、政策当局にとってさえきわめて難しい。民間経済主体のインフレ期待が、将来のインフレ率を織り込むよりは、その時々のインフレ率に適応するものになりがちなのは、そのためである。つまり、物価や賃金が粘着的である以上、人々の期待インフレ率も粘着的にならざるを得ないということである。

　期待転換の実現においてさらに致命的であったのは、第 2 次安倍政権の成立前の 2012 年半ばに成立していた「3 党合意」に基づいて 2014 年 4 月に実行された消費税増税である。安倍自身は、性急な消費税増税に本来きわめて懐疑的であった。安倍は、3 党合意による消費税増税法案が可決された直後に行われた 2012 年 9 月の自民党総裁選出馬表明時には、「消費税引き上げの前にデフレ脱却をして経済を力強い成長軌道に乗せていく必要がある」と述べ、他の総裁候補者が消費税増税を自明とする中で、増税延期の可能性に唯一言及していた。さらに総裁就任後にも、インタビューなどにおいて、「日本経済がデフレ脱却に向かっていないと判断した場合には消費税の引き上げ延期を検討する」と述べていた。

　こうした慎重姿勢にもかかわらず、安倍は結局、2014 年 4 月に、第 1

回目の消費税増税を実施した。その最大の要因は、アベノミクスが開始された 2013 年に入ってからの顕著な景気回復であった。特に決定的だったのは、速報値では 2.6％であった 2013 年第Ⅱ四半期（4 月〜6 月）の実質経済成長率（年率換算）が、9 月 9 日に発表された改定値で 3.8％へと大幅に上方修正されたことである。名目経済成長率（年率換算）の方も、速報値の 2.9％から改定値の 3.7％へと上方修正された。このアベノミクスの開始時点での大きな成功は、その本来の目標であるデフレ脱却を頓挫させるリスクをはらむ増税を後押しするという、きわめて皮肉な結果をもたらしたのである。

　この消費税増税は結局、異次元金融緩和によって生じていたデフレ脱却のモメンタムを大きく失わせるように作用した。それは、デフレの時代は終わるだろうという人々の期待が、消費税増税による景気回復の頓挫によって完全に裏切られたからである。その結果、日銀はその後、インフレ目標の達成に向けた長い闘いを余儀なくされることになる。その一連の経緯は、デフレ脱却のためのマクロ政策レジームは、何よりも金融政策と財政政策が歩調を合わせてこそ機能するという重要な教訓を残したのである。

5．赤字財政主義における金融政策の新たな役割

（1）赤字財政主義とその陥穽

　ケインズ主義とは最も一般的には、「資本主義経済の安定化のためには市場を自由放任に任せておくべきではなく、政府が積極的に反循環的なマクロ経済政策、具体的には景気安定化のための財政政策および金融政策を行うべきである」とする立場である。この反循環的マクロ経済政策への要請から派生する重要な系論に、「不況時における循環的な政府財政赤字の許容」がある。これが、いわゆる赤字財政主義である。

　第 4 章第 3 節で論じたように、赤字財政主義は、ケインズ自身による「大蔵省見解」批判にルーツを持っている。この大蔵省見解とは、「政府がその歳入を超えて歳出を行うことは、民間が必要とする投資資金を政府が奪うことを意味するので、政府はその歳入と歳出を会計期間ごとに均衡化す

べきである」という、ケインズが活躍していた当時のイギリスの財政当局すなわち英大蔵省で支配的であった均衡財政主義の考え方である。

　政府財政を単に政府の支出に対する収入の不足としてではなく、ケインズのようにマクロ経済を安定化させる手段として位置付けるならば、それが均衡財政主義とはまったく相容れないのは明白である。というのは、民間企業や家計が投資を減らして貯蓄を増やすような不況期には、政府は逆に支出を増やして所得を減らさない限り、政府と民間の両者を含めたマクロ経済全体の安定化、すなわち所得と支出の望ましい均衡は実現できないからである。より具体的には、政府はそのような不況期には、公共投資等の支出拡大や、減税などを通じた歳入削減を行う必要がある。必然的に、政府財政は不況期には赤字化する。逆に、好況期には民間企業や家計が積極的に支出を増やしていると考えられるため、政府は支出を政策的に拡大する必要はない。他方で、政府の収入である税収は、民間の所得拡大に伴って自動的に増加する。結果として、好況期には一般に政府財政は改善する。

　赤字財政主義はこのように、「政府の財政均衡は会計期間ごとにではなく、景気循環の全過程を通じて実現されればよい」と考える。好況期には政府財政が自ずと改善されるとすれば、逆に不況期の一時的な財政赤字は積極的に許容されるべきことになるからである。

　この赤字財政主義の考え方は、戦後世界におけるケインズ主義の定着とともに、各国の財政運営の基本的方針として、おおむね受け入れられてきた。各国政府は実際、財政健全化を行うという場合にも、財政赤字を単に赤字だからといって問題視するのではなく、景気悪化の結果として発生する「循環的赤字」をできるだけ許容しつつ、もっぱら経済の平均的な成長トレンドにおいて発生する「構造的赤字」の縮小に焦点を絞るといった政策戦略を用いてきた。そうした中で、政府財政赤字の累積としての政府債務についても、「債務がどれだけあるかよりもむしろその持続可能性が重要である」という見方が一般的に共有されるようになっていった。

　しかしながら、ギリシャ・ショックに始まる欧州ソブリン債務危機は、ケインズ主義の根幹をなすこの赤字財政主義の考え方に、大きな疑念を突

きつける結果となった。というのは、その危機は、「仮に不況によって政府財政赤字の循環的な拡大が生じたとしても、それによって財政の長期的な持続可能性は損なわれることはない」という、赤字財政主義がよって立つ暗黙の前提を否定するもののように見えたからである。

　カーメン・ラインハートとケネス・ロゴフによる「債務不耐性」に関する詳細な歴史事例研究（Reinhart and Rogoff [2009]）が示すように、現実における財政危機や財政破綻は、景気が悪化する局面の中で生じることが多い。それらの事例においては、政府財政赤字の拡大が、経済の安定化を実現させるよりはむしろ、財政危機や財政破綻を導く契機となり、しばしば経済全般の破局的崩壊に至る前兆ともなっている。欧州ソブリン債務危機は、そうした数多くの実例のうちの一つと考えることができる。

　結局のところ、欧州ソブリン債務危機は、「不況時における政府財政赤字は積極的に許容されるべきである」とする赤字財政主義が、一連のあまりにも楽観的な想定に依存するものであることを、改めて浮かび上がらせたのである。赤字財政主義においては一般に、政府財政赤字の拡大は、単に不況期における民間支出の減少を補うだけでなく、十分速やかに民間主導の自律的回復をもたらすことが想定されている。この民間部門の自律的回復とは、民間部門の支出拡大あるいは貯蓄余剰の縮小に他ならない。したがって政府はこの局面では、財政緊縮によって財政赤字を縮小させていき、最終的にはそれを黒字化させていくことができる。

　以上のような楽観的シナリオが成立する場合には確かに、不況期の財政赤字が好況期の財政黒字によって相殺されるので、政府財政の持続可能性に問題が生じることはない。しかし、こうした楽観的シナリオが当てはまらないケースは数多く存在する。その焦点は、政府が赤字の拡大をあえて許容し続けている間に、「民間主導の自律的回復」がどこまで実現されるのかにある。それが速やかに実現されるのであれば、問題はほとんどない。しかし、世界大恐慌や世界大不況のような大きくかつ深い不況においては、回復それ自体に相当な時間を要することが予想される。その場合には当然、年々の政府財政赤字が拡大し続け、その累積である政府債務残高もまた増加し続ける。そうなればやがて、いくつかの財政的に脆弱な国において、

財政の持続可能性に関する市場の信認が失われ、国債の暴落と金利の急上昇が生じるであろう。それこそがまさしく、欧州ソブリン債務危機の経緯であった。

　やっかいなことに、こうして発生した不況下での財政危機は、財政における緊縮主義への政策的な転換点となることが多い。それは、実際に国債市場に問題が生じている国においてだけではなく、財政破綻とは本来無縁であり、国債が市場で円滑に消化されているような国においてさえ当てはまる。というのは、仮に財政赤字の大部分は景気悪化に伴う循環的赤字にすぎず、財政の持続可能性に問題はまったくなかったとしても、どこかの国で財政破綻が生じたという事実は、目前で拡大しつつある財政赤字に何か特別な意味をもたせてしまいがちだからである。実際、本章第2節で示したように、ギリシャ危機は、各国の政治家や政策当局者たちの間に、自国が第二のギリシャになるかもしれないという恐怖を蔓延させ、自国の財政政策を緊縮へと転換させる決定的な契機となったのである。

　欧州ソブリン債務危機はこのようにして、世界全体に「不況下の緊縮」を蔓延させた。この緊縮主義とは、政府財政の「健全化」のために増税あるいは支出削減を求めるという立場である。それが政策として最悪なのは、マクロ経済の安定という観点からは明白である。そもそも不況とは、家計や企業が消費や投資を減らした結果、マクロ経済全体の総需要が潜在的な供給能力に対して不足した状態が生じているという現象である。だからこそ、その総需要不足を補うべく、政府が財政赤字を厭わずに支出を拡大すべきだというのが、赤字財政主義である。それに対して、緊縮主義は、民間の家計や企業が十分な支出を行っていない中で、政府にも支出削減を求めるのであるから、それが景気回復を阻害するように働くのは自明である。実際、欧州ソブリン債務危機以降に拡大した世界的な緊縮政策は、世界大不況からの世界経済の回復を明らかに阻害する結果をもたらしたのである。

　不況時における財政赤字の許容という赤字財政主義は、ケインズ主義の成立以来、その政策戦略における不変の根幹であり続けてきた。しかしながら、循環的に拡大する政府財政赤字が想定されるような自律的景気回復

には結びつかず、むしろ財政への懸念をもたらすような事態に発展していく可能性について、ケインズ主義がこれまで十分な対応策を構築してきたとはいえない。それはおそらく、財政危機という現象が、赤字財政主義の有効性に大きな疑念を突きつけかねない「不都合な真実」だったからである。その意味で、世界大不況期におけるケインズ主義的財政政策の世界的な復活が2年もたたないうちにその終焉を迎え、その対極ともいえる緊縮主義に道を譲ることになったのは、この赤字財政主義が抱え持つ重大な陥穽の無視というケインズ主義の知的怠慢がもたらした「つけ」であったともいえる。

（2）「反緊縮」のための前提条件としての金融緩和

　それでは、政府財政赤字の循環的な拡大を可能な限り許容しつつ、すなわち赤字財政主義を貫きつつ、それが財政への懸念に結びつくことがないようにするためには、何が必要だったのであろうか。その答えは、緊縮主義へのアンチテーゼとして2010年代の半ば頃から世界的に提起され始めるようになった「反緊縮」主義の中に見出すことができる。

　マクロ経済政策における反緊縮とは、「赤字財政政策を維持可能なものとするために金融政策を積極的に活用する政策戦略」と定義できる。要するに「金融緩和プラス拡張財政」である。それが旧来の赤字財政主義と異なるのは、必ず金融緩和とセットになっているという点にある。そこで金融政策の役割に改めて焦点が当てられるようになったのは、金融緩和は赤字財政主義を貫徹するためにも必要不可欠であることが、まさにこの財政危機から財政緊縮に至る経緯の中で明らかになったためである。

　そもそも、赤字財政主義はそれ自体としてはきわめて脆弱である。不況下には財政赤字を拡大すべきとはいっても、実際に赤字が拡大すれば財政危機懸念が生じるのは避けられないし、その懸念がやがては現実の危機に転じる可能性も否定はできない。それがまさに、多くの国が「不況下の緊縮財政」という最悪の選択を行うに至った理由である。しかし、金融政策は、そのような政策選択に追い込まれるのを避ける大きな手助けとなる。そこには少なくとも、以下の三つのチャネルがある。

　第一は、中央銀行による国債購入を通じた国債市場の安定化である。中央銀行が行う金融緩和とは、一般的には国債等の資産を購入して自国通貨を供給することである。不況期には通常、税収の減少や景気対策のための財政支出によって政府財政が悪化し、国債の発行が増加する。それは時には、国債市場の攪乱要因となり、国債の価格下落と金利上昇をもたらす。しかし、中央銀行が不況期に国債購入を通じた金融緩和を行えば、国債金利は低位に保たれ、市場の攪乱は自ずと抑制される。

　第二は、中央銀行の国債保有拡大による政府の国債利払い費の縮小である。政府が国債を発行して財政赤字を賄えば、当然ながら民間の国債保有者に対して金利を支払い続けなければならない。しかしながら、その国債を中央銀行が民間から買い入れた場合には、政府はその分の金利支払いを免れることができる。というのは、政府が中央銀行に支払った国債保有分の金利は、国庫納付金などとして再び政府に戻ってくるからである。したがって、中央銀行が国債保有を拡大すればするほど、政府の国債利払い費は縮小する。債務とは金利を支払ってこそ債務なのであるから、中央銀行が保有している国債に関しては、政府債務が事実上存在しないに等しい。これがいわゆる通貨発行益（シニョレッジ）である。

　そして第三は、金融緩和を通じた景気回復による財政の改善である。金融緩和は一般に、金利や為替の低下を通じて雇用、所得、そして企業収益を改善させる。税収は基本的に所得や企業収益に依存するものであるから、その所得と企業収益の改善は、自ずと不況によって減少していた税収の改善に結びつく。

　本来、金融政策が自由度を持つということは、「政府の財政収支制約」を一時的にせよ大きく緩和できることを意味する。それに対して、ギリシャ、スペイン、ポルトガル、アイルランド、イタリアといった欧州の財政危機国においては、ユーロへの通貨統合によって、国ごとの自律した金融政策の実行が不可能になっていた。その意味で、これら債務危機国がすべてユーロ圏に属していたことは、偶然ではまったくない。というのは、欧州ソブリン債務危機とは、各国の財政規律云々の問題というよりは、本質的には通貨統合によって各国の自律した金融政策が不可能になっていたという

「ユーロの足かせ」の問題だったからである。仮にこれら欧州の債務危機国がユーロには加入せずにそれぞれの通貨を保持していたならば、債務危機を当初から免れていた可能性は十分にあったといえる。

　この推論を裏付ける一つの重要な証拠と考えられるのが、2011 年 11 月に欧州中央銀行（ECB）の第 3 代総裁に就任したマリオ・ドラギによって主導された一連の施策とその帰結である。2012 年になると、ギリシャの財政危機はより一層深刻化し、財政破綻懸念がスペイン、ポルトガル、アイルランド、イタリアにまで拡散した。これら財政危機国の国債利回りは軒並み急上昇し、市場はユーロそれ自体の崩壊をも織り込み始めた。そうした状況を受けて、ECB は 2012 年 9 月に、新たな国債買い取りプログラムを公表した。ECB 総裁ドラギはその時、ECB が「無制限の国債購入」を行う用意があることを明言した。この ECB の新たな方針は、結果として市場の沈静化に絶大な効果を発揮した。この時期を境に、ユーロ圏財政危機国の国債利回りは低下し、ユーロの為替レートは上昇し始めた。ECB は結果として、むしろ国債買い取りプログラムの実施を先送りし続けることができたのである。

　結局、財政ファイナンス懸念により通貨の信認が失われるというドイツなどによって展開されていたお決まりの反対論の想定とはまったく逆に、ECB による無制限国債購入方針は、ユーロ圏国債市場の安定化とユーロの信認回復をもたらしたのである。ドラギは約 1 年後に、上の 2012 年 9月の政策決定を「最近導入された中で最も成功した金融政策措置」と自画自賛した。確かに、それこそがユーロ圏崩壊の危機を取り除いた最大の政策的決断であったことを考えれば、ドラギのその言葉は必ずしも誇張ではなかった。ドラギによるこうした巧みな金融政策運営は、その後はしばしば「ドラギ・マジック」と呼び習わされるようになった。

　このドラギの ECB による政策の帰結は、金融政策は単にマクロ経済の安定化のためだけではなく、国債市場の安定化、さらには財政の持続可能性の確保のためにも重要な意味を持つことを示している。ECB は本来、他の主要中央銀行とは異なり、ユーロ圏諸国での財政統合の欠如から生じる大きな制約を抱えている。その制約にもかかわらず、ECB による無制

限国債購入方針の表明は、国債市場の安定に絶大な効果をもたらした。それは、反緊縮における金融政策の重要な役割を何よりも雄弁に示すものといえる。

　以上のように、ケインズ主義の政策戦略は、世界大不況を経る中で大きく様変わりした。本章で明らかにしたように、それは次第に「財政政策と金融政策の統合」という意味での反緊縮主義に収斂しつつある。その詳細については、次章で改めて論じることにする。

第10章　ケインズ主義はどのように変わっていったのか——ケインズ主義ⅠからⅡへ [*]

1．ケインズ主義はなぜ生き残ったのか

　第2次世界大戦の終了とともに世界各国に普及したケインズ経済学は、1960年代には黄金期を迎えたが、その後は次第に過去の遺物のように取り扱われるようになっていく。1972年の論文「期待と貨幣の中立性」(Lucas [1972]) によってマクロ経済学における革命に先鞭を付けたロバート・ルーカスが、シカゴ大学の大学院生たちに向けて「ケインズ経済学の死」を宣言したのは、1979年のことである（Lucas [2013] ch.21)。その10年後の1989年にカール・ビブンが『誰がケインズを殺したのか』(Biven [1989]) という経済学物語的な書を出版したとき、ケインズ経済学が死んでしまったということは、経済学という世界の中ではほとんど疑いようもない歴史的事実として受け入れられていたのである。

　ルーカスのきわめてポレミカルな内容を含む上記論文は、以下の文章から始まる。

　　私がここで議論したい主な展開は、既に起こっています。それは、ケインズ経済学は死んだということです。あるいは、"消えた"という方が言葉としてよりふさわしいかもしれません。私は、これがいつ起こったのかを正確に言うことはできません。それは今日には当てはまりますが、2年前には当てはまりませんでした。この観察は経済学的なものではなく社会学的なものであるため、その証拠もまた社会学的なものです。例えば、自らを"ケインジアン"として識別し、その立場で研究を遂行しているような40歳未満の優秀な経済学者は、見出すことができません。実際、そのように言及されれば、人々は怒り出すでしょう。研究セミナーでは、人々はケインジアン的な理論を真

剣に考えることはなくなりました。聴衆はひそひそ話を始め、示し合わせたようにそれを嘲笑し始めます。主要なジャーナルは、ケインジアン的な論文をもはや公刊していません。私は、他の多くの人と同様に、その知的な意味での殺害に関与していたと思います。

　私がこのことを言うのは、自慢話としてではありませんし、ましてや自分自身にとって大いに喜ばしいこととしてでもありません。私はそれを、ただの事実として言っているにすぎません。(Lucas [2013] pp.500-501)

　実際のところ、このルーカスの「社会学的な観察」の正しさは、その後ますます明らかになっていった。というのは、教科書的なケインジアン・モデルは、1980年代以降になると、少なくともアカデミックなマクロ経済学研究にとってのベンチマークとはみなされなくなっていったからである。それ以降は、マクロ経済学という領域で何か新しい研究を行うという場合、ケインズ経済学などよりはむしろ、ルーカスらによって開拓された「新しい古典派」の流儀を身に着けることの方が必須の条件となっていったのである。

　とはいえ、ルーカスの1979年時点での「予測」が、あらゆる点で正しかったわけではない。ルーカスは、上の勝利宣言に引き続いて、以下のように述べている。

　確かに、主導的なケインジアンたちは、学界や政府の政策世界には存在しています。そういった意味では、ケインズ経済学は生きています。しかし、これは過渡的なものです。というのは、新しい供給源が存在しないからです。60歳のケインジアンを生み出す唯一の方法は、30歳のケインジアンを生み出し、30年間待つことです。したがって、それが政策に対してどのような影響を与えるのかが明らかになるまでには、しばらく時間がかかります。しかし、その影響はきわめて正確に予測することができます。(Lucas [2013] p.501)

　結局のところ、その後の経済学や経済政策は、このルーカスの「予測」をまったく裏切るような方向に展開した。ルーカスらの考えは確かにマクロ経済学に革命を引き起こしたが、それは「30歳のケインジアン」を根絶やしにすることはなかった。というのは、第8章で明らかにしたように、その後ニュー・ケインジアンと呼ばれるようになる新しい世代のケインジアンたちは、ケインズ的な考えを放棄して新しい古典派に転向するのではなく、ルーカスら新しい古典派の考えや分析用具をも取り込んだ新しいケインズ経済学を構築し始めたからである。ルーカスらにとっては嘲笑の対象でしかなかった IS-LM モデルや AD-AS モデルといった旧来的なケインジアン・モデルでさえ、経済学教育の領域では依然として主流であり続けている。

　ケインズが決して殺されはしなかったことは、政策の領域ではより一層明白である。少なくとも戦後の西側先進諸国においては、マクロ経済政策が明確に反ケインズ主義的な政策理念によって遂行されていたことは、1980年代前半のイギリスとアメリカを例外とすれば、ほとんどない。確かに、サッチャー政権時代のイギリスとレーガン政権時代のアメリカでは、マネタリズムがその金融政策運営に大きな影響を与えていた。しかし、それは現時点で見れば、マクロ経済政策の実践における特異な歴史的エピソードにすぎない。

　1970年代以降の先進諸国では、日本を例外として、ケインズ主義的な財政政策は、世界大不況期に至るまではほぼ行われていなかった。しかしそれは、ケインズ主義が否定されたからというよりは、マクロ安定化の手段が財政政策から金融政策に移ったからである。1980年代後半以降のいわゆる「大安定期」には、主要中央銀行がインフレ抑制を目標として金融政策を行うようになっていったが、その手法は基本的にはマネタリズム的というよりはケインズ主義的なものであった。

　要するに、少なくともマクロ経済政策の世界においては、ケインズ主義は少しも死んではいなかったのである。ルーカスの「予測」とは異なり、その領域を古典派が支配することはまったくなかった。それどころか、彼らがマクロ経済政策に関与することさえ、きわめて稀であった。

　ニュー・ケインジアンを代表する一人であるグレゴリー・マンキューは、2006年に公表された論文「科学者と工学者としてのマクロ経済学者」の中で、以下のように述べている。

　　新しい古典派一派の先導者たちの中で、学究的世界を離れて国政の重
　　要な職に就いた者は、（私の知る限り）一人もいない。対照的に、ニ
　　ュー・ケインジアンの動向は、これに先立つ世代のケインジアンたち
　　と同様に、象牙の塔を出て数年を国家の首都で過ごした人々で溢れて
　　いる。そうした例として、スタンリー・フィッシャー、ラリー・サマ
　　ーズ、ジョセフ・スティグリッツ、ジャネット・イェレン、ジョン・
　　テイラー、リチャード・クラリダ、ベン・バーナンキ、そして私が挙
　　げられる。最初の4人はクリントン時代にワシントンへ行き、後の4
　　人はブッシュ時代にそこに行った。新しい古典派とニュー・ケインジ
　　アンを分け隔てるものは、基本的には、政治的な右派と左派ではない。
　　それはかなりの程度まで、純粋な科学者と経済学的工学者の違いによ
　　るものである。（Mankiw [2006] p.37）

　つまり、政策世界を闊歩していたのは、昔も今も結局はケインジアンたちだったということである。
　その論文の題名が示すように、マンキューはここで、新しい古典派とニュー・ケインジアンの相違を、純粋科学と工学との相違になぞらえている。しかしながら、両者に対するそのような特徴付けは、必ずしも適切とは言えない。というのは、マネタリズムやオーストリア学派を想起すれば明らかなように、古典派には古典派なりの政策プログラムと、それに基づく政策戦略が確かに存在していたからである。それは、古典派的な価値判断から導き出される、経済理論の社会への一つの応用であり、その意味で明らかに工学的側面を持っていた。したがって本質的に問われるべきは、「その古典派的な政策プログラムはマクロ経済政策の領域においては結局は生き残れず、ケインズ主義のそれが生き残ったのはなぜなのか」なのである。
　ケインズ主義はこれまで、政策世界において驚くべき強い生命力を示し

てきた。それは明らかに、競合者としてのマルクス主義や古典的自由主義を大きく凌駕するものであった。それは端的にいえば、政策生成プログラムとしてのケインズ主義が、ラカトシュ的な意味で前進的なものであったからである。第3章で論じたように、政策生成プログラムの前進性とは、その中核にある世界観や価値判断を維持しつつも、その防備帯における政策戦略を科学的手続きに基づいて柔軟に進化させ、現実に適応可能な新たな政策的命題を生み出し続けることができるという、その実践的適応力にある。ケインズ主義の持つその柔軟性あるいはプラグマチズムこそ、古典派的な政策プログラムが大きく欠いていた性質なのである。

　実際のところ、ケインズ主義の政策戦略は、時代とともに大きく変化し続けてきた。新しい古典派マクロ経済学がケインズ経済学への批判から生み出されたとすれば、ケインズ主義は、その批判を受け入れてその弱点を克服すると同時に、新しい古典派の武器をも自らに取り込むことによって、その防備帯を絶えず強化し続けてきたのである。その結果、ケインズ主義の政策戦略は、初期における財政政策主導のケインズ主義Ⅰから、金融政策の役割を重視したケインズ主義Ⅱに進化していった。このケインズ主義Ⅱは、近年では「財政政策と金融政策のより緊密な統合」という意味での反緊縮主義に収斂しつつある。本章では以下で、その様相を跡付けていく。

2．ケインズ主義Ⅰの成立と後退——財政主導ケインズ主義の歴史的意義と問題点

（1）初期ケインジアンはなぜ金融政策軽視・財政政策重視であったのか

　政策プログラムとしてのケインズ主義は、まずは財政政策主導のそれとして成立した。その印象はきわめて強固であり、ケインズ主義の経済政策といえば「拡張財政による景気対策」という把握は未だに根強い。逆に、金融政策をケインズ主義と結び付けることは、少なくとも一般社会レベルでは稀である。それは、リーマン・ショック後の世界大不況初期に実現した各国における財政政策の復活が、しばしばケインズ主義それ自体の復活と同一視されたことにも示されている。

　しかしながら、ケインズ自身の政策把握は、決して財政一辺倒であったわけではない。もしそうだったのであれば、ケインズは『一般理論』で「貨幣」や「利子」についてのあれほど詳細な議論を行う必要はなかったはずである。そして、『一般理論』第 10 章のような、財政乗数理論を中核とする総需要分析による所得決定理論を提示すればそれで十分であったはずである。実際、初期のケインズ経済学を代表するのはポール・サミュエルソンによる後述の 45 度線モデルであり、それはまさしく『一般理論』に基づく「金融市場のないケインズ的モデル」であった。

　確かに、ケインズの政策論は、後年になるにつれて明らかにより財政政策重視になっていく。しかし、それはおそらく、金融政策が総需要の拡大に役立たなくなる「流動性の罠」のような状況でも財政政策なら役立つからである。ケインズ自身が金融政策の有効性を原理的に否定していたとは考えられない。

　それに対して、ケインズの考えを受け継いだ初期ケインジアンたちの多くは、金融政策の有効性そのものに対して明確に懐疑的であった。それは、当時のケインジアンたちの間では、金融政策の効果はもっぱら利子率の低下が民間投資の拡大をもたらすという経路に限定されていると考えられていたためである。

　確かに、金融政策が総需要に働きかける経路は、財政政策と比較すれば明らかにより間接的である。さらに、その経路の有効性は、貨幣供給の拡大がどれだけの利子率低下をもたらすのかという「利子の貨幣供給に対する弾力性」と、利子率の低下がどれだけの民間投資拡大をもたらすのかという「投資の利子弾力性」という二つの弾力性に依存する。そして、その二つの変数はともに、十分に弾力的ではない可能性があった。

　まず、利子率は明らかに、貨幣供給に対して常に弾力性とはいえない。というのは、利子とは流動性を手放す対価であり、したがって利子率が低くなると人々は流動性資産である貨幣をより選好するようになるため、貨幣供給を増加させていくにつれて必ず利子率の低下は緩やかになるからである。つまり、利子率は貨幣供給に対して次第に非弾力になる。さらに、利子率がきわめて低くなると、利子率は貨幣供給に対して完全に非弾力に

なる。それこそが、ケインズが『一般理論』第15章で指摘した「流動性の罠」である。そこでは、金融政策による利子低下を通じた経路それ自体が機能しない。

　さらに、仮に利子率が貨幣供給に対して弾力的であり、利子率に十分な低下余地があったとしても、それによって民間投資が十分に拡大するのか否かは必ずしも明らかではない。その弾力性の程度は、結局のところは実証的に確認する以外にはない。その点に関してきわめて悲観的な結果を示したのは、1930年代にオックスフォード大学の経済調査グループによって行われた研究調査である。それによれば、投資に関する企業の意志決定は利子率からはほとんど影響を受けなかったとされている（Meade and Andrews [1952] pp.28-30）。その結果が正しいとすれば、金融政策による総需要拡大効果は、流動性の罠か否かにかかわらず、そもそも基本的に期待できないということになる。初期ケインジアンの多くが共有していた、当時のこの特徴的な把握は、しばしば「投資の利子弾力性悲観論」とも呼ばれていた。

　それに対して、財政政策の総需要拡大効果は、明らかに金融政策よりもはるかに直接的である。とりわけ公共投資のような政府支出の場合には、その支出額そのものが直接的に公的需要の増加となる。ただし、経済が完全雇用であれば、政府支出は一般に利子率の上昇を通じて民間投資のクラウド・アウトをもたらす。その点では、ケインズが批判した「大蔵省見解」も、一面の真理を含んでいる。しかし、不完全雇用経済では、政府が赤字国債を財源として支出を拡大したとしても、所得の拡大を通じて貯蓄もまた拡大するので、利子率の上昇や民間投資のクラウド・アウトはその分だけ抑制される。

　財政政策が減税や家計への給付金といった手段によって行われた場合には、実際に支出をするのは政府ではなく家計なので、それがすべて総需要の増加につながるわけではない。というのは、家計には増加した可処分所得の一部を消費ではなく貯蓄に振り向ける可能性があるからである。その場合でも、その財源が税ではなく赤字国債によって賄われる限り、経済全体の総需要は、家計が可処分所得の増加を消費に振り向ける分だけは必ず

増加する。

　ケインズによれば、財政政策にはさらに、単に政府や家計が国債で賄われた財源の一部あるいは全部を支出するというだけには留まらない、所得と需要の連鎖を通じた増幅的な波及効果が存在する。それが、『一般理論』第 10 章「限界消費性向と乗数」に登場し、サミュエルソンによる 45 度線モデルという再構成によって広く一般社会に浸透し、そのことによってケインズ経済学の代名詞ともなった、財政乗数理論である。この 45 度線モデルそして財政乗数理論こそまさに、財政主導ケインズ主義としての「ケインズ主義Ⅰ」を体現する、その基本理論と考えられる。

（2）サミュエルソン「45 度線モデル」の基本構造と問題点

　初級のマクロ経済教科書では現在でも、マクロ経済を描写する最も初歩的な経済モデルとして、しばしば 45 度線モデルが用いられている。それが初めて登場したのは、その初版が 1948 年に出版されたポール・サミュエルソンの『経済学』である [1]。サミュエルソンはそこで、教育的な目的のために、ケインズ『一般理論』に提示された所得決定の原理を、図 10-1 のような 45 度線の図を用いて再構成した。

　サミュエルソンの『経済学』は、ケインズ経済学に基づいて書かれた経済学教科書としては史上 2 番目のものであったが、ケインズ経済学の普及と大衆化という点に関しては、それ以前や以後のどの書物よりもはるかに大きな貢献を行った。というのは、そのサミュエルソンの書は、商業的には大成功を収め、経済学の代表的な教科書として世界各国で熱狂的に受け入れられたからである。それは結果として、最も単純なケインズ型モデルである 45 度線モデルと財政乗数の考え方を一般社会に幅広く浸透させていくという、いわば「ケインズ主義の伝道師」としての役割を果たした。

　45 度線モデルとは、一国の GDP がもっぱら一国の総需要から決定される、最も単純なケインズ型モデルである。その分析的焦点は、政府の財政支出の拡大が一国の GDP をどのように拡大させるかにある。一国の GDP とは人々の所得の総計であり、それは人々の支出の結果として生じるものである。したがって、政府が財政支出を拡大させれば、それは必ず

図 10-1　サミュエルソン『経済学』初版の 45 度線図

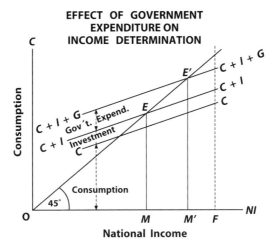

（データ出所）Samuelson [1997] ch.12, p.275 から転載

誰かの所得となり、一国の GDP はその分だけ拡大する。そのモデルの中核となる乗数理論は、財政支出の拡大等によって人々の所得が増えれば、人々はその増えた所得の一部を必ず消費に振り向けるだろうという仮定に基づく。その場合、その新たな消費は必ず誰かの所得となるから、その所得がさらに新たな消費を生むことになる。つまり、政府の財政支出の拡大は、この所得と需要の連鎖を通じて、一国の GDP の増幅的な拡大をもたらす。これが乗数効果である。

　この 45 度線モデルでは、政府の財政支出は 1 ／（1 －限界消費性向）というその乗数倍だけ GDP を拡大させることが示される。マクロ経済学の初級テキストではしばしば、「限界消費性向が 0.8 のときの財政乗数の値を求めよ」といったような練習問題が載せられている。1 ／（1 －限界消費性向）という乗数式に代入すれば分かるように、その答えは 5 である。政府の財政支出は、一国の GDP をその金額の 5 倍も拡大させるというのである。まさしく魔術的な効果である。これが本当なら、初期ケインジアンたちが財政政策を重視したのも当然であろう。

319

　45 度線モデルは現在でも、マクロ経済学の入門的教育の場では頻繁に用いられている。それは確かに、「人々の所得は人々の支出があって始めて成り立つ」という、マクロ経済における所得と支出の相互依存性を示すための教育的道具としては、十分に有用である。しかし、現実を対象にした実証研究や政策分析のための道具として、そのモデルがそのままの形で用いられることはほとんどない。というのは、「政府の財政支出はその数倍もの需要増加をもたらす」といったあまりにも都合のよい結論が現実にはほとんどあてはまらないことは、理論的にも実証的に明白だからである。

　45 度線モデルの最大の問題点は、「人々はその時々の所得の一定割合を必ず消費に振り向ける」という、その基本的な前提にある。この考えはその後、ケインズ型消費関数と呼ばれるようになった。その関数は通常、消費を C、所得を Y、a を基礎消費（ただし $a > 0$）、b を限界消費性向（ただし $1 > b > 0$）として、$C = a + b \cdot Y$ という式によって表される。ここで限界消費性向が 0.8 ということは、人々は「ボーナスの増加分の 8 割を常に消費に振り向ける」ことを意味する。しかしながら、人々の実際の消費・貯蓄行動は、そのように単純なものでない。人々の消費は明らかに、その時々の所得に依存するというよりは、これまでに蓄えた資産や将来において稼得できる所得をも含めた、より長い時間的視野を通じた可処分所得に依存して決まっている。

　こうした問題点が明らかであることから、ケインズ以降の経済学者たちは、まずはこの消費に関するケインズの扱いをより現実に即したものに置き換えることを試みた。それが、ミルトン・フリードマンによる恒常所得仮説であり、さらにはフランコ・モディリアーニらによるライフ・サイクル仮説である[2]。恒常所得仮説とは、人々の消費はケインズが想定するように「現在の所得」にのみ依存するのではなく、現在から将来にわたって確実に得られる見込みのある「恒常所得」に依存するという仮説である。ライフ・サイクル仮説とは、人々の消費はそれぞれの個人が一生の間に消費することのできる生涯所得に依存するという仮説である。これらは、「個人は所得の制約の中で効用を最大化する」という経済学のミクロ的原理を、現実の「長い時間を生きる個人」にあてはめた仮説と考えることができる。

　問題は、財政政策の乗数効果という、ケインズ経済学から導き出される
マクロ経済政策論の核心部分が、このケインズ型消費関数というきわめて
特殊な設定に依存しているという点にある。乗数理論において消費の波及
効果が生じるのは、そもそも人々は必ず所得の増加分の一部を消費に振り
向けるという前提が置かれているからである。仮に人々が所得の増加分の
すべてを消費ではなく貯蓄に振り向けるならば、消費の波及効果はまった
く存在しない。もちろん、増えた所得を直ちに消費に振り向ける家計も存
在しないわけではないだろうが、それはおそらく資産をほとんど持たない
ような貧困家計に限定されるであろう。むしろ、ある程度の資産を持つ一
般的な家計では、各時点の消費の大きさは必ずしもその時々の所得には依
存しないであろう。そのことを考慮すれば、政策論的には、「乗数的な波
及効果は仮に存在したとしてもそう大きなものにはならない」と考えてお
くのが妥当であったのである。

（3）財政主導ケインズ主義の黄昏

　マクロ経済安定化の手段を何よりも財政政策に求める財政主導ケインズ
主義すなわちケインズ主義Ⅰが、現実の政策世界においてその黄金期を迎
えたのは、1960 年代のことである。1961 年に誕生した民主党ケネディ政
権では、ジェームズ・トービンやロバート・ソローといった、当時のケイ
ンズ派を先導する経済学者たちが、政策アドバイザーとして活躍した。彼
らが主導した政策プログラムは、その政策目標が「完全雇用の達成」に置
かれていた点で、まさにケインズ主義そのものであった。そして、その目
標達成のための主要な手段として位置付けられていたのは、当然ながら財
政政策であった。こうした経済政策論は当時、「ニュー・エコノミクス」
と呼ばれていた。

　ちなみに、ケネディ政権が実際に用いた財政政策の手段は所得税減税で
あった。これが、ケネディ政権によって準備され、ケネディ死後の 1964
年に成立した、いわゆるケネディ減税である。実は、ケネディ政権の政策
アドバイザーであったケインズ派経済学者の多くは、景気回復のためには
減税よりも財政出動の方が望ましいとケネディに助言していた。しかし、

最高税率が 91％ にも達していた当時のアメリカの所得税率は高すぎると考えていたケネディが実際に選択したのは、減税政策の方であった。

　マクロ安定化政策の手段をもっぱら財政政策に求めるこのケインズ主義Ⅰの政策戦略は、この時期を最後に、現実の政策世界から急速に姿を消していくことになる。それは直接的には、反ケインズ主義としてのマネタリズムが、1970 年代以降の先進国経済に進行したスタグフレーションを背景として、ケインズ主義を駆逐しつつ学界および政策世界に浸透していったことによる。1980 年前後には、イギリスにサッチャー政権が、そしてアメリカにレーガン政権が相次いで誕生したが、それは、マクロの領域におけるマネタリズムとミクロの領域におけるネオ・リベラリズムが現実の政策世界にまで浸透したという意味で、経済政策の歴史における一大転換点といえるものあった。

　見逃してはならないのは、ケインズ主義Ⅰの凋落は、マネタリズムがこのような形で政策世界において大きな影響を及ぼし始める以前から、学界を中心とする専門世界の内部では既に徐々に進行していたという事実である。十分なミクロ的基礎を持たないケインズ型消費関数に依存する単純な 45 度線モデルや財政乗数理論を、そのままの形でアカデミックな理論・実証研究のための道具として用いることは、ケインズ派のエコノミストの間でさえ忌避されるようになっていた。また、そのような図式から導き出される財政政策万能論的なケインズ主義は、しばしば粗野なケインズ主義（Crude Keynesianism）と蔑視されるようになっていた。経済学のセミナーでケインジアン的な研究が報告されると出席者たちはそれを無視し始めるという、ルーカスによる上記「ケインズ経済学の死」での特徴的な描写は、彼がそれを書くかなり以前から既に現実化し始めていたのである。

　実際、初期ケインジアンたちによるケインズ主義Ⅰの思考様式は、1960 年代末には、マネタリストのような反ケインズ的立場からのみならず、ケインジアン内部からも批判されるようになる。アクセル・レイヨンフーブッドは、1968 年に出版された『ケインジアンの経済学とケインズの経済学』の中で、以下のように述べている。

金融政策の有効性に対するケインズの悲観論と、財政政策の慫慂は
『一般理論』の特徴点ではあるが、これが多くの初期 "ケインジアン"
の手により、単純化されたドグマに作りあげられてしまった。つまり
景気後退期における金融政策はまったく有効でなく、一方財政政策は
景気の加熱、停滞どちらにも有効であり、かつマクロ経済問題に対す
る唯一の処方箋である、とされたのである。こうした議論が展開され
ていく過程で、金融政策手段が有効でないという主張を説明するにあ
たっての大きな変化があった。この変化こそ、ケインズとケインジ
アンとを比較するうえで、関心が持たれる点である。(Leijonhufvud
[1968] p.158)

　レイヨンフーブッドは要するに、初期ケインジアンたちの特質ともいえ
る財政主導ケインズ主義は、ケインズの考え方に忠実であればこそ放棄さ
れべきものであることを指摘したのである。
　このように、マクロ安定化への財政政策の割り当てという政策戦略によ
って特徴付けられるケインズ主義 I の立場は、単にケインズ主義の外側か
らのみではなく、その内側からも排除されていくことになる。つまり、ケ
インズ主義 I は、経済学界の全体から消え去ったのである。その変化につ
いて、マーティン・フェルドスタインは、のちに以下のように概観している。

　　経済学の専門家たちは、1960 年代と 1970 年代の経験から、フィ
　リップス曲線の枠組みと財政政策の有用性というその初期の信念の両
　方を徹底的に排除した。長期フィリップス曲線の概念は、経験的理
　由と理論的理由の双方によって棄却された。1960 年代より高い 1970
　年代のインフレ率は、失業率の低下よりもむしろ上昇を伴っていた。
　失業率は 1960 年代の 4.8% から 1970 年代には 6.2% に上昇したが、
　インフレ率は 2.3% から 7.1% に上昇した。ミルトン・フリードマン
　は専門家たちに対して、長期のフィリップス曲線は実質と名目の大き
　さの混同に基づいており、長期のインフレ率は失業率とは無関係でな
　ければならないと説得した。比較的非弾力的な貨幣需要、価格の内生

　的な反応、および外国貿易からの需要の漏れを考慮した実証的な研究が財政乗数の推定値を低下させたことから、財政政策による安定化に対する専門家たちの信仰は損なわれた。比較静学的分析から動学的枠組みへの移行により、財政政策の影響のラグが非常に重要であり、そのラグの長さが非常に不確実であるために、財政政策は景気後退の谷を過ぎた随分後になってから拡張的な効果をもたらすことが容易に生じ、それが景気を安定化よりも不安定化させることが明らかとなった。

　　財政政策への認識上の有用性の低下は、金融政策への尊重の度合いの増加を伴った。金融政策は無効であるという初期ケインジアンの信仰とは異なり、新しい見解はインフレ過程における貨幣の力と短期的な安定化における金融政策の潜在的に有用な役割を把握していた。金融政策は、財政政策の変更を遅らせる厄介な政治的プロセスなしに連邦準備公開市場委員会によって迅速に調整される可能性があるため、より強力かつ柔軟なものと考えられるようになった。(Feldstein [1997] p.100)

　このようにして、マクロ安定化の主役は財政政策から金融政策へと移っていったのである。

３．マネタリズム反革命からケインズ主義Ⅱへ

（１）古典的自由主義のサブ・プログラムとしてのマネタリズム

　ケインズ主義Ⅰが支配していた戦後の政策世界において、それと対峙する反ケインズ主義の政策生成プログラムであるマネタリズムを生み出したのは、ネオ・リベラリズムの拠点としてのシカゴ学派の創始者であったミルトン・フリードマンである。第４章で明らかにしたように、ネオ・リベラリズムとは本来、政策プログラムとしての古典的自由主義の復興を試みようとする、現代におけるそのサブ・プログラムである。それは、とりわけ1980年代以降、経済的規制の緩和や公的企業の民営化などを推進させていくような、世界的な政策潮流を生み出した。

　ネオ・リベラリズムがこのように、主に市場というミクロ的領域における制度改革を主要な政策課題にしていたのに対して、マクロ経済政策という領域において古典的自由主義に基づく政策戦略を構築しようとしたのがマネタリズムである。実際、マネタリズムとネオ・リベラリズムは、政府の役割はできるだけ限定されるべきであるという古典的自由主義の中核にある価値判断と政策志向を共有している。そして、その立場は当然ながら、古典的自由主義への批判の上に築かれたケインズ主義への反批判を伴う。マネタリズムがしばしばケインズ革命に対する「反革命」の試みとされるのは、まさしくそのためである。

　ところで、第4章第4節で示したように、古典的自由主義の現代的なサブ・プログラムには、ネオ・リベラリズムの他に、リバタリアニズムが存在する。そのリバタリアニズム陣営において、マクロ経済という領域での政策戦略を担っていたのが、フリードリヒ・ハイエクとルートヴィヒ・フォン・ミーゼスに代表されるオーストリア学派であった。このような思想的系譜から明らかなように、マネタリズムとオーストリア学派もまた、古典的自由主義に由来する中核的な世界観や価値判断を幅広く共有している。にもかかわらず、マクロ経済という領域における両者の政策戦略は、しばしばきわめて鋭く対立する。

　マネタリズムとオーストリア学派は、ともに古典的自由主義のサブ・プログラムであることから、ケインズ主義批判という点では同じ方向性を持つ。他方で、オーストリア学派を特徴付けるマクロ緊縮主義や精算主義は、マネタリズムの中にはまったく存在しない。実際、フリードマンはその点に関しては、ケインズがハイエクやロビンズらオーストリア学派に対して行った批判とほぼ同様な批判を彼らに対して行っている。マネタリズムは、ケインズ主義と世界観や戦略は異なるとはいえ、ケインズ主義と同様にマクロ安定化を政策目標としている。当然ながら、その経済観は「不況は歪んだ経済の浄化作用である」といったオーストリア学派的なそれとはかけ離れている。また、オーストリア学派の信奉者の一部は、リバタリアン党の大統領候補でもあったロン・ポールのように FRB の廃止と金本位制の復活を訴え続けているが、そのような政策戦略はマネタリズムとはまった

く相容れない。実際、ミーゼスとフリードマンの間には、金本位体制の是
非をめぐって、モンペルラン協会などの場で厳しい対立があったと言われ
ている。

　マネタリズムとオーストリア学派とのこのような相違は、端的に現実の
政策世界における両者の影響力の相違となって現れている。マネタリズム
は、単に経済学アカデミズムの中で「反革命」を実現させただけではなく、
金融政策運営の基本原理として、少なくとも 1980 年代の一時期には、実
際にいくつかの国の政策当局の思考枠組みを支配した。また、現代の主要
中央銀行の金融政策は、基本的にはケインズ主義的な枠組みによって運営
されているが、その主要な政策戦略は、明らかにマネタリズムから借り受
けたものである。それに対して、オーストリア学派の政策思想の現実的な
影響力は、中央銀行の廃止や金本位制の復活といったその政策的主張の観
念性と空想性のゆえに、ごく一部のカルト的な信奉者に限定されており、
経済学アカデミズムにはほとんど及んでいない。また、現実の政策世界に
おいては、せいぜいのところ BIS がその緊縮主義から多少の影響を受け
ているにすぎない。

（2）マネタリズムの中核と防備帯
　マクロ経済政策の現実におけるケインズ主義からマネタリズムへの転換
は、きわめて劇的な形で実現された。それは、世界的な保守主義革命の端
緒としての英サッチャー政権の誕生である。そのことについて、ピーター・
ホールは、自らが提起した「政策パラダイム」という概念を用いて、以下
のように整理している。

　　ケインジアンたちは、民間経済については、不安定で政府の介入を
　必要としているものと見なす傾向があった。マネタリストは、民間経
　済は基本的に安定しており、政府の介入は善よりも害を及ぼす可能性
　が高いと考えていた。ケインジアンたちは失業に関しては、総需要が
　不十分であることによって生じる問題と捉えていたのに対して、マネ
　タリストたちは、"自然"失業率は労働市場の構造的な条件によって

固定されており、それはリフレ的な政策によっては大きく左右されないと考えていた。ケインジアンたちはインフレを超過需要または過度の賃金圧力から生じる問題と見なしており、それは所得政策によって対処できると考えていた。マネタリストたちは、インフレは常に貨幣的現象であり、それはマネー・サプライをコントロールすることによってのみ制御可能であると主張した。

　1970 年代から 1980 年代にかけてのイギリスは、経済の管理を導く基本的政策パラダイムのシフトを目の当たりにした。サッチャーの政策は、政策のそれぞれに対する単なる場当たり的な調整ではなかった。それらは、マネタリスト経済学に関係する首尾一貫したビジョンに根ざしていた。 今日の主流の経済学は、マネタリストとケインジアンの両方のパラダイムの一部を統合している。しかしながら、1970 年代には、二つの競合する教義がイギリスの政策に対する支配権を争っており、その中でマネタリストのパラダイムが勝利を収めていたのである。(Hall [1992] p.92)

　ケインズ主義とマネタリズムという二つの「政策パラダイム」に関するこのホールの把握は、「政策生成プログラムの中核と防備帯」という概念を用いることによって、より明確化することができる。ホールが述べているように、ケインジアンは一般に、市場経済が政府の介入を必要とするのは、それが本質的に不安定なものであるためと考えていたのに対して、マネタリストは、市場経済は本来は安定的なものであり、それが不安定化するとすれば、それは政府の恣意的な介入によるものであると考えていた。マネタリストのこのような市場経済把握は、マネタリズムがまさに古典的自由主義のサブ・プログラムに他ならないことを示している。

　ケインズ主義とマネタリズムのこうした相対立する世界観こそが、まさしくそれぞれの政策生成プログラムにとっての「反証不能な中核」である。これらは基本的には「主義」すなわちイデオロギーという範疇のものであり、それ自体としては決して反証可能な科学的命題ではない。しかしながら、ケインズ主義にせよマネタリズムにせよ、あらゆる経済政策は結局の

ところ、こうした反証不能な形而上学的世界観やそれと結びついた価値判断から発しているのである。

　他方で、それぞれの政策生成プログラムの防備帯には、一定の実証科学的な裏付けを持った政策戦略がそれぞれに存在していた。既述のように、初期ケインジアンが不況克服のための主要な政策手段として当初考えていたのは財政政策であり、それを裏付けていたのが財政乗数理論であった。また、1970年代に入ると不況よりもむしろインフレ克服の方が各国政策当局にとっての重要な政策課題となるが、一部のケインジアンは、そのための手段として、所得政策と呼ばれる賃金抑制政策を提案していた。

　マネタリズムは、このケインズ主義Ⅰの財政主導主義を厳しく批判し、「ルールに基づく金融政策」という、それとは対照的な政策戦略を提起した。マネタリストはそもそも、ケインジアンのように資本主義経済には不況が不可避とは考えていなかった。彼らは、市場経済は本質として自らを安定化させる機能を備えており、したがって仮に大不況のようなものが生じたとすれば、それは政府が市場経済の正常な運行を歪めるような恣意的な介入を行ったためであると考えた。フリードマンは実際、アンナ・シュウォーツとの共同研究『米国金融史』の第7章「大収縮」の中で、世界大恐慌は資本主義経済の本質的な不安定性を意味するものではまったくなく、単に当時の米FRBによる誤った金融政策運営によって引き起こされたものにすぎないことを主張している（Friedman and Schwartz [1963]）。

　このようなマネタリスト的な市場経済観から導き出されるマクロ経済政策戦略は、「ルールに基づく金融政策」であった。マネタリストによれば、市場経済は基本的に安定的なものであるから、財政政策によってそれを「安定化」させる必要はそもそもない。しかし問題は金融政策にある。というのは、人々が必要とする貨幣を市場に供給できる主体は、金融当局すなわち政府あるいは中央銀行以外にはあり得ないからである。金融当局は、その貨幣の供給を増やすことも減らすこともできる。もし当局が貨幣を増やせば貨幣価値が下落してインフレとなり、減らせばデフレとなって経済を停滞させる。マネタリストによれば、マクロ経済の不安定化の主因は、まさにこうした金融当局による恣意的な金融政策運営にある。彼らが、「マ

クロ経済的安定の実現には、金融当局に裁量ではなくルールに基づく貨幣供給を課すことが必要となる」と考えたのは、そのためである。

（3）自然失業率仮説とその政策的意味

　このマネタリストの政策戦略を実証科学的に裏付けていたのが、第8章第3節で言及した、フリードマンの自然失業率仮説である。その出発点は、1967 年に行われたアメリカ経済学会での会長演説「金融政策の役割」で展開された、ケインジアンによる従来的なフィリップス曲線解釈に対するフリードマンの批判であった（Friedman [1968]）。

　ニュージーランド出身の経済学者、アルバン・ウィリアム・フィリップスは、1958 年に発表された論文「1861 年〜 1957 年のイギリスにおける失業率と貨幣賃金率の変化との間の関係」において、貨幣賃金の上昇率が高い時には失業率は低下し、逆に失業率が高いときは貨幣賃金率の上昇率は低下することを、イギリスの 1861 年から 1957 年までの統計データから明らかにした（Phillips [1958]）。一般に貨幣賃金率の変化は物価の変化と強く相関しているので、これは、インフレーションと失業との間には、一方が改善すれば他方が悪化するというトレードオフの関係があることを意味する。つまり、縦軸にインフレ率、横軸に失業率をとった上で、各時点でのインフレ率と失業率を平面上の点として示し、その点の集合を時間の経過に沿って結んでいけば、平面上には右下がりの曲線が描き出されることになる。このようにして描かれた曲線はその後、その発見者フィリップスの名にちなんで、フィリップス曲線と呼ばれるようになった。

　アメリカの主導的ケインジアンであったサミュエルソンとソローは、1960 年の論文「反インフレ政策の分析的側面」において、こうしたインフレと失業のトレードオフは、アメリカにおいても同様に成立していることを明らかにした（Samuelson and Solow [1960]）。彼らは、アメリカのデータに基づいて、失業率を 3 ％程度まで低下させるとすれば、インフレ率は 4 〜 5 ％程度まで上昇するであろうことを指摘した。その後のケネディ政権では、このサミュエルソンとソローの分析結果に基づいて、社会的に許容可能なインフレ率を 3 ％程度とし、ケインズ的なマクロ政策を用い

て失業率を4％程度まで低下させることが目標とされた。この政策戦略は
いったんは成功したように思われたが、次第にそうではないということが
明らかになった。というのは、1960年代後半になると、アメリカのイン
フレ率は、雇用の改善を生み出す以上に大きく加速し始めたからである。

　フリードマンは、上記「金融政策の役割」およびそれ以降の諸論文の中
で、フィリップス曲線が描くようなインフレと失業のトレードオフは、労
働者がインフレーションを予想していない短期においてのみ成立し、イン
フレが期待に織り込まれた長期には成立しないことを主張した。

　フリードマンは、経済にはインフレもデフレも引き起こさないような中
立的な利子率が存在するように、インフレ率の水準とは無関係な定常的な
失業率が存在するとする。彼は、スウェーデンの偉大な貨幣理論家であっ
たクヌート・ヴィクセルが、その中立的な利子率を「自然利子率」と名付
けたことを踏襲し、経済の定常的な失業率を「自然失業率」と名付けた。

　フリードマンは、現実の失業率がこの自然失業率から乖離するのは、物
価の変化を労働者が予想しておらず、人々の期待インフレ率と現実のイン
フレ率が乖離している間のみであると論じた。一般に、物価が上昇する過
程においては、企業の労働需要は拡大し、賃金もそれに伴って上昇する。
しかし、労働者たちが、賃金の上昇には気付いても、物価がそれに伴って
上昇していることに気付かない場合には、実質賃金そのものが上昇してい
るような錯覚が生じ、労働者の労働供給は増加し、失業率は減少する。つ
まり、現実の失業率は本来の失業率＝自然失業率よりも低くなる。ところ
が、労働者たちはやがて、賃金の上昇と同時に物価も上昇しており、実質
賃金は決して上昇していないことに気付く。このように、当初の貨幣錯覚
が是正され、現実のインフレ率が人々の期待インフレ率に織り込まれてい
くにつれて、労働供給は減少し、失業率は元の自然率に戻っていく。現実
のインフレ率が人々の期待インフレ率を下回る場合には、これとは逆に、
失業率は一時的にその自然率よりも高くなるが、貨幣錯覚が是正されれば、
やがては元の自然率に戻っていく。

　以上のようなフリードマンのフィリップス曲線解釈が示していること
は、インフレと失業のトレードオフは、期待インフレ率と現実のインフレ

図 10-2 長期および短期フィリップス曲線

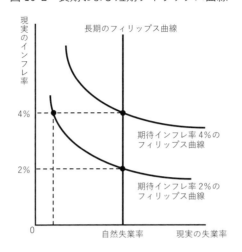

率が一致するという意味での長期においては成立せず、したがって長期フィリップス曲線は自然失業率の水準において垂直の直線になるということである。他方で、インフレと失業のトレードオフを示す短期のフィリップス曲線は、現実のインフレ率の期待インフレ率からの乖離が、現実の失業率を自然失業率から乖離させる関係を示すことになる。そして、期待インフレ率に現実のインフレ率がいったん織り込まれれば、短期のフィリップス曲線自体がシフトし、失業率は元の自然率に戻るのである（図 10-2）。

　マクロ経済の安定化のためには金融当局による裁量ではなくルールに基づく貨幣供給が必要とするマネタリズムの政策戦略は、このフリードマンの自然失業率仮説によって基礎付けられている。この仮説によれば、雇用の変動すなわち現実の失業率の自然失業率から乖離は、現実のインフレ率の期待インフレ率からの乖離という期待錯誤によって生じる。したがって、雇用の安定にとって重要なのは、定常的なインフレ率を一定の水準で安定させ、現実のインフレ率を人々の期待インフレ率と一致させることである。そのためには、金融当局が貨幣供給を裁量的に増減させるのではなく、k％といった一定の率で増加させることが望ましい。これが、マネタリズム的

政策戦略の代名詞であった「ｋ％ルール」である。

（４）マネタリズムの換骨奪胎──自然失業率仮説からNAIRU仮説へ

　マネタリズムは、1960年代末から世界的に顕著になり始めたインフレーションとスタグフレーションを背景として、学界と政策世界の双方に急速に浸透した。学界においてはその後、マネタリズムを引き継ぐ形で、合理的期待形成理論を端緒とする「新しい古典派」マクロ経済学が展開され、ケインズ経済学はあたかもマクロ経済学の最前線からは放逐されたような様相を呈するに至った。合理的期待形成学派の創始者であったロバート・ルーカスが「ケインズ経済学の死」を宣言したのは、まさにその頃のことである。

　それに対して、マネタリズムの政策世界への浸透の様相は、学界とはまったく異なった経緯をたどった。それは確かに、1980年前後に成立した英米の二つの保守政権すなわちサッチャー政権とレーガン政権の時代には、とりわけ金融政策の運営にきわめて大きな影響を与えた。しかしながら、「学界での新しい供給源を失ったケインズ主義はやがて政策世界でも消滅する運命にある」というルーカスの予言は、結局は現実化しなかった。むしろ、サッチャー政権とレーガン政権以降は、純粋な意味でのマネタリズムが実際の金融政策に影響を持つことは二度となかった。そしてその後は、学界でも政策世界でも、マネタリストと名乗るエコノミスト自体が稀な存在となっていった。

　学界においてはその後も、エドワード・プレスコットらによって展開された実物的景気循環理論が多くの追随者を生み出したことによって、新しい古典派マクロ経済学の隆盛が続いた。しかしそれは、フリードマンやルーカルの理論とは異なり、金融政策を前提として排除しており、マクロ政策上の指針や戦略といったものをほとんど持っていなかった。実際、グレゴリー・マンキューが「科学者と工学者としてのマクロ経済学者」の中で述べたように、彼らは政策世界にはまったく入り込んでこなかった。結果として、政策世界は相変わらずケインジアンたちの独壇場であり続けたのである。

図 10-3　モジリアーニ＝パパデモスによる
NAIRU（NIRU）のオリジナル図

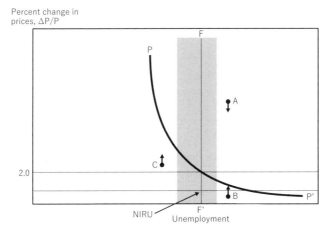

（データ出所）Modigliani and Papademos [1975] p.146

　それがなぜ可能であったのかといえば、それは、政策生成プログラムとしてのケインズ主義が、マネタリズムを含む古典派的な政策プログラムとは異なり、その防備帯における政策戦略を柔軟に進化させ続けることができたからである。ケインズ主義は実際、マネタリズムや合理的期待形成学派の批判を部分的に受け入れ、その理論や政策戦略を自らに取り込むことによって、結果として自らの防備帯を強化することができた。この融通無碍なプラグマチズムこそが、ケインズ主義がマネタリズムやオーストリア学派といった、マクロ経済という同じ領域の競合するプログラムを大きく凌駕するに至った、その最大の理由である。

　こうした、本来は敵対していたはずの考えに対するケインジアン側の受容を示す最も典型的な実例の一つは、代表的なケインジアンであったフランコ・モジリアーニとルーカス・パパデモスによって提起されたインフレ非加速的失業率（Non-Accelerating Inflation Rate of Unemployment: NAIRU）仮説である（Modigliani and Papademos [1975]）。彼らの考えは、その論文に掲載された図 10-3 に端的に示されている。この図の形式は一

般的なフィリップス曲線と同様であり、縦軸にはインフレ率が、そして横軸には失業率が取られている。そこで "NIRU" と示されているのが、いわゆる NAIRU である。

　このモジリアーニらによって描かれた曲線は、形状としてはフリードマンのいう「短期フィリップス曲線」と同じである。しかし、その含意はフリードマンとはまったく異なる。フリードマンの場合には、インフレ率と失業率の間にトレードオフが成立するのは、人々が抱く期待インフレ率と現実のインフレ率が異なるという意味での「貨幣錯覚」が存在する状況においてだけであり、期待インフレ率と現実のインフレ率が一致している時には垂直な長期フィリップス曲線が成立する。その貨幣錯覚が存在しない時の失業率が、フリードマンが定義する自然失業率である（図10-2）。

　のちにトービン（Tobin [1999]）によって明示化されたように、NAIRU 仮説はそれに対して、フィリップス曲線には水平に近い領域と垂直に近い領域があり、その相違はもっぱら GDP ギャップの大きさに依存すると考える。GDP ギャップが十分に大きい時には、労働市場には大量の遊休労働すなわち失業が存在しているため、失業率が多少改善しても名目賃金と物価の上昇率はそれほど大きくはならない。それに対して、GDP ギャップがゼロを上回ると、遊休労働が払底して労働市場が逼迫し、失業率の多少の低下とともに名目賃金と物価の加速的な上昇が始まる。NAIRU あるいはモジリアーニらのいう NIRU とは、このフィリップス曲線の水平的領域と垂直的領域の境界において成立しているような失業率のことである。

　自然失業率仮説と NAIRU 仮説はまた、政策的な含意も異なっている。フリードマンのいう自然失業率の実現において何よりも重要なのは、貨幣錯覚すなわち期待インフレ率と現実のインフレ率との乖離をもたらさないことである。フリードマンがその政策論において、中央銀行の裁量的な政策運営を否定し、貨幣を k ％ずつ拡大させるといったルールに基づく金融政策を唱えたのはそのためである。

　それに対して、NAIRU 仮説は、政策的には二つの含意を持つ。それは第一に、ケインズ的総需要拡大政策は「垂直なフィリップス曲線」の局面

ではインフレ率を加速させるにすぎず、失業率を低下させる効果を持たないことを示唆する。それは第二に、ケインズ的総需要拡大政策は「水平なフィリップス曲線」の局面ではインフレの多少の許容によって雇用と所得の大きな改善をもたらすことを示唆する。

　このように、モジリアーニらに始まる NAIRU 仮説は、フリードマンの自然失業率仮説に強く影響を受けつつも、それをケインジアン的に換骨奪胎し、ケインズ主義の理論的な防備帯として再構成したものと考えることができる。NAIRU 仮説は、失業率が構造的水準に到達した場合には「垂直なフィリップス曲線」が成立するであろうことを認める点で、フリードマンによるケインジアン批判を部分的に受け入れている。しかしながら、それは他方で、「マクロ経済政策は失業率が構造的水準に到達していない限りは有用であり、NAIRU がまさしくその分岐点となる」ことを明らかにしている。NAIRU 仮説はその意味で、「マクロ経済政策を用いた雇用と所得の安定化」というケインズ主義の核心を、マネタリストのような反ケインズ主義の批判から守り抜く役割を果たしたのである。

（5）新しい古典派を媒介としたケインズ主義の転成

　このように、ケインズ主義はマネタリズムによる批判を契機として、その防備帯における政策戦略を大きく組み替えていった。より具体的には、マクロ経済の安定化こそが善であるという中核的な価値判断は維持しつつも、政策目標としてはインフレ率の安定化をより重視するようになり、そのための政策手段は財政政策よりも金融政策をより重視するようになっていった。ケインズ主義がマネタリズムと対峙していた 1960 年代から 70年代においては、政策目標としては雇用の拡大を重視し、政策手段としては財政政策を重視するのがケインズ主義であり、金融政策を通じて物価の安定を実現させようとするのがマネタリズムであるというのが、両者に対する標準的な理解であった。しかし、マネタリズムの浸透によって、ケインズ主義もまた金融政策を通じたインフレ率の安定化を重視するようになっていった。それがケインズ主義Ⅱである。

　ケインズ主義の政策戦略におけるそのような転成は、萌芽的には

NAIRU 仮説それ自体の中に見出すことができる。モジリアーニらによる図 10-3 には、NAIRU にはそれに対応する「失業率の拡大を加速させないインフレ率の下限」が存在し、それは 2 ％前後であることが示されている。つまり、インフレ率が 2 ％を超えても失業率はほとんど改善しないが、インフレ率が 2 ％を下回れば失業率は急速に上昇する。つまり、マクロ経済の安定化のためには何よりもインフレ率の安定化が重要であり、かつその達成されるべきインフレ率はゼロではなく 2 ％程度のプラスの値でなくてはならない[3]。そのインフレ率の安定化に割り当てられるべき政策は、当然ながら金融政策である。

　こうしたケインズ主義の政策戦略の新たな方向性は、やがて学界における勢力図にも影響を与え始めた。それは、新しい古典派マクロ経済学の成果を吸収しながら展開されていったニュー・ケインジアン経済学の隆盛である。その理論がマネタリズムの一部をも取り込んで成立したことは、ニュー・ケインジアンを代表する存在であるグレゴリー・マンキューとデヴィッド・ローマーが、「ニュー・ケインジアン経済学の多くの部分は、ニュー・マネタリスト経済学と呼ぶこともできる」（Mankiw and Romer [1991] p.3）と述べているとおりである。また、ケインジアンと合理的期待学派との当初の厳しい対立にもかかわらず、ニュー・ケインジアン経済学が結局は合理的期待という概念を受け入れるに至ったことについては、第 8 章第 3 節で述べたとおりである。

　もちろん、金融政策の重視という点では一致していても、ケインジアンとマネタリストは、そもそも経済の原理を把握する基本的な思想が異なっている。したがって、ケインズ主義がマネタリズムに表面的には接近したように見えたとしても、基本的な部分での政策戦略上の相違は必ず存在する。ケインズ主義はあくまでもケインズ主義であり、防備帯における政策戦略がどのように移り変わっても、ケインズ主義である以上、その中核そのものが失われることはないのである。

　ケインジアンとマネタリストは当初、マクロ経済政策の運営手法そのものについても、「裁量かルールか」をめぐって対立していた。すなわち、ケインジアンが不安定な市場経済を安定化させるためには政府が裁量的に

政策判断を行うしかないと考えていたのに対して、マネタリストは、その
ような政府の恣意的な政策運営こそが市場経済を不安定化させるのであ
り、したがってそれにルールという制約を課すべきだと考えていたのであ
る。しかしながら、こうした対立は、マネタリズムとそれを継承した合理
的期待形成学派がマクロ経済政策における「期待」の持つ重要な役割を明
確化したことによって、次第に解消に向かっていった。それはしかし、期
待を安定化させれば経済は自ずと安定化するというマネタリストらの教義
にケインジアンが説得されたからではない。そうではなく、人々の期待の
制御は、マクロ政策を効果的ならしめるためにこそ必要であることに、ケ
インジアンたちも気付き始めたからである。

　マクロ経済政策における裁量とルールの最も大きな相違は、政策に対す
る人々の予見可能性にある。人々は、裁量に基づく政策を推測はできても、
正確に予見することはできない。しかしながら、仮に政策がルールとして
事前に設定されていれば、その政府が信任するに足りるものである限り、
人々は政策当局が何をするのかを予見することができる。そして多くの場
合においては、政府がルールに基づかない場当たり的な判断に基づく政策
を行うことは、政策に対する人々の予見可能性を阻害し、結果として政策
効果そのものを損なうことなる [4]。つまり、市場経済が予測不能だからと
いって、政府の政策までもが予測不能なものであってはならないのである。

　とはいえ、ケインズ主義における金融政策のルールは、マネタリズムに
おける「ｋ％ルール」のような機械的なものではあり得ない。マネタリズ
ムにおいては、マクロ経済を不安定化させる唯一の源泉は中央銀行の恣意
的な金融政策であるから、それさえルールで縛ればそれで十分である。し
かし、ケインジアンは、マクロ経済全体の総需要とりわけ企業の投資需要
は美人投票に例えられるような企業家の付和雷同的な意志決定に基づいて
いるため、市場経済は本質的に不安定ものであると考える。その場合には
当然ながら、中央銀行はマクロ経済の安定化のために、ｋ％ルールのよう
な単純なルールに基づく保守的な金融政策に留まるのではなく、民間需要
の変動を相殺するという意味での能動的な政策を実行しなければならな
い。すなわち、中央銀行は、民間需要が減少している不況期には金融をよ

り積極的に緩和し、民間需要の拡大によって景気が過熱している状況では
その逆を行わなければならない。したがってその場合のルールは、ｋ％ル
ールのような経済状況には依存しない機械的ルールではなく、必ず「経済
状況に依存して調整される」という意味での状況依存型のルールとなる。

　そうした考え方に基づくケインズ主義的な金融政策ルールを定式化した
のは、ニュー・ケインジアン経済学の担い手の一人であるジョン・テイラ
ーである（Taylor [1993]）。このいわゆるテイラー・ルールとは、中央銀
行が、「GDP ギャップの大きさ」と「インフレ率の目標水準からの乖離」
という、マクロ経済状況を示す二つの変数に依存して政策金利を決めてい
くというルールである。GDP ギャップとインフレ率は、マクロ経済が停
滞しているのか過熱しているのかを示す、最も基本的な経済指標である。
そして政策金利は、中央銀行が金融の緩和や引き締めのために用いる最も
基本的な政策手段である。つまり、テイラー・ルールとはまさに、中央銀
行がマクロ経済状況に依存して金融緩和の程度を調整していくという、ケ
インズ主義的な政策ルールなのである。

　ケインズ主義の政策戦略はその後、このようなニュー・ケインジアン経
済学の展開を背景として、最終的には「インフレ目標という枠組みに基づ
く金融政策」に収斂していった。ケインズ主義におけるマクロ経済の安定
とは、GDP ギャップを限りなくゼロに近付けることで、潜在的に達成可
能な所得と雇用を実現しながら、同時にインフレ率の安定化という意味で
の物価安定を実現することである。これは、インフレを加速させない最小
の失業率すなわち NAIRU を達成することと同義であり、それはさらに失
業を拡大させない最小のインフレ率を達成することと同義である。そうし
たことから、主要中央銀行の多くは、目標とするインフレ率を２％程度に
定めている。

　そのインフレ目標政策の基本思想は、一般には、限定された裁量
（constrained discretion）にあると理解されている。これは、上述の「状
況に依存した柔軟なルール」の別の表現である。インフレ目標政策は、中
央銀行に最終的な目標インフレ率の達成と維持を求めるものではあるが、
政策運営それ自体にｋ％ルールのような機械的ルールを課すものではな

い。中央銀行は目標インフレ率の達成と維持のためには、テイラー・ルールが示すように、GDP ギャップや物価動向に応じて金融政策を適宜調整していくことが求められる。しかしながら、その判断はあくまでも中央銀行の側の裁量に委ねられている。それが、この「限定された裁量」の意味である。

　このインフレ目標政策は、マネタリスト反革命と合理的期待形成革命の洗礼を受けて生み出されたケインズ主義の新たな防備帯であり、ケインズ主義 II における政策戦略の一つの完成型と考えることができる。

4．ケインズ主義における赤字財政政策の新たな位置付け ——金融政策との再統合

（1）世界大不況期におけるマクロ経済政策の転回

　インフレ率の安定化を政策目標とし、経済状況に応じた政策金利の操作という伝統的金融政策を政策手段としたケインズ主義 II の政策戦略が、その役割を最も顕著に発揮したのは、1980 年代半ばから 2008 年のリーマン・ショックまでの、いわゆる「大安定」の時代においてである。この時代には、日本を除く多くの先進諸国において、景気の変動幅が比較的に小さい、インフレなき経済成長が実現されていた。ベン・バーナンキが FRB 総裁時代に行った講演（Bernanke [2013] Lecture 2）で述べたように、金融政策こそがその「大安定」の最大の立役者であった。そして、その時期の金融政策は明らかに、「金融当局は能動的にマクロ経済の安定化を実現すべきである」というケインズ主義の理念に基づいて行われていたのである。

　第 9 章で明らかにしたとおり、2008 年 9 月のリーマン・ショックに始まる世界的金融危機とその後の世界大不況は、その政策状況をまさに一変させた。そして、その経緯は財政政策と金融政策とではまったく異なっていた。金融政策においては、多くの国々で政策金利がその下限付近まで低下したことから、それ以前に機能していた伝統的金融政策の発動余地が失われていった。その結果、いくつかの中央銀行は、必然的に量的緩和政策といった非伝統的金融政策に移行することになった。それに対して財政政

策においては、当初は多くの国々がケインズ主義Ⅰ的な拡張財政を実行したが、2010年春のギリシャ・ショックとそれに続くユーロ圏諸国のソブリン債務危機を契機として、世界的な緊縮財政が展開されることになった。

このケインズ主義的拡張財政に対する世界的バックラッシュとしての緊縮財政は、各国経済に深刻な回復の遅れをもたらした。とりわけ、緊縮の最大の犠牲者であるギリシャ、スペイン、ポルトガルといったユーロ圏の債務危機国では、若年層を中心として失業が急拡大し、経済そのものが極限的なまでに疲弊した。このような緊縮政策による経済停滞と、それによる人心の荒廃は、その後、緊縮疲れ（Austerity fatigue）と呼ばれるようになった。

このような状況を背景として生起し始めたのが、世界的な「反緊縮」の諸潮流である。その流れは、ハンガリーのオルバーン政権、マリーヌ・ル・ペンを党首とするフランスの国民連合といったオルト・ライト（新しい右派）から、「人々のための量的金融緩和政策」を提唱するイギリス労働党党首ジェレミー・コービンや、現代貨幣理論（Modern Monetary Theory）の提唱者たちを政策ブレーンとするアメリカ民主党の有力政治家バーニー・サンダースのような左派に至るまでの幅広い政治的諸流派を貫いて拡大し始めた。それら諸流派は、政治的にはお互いに水と油のような立場ではあったが、経済政策的には明らかに反緊縮という共通項を持っていたのである。

第9章第5節で述べたように、マクロ経済政策における反緊縮とは、ケインズ主義的な赤字財政政策を維持可能なものとするために金融政策を積極的に活用し、その金融緩和政策と赤字財政政策の統合によって財政緊縮を阻止しようとする政策戦略と定義することができる。世界的な緊縮がまさに欧州ソブリン債務危機を契機として生じたことから分かるように、赤字財政主義は本来、循環的に生じる政府財政赤字の拡大に対してきわめて脆弱である。しかしながら、金融政策は、仮にその伝統的政策機能が失われたとしても、赤字財政主義の弱みを克服し、それを貫徹するために利用することができる。反緊縮を掲げるさまざまな諸流派は、それぞれの政治的立場は異なってはいたが、世界大不況下のマクロ政策的な変転を目の当

たりにする中で、結局そのような共通理解に到達したということである。

　この金融緩和政策と赤字財政政策の統合という政策戦略は、それ自体としては決して目新しいものではない。それは、経済学の文献の中では、ある場合には「財政ファイナンス」として、別の場合には「ヘリコプター・マネー」として論じられてきた政策そのものである。目新しさがあるとすれば、それは、その統合戦略が、単なる経済学上の寓話としてではなく、反緊縮という政策的潮流が拡がっていく中での、現実世界を対象とした政策プランとして位置付けられるに至ったという点にある。

（2）フリードマン゠バーナンキのヘリコプター・マネー政策

　金融緩和と赤字財政の統合政策すなわちヘリコプター・マネー政策は、マネタリズムの創始者であったミルトン・フリードマンによって、1969年に公刊された論文「最適貨幣量」の中で最初に提起された（Friedman [1969] ch.1）。それ以降、財政ファイナンスすなわち政府財政赤字の貨幣供給によるファイナンスに対しては、フリードマン由来のヘリコプター・マネーという表現が定着した。しかし、それはあくまでも経済学上の寓話あるいは思考実験でしかなかった。その状況を変えて、それを具体的な政策オプションに昇格させたのが、後に「ヘリコプター・ベン」とあだ名で呼ばれることになるベン・バーナンキである。

　バーナンキは、FRB 理事であった 2002 年 11 月に、「デフレ──アメリカで"これ"が起きないようにするために」と題された講演を行った（Bernanke [2002]）。バーナンキがこの講演を行った背景には、当時のアメリカ経済が IT ドットコム・バブルの崩壊によって景気後退に陥っており、アメリカのインフレ率が急激に低下していたという事情があった。実際、当時の米 FRB 議長グリーンスパンは、アメリカも日本と同様にデフレに陥るのではないかと危惧していたのである。

　バーナンキは、学者から FRB に転じる直前に、デフレ下のゼロ金利に陥っていた日本の金融政策について研究し、「自ら機能麻痺に陥った日本の金融政策」と題された論文を発表していた（Bernanke [2000a]）。それは、日銀の政策的無為主義を批判しつつ、デフレから脱出するために日銀が本

来行うべき政策を提言したものであった。バーナンキの 2002 年 11 月講演は、この日銀への政策提言を、アメリカが日本のようなゼロ金利状況に陥った場合の FRB による可能な対応策として提示したものである。

この講演が専門家たちの大きな注目を集めた理由は、バーナンキがそこで、FRB が単独で実行しうる政策オプションについて述べただけではなく、「デフレ対策の効果は金融当局と財政当局の協力によって著しく高めることができる」ことを主張したからである。彼はそこで、政府が広範な減税を行うと同時に FRB が国債買い入れを行えば、それは「間違いなく消費ひいては物価に対する効果的な刺激剤となる」と指摘した。彼によれば、そのような「通貨創造を財源とする減税」は、「ミルトン・フリードマンの有名な "ヘリコプター・マネー" と本質的に等しい」のである。この講演は、バーナンキがヘリコプター・ベンというあだ名で呼ばれる契機となった。

バーナンキが指摘する「フリードマンの有名なヘリコプター・マネー」とは、上掲の論文「最適貨幣量」で用いられた議論である。フリードマンはその論文で、貨幣供給量の拡大がどのようなメカニズムを通じて物価の上昇をもたらすのかを示すために、文字通り「人々の頭の上にヘリコプターから紙幣をばらまく」という思考実験を行った。

その推論の過程は、以下のように要約できる。まず、ヘリコプターから人々の頭上に、既存の貨幣量と同じ分量の紙幣がばらまかれたとする。そして、その紙幣はすべて、人々によって直ちに回収されるとする。その時、人々が持つ貨幣の残高は 2 倍になる。これは、物価に変化がないとすれば、人々が過大な貨幣残高を持つことを意味する。したがって人々は、支出を増やすあるいは余暇を増やして収入を減らすなどをして、貨幣残高を減らそうとする。しかし、収入と支出は社会全体では常に一致しているので、貨幣を支出に振り向けようとする人々の思惑のすべてが事前の計画通りに実現されることはない。つまり、市場では、貨幣に対する超過供給、財貨サービスに対する超過需要が発生する。その結果、財貨サービスに対する貨幣の購買力は低下する。すなわち、物価が上昇する。その新たな均衡では、物価はちょうど 2 倍になっている。というのは、ヘリコプター・マネーが

実行される前と後とで人々の貨幣保有性向に変化がないとすれば、人々が保有しようとする貨幣残高が2倍となるのは、貨幣価値が半減している時のみだからである。

　このフリードマンによるヘリコプター・マネーの寓話は、貨幣供給の拡大が最終的には必ず物価上昇をもたらすことを簡潔に描写している。それはまた、同様な手法が景気対策にも転用できることを示唆している。フリードマンの推論では、物価は市場における財貨サービスの需要と供給によって決まることが前提とされているので、財貨の売れ残り、資源の遊休、失業といった不況期特有の現象は存在しない。しかし、「人々が保有する貨幣の残高が増加すれば、人々は必ずその一部を支出に振り向ける」というフリードマンの想定が正しいのであれば、不況期に行われるヘリコプター・マネーは、物価上昇の前に、まずは生産の拡大をもたらすはずである。バーナンキが「フリードマン流のヘリコプター・マネー政策は間違いなく消費ひいては物価に対する効果的な刺激剤となる」と主張したのは、そのためである。

　バーナンキが述べているように、ヘリコプター・マネーとは、政府の財政支出を国債ではなく中央銀行の貨幣供給によって賄う政策である。その実現のためには、政府が発行した赤字国債を中央銀行が買い上げて、市場にベースマネーを供給すればよい。その結果、民間経済主体が保有する貨幣は、他の保有資産の減少を伴うことなく、中央銀行がベースマネーを供給した分だけ増加する。まさしく、「ヘリコプターから貨幣をばらまく」のと同じになるわけである。

　それを現在のマクロ経済政策の枠組みの中で実現するためには、まずは政府が財政収支の赤字を創出することが必要である。この政府の財政収支とは、税収等の歳入と、公共投資や公共サービス等の政府支出との差額である。したがって、政府が財政収支の赤字を創出するためには、減税などで歳入を減らすか、公共投資などの政府支出を増やすかのどちらか、あるいは両方を行えばよい。

　実のところ、ヘリコプター・マネー政策を不況対策として行う場合には、このように積極的に財政拡張を行うというよりは、まずは赤字財政主義を

守り通すことが重要になる。というのは、不況期には一般に、財政赤字が自ずと拡大するからである。

　政府の税収は主に所得税、法人税、消費財からなるが、これらはそれぞれ、人々の所得、企業の収益、人々の消費支出を課税ベースとしている。ところが、所得、企業収益、消費支出は不況期にはともに縮小するため、税収は不況になれば自然に減少する。他方で、不況期には失業対策等のための公的支出が拡大しがちなため、政府の支出は自然に拡大する。つまり、不況期には税収は減少し、政府支出は増加するため、財政赤字は結果として自動的に拡大する。これが、景気の自動安定化機能としての循環的な財政赤字である。

　これは、「ヘリコプター・マネー政策の発動のために必要な政府財政赤字は、不況になれば自ずと生み出される」ことを意味する。政府は単に、緊縮主義に陥ることなく赤字財政主義を堅持すればよい。すなわち、不況に伴って自然に拡大する財政赤字を許容しさえすればよいのである。

　中央銀行は他方で、この政府財政赤字を賄うために発行された国債を買い入れて、ベースマネーを供給しなければならない。ただし、多くの国では、中央銀行による国債引き受けは法的に禁止されている。日本では、1947年に制定された財政法の第5条において、「公債の発行については、日本銀行にこれを引き受けさせ、又、借入金の借入については、日本銀行からこれを借り入れてはならない」と明文化されている。中央銀行は、その法的主旨を守るために、国債を政府から直接買い入れるのではなく、財政当局によって民間金融機関に売却された国債を、公開市場操作を通じて改めて購入しなければならない。中央銀行が国債を政府から直接買っても民間金融機関を経由して買っても最終的には同じことなので、ヘリコプター・マネー政策にとってはそれで十分なのである。

　図10-4は、このヘリコプター・マネー政策の各プロセスを概念化したものである。そこでは、政府の負債である国債の一部を中央銀行が公開市場操作を通じて貨幣に置き換えることで、中央銀行のバランスシートの資産側には国債が、その負債側には貨幣が計上されている（資産と負債の差額である自己資本は省略されている）。その結果、政府と中央銀行を合わ

図10-4　ヘリコプター・マネー政策による民間資産構成の変化

(1) ヘリコプター・マネー政策前

(2) 政府の赤字財政政策

(3) 中央銀行の財政ファイナンス

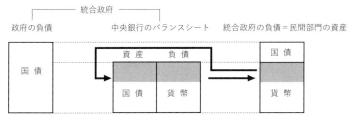

せた統合政府の負債の一部は貨幣化され、それが民間部門の資産となることが示されている。

　ここで政府が財政赤字を創出し、それをファイナンスするために赤字国債を発行し、その国債を民間金融機関に売却すれば、「統合政府の負債＝民間部門の資産」はその分だけ拡大する（図10-4(2)の灰色の部分）。しかし、これは通常の赤字財政政策であり、政府が創出した債務を民間が国債という資産として保有したにすぎない。ヘリコプター・マネー政策は、その政府債務の増加分に相当する金額の国債を中央銀行が民間金融機関か

ら買い上げることによって完結する（図 10-4(3)）。その結果、統合政府の新たな負債はすべて貨幣化され、民間部門は増加した資産をすべて貨幣として保有することになる。まさしく「貨幣がヘリコプターからばらまかれた」ことと同じになるわけである。

（3）統合政策における非緊縮コミットメントの重要性

　ヘリコプター・マネー政策とは以上のように、赤字財政とその貨幣ファイナンスを通じて、民間経済主体が保有する貨幣を増加させる政策である。人々が保有する資産としての貨幣を増加させることで、人々の支出を拡大させ、物価を適切な水準まで上昇させるというのが、その政策の目標である。

　ところが実は、このヘリコプター・マネー政策が人々の支出の増加に結びつくためには、一つのきわめて重要な条件が必要となる。それは、「ヘリコプターからばらまかれたかのように人々が入手した資産としての貨幣は、将来的に回収されることはない」という条件である。フリードマンが想定したヘリコプター・マネーの設例において、空からばらまかれた貨幣を人々が支出に振り向けようとするのは、人々が少なくともその貨幣の一部は「将来的にも奪われることのない恒久的な資産」と考えているからである。以下のように、これは「ヘリコプター・マネー政策の成功のためには、人々が非リカーディアンでなければならない」ことを意味する。

　赤字財政政策の効果は人々が政府債務を恒久的な資産と考えるのか否かによって異なることを初めて指摘したのは、新しい古典派マクロ経済学の創始者の一人であったロバート・バローの論文「政府国債は純資産なのか？」（Barro [1974]）である。後にノーベル経済学賞を受賞する財政学者のジェームズ・ブキャナンは、このバロー論文への批判的コメントの中で、同様な主張をデヴィッド・リカードが 150 年以上も前に展開していたことを指摘した（Buchanan [1976]）。それ以降、赤字財政政策の無効命題については、「リカード＝バローの等価定理」あるいは「リカード＝バローの中立命題」という呼び方が定着した。ちなみに、ここでの等価定理とは「増税と国債発行の経済的効果は同じ」ということを意味し、中立

命題とは「赤字国債の発行には経済拡大効果が存在しないという意味で経済に対して中立」であることを意味している。

　このバローの指摘以降、経済学においては、財政政策のあり方や受け入れられ方に関しては、一般的に「リカーディアン」と「非リカーディアン」という区分が用いられるようになった。増発された赤字国債の償還資金を将来の増税によって賄おうとする政府は、リカーディアン政府と呼ばれ、それをしない政府は非リカーディアン政府と呼ばれる。また、政府がリカーディアンであると考え、将来時点で必ず増税が行われるので、現時点での減税や政府支出で純資産が増えたと見なすことはなく、したがって消費支出を増やすこともない家計は、リカーディアン家計と呼ばれる。逆に、将来時点で必ずしも増税が行われることはなく、現時点での減税や政府支出で純資産が増えたと見なして消費支出を増やすような家計は、非リカーディアン家計と呼ばれる。

　こうした区分から言えば、ヘリコプター・マネーは必ず非リカーディアンな政策でなくてはならない。それは、仮に人々が「政府はヘリコプターからばらまいた貨幣と同じ金額を必ず増税によって回収しようとするだろう」と予想するのであれば、人々が支出を増やすはずもないからである。図 10-4 でいえば、人々は自らの資産が拡大した (3) の状態は一時的であり、やがて増税と量的緩和の巻き戻しが実行されて (1) に戻ると考えるわけである。その場合、人々はおそらく、回収した貨幣を支出には振り向けず、増税への備えとしてそのまま退蔵するだけとなるであろう。ヘリコプター・マネーによって政府がばらまいた貨幣とは、政府の財政赤字によって生み出されたものである。その財政赤字によって生み出された資産としての貨幣が、再び増税によって政府に取り戻されてしまうことが分かっている場合、人々は決して支出を拡大しようとは考えないであろう。これは、赤字国債発行と増税の効果は同じになるという「リカードの等価定理」の成立を意味する。

　政府の財政赤字とは、通常は将来の増税を意味する。とはいえ、人間の寿命は無限ではないので、一般には赤字国債発行すなわち将来の増税と現在の増税とは効果が異なる。しかし、政府の増税スケジュールが明確に決

められており、人々が将来の増税を現在の増税と同じものと考える場合には、政府支出を赤字国債で賄うことと増税で賄うことに経済的な違いはない。それが、リカードの等価定理の意味である。バローが指摘したように、この場合には人々は赤字国債を純資産として把握することはないので、「赤字財政それ自体には経済拡大効果が存在しない」という意味で中立なのである。

　以上の推論は、「ヘリコプター・マネー政策は、増税の可能性を十分に先送りする限りにおいてのみ効果を持つ」ことを意味する。政府がいくら財政赤字を拡大しても、人々が同時にそれに対応する増税を意識し始めれば、リカーディアン的な中立化効果が働き始めることを避けられない。その作用を阻止するためには、「目標インフレ率に安定的に到達するまでは、政府の増税も中央銀行のテーパリングすなわちベースマネー縮小も行わない」という、条件付き非緊縮コミットメントが必要なのである。

　これは、ヘリコプター・マネー政策の成否の鍵を握る出口戦略において、非緊縮コミットメントの扱いがとりわけ重要であることを意味する。というのは、人々が増税を遠い将来のことと想定するか、近い将来に確実に実行されるものと考えるかによって、ヘリコプター・マネー政策の効果はまったく異なるからである。当然ながら、人々が増税の可能性をより身近に意識すればするほど、ヘリコプター・マネー政策はより中立化され、より無効化される。したがって、ヘリコプター・マネー政策を成功に導くためには、政府と中央銀行は「出口のための条件が十分に整わない限り拡張スタンスを転換しない」という明確なコミットメントを行う必要がある。

　この点をより厳密に示すのは、物価水準の財政理論（Fiscal Theory of Price Level: FTPL）と呼ばれるマクロ経済理論である。それは、「現在の物価水準は将来の実質財政余剰を現在の名目債務残高と等しくさせるように決まる」という考え方である。それを式で表せば、「物価水準＝名目債務残高／将来の実質財政余剰」となる。これは要するに、「物価水準は過去から将来にわたる政府の予算を均衡させるように決まる」ということである。

　ここで「名目債務残高」は過去から現在の財政赤字の累積として既に

決まっているから、「将来の実質財政余剰」が大きくなれば物価水準は下落し、それが小さくなれば物価水準は上昇する。したがって、この FTPL 理論の観点からは、物価を引き上げのためには増税などの緊縮財政を将来的に行わないというコミットメントが必要になる。これは、「ヘリコプター・マネー政策が成功するためには政府と日銀による非緊縮コミットメントが必要になる」という上の結論と一致する。

　ヘリコプター・マネー政策と同様に、FTPL 理論もまた非リカーディアンな政府を前提とする。というのは、政府がリカーディアンであるとすれば、物価水準がどうであろうとも、政府は「名目債務残高／物価水準」だけの実質債務を、増税などによる将来の実質財政余剰創出によって返済しようとするはずだからである。ところが、FTPL 理論では「将来の実質財政余剰の多寡によって物価水準が決まる」のであるから、政府は明らかに非リカーディアンなのである。

　ただし注意すべきは、ヘリコプター・マネー政策は必ず、インフレ目標や完全雇用という基本的なマクロ政策目標が達成されるまでの期間限定の政策という意味で「局所的」でなくてはならないという点である。経済がいったん正常な潜在成長経路に到達すれば、それらはもはや、経済に許容できないインフレをもたらす政策でしかない。ヘリコプター・マネー政策がこれまで「財政ファイナンス」と呼ばれ、マクロ政策における「禁じ手」とされてきたのは、まさしくそのためである。

　FTPL 理論が基本的に「局所的」にのみ適用可能な理論であることも、非リカーディアンというその本質から明らかである。政府が常に非リカーディアンであるとすると、政府財政の将来的な悪化が人々に予想されるたびに物価は上昇し、政府債務の実質価値は低下し、債権者すなわち国債保有者は損失を被り続けることになる。そのような形で国債保有者への政府の「裏切り」が続けば、国債のリスク・プレミアムが跳ね上がり、財政の持続可能性が根本的に失われることは明白である。それを避けるためには、FTPL 理論に基づく非増税コミットメントもまた、「インフレ目標や完全雇用が実現されるまで」といった条件付きのものでなくてはならないのである。

5．ケインズ主義政策戦略の変遷

　ケインズ主義とは、資本主義経済の本質的な不安定性という把握に基づいて、その不安定な経済の安定化のためには政府による積極的な反循環的マクロ経済政策が必要とされるという認識に基づく政策思想である。このような市場観あるいは世界観と、マクロ経済の安定とりわけ所得や雇用の安定こそが重要であるという価値判断こそが、政策生成プログラムとしてのケインズ主義にとっての中核である。それは、ケインズ主義がケインズ主義である限り、変わりようがないものである。

　それに対して、ケインズ主義の政策戦略、すなわちそのマクロ経済の安定のための具体的な政策目標とは何か、そしてそのために割り当てるべき政策手段とは何かといった問題は、ケインズ主義プログラムにとっての防備帯である。その防備帯における政策戦略は、経済の状況や経済学的な知識の進展とともに移り変わって行かざるを得ない。というのは、政策手段と政策目標との因果関係をより正しく把握するためには、現実をより適切に描写した経済理論に基づいてそれを推論していく以外にはないが、その経済理論は、他のあらゆる実証科学と同様に、理論研究や実証研究の進展に伴って必然的に変貌を遂げていくものだからである。ケインズ主義の政策戦略の変遷もまた、基本的にはその裏付けとなる経済理論の進展によるものであった。

　1940年代から60年代までのケインズ主義の政策戦略とは、基本的には、雇用の拡大あるいは非自発的失業の縮小を第一義的な政策目標とし、そのための政策手段としては主に財政政策を用いるというものであった。それがケインズ主義Ⅰである。1960年代アメリカのケネディ政権によって構想された減税政策は、そのケインズ主義Ⅰ政策戦略の代表的な実例である。

　しかしながら、このケインズ主義Ⅰすなわち財政主導ケインズ主義は、それ以降は政策世界での影響力を急速に失っていった。それには、経済学という知的領域において生じた変化と、現実の各国経済において生じた変

化という、二つの変化が密接に絡んでいた。経済学においては、ミルト
ン・フリードマンが領導したケインズ革命に対する反革命としてのマネタ
リズムが、その後ロバート・ルーカスらの合理的期待形成学派によって継
承されていく。その結果として生み出された「新しい古典派」マクロ経済
学は、学界における勢力を急速に拡大し、ケインズ経済学の知的基盤を大
きく揺るがした。現実世界においては、1960年代末からアメリカなどの
先進諸国において雇用の改善を伴わない高インフレーションが生じ、さら
に1970年代にスタグフレーションすなわち不況下のインフレーションが
生じた。ケインズ主義は、そのインフレーションの最大の元凶と指弾され
た。ケインズ主義が政策世界での地歩をマネタリズムに奪われていったの
は、そのためである。イギリスのサッチャー政権とアメリカのレーガン政
権という、1980年代に成立した二つの保守主義政権は、そうした政策的
潮流が生み出した一つの帰結であった。

　しかしながら、こうした学界と政策世界の両方における反ケインズ主義
の一時的隆盛にもかかわらず、政策生成プログラムとしてのケインズ主義
は結局のところ生き残った。ケインズ主義は学界同様に政策世界でも早晩
死に絶えるであろうというロバート・ルーカスの予言は、現実のものとは
ならなかった。むしろ、政策プログラムとして死に絶えたのは、ケインズ
主義ではなくマネタリズムの方であった。ケインズ主義はそれに対して、
マネタリズムや合理的期待形成学派が提供した理論的道具の利用可能な一
部を自らに取り込むことで、自らの政策戦略をより現実に即したものへと
進化させることに成功した。それが、金融政策主導のケインズ主義、すな
わちケインズ主義Ⅱである。

　ケインズ主義Ⅱがマクロ安定化のための基本的政策原理として政策世界
で地歩を固めたのは、1980年代後半以降の「大安定」期においてである。
ところが、2008年秋に世界金融危機が勃発し、世界大不況が発生すると、
それまでのケインズ主義Ⅱにとっての主要な政策戦略であった政策金利操
作を手段とする伝統的金融政策は、基本的に機能停止に追い込まれた。ケ
インズ主義Ⅱはそこで、金融政策の手段をさらに拡張し、非伝統的金融政
策という新たな政策戦略をその防備帯に付け加えた。

　他方で、2010年春のギリシャ・ショックとそれ以降の欧州ソブリン債務危機と、それを契機として世界的に拡大した緊縮主義は、ケインズ主義ⅠとⅡ双方にとっての政策戦略の重要な一部であった赤字財政主義を窮地に追い込んだ。ケインズ主義Ⅱはそれに対しては、金融緩和政策を赤字財政政策と再統合するという、「反緊縮」のための新たな政策戦略を構築しつつある。その問題を考察する理論的枠組みとしては、現状において、ヘリコプター・マネーの理論、物価水準の財政（FTPL）理論、現代貨幣理論（MMT）などが競合しつつ展開されているが、その帰趨が明らかなるのはこれからのことである。

　以上から明らかなように、政策生成プログラムとしてのケインズ主義はこれまで、その防備帯における政策戦略を進化させることによって、驚くべき現実適応力と生命力を示してきた。そのような強靱さは、マネタリズムやオーストリア学派といった反ケインズ主義の政策生成プログラムはまったく存在しないものである。マネタリズムは確かに、一時期は政策世界においてもケインズ主義を凌駕しつつあるようにも見えた。しかし、それは結局、ケインズ主義に多くの重要なアイデアや道具を提供しながらも、それ自体としては消失するに至ったのである。

　その相違は結局のところ、それぞれの政策生成プログラムの中核にある世界観の「現実味」に求められよう。マネタリズムやオーストリア学派といった反ケインズ主義政策プログラムの中核にあるのは、「市場経済は本質的に安定的なものであり、それを不安定化させるとすればそれは政府である」といった古典的自由主義の世界観である。そうした世界観からは、マネタリズムのk％ルールやオーストリア学派の金本位制復帰論のように、政府の政策余地をできるだけ狭めるような方向性の政策戦略しか導き出されてこない。しかし、彼らにとっては不本意なことであろうが、政策世界の住人たちの多くは、現実の経済に対処する中で、そのような政策戦略ではマクロ経済の安定化は到底実現できないと判断したのである。

　ケインズ主義はそもそも、市場経済を本質的に安定的なものとする古典的自由主義への批判から出発している。すなわち、ケインズ主義の世界観とは、古典的自由主義のそれとは異なり、「市場経済とは本源的な不確実

性が支配するきわめて不安定でうつろいやすい存在であり、したがってそれは需要の変動による所得や雇用の変動を免れることはできない」というものである。ケインズ主義は、恐慌や不況といったものは、そのような市場経済の持つ本質的な不安定性の現れであると考える。ケインズ主義はさらに、こうした経済混乱がいったん生じた場合には、社会は座して死を待つのではなく、公的な意志の体現者としての政府がそこに介入し、対症療法であれ何であれ、事態を改善させる何らかの方策を積極的に実行すべきと考える。

　社会にとっては不幸なことに、資本主義経済の本質的不安定性という、ケインズ主義の中核にあるこの世界観は、きわめて強い「現実味」を持っていた。恐慌や不況は忘れた頃に必ずやってきた。そして、人々はそれを克服することを求めた。そのとき政策世界は、ケインズ主義のプラグマチズムに依拠して、状況に応じてとにかくやれるだけのことをやってみるしかなかったのである。それが、ケインズ主義が結局は生き残った最も本質的な理由である。

注

第1章

*) 本章の内容は、野口 [2007] に依存している。

1) マクロ経済学者でありジョージ・W・ブッシュ政権の大統領経済諮問委員会委員長を務めたグレゴリー・マンキューは、経済学者には単に科学者であるだけでなくエンジニアとしての側面を持つと論じている(Mankiw [2006])。マンキューのこの区分は、科学としての経済学、経済政策を導き出す道具としての経済学という本章の区分にほぼ対応する。

2) ケインズに発するマクロ経済学の意義に対するこのような評価は、例えば「新しい古典派」マクロ経済学のようなケインズ経済学に批判的なの立場からは、大きな異論がありうる。しかしながら少なくとも、現在の混合経済における政府の役割の一つはマクロ経済政策を通じたマクロ安定化にあること、政府のそのような経済的位置付けはケインズの思考に発するものであることについては、大多数のマクロ経済学者の間でおおむね合意が得られることは明らかである。

3) 独創的な科学史家であった広重徹が提起した「科学の制度化」という把握に依拠して、経済学の「制度化」の重要な特質を経済学的知識体系の標準化すなわち教科書化に求めたのは、佐和 [1982] である。

4) 自然科学においても、実験による実証が困難であるような理論は、専門家の間での合意は必ずしも容易には得られない。結果として、その理論の肯定派や否定派は、ある種の「学派」的色彩を帯びがちになる。その実例の一つは、物理学における「超ひも理論」である。

5) 経済学者であり政策実務家でもあったアラン・ブラインダーは、「経済学者は最も研究されている分野で最も合意を得やすい政策への影響力が最も少なく、最も研究されていない分野で、意見も激しく対立している政策に対して最も影響力を持つ傾向がある」とし、これを「経済政策におけるマーフィーの法則」(Murphy's Law of Economic Policy) と名付けている (Blinder [1987] p.1)。この法則によれば、専門家の間で見解の対立が存在しない問題においてこそ専門知と世間知が分裂しがちとなり、学派的な対立が顕著な問題においてこそ専門家（おそらくその中の最も信頼のおけない一部）の世間的な影響力が強まるということになる。

6) 工学においても、例えば原子力発電のように、その是非に関して厳しい社会的対立が生じているような場合もある。それは、専門家と非専門家との間の知識レベルの相

354

違や、しばしば「原子力村」と呼ばれるような政策に関連する既得権益の問題以上に、「その政策によって生じる社会的な便益とリスクとの間のウエイト付けの相違」という意味での価値判断の対立に基づくと考えられる。

7) この意味での伝統的経済政策思想研究を代表するのは、例えばライオネル・ロビンズの名著『古典経済学の経済政策理論』（Robbins [1952]）である。

8) ここでいう経済政策についての陳腐化された思考すなわち世間知の体現者は、ポール・クルーグマンが提起した政策プロモーター（policy entrepreneur）と重なる部分が多い。クルーグマンの一連の著作（Krugman [1994c][1996]）は、このような世間知の体現者たちの思考様式についての研究として読むことができる。クルーグマンが言う政策プロモーターについては、第6章を参照のこと。

9) 野口編 [2007] の第III部「経済学における『共通の知見』をめぐって」に収められている二つの論文は、その「共通の知見」の実例を具体的に明らかにしている。浅田 [2007] は、「実践的マクロ経済学」としてのケインズ経済学に依拠する経済学者、すなわちマンキュー（Mankiw [2006]）が言う意味での「エンジニアとしてのマクロ経済学者」にとっての「共通の知見」を明確に提示している。松尾 [2008] は、スミス、リカード、マルクス、ワルラス、マーシャル、ケインズから今日の新古典派に至る経済学の本流に受け継がれている「経済学的発想」の内実を、マスメディアで喧伝される政策論に数多く含まれる「反経済学的発想」と対比しつつ明らかにしている。

第2章

*) 本章の内容は、野口・浜田 [2007a] に依存している。

1) ジョン・レーによれば、マルクス主義におけるイデオロギーとは、「支配的階級が社会に対して、最小の費用によって最大限の支配を貫徹させるように役立つような文化的構築物」であり、「支配のために慎重に計画されたものというよりも、社会における現状の支配秩序を自然で正統なものと認識させるのに役立つ何か」（Lye [1997]）なのである。

2) ミルトン・フリードマンは、スティグラーの業績を称えた小文（Friedman [1998b]）の中で、以下のように述べている。

　「スティグラーの分析（Stigler [1971]）は、それ以降に"公共選択"の経済学と呼ばれるようになる分野に先鞭をつけるものであったが、これは、公平無私な政治家や官僚たちが"公益"を追求することを当然視し、政治市場の分析を経済分析のうち外に置くような見方から、それぞれの政治主体が経済市場の場合と同様に自らの利害を追求しており、したがって経済学の標準的な道具を用いた分析が適用できるとする見

方への、視点の転換を意味していた。」

3) しかしながら、「貿易自由化が特定の階層にもたらす不利益」と比較すれば、「貿易自由化によってもたらされる社会的利益」はきわめて不十分にしか認識されていない。一般社会では明らかに、前者は過大評価され、後者は過小評価されている。この問題は、若田部 [2007] において詳述されている。

4) このような批判の論点は、フランシス・ローゼンブルース（イェール大学）に負っている。

5) ブライスの 2005 年 6 月 29 日付私信（電子メール）による。

6) 日本政府は、日本の農業分野の輸入自由化措置に際しては、ほぼ常に農家への構造調整補助金を提供してきた。このような措置は、農業利害のあからさまな優先的保護として、時には社会的な批判の対象となってきた。しかし、カルドア的な補償原理の考え方からすれば、この場合の農家への補助金は、自由貿易の実現をより容易にするための社会的利害調整の方策とみなすことが可能であろう。

7) 日米間の経済摩擦に際して、そのような意味での社会的啓蒙の役割を果たした代表的な専門家には、ジャグディシュ・バグワティやポール・クルーグマンらがいる。そのことについては、第Ⅱ部第 6 章で詳述する。

第 3 章

1) ポール・クルーグマンは、サプライサイド経済学が本来的に持っていたこの疑似科学的な性質を、以下のように描写している。

「サプライサイド経済学について考える場合、多くの人々は、それを基本的にはミルトン・フリードマンの保守派経済学をさらに前進させて、保守派色を強く打ち出した経済学の一つぐらいにしか考えないであろう。しかし、サプライサイド経済学の生い立ちは、より奇妙なものである。前の二つの章で見てきたように、多くの保守派経済学者が、保守的な研究主題において、1970 年代と 1980 年代のマクロ経済学と財政学を圧倒してきた。しかし、こうした保守派経済学者はサプライサイダーではなく、またサプライサイダーは保守派経済学者のなかから生まれたわけでもなかった。サプライサイド経済学は今も昔も、アウトサイダー的な少数グループの学派であって、保守派経済学の主流からも決して重んじられることがなく、自らの世界にとじこもってしまっているのである。そうであるにもかかわらず、このグループは、世界で最も有力な経済紙を支配し、ついには世界最強の国家の経済政策をも左右するようになったのである。」（Krugman [1994c] pp.83-84）

2) そのような政治的プロパガンダとしての疑似科学の典型的な実例には、スターリン時代のソ連で猛威を振るった「ルイセンコ医学」がある。

3) ティンバーゲンは、規制改革や産業国有化のような「経済構造の質的局面を変える」政策を質的政策（quantitative policy）、税率の変更や金融政策における政策金利操作のような「一定の構造の枠の中で政策パラメータを変える」政策を量的政策（qualitative policy）と呼んで区別している（Tinbergen [1952] ch.1）

4) カール・ポパーは『歴史主義の貧困』（Popper [1957]）において、マルクス主義者特有のこの科学把握のあり方、とりわけその「歴史法則」という考え方に対して、反証主義の立場からの徹底した批判を行った。ポパーによれば、人間の知識の展開が予測不可能なものである以上、どのような「社会変化の法則」も本質的に反証不能である。したがって「歴史法則」に基づく社会変革なるものは、結局のところは「ユートピア的社会技術」にならざるを得ない。つまり、マルクス主義者たちによる「科学的社会主義」なる自己規定は、単なる科学の誤用にすぎない。ポパーはさらに、社会科学的知識に基づく社会への働きかけは、自然科学における工学のようなものであるべきだとして、それを漸次的工学（piecemeal engineering）と呼んだ。

このポパーによる「漸次的工学」の把握は、「経済政策における経済学の役割は政策目標に対する政策手段の適否判断にある」という本書の観点に対応する。また、ポパーのいう「ユートピア的社会技術」は、本書でいう「疑似科学的な政策プログラム」に近似する。

本書がポパーの議論と明確に異なるのは、「経済政策は一般に、社会技術としての漸次的工学の背後に、必ず反証不能な価値判断やイデオロギーを持っている」という点の認識にある。ポパーは、社会全体に対する先験的な把握それ自体を全体論（Holism）と呼んで強く否定する。しかし、後述するように、そうした「社会に対する先験的な総体把握」は、マルクス主義、ケインズ主義、新自由主義などを含むあらゆる「主義」に共通する、政策生成プログラムにとっての中核的特質なのである。

第4章

1) このような循環的な赤字財政主義の考え方は、ヴィクセルを引き継ぐスウェーデン学派を代表する一人であったグンナー・ミュルダールが、世界大恐慌後の1933年にスウェーデン政府が策定した財政計画の補論において提起したのが最初であったとされている。これについては、Lundberg（[1985] p.8）を参照のこと。

2) 中央銀行がバブルにどう対処すべきかに関しては、Fed ビューと BIS ビューという二つの対立する政策理念が存在する。すなわち、Fed ビューは「金融政策は資産価

格に左右されるべきでない」と考えるのに対して、BIS ビューは「金融政策によって資産バブルを積極的に抑制しなければならない」と考える。この Fed とはアメリカの中央銀行である連邦準備制度（Federal Reserve System）のことであり、BIS とは「中央銀行の銀行」とも呼ばれる国際決済銀行（Bank for International Settlements）のことである。BIS ビューを最も明確に提示したのは、BIS を代表するエコノミストであったウィリアム・ホワイトによる論文「価格安定だけで十分なのか」（White [2006]）である。そこには、オーストリア学派景気循環理論からの強い影響が確認できる。

第5章

*) 本章の内容は、Noguchi[2015] に依存している。

1) 労働集約型産業から資本集約型産業へ、そして技術集約型産業へといった比較優位産業のシフトは、単に日本だけではなく、韓国や中国などの東アジア諸国においてもきわめて一般的に観察される。その現象の背後には、経済成長に伴う物的投資と資本形成の拡大による労働から資本への要素賦存の変化、さらには技術開発投資の拡大による無形資産としての技術の蓄積という要因が存在すると考えられる。この問題については、野口 [1999b] を参照のこと。

2) こうした衰退産業をめぐる通商摩擦は、日米間だけではなく世界の至るところで生じている。日本は長らく、アメリカによる衰退産業保護政策の標的とされてきた。とはいえ、逆のケースも確かに存在している。例えば、2001 年 4 月 23 日から同年 11 月 8 日まで実施された、中国からの長ねぎ、生しいたけの輸入へのセーフガードすなわち緊急輸入制限措置は、貿易制限を通じた衰退産業保護の明らかな実例であった。

3) この書簡の内容の一部は、Far Eastern Economic Review (November 4, 1993, p. 26) の記事「Reject Managed Trade」において公表された。書簡の邦訳は、山田久訳「細川首相・クリントン大統領への公開書簡」（『エコノミスト』1993 年 11 月 2 日）である。

4) このリビジョニスト的アプローチに対する専門世界の内と外での評価の分裂については、アメリカの議会レポートにおいて、「アメリカおよび日本の双方の主流派経済学者たちが数値目標による管理貿易のアプローチに反対を表明する一方で、それを支持する財界人やエコノミストもいた」（Morrison, Cooper and Nanto [1994]）と解説されている。

第6章

*) 本章の内容の一部（第2節）は、野口 [1999a] に依存している。

1) 例えば、1959 年 8 月 7 日に発表された、有沢広巳、中山伊知郎、岩佐凱実ら 8 名に
よる「自由化に関する共同提言」は、「かりそめにもわが国が自由諸国の一員として
立つという基本方針を曲げぬかぎり、自由化の大勢からそれることは許されない。む
しろ、進んでこれに協力することこそが、結局はわが国自体の利益にも合致するもの
である」と論じていた（『日本経済新聞』朝刊、1959 年 8 月 7 日）。

2) このような通産省側の考え方を最も明確に示したのは、特振法の主要な立案者でも
あった通産省企業局企業第一課長（当時）両角良彦である（両角 [1963] [1966]）。

3) 1950 年代までの日本の民間貿易は、1949（昭和 24）年 12 月に制定された「外国為
替及び外国貿易管理法」以降、輸出貿易の統制が基本的に撤廃されたのちも、1950（昭
和 25）年 1 月から施行された「輸入貿易管理令」によって強い輸入統制下にあった。
具体的には、外貨自動割当が適用されるごく一部の輸入品（主に食糧や原材料）を除き、
輸入業者は通産大臣に申請して対象貨物ごとに輸入に必要な外貨の割当を受けなけれ
ばならなかった。通産省はしばしば、国産品と競合する輸入品に対する外貨割当を認
めなかったために、この権限は事実上きわめて強力な国内産業保護のための手段とし
て機能した。逆に産業界の側は、原材料等の輸入のために必要な外貨の割当を受ける
ためには、常に通産省の意向に配慮せざるを得なかった。この点に関しては、通産省
において実際に外貨割当の運用の衝にあたっていた今井善衛の発言（伊東 [1977] に
おけるインタビュー）が興味深い。

4) 経済政策に関与してきた日本の経済学者たちに対するこの世代区分は、小宮 [1985]
に基づく。それによれば、第 1 世代とは「戦前、あるいは遅くとも戦時中までに経済
学の教育を終えた学者とその追随者たち」であり、その代表は有沢広巳や中山伊知郎
である。それに対して、「当時の日本にとってはきわめて新鮮な新しい経済理論を欧
米の大学で学んで帰国してきた」のが第 2 世代である。この第 2 世代は、戦後のアメ
リカで体系化・制度化された新古典派総合的な経済学を血肉として育ち、経済政策を
その枠組みに基づいて考察するようになっていた点が、第 1 世代とは大きく異なって
いた。

5) 伊東 [1977] における林へのインタビューを参照。

6) この意見書の発起人は、青山秀夫、荒憲治郎、今井賢一、上野裕也、宇沢弘文、内田忠夫、
熊谷尚夫、小宮隆太郎、館龍一郎、建元正弘、辻村江太郎、都留重人、西山千明、野
田一夫、福岡正夫、藤野正三郎、村上泰亮、渡部経彦である。

7) 1960 年代半ばの日本において、第 2 世代の経済学者の標準的な思考枠組みである新
古典派総合に基づく経済政策の考え方を最も包括的に提示していたテキストは、館・
小宮 [1964] であった。新古典派総合の経済政策論の中においては「産業政策」なる

ものの存立する余地がないことから、「産業政策とは、通産省が行う政策である」という有名な定義を与えたのは、貝塚（[1968] 48 頁）であった。

8) 例えば、2017 年に成立したアメリカ共和党のトランプ政権の通商政策は、きわめて国際競争主義的である。2018 年半ばから拡大し始めた米中貿易摩擦は、その一つの現れである。

第 7 章

*) 本章の内容は、野口・浜田 [2007b] に依存している。また、本章の一部（第 2 節）は、中村宗悦氏（大東文化大学）の研究に依拠している。それを利用させていただいたことについて、中村氏に深く感謝したい。

1) Cassel[1921]、Fisher[1922]、Keynes[1977] などが、この問題にとりわけ強く関連する。

2) 金本位制とは何よりも、各国の金融政策運営上の規律すなわち「ルールの体系」であった。1879 年から 1913 年までの国際金本位制の時代に支配的であった政策ルール、すなわち「国際金本位制のゲームのルール」に関する明確な整理は、McKinnon[1993] によってなされている。

3) 例えば、カッセルは以下のように述べて、旧平価金本位制復帰の考え方を厳しく批判した。

「既に減価した本位貨幣を現在の水準で安定させるのでさえ多大な困難を克服する必要があることを多少とも考えてみれば、貨幣価値を戦前の水準に復帰させるデフレーションなる思考はとてつもなく夢想的（Utopian）なものであることが直ちに理解できる。」(Cassel [1921] p.63)

4) カッセルはこの点について、以下のように述べている。

「私は克服すべき軋轢の存在は十分に認めていたが、イギリスが旧平価で復帰した場合に必要な物価下落の水準はせいぜい最初の年で 6 ％程度と推定していたため、ポンド・スターリングが世界経済における中心的地位を再び回復することから得られる巨大な利益からすれば、その程度の穏やかなデフレーションによる不都合は十分に報いられるだろうと考えていた。」(Cassel [1936] p.37)

5) その代表的な研究は、Temin[1989]、Eichengreen[1992]、Bernanke[2000b] である。この研究プログラムは、Eichengreen and Sachs[1985] を契機として出現した。Temin[2000] は、その研究プログラムから生み出された合意を簡便に整理している。大恐慌に関する最近の概説書で、その成果が比較的よく反映されているものには、Hall and Ferguson[1998]、James[2001] がある。

6) その経緯については、中村宗悦 [2007] を参照のこと。

7) 旧平価金本位制復帰論の代表的論客は、「不景気を最極点まで徹底せしめよ」という論考を『中央公論』1925 年 3 月号に発表した堀江帰一（慶應義塾大学教授）、1929 年に『金解禁』という書物を出版した土方成美（東京帝国大学教授）、当時の最も著名な経済学者の一人であった福田徳三（東京商科大学教授）、日本のマルクス経済学の先駆者でもあった河上肇（京都帝国大学教授）らである。フィッシャーの下で博士号を取り、論争においては新平価での金本位制復帰を主張していた高城仙次郎（慶應義塾大学教授）などは、大学の経済学者の中ではきわめて例外的な存在であった。

8) この浜口と井上の緊縮断行路線に対し、当時の一般大衆がいかに熱狂したかについては、有名な逸話がある。井上準之助は、旧平価による金解禁の実施にあたり、日本全国を行脚し、旧平価解禁をテコとした「痛みに耐える」緊縮政策の必要性を説いてまわった。その井上の演説を聴いていた一人の老婆は、感激のあまり、井上に向かって賽銭を投げたというのである。

9) ヒュー・パトリックは、日本のその後の状況について、以下のような明確に肯定的な評価を与えている。

「日本が 1931 年の 12 月に金本位制を離脱したのは、まったく不可避的なことであった。しかしながら、その後に生じたのは、おそらく誰も予見できなかった事柄であった。すなわち、困難きわまりない国際環境の中において、それまでの世界においても最も成功をみた一つとさえいえる財政、金融、および為替政策の組み合わせが実現されたのである」（Patrick [1971] p.256）。

10) 歴史的にいえば、清算主義の考え方を最もよく体現しているのは、大恐慌時のアメリカのフーバー政権で財務長官を務めていたアンドリュー・メロンによる、「労働者、株式、農民、不動産などを清算すべきである。古い体制から腐敗を一掃すれば価格は適正になり、新しい企業家達が再建に乗り出すだろう」という発言である（Hoover [1952] vol.3, p.30）。こうした清算主義の考え方は、当時の一部経済学者、とりわけジョセフ・シュンペーター、フリードリヒ・ハイエク、ライオネル・ロビンズらの大恐慌に対する発言の中にも見出すことができる。これらの経済学者たちは、「不況とは経済の歪みを正す自浄作用であり、したがって政府が恐慌の進行を阻止する景気刺激策を安易に用いることは、歪みの増幅を通じた破滅への危険な道を選択することを他ならない」と論じた。彼らのこのような言動は、ラルフ・ホートレイによって、ノアの洪水の最中に火事だと叫ぶに等しい行為として嘲笑されることになる（Hawtrey [1938] p.145）。

11) デフレ不況が深刻化した 2000 年代前後には、日本の長期停滞と原因と処方箋に関

する論争を収録した書物が数多く出版された。岩田・宮川編 [2003]、浜田・堀内・内閣府経済社会総合研究所編 [2004] 等が代表的である。

12) 例えば、米 FRB のエコノミストたちは、そのことについて以下のように指摘している。

「金融政策にとっては 1993 〜 94 年がとりわけ決定的な時期であった。というのは、それ以降は、(1997 年に消費税率が引き上げられて、ごく短期的に物価が上昇した時期を除き)、物価上昇率がゼロを妥当な幅で上回ることがなくなり、その結果、政策金利をかなり大幅に下げても、短期の実質金利を十分に引き下げ、場合によってはそれをマイナスにすることができなくなってしまったからである。1995 年の初頭を過ぎると、物価上昇率がゼロあるいはマイナスになったことによって、実質金利を下げる余地が大きく狭まったために、金融政策の有効性は大きく損なわれることになった。」(Ahearne et al. [2002] p.13)

13) 浜田 [2004] および浜田 [2007] が指摘するように、経済財政諮問会議の発足当初の雰囲気は、明らかに「良いデフレ論」に感化されていた。しかしそれは、経済情勢の変化や、一部の専門家たちの働きかけによって、徐々に変わっていった。

14) こうした読売の「反デフレ」的な論説の影響力を評価する場合には、それが読売新聞の主筆であった渡邉恒雄の個人的な政策的指向を反映していた可能性が強いことを十分に勘案する必要がある。

15) 政府が新日銀総裁として福井を任命した当初、従来から速水日銀の過度に慎重な金融政策運営に批判的だった海外メディアは、その速水路線を継承すると考えられていた福井の新総裁就任にも冷淡な目を向けていた。例えば、2001 年 8 月 4 日の記事 "Japan's great hope" において、小泉首相はデフレに対して無策を決め込む速水日銀総裁を解任すべきだと論じていた英エコノミスト誌は、2003 年 2 月 27 日の記事 "Muddleheart Koizumi" では、小泉政権の福井氏任命について「小泉は真に日本を変えたいとの考えを示すチャンスを逃した」と厳しく論評していた。しかし、その同じ英エコノミスト誌が、その約 1 年後の 2004 年 2 月 12 日の記事 "The Bank of Japan Toshihiko Goldilocks" では、その評価を以下のように改めたのである。

「日本銀行総裁の福井俊彦は、(米連邦準備制度理事会議長アラン・グリーンスパンや欧州中央銀行総裁ジャン・クロード・トリシェにも勝る) 真のゴルディロックス中央銀行家に見える。……彼は、おそらく世界最悪の中央銀行家であった前任の速水優の路線を踏襲することが予想されていた。速水はかつて、金利がゼロになれば金融政策はデフレを止めることができないと主張した。福井は、非伝統的な金融政策を用いることに大きな熱意を示した。中央銀行は利子率がゼロでも貨幣の量を増やすこと

ができる。福井の日銀は事実、"量的緩和"政策を通じてより多くのお金を印刷した。……印刷機を回転させるよりもさらに重要なのは、日銀のレトリックの変化である。奇妙なことに、日本銀行が2001年に量的緩和を開始したとき、速水はそれが機能しないと述べた。金融政策は部分的には期待を通じてインフレに影響を与えるため、これは実際にそうなってしまった。福井氏はこの政策の有効性については非常に肯定的であり、日銀は前年比インフレ率がしばらくの間プラスになるまでは緩和を継続すると述べている。」

16) デフレを正当化しうる経済学的推論が唯一あるとすれば、それはおそらく、ミルトン・フリードマンの「最適インフレ率」概念であろう（Friedman [1969] ch.1）。そこでの最適インフレ率は、貨幣保有の収益率が実質利子率と等しくなる水準によって与えられるため、経済の均衡実質利子率がプラスである限り、最適インフレ率はマイナスとなる。しかし、マイケル・ウッドフォードが分析しているように（Woodford [2003] ch.7）、このフリードマン的な最適インフレ率の考え方は、名目賃金の硬直性が存在しないような抽象の世界でしか成立しない。フリードマン・ルールに基づいてマイナスのインフレ率の達成をその金融政策の目標に掲げている中央銀行がこれまでに存在したことがないのは、その証左と考えられる。

17) 世界大恐慌からの各国の回復が、まさにそのような相互的な金融緩和によって実現されたことを最初に指摘したのが、Eichengreen and Sachs[1985] であった。

18) このような観点から書かれた啓蒙書としては、岩田 [2001]、野口 [2002] などがある。

第8章

*) 本章の内容は、Noguchi[2013] に依存している。

1) この「ケインズに立ち戻れ」というスローガンは、ポスト・ケインジアンに代表される非主流派的なケインジアンたちの、かねてからの主張でもある。例えば、ブラッドリー・ベイトマンの論考「ケインズがアメリカに戻ってきた」（Bateman [2010]）を参照のこと。

2) スノードンとヴェインによるインタビュー集『主導的経済学者との対話』において、「過去25年以上にわたってマクロ経済学の発展に最も大きな影響を与えた論文や書物は何か」という質問をされたグレゴリー・マンキューは、以下のように答えている（Snowdon and Vane [1999] p.107）。

　「最大の影響がルーカスから来たことに疑いはありません。彼は、1960年代から存在したケインズ経済学のコンセンサスにひびを入れたのです。彼は実際、新しく興味をそそる考えを提案することで、マクロ経済学を分断しました。今日におけるマクロ

経済学者間の意見の相違は、その大部分がルーカスとその仲間たちへの批判から生じたものです。ご存知の通り、私はルーカスの考え方には同意しません。しかし、彼が指摘した問題はとても真剣に受け止めています。私や他のニュー・ケインジアンたちが行ってきた仕事の多くは、ルーカスが古いケインジアンの考えについて指摘した問題点に対する回答という形でなされたものです。」

3) その問題に関して非常に説得力のある議論を展開したのは、デビッド・レイドラーである。レイドラー（Laidler [1999]）は、景気循環に関する両大戦間における莫大な文献を検討することで、ケインズ『一般理論』(1936 年) の出現を、いわゆる「革命」としてではなく、貨幣や失業や景気循環に関するそれ以前から存在した経済学的思考の進化として取り扱うべきことを主張した。

4) この独占的競争を仮定したケインジアン・モデルの基本型は、Blanchard and Kiyotaki[1987] によって提示された。

5) ケインズとフリードマンに対するクルーグマンの以下の評価は、この点ではきわめて公正である。

「ケインジアンの理論が当初普及したのは、われわれのまわりの世界を理解することにかけては、それは古典派の正統的理解よりはるかに優れていためである。そして、ケインズに対するフリードマンの批判が大きな影響を与えたのは、主にそれがケインズ主義の弱点を正しく識別したためである。」(Krugman [2007])

6) そうした研究の格好の実例は、Blanchard Dell'Ariccia and Mauro[2010] において参照されている。

第9章

*) 本章の内容の一部は、野口 [2015] に依存している。

1) 昭和恐慌の克服のための行われた高橋是清の政策の経済学的意味については、岩田編 [2004] を参照。

2) 白川はその総裁任期中の 2011 年に、BIS 理事会の副議長に指名されている。

3) その典型は Bateman[2010] である。

4) この「財政の崖」という表現は、当時の FRB 議長バーナンキが 2012 年 2 月の議会証言で、債務上限引き上げ法案が万が一未成立となった場合のリスクをその言葉を使って表現したことを契機に一般化した。

5) 菅は、後にジャーナリストの伊藤裕香子から、この時に増税を提起した理由について問われた時に、「財政を考えれば、どこかの時点で消費税の増税は必要と考えていました。とくに急ぐ必要があると強く意識し始めたのは、ギリシャ危機が起きてから

です」と述べている（伊藤［2013］37 頁）。

6) アメリカの金融政策に関して、量的緩和を意味する QE という表現が定着したのはもっぱら QE2 からであり、QE1 に関しては、それ以前の信用緩和と一体化しているため、その開始時期に関しては文献によってばらつきがある。ここでの時期区分は、Bernanke［2013］Lecture 4 に依拠している。

7) この時期のクーによる財政主導ケインジアン的な主張は、特に『金融危機からの脱出』（クー［1998］）、『日本経済回復への青写真』（クー［1999］）、『良い財政赤字　悪い財政赤字』（クー［2000］）などに明確にみられる。

8) このバーナンキの議論を日本の金融政策論争において最初に紹介したのは野口［2001］である。

第 10 章

*) 本章の内容の一部は、Noguchi[2019] に依存している。

1) Samuelson[1997] はその初版の復刻版である。

2) それらの仮説はそれぞれ、Friedman[1957]、Modigliani and Brumberg[1954] を出発点とする。

3) 適正なインフレ率がゼロ％ではなく 2 ％程度のプラスの値であることに関しては、のちにジョージ・アカロフ、ウィリアム・ディケンズ、ジョージ・ペリーによる「低インフレーションのマクロ経済学」（Akerlof, Dickens and Perry［1996］）によって、以下のような理論的な根拠が提示された。経済にマイナスの需要ショックが生じた時、企業は実質賃金を切り下げない限り雇用を維持できない。そこでインフレ率がゼロであるとすると、名目賃金を引き下げない限り雇用は維持できないから、名目賃金が下方硬直的である場合には雇用は減少する。しかし、インフレ率がプラスであれば、名目賃金の切り下げなくして実質賃金の切り下げが可能になるので、マイナスの需要ショックが生じた場合でも雇用が維持できることになる。

4) こうした問題は、一般に動学的不整合性あるいは時間的不整合性と呼ばれている。フィン・キッドランドとエドワード・プレスコットは、論文「裁量よりもルール：最適計画の不整合性」（Kydland and Prescott［1977］）においてこの概念を提起した功績を一つの大きな理由として、2004 年にノーベル経済学賞を受賞した。

参考文献

Ahearne, Alan., Joseph Gagnon, Jane Haltmaier, Steve Kamin Christopher Erceg, Jon Faust, Luca Guerrieri, Carter Hemphill, Linda Kole, Jennifer Roush, John Rogers, Nathan Sheets, and Jonathan Wright [2002] "Preventing Deflation: Lessons from Japan's Experience in the 1990s," *International Finance Discussion Papers*, no.729, Board of Governors of the Federal Reserve System.（神尾幸男訳「日銀は 90 年代の長期不況をまったく予期していなかった」『週刊エコノミスト』2002 年 8 月 13 日／ 20 日号）

Akerlof, George and William Dickens [1982] "The Economic Consequences of Cognitive Dissonance," *American Economic Review*, vol.72, no.3, pp.307-319.

Akerlof, George, William Dickens and George Perry [1996] "The Macroeconomics of Low Inflation," *Brookings Papers on Economic Activity*, no.1, pp.1-76.

Arena, Richard [2010] "From the 'Old' to the 'New' Keynesian-Neoclassical Synthesis: An Interpretation," in Bradley Bateman, Toshiaki Hirai, and Maria Cristina Marcuzzo [eds.], *The Return to Keynes*, Cambridge: Harvard University Press, pp.77-93.（平井俊顕監訳『リターン・トゥ・ケインズ』東京大学出版会、2014 年、第 4 章）

Bagehot, Walter [1999] *Lombard Street: A Description of the Money Market*, New York: Wiley.（久保恵美子訳『ロンバード街』日経ＢＰクラシックス、2011 年）

Barro, Robert [1974] "Are Government Bonds Net Wealth?" *Journal of Political Economy*, vol.82, no.6, pp.1095-1117.

Bateman, Bradley [2010] "Keynes Returns to America," in Bradley Bateman, Toshiaki Hirai, and Maria Cristina Marcuzzo [eds.], *The Return to Keynes*, Cambridge: Harvard University Press, pp.13-31.（平井俊顕監訳『リターン・トゥ・ケインズ』東京大学出版会、2014 年、第 1 章）

Becker, Gary [1983] "A Theory of Competition among Pressure Groups for Political Influence," *The Quarterly Journal of Economics*, vol.98, no.3, pp.371-400.

Bernanke, Ben [2000a] "Japanese Monetary Policy: A Case of Self-Induced Paralysis?" in Ryoichi Mikitani and Adam Posen [eds.], *Japan's Financial Crisis and its Parallels to U.S. Experience*, Washington, D.C.: Institute for International Economics, pp.149-166.（三木谷良一、アダム・S.ポーゼン編、清水啓典監訳『日本の金融危機——米国の経験と日本への教訓』東洋経済新報社、2001 年、第 6 章）

Bernanke, Ben [2000b] *Essays on the Great Depression*, Princeton: Princeton University Press.（栗原潤・中村亨・三宅敦史訳『大恐慌論』日本経済新聞出版社、2013 年）

Bernanke, Ben [2002] "Deflation: Making Sure 'It' Doesn't Happen Here," Remarks by Governor Ben S. Bernanke before National Economists Club, Washington, D.C., November 21.（「デフレ——アメリカで『これ』が起きないようにするためには」、高橋洋一訳『リフレと金融政策』日本経済新聞社、2004 年、に所収）

Bernanke, Ben [2004] "The Great Moderation," Remarks by Governor Ben S. Bernanke at the meetings of the Eastern Economic Association, Washington, February 20.

Bernanke, Ben [2009] "The Crisis and the Policy Response," At the Stamp Lecture, London School of Economics, London, England, January 13.

Bernanke, Ben [2012] "Monetary Policy since the Onset of the Crisis," Remarks by Chairman Ben S. Bernanke at the Federal Reserve Bank of Kansas City Economic Symposium, Jackson Hole, Wyoming, August 31.

Bernanke, Ben [2013] *The Federal Reserve and the Financial Crisis*, Princeton: Princeton University Press.（小谷野俊夫訳『連邦準備制度と金融危機』一灯舎、2012 年）

Bhagwati, Jagdish [1991] *The World Trading System at Risk*, Princeton: Princeton. University Press.（佐藤隆三・小川春男訳『危機に立つ世界貿易体制—— GATT 再建と日本の役割』勁草書房、1993 年）

Bhagwati, Jagdish [1993] "The Diminished Giant Syndrome," *Foreign Affairs*, vol.72, pp. 22-26.

Bhagwati, Jagdish [1999] *A Stream of Windows: Unsettling Reflections on Trade, Immigration, and Democracy*, Cambridge: The MIT Press.

Bhagwati, Jagdish and Hugh Patrick [1990] *Aggressive Unilateralism: America's 301 Trade Policy and the World Trading System*, Ann Arbor: University of Michigan Press.（渡辺敏訳『スーパー 301 条——強まる「一方主義」の検証』サイマル出版会、1991 年）

Bhagwati, Jagdish, et al. [1993] "Open Letter to President Clinton and Prime Minister Hosokawa," transcribed in "Reject Managed Trade," *Far Eastern Economic Review*, November 4, 1993, p.26.（山田久訳「細川首相・クリントン大統領への公開書簡」『エコノミスト』1993 年 11 月 2 日号）

Biven Carl [1989] *Who Killed John Maynard Keynes: Conflicts in the Evolution of Economic Policy*, Homewood: Dow Jones-Irwin.（斎藤精一郎訳『誰がケインズを殺したか—— 物語で読む現代経済学』日本経済新聞出版社、2002 年）

Blanchard, Olivier [2009] "The State of Macro," *Annual Review of Economics*, vol.1, pp.209-228.

Blanchard, Olivier and Nobuhiro Kiyotaki [1987] "Monopolistic Competition and the Effects of Aggregate Demand," *American Economic Review*, vol.77, no.4, pp.647-666.

Blanchard, Olivier, Giovanni Dell'Ariccia and Paolo Mauro [2010] "Rethinking Macroeconomic Policy," *Journal of Money, Credit and Banking*, vol.42, issue s1, pp.199-215.

Blaug, Mark [1980] *The Methodology of Economics: Or, How Economists Explain*, Cambridge: Cambridge. University Press.

Blinder, Alan [1987] *Hard Heads, Soft Hearts: Tough-Minded Economics for a Just Society*, New York: Addison-Wesley.（佐和隆光訳『ハードヘッド　ソフトハート』TBS ブリタニカ、1988 年）

Blinder, Alan and Janet Yellen [2001] *The Fabulous Decade: Macroeconomic Lessons from the 1990s*, New York: The Century Foundation Press.（山岡洋一訳『良い政策 悪い政策——1990 年代アメリカの教訓』日経 BP 社、2002 年）

Blyth, Mark [2002] *Great Transformations: Economic Ideas and Institutional Change in the Twentieth Century*, Cambridge: Cambridge University Press.

Bordo, Michael and Finn Kydland [1997] "The Gold Standard as a Commitment Mechanism," in Tamin Bayoumi, Barry Eichengreen and Mark Taylor [eds.], *Modern Perspectives on the Classical Gold Standard*, Cambridge: Cambridge University Press, pp.55-100.

Buchanan, James [1976] "Barro on the Ricardian Equivalence Theorem," *Journal of Political Economy*, Vol.84, No.2, pp.337-342.

Buchanan, James [1987] "The Constitution of Economic Policy," *American Economic Review*, vol.77, no.3, pp.243-250.

Buiter, Willem [2009] "The Unfortunate Uselessness of Most 'State of the Art' Academic Monetary Economics," *VoxEU*, 6 March.

Business Week [1989] "What Americans Think of Japan Inc.," *Business Week*, August 7, p.19.

Calvo, Guillermo [1983] "Staggered Prices in a Utility-Maximizing Framework," *Journal of Monetary Economics*, vol.12, no.3, pp.383-398.

Cassel, Gustav [1921] *The World's Monetary Problems*, London: Constable and Co.（田村敏雄・毛里英於菟訳『世界の貨幣問題』日本評論社、1928 年）

Cassel, Gustav [1936] *The Downfall of the Gold Standard*, Oxford: Clarendon Press.

Cato Institute [2009] "Cato Institute petition against Obama 2009 stimulus plan," January 9, 2009, https://web.archive.org/web/20090203170743/http://cato.org/special/stimulus09/cato_stimulus.pdf

Center for American Progress [2009] "Letter to Congress: Economists Across the Spectrum Endorse Stimulus Package," January 27, 2009, https://www.americanprogressaction.org/issues/economy/news/2009/01/27/5490/letter-to-congress-economists-across-the-spectrum-endorse-stimulus-package/

Cohen, Stephen [1991] *Cowboys and Samurai: Why the United States Is Losing the Industrial Battle and Why It Matters*, New York: Harper Business.（五味俊樹訳『日米大決戦——世界経済を制するのはカウボーイかサムライか』徳間書店、1992 年）

Cohen, Stephen [1994] "Speaking Freely," *Foreign Affairs*, vol.73, no.4, pp.194-197.（竹下興喜監訳『日米はなぜ対立するのか』中央公論社、1995 年、に所収）

Davis, Bob [1995] "U.S.'s Quick-Hit Strategy May Backfire in Long Run," *The Wall Street Journal*, June 9, A9.

Dixit, Avinash [1996] *The Making of Economic Policy: A Transaction-Cost Politics Perspective*, Cambridge: The MIT Press.（北村行伸訳『経済政策の政治経済学——取引費用政治学アプローチ』日本経済新聞社、2000 年）

Economist, The [2009] "What Went Wrong with Economics," 16 July.

Eichengreen, Barry [1992] *Golden Fetters: The Gold Standard and the Great Depression, 1919-1939*, New York: Oxford University Press.

Eichengreen, Barry and Jeffrey Sachs [1985] "Exchange Rates and Economic Recovery in the 1930s," *Journal of Economic History*, vol.45, no.4, pp.925-946.

Eichengreen, Barry and Peter Temin [2000] "The Gold Standard and the Great Depression," *Contemporary European History*, vol.9, Issue 2, pp.183-207.

Feldstein Martin [1997] "The Council of Economic Advisers: From Stabilization to Resource Allocation," *American Economic Review*, vol.87, no.2, pp.99-102.

Festinger, Leon [1957] *A Theory of Cognitive Dissonance*, Stanford, C.A.: Stanford University Press.

Feyerabend, Paul [1975] *Against Method: Outline of an Anarchistic Theory of Knowledge*, London: Humanities Press.（村上陽一郎・渡辺博訳『方法への挑戦——科学的創造と知のアナーキズム』新曜社、1981 年）

Fisher, Irving [1913] "A Compensated Dollar," *Quarterly Journal of Economics*, vol.27, no.2, pp.213-235, pp.385-397.

Fisher, Irving [1920] *Stabilizing the Dollar: A Plan to Stabilize the General Price Level without Fixing Individual Prices*, New York: Macmillan.

Fisher, Irving [1922] "Devaluation versus Deflation," *The Manchester Guardian Commercial: Reconstruction in Europe*, no.11, December 7, pp.663-664.

Frankel, Jeffrey [2003] "What an Economic Adviser Can Do When He Disagrees with the President?" *Challenge*, vol.46, no.3, pp.29-52.

Frankel, Jeffrey and Katharine Rockett [1988] "International Macroeconomic Policy Coordination When Policymakers Do Not Agree on The True Model," *American Economic Review*, vol.78, pp.318-340.

Friedman, Milton [1957] *A Theory of The Consumption Function*, Princeton: Princeton University Press. (宮川公男・今井賢一訳『消費の経済理論』巌松堂出版、1961 年)

Friedman, Milton [1962] *Capitalism and Freedom*, Chicago: University of Chicago Press. (熊谷尚夫・西山千明訳『資本主義と自由』マグロウヒル出版、1975 年)

Friedman, Milton [1968] "The Role of Monetary Policy," *American Economic Review*, vol.58, no.1, pp.1-17.

Friedman, Milton [1969] *The Optimal Quantity of Money and Other Essays*, Chicago: Aldine.

Friedman, Milton [1998a] "Mr. Market," (interview by Gene Epstein), *Barron's*, August 24.

Friedman, Milton [1998b] "George Joseph Stigler, January 17, 1911 - December 1, 1991," *Biographical Memoirs of the National Academy of Sciences*, vol.76, pp.341-359.

Friedman, Milton and Anna Schwartz [1963] *A Monetary History of the United States, 1867-1960*, Princeton: Princeton University Press. (久保恵美子訳『大収縮 1929-1933：「米国金融史」第 7 章』日経 BP 社、2009 年)

Friedman, Milton and Rose Friedman [1980] *Free to Choose: A Personal Statement*, Harmondsworth, Middlesex: Penguin Press. (西山千明訳『選択の自由』日本経済新聞出版社、2012 年)

Gali, Jordi [2008] *Monetary Policy, Inflation, and the Business Cycle*, Princeton: Princeton University Press.

Haas, Peter [1992] "Introduction: Epistemic Communities and International Policy Coordination," *International Organization*, vol.46, no.1, pp.1-35.

Hahn, Frank and Robert Solow [1995] *A Critical Essay on Modern Macroeconomic Theory*,

Cambridge: The MIT Press.

Hall, Robert [1976] "Notes on the Current State of Empirical Economics," an unpublished paper presented at the one-day workshop of the Institute of Mathematical Studies in Social Sciences, Stanford University.

Hall, Robert [1996] "Robert Lucas, Recipient of the 1995 Nobel Memorial Prize in Economics," *Scandinavian Journal of Economics*, vol.98, no.1, pp.33-48.

Hall, Peter [1992] "The Movement from Keynesianism to Monetarism: Institutional Analysis and British Economic Policy in the 1970s," in Sven Steinmo, Kathleen Thelen, and Frank Longstreth [eds.], *Structuring Politics: Historical Institutionalism in Comparative Analysis*, New York: Cambridge University Press, pp.90-113.

Hall, Peter [1993] "Policy Paradigms, Social Learning, and the State: The Case of Economic Policymaking in Britain," *Comparative Politics*, vol.25, no.3, pp.275-296.

Hall, Thomas and David Ferguson [1998] *The Great Depression: An International Disaster of Perverse Economic Policies*, Ann Arbor: University of Michigan Press. (宮川重義訳『大恐慌：経済政策の誤りが引き起こした世界的な災厄』多賀出版、2000 年)

Hamilton, David [1995] "U.S. 'Revisionists' on Japan Get Their Way," *The Wall Street Journal*, June 8, A8.

Hands, Wade [2001] *Reflection Without Rules: Economic Methodology and Contemporary Science Theory*, Cambridge: Cambridge University Press. (高見典和・原谷直樹・若田部昌澄監訳『ルールなき省察　経済学方法論と現代科学論』慶應義塾大学出版会、2018 年)

Hawtrey, Ralph [1938] *A Century of Bank Rate*, London: Longmans, Green, and Co. (英国金融史研究会訳『金利政策の百年』東洋経済新報社、1977 年)

Hayek, Friedrich [1931] *Prices and Production*, London: Routledge. (古賀勝次郎他訳『貨幣理論と景気循環／価格と生産 ハイエク全集 1 - 1』春秋社、2008 年)

Hayek, Friedrich [1944] *The Road to Serfdom*, London: Routledge. (西山千明訳『隷属への道』春秋社、2008 年)

Hoover, Herbert [1952] *The Memoirs of Herbert Hoover*, New York: Macmillan.

James, Harold [2001] The End of Globalization: *Lessons from the Great Depression*, Cambridge: Harvard University Press. (高遠裕子訳『グローバリゼーションの終焉──大恐慌からの教訓』日本経済新聞社、2002 年)

Johnson, Harry [1972] *Inflation and the Monetarist Controversy*, Amsterdam: North Holland. (鬼塚雄丞・氏家純一訳『ケインジアン─マネタリスト論争──インフレ

ーションの経済学』東洋経済新報社、1980 年)

Kahn, Richard [1931] "The Relation of Home Investment to Unemployment," *Economic Journal*, vol.41, no.162, pp.173-198.

Kaldor, Nicholas [1939] "Welfare Propositions in Economics and Interpersonal Comparisons of Utility," *Economic Journal*, vol.49, pp.549-552.

Keynes, John Maynard [1931] "An Economic Analysis of Unemployment," in Wright Quincy [ed.], *Unemployment as a World Problem*, Chicago: University of Chicago Press, pp.1-42.

Keynes, John Maynard [1971a] *The Collected Writings of John Maynard Keynes: Vol.4, A Tract on Monetary Reform*, London: Macmillan. (中内恒夫訳『ケインズ全集　第 4 巻　貨幣改革論』東洋経済新報社、1978 年)

Keynes, John Maynard [1971b] *The Collected Writings of John Maynard Keynes: Vol.5: A Treatise on Money 1: The Pure Theory of Money*, London: Macmillan. (小泉明・長澤惟恭訳『ケインズ全集　第 5 巻　貨幣論 I　貨幣の純粋理論』東洋経済新報社、1979 年)

Keynes, John Maynard [1971c] *The Collected Writings of John Maynard Keynes: Vol.6: A Treatise on Money 2: The Applied Theory of Money*, London: Macmillan. (長澤惟恭訳『ケインズ全集　第 6 巻　貨幣論 II　貨幣の応用理論』東洋経済新報社、1980 年)

Keynes, John Maynard [1972a] *The Collected Writings of John Maynard Keynes: Vol.9, Essays in Persuasion*, London: Macmillan. (宮崎義一訳『ケインズ全集　第 9 巻　説得論集』東洋経済新報社、1981 年)

Keynes, John Maynard [1972b] *The Collected Writings of John Maynard Keynes: Vol.10: Essays in Biography*, London: Macmillan. (大野忠男訳『ケインズ全集　第 10 巻　人物評伝』東洋経済新報社、1980 年)

Keynes, John Maynard [1973] *The Collected Writings of John Maynard Keynes: Vol.7, The General Theory of Employment, Interest and Money*, London: Macmillan. (塩野谷祐一訳『ケインズ全集　第 7 巻　雇用・利子および貨幣の一般理論』東洋経済新報社、1983 年)

Keynes, John Maynard [1977] *The Collected Writings of John Maynard Keynes: Vol.17, Activities 1920-22: Treaty Revision and Reconstruction*, London: Macmillan. (春井久志訳『ケインズ全集第 17 巻　1920―22 年の諸活動　条約改正と再興』東洋経済新報社、2014 年)

Keynes, John Maynard [1981] *The Collected Writings of John Maynard Keynes: Vol.19,*

Activities 1922-29: The Return to Gold and Industrial Policy: Part I and II, London: Macmillan.（西村閑也訳『ケインズ全集第19巻 1922—29年の諸活動 金本位復帰と産業政策』東洋経済新報社、1998年）

Krugman, Paul [1994a] "Competitiveness: A Dangerous Obsession," *Foreign Affairs*, vol.73, no.2, pp.28-44.（竹下興喜監訳『日米はなぜ対立するのか』中央公論社、1995年、に所収）

Krugman, Paul [1994b] "Proving My Point," *Foreign Affairs*, vol.73, no.4, pp.198-203.（竹下興喜監訳『日米はなぜ対立するのか』中央公論社、1995年、に所収）

Krugman, Paul [1994c] *Peddling Prosperity: Economic Sense and Nonsense in the Age of Diminished Expectations*, New York: W.W. Norton & Company.（伊藤隆敏監訳、北村行伸・妹尾美起訳『経済政策を売り歩く人々——エコノミストのセンスとナンセンス』日本経済新聞社、1995年）

Krugman, Paul [1996] *Pop Internationalism*, Cambridge: The MIT Press.（山岡洋一訳『クルーグマンの良い経済学悪い経済学』日本経済新聞社、1997年）

Krugman, Paul [1998] "It's Baaack: Japan's Slump and the Return of the Liquidity Trap," *Brookings Papers on Economic Activity*, no.2, pp.137-205.（山形浩生訳「復活だあっ！日本の不況と流動性の罠の逆襲」山形浩生訳編『クルーグマン教授の〈ニッポン〉経済入門』春秋社、2003年）

Krugman, Paul [2007] "Who Was Milton Friedman?" *The New York Review of Books*, 15 February.

Krugman, Paul [2009] "How Did Economists Get It So Wrong?" *The New York Times Magazine*, 2 September.

Krugman, Paul [2010] "Nobody Understands The Liquidity Trap (Wonkish)," The *New York Times*, The Conscience of a liberal, July 14.

Krugman, Paul [2013] "Fiscalists, Monetarists, Credibility, and Turf," *The New York Times*, The Conscience of a liberal, June 14.

Kuhn, Thomas [1962] *The Structure of Scientific Revolutions*, Chicago: University of Chicago Press.（中山茂訳『科学革命の構造』みすず書房、1971年）

Kuttner, Robert [1991] *The End of Laissez-Faire: National Purpose and the Global Economy After the Cold War*, New York: Alfred A. Knopf.（佐和隆光・菊谷達弥訳『新ケインズ主義の時代——国際経済システムの再構築』日本経済新聞社、1993年）

Kydland, Fin and Edward Prescott [1977] "Rules Rather than Discretion: The Inconsistency of Optimal Plans," *Journal of Political Economy*, vol.85, no.3, pp.473-492.

Laidler, David [1999] *Fabricating the Keynesian Revolution: Studies of the Inter-war Literature on Money, the Cycle, and Unemployment*, Cambridge: Cambridge University Press.

Lakatos, Imre [1970] "Falsification and the Methodology of Scientific Research Programmes," in Imre Lakatos and Alan Musgrave [eds.], *Criticism and the Growth of Knowledge: Proceedings of the International Colloquium in the Philosophy of Science, London, 1965*, Cambridge: Cambridge University Press, pp.91-196. (森博監訳『批判と知識の成長』木鐸社、1985 年)

Lakatos, Imre [1978] *The Methodology of Scientific Research Programmes, Vol.1, Philosophical Papers*, John Worrall and Gregory Currie [eds.], Cambridge: Cambridge University Press.

Latsis, Spiro [1976] "A Research Programme in Economics," in Spiro Latsis [ed.], *Method and Appraisal in Economics*, Cambridge: Cambridge University Press, pp.1-42.

Leijonhufvud, Axel [1968] *On Keynesian Economics and the Economics of Keynes: A Study in Monetary Theory*, New York: Oxford University Press. (根岸隆監訳・日本銀行ケインズ研究会訳『ケインジアンの経済学とケインズの経済学——貨幣的理論の一研究』東洋経済新報社、1978 年)

Lucas, Robert [1972] "Expectation and the Neutrality of Money," *Journal of Economic Theory*, vol.4, no.2, pp.103-124.

Lucas, Robert [1976] "Econometric Policy Evaluation: A Critique," *Carnegie-Rochester Conference Series on Public Policy*, vol.1, no.1, pp.19-46.

Lucas, Robert [2009] "In Defense of the Dismal Science," *The Economist*, 8 August.

Lucas, Robert [2013] "The Death of Keynesian Economics," in Robert Lucas, *Collected Papers on Monetary Theory*, Cambridge: Harvard University Press, pp.500-503.

Lundberg, Erik [1985] "The Rise and Fall of the Swedish Model," *Journal of Economic Literature*, vol.23, no.1, pp.1-36.

Lye, John [1997] "Ideology: A Brief Guide," http://www5.csudh.edu/dearhabermas/ideology06bk.htm

Mankiw, Gregory [1985] "Small Menu Costs and Large Business Cycles: A Macroeconomic Model of Monopoly," *Quarterly Journal of Economics*, vol.100, no.2, pp.529-537.

Mankiw, Gregory [2006] "The Macroeconomist as Scientist and Engineer," *Journal of*

Economic Perspectives, vol.20, no.4, pp.29-46.

Mankiw, Gregory and David Romer [1991] "Introduction," in Gregory Mankiw and David Romer [eds.], *New Keynesian Economics Vol.1: Imperfect Competition and Sticky Prices*, Cambridge: The MIT Press, pp.1-26.

McCallum, Bennett [2001] "Japanese Monetary Policy," *Shadow Open Market Committee*, April 30.

McKinnon, Ronald [1993] "The Rules of the Game: International Money in Historical Perspective," *Journal of Economic Literature*, vol.31, no.1, pp.1-44.（日本銀行「国際通貨問題」研究会訳『ゲームのルール──国際通貨制度安定の条件』ダイヤモンド社、1994 年）

Meade, James and Philip Andrews [1952] "Summary of Replies to Questions on Effects of Interest Rates," in Thomas Wilson and Philip Andrews [eds.], *Oxford Studies in the Price Mechanism*, Oxford: The Clarendon Press, pp.27-30.

Mill, John Stuart [1920] *Principles of Political Economy with some of Their Applications to Social Philosophy*, London: Longmans, Green, and Co.（末永茂喜訳『経済学原理』岩波文庫、1959 年）

Mises, Ludwig von [1996] *Human Action: A Treatise on Economics, fourth revised edition*, San Francisco: Fox & Wikes.（村田稔雄訳『ヒューマン・アクション』春秋社、2008 年）

Modigliani, Franco and Lucas Papademos [1975] "Targets for Monetary Policy in the Coming Year," *Brookings Papers on Economic Activity*, no.1, pp.141-163.

Modigliani, Franco and Richard Brumberg [1954] "Utility Analysis and the Consumption Function: An Interpretation of Cross-section Data," in Kenneth Kurihara [ed.], *Post Keynesian Economics*, New Brunswick: Rutgers University Press, pp.388-436.

Morrison, Wayne, William Cooper and Dick Nanto [1994] "'Managed Trade' Policy Toward Japan?" *Report for Congress*, 94-524 E-ti-A.

Neff, Robert [1989] "Rethinking Japan," *Business Week*, August 7, pp.12-20.

Neff, Robert and Paul Magnusson [1989] "Rewriting the Book on How to Deal with Japan," *Business Week*, August 7, p.17.

Negishi, Takashi [1989] *History of Economic Theory*, Amsterdam: North-Holland.

Noguchi, Asahi [2013] "The State of Macroeconomics in View of the Global Economic Crisis," in Toshiaki Hirai, Maria Cristina Marcuzzo, and Perry Mehrling [eds.],

Keynesian Reflections: Effective Demand, Money, Finance, and Policies in the Crisis, New Delhi: Oxford University Press, pp.184-200.

Noguchi, Asahi [2015] "Trade Friction with no Foundation: A Review of US-Japanese Economic Relation in the 1980s and the 1990s," in Toshiaki Hirai [ed.], *Capitalism and the World Economy: The Light and Shadow of Globalization*, London: Routledge, pp.184-200.

Noguchi, Asahi [2019] "Shifting Policy Strategy in Keynesianism," *Review of Keynesian Studies*, no.1, pp.61-91.

Ormerod, Paul [1994] *The Death of Economics*, London: Faber & Faber.

Ormerod, Paul [1998] *Butterfly Economics*, London: Faber & Faber. （塩沢由典『バタフライ・エコノミクス――複雑系で読み解く社会と経済の動き』早川書房、2001 年）

Ormerod, Paul [2010] "The Current Crisis and the Culpability of Macroeconomic Theory," *Contemporary Social Science: Journal of the Academy of Social Sciences*, vol.5, no.1, pp.5-18.

Patrick, Hugh [1971] "The Economic Muddle of the 1920s," in James Morley [ed.], *Dilemmas of Growth in Prewar Japan*, Princeton: Princeton University Press, pp.211-266.

Phillips, Alban [1958] "The Relation between Unemployment and the Rate of Change of Money Wage Rates in the United Kingdom, 1861-1957," *Economica*, vol.25, no.100, pp.283-299.

Piketty, Thomas [2014] *Capital in the Twenty-First Century*, Cambridge: Belknap Press of Harvard University. （山形浩生・守岡桜・森本正史訳『21 世紀の資本』みすず書房、2014 年）

Popper, Karl [1957] *The Poverty of Historicism*, London: Routledge. （久野収・市井三郎訳『歴史主義の貧困』中央公論新社、1961 年）

Popper, Karl [1959] *The Logic of Scientific Discovery*, London: Routledge. （大内義一・森博訳『科学的発見の論理』上、下、恒星社厚生閣、1971-1972 年）

Posen, Adam [2000] "The Political Economy of Deflationary Monetary Policy," in Ryoichi Mikitani and Adam Posen [eds.], *Japan's Financial Crisis and its Parallels to U.S. Experience*, Washington, D.C.: Institute for International Economics, pp.194-208. （三木谷良一、アダム・S. ポーゼン編、清水啓典監訳『日本の金融危機――米国の経験と日本への教訓』東洋経済新報社、2001 年、第 9 章）

Prestowitz, Clyde [1994] "Playing to Win," *Foreign Affairs*, vol.73, no.4, pp.186-189. （竹

下興喜監訳『日米はなぜ対立するのか』中央公論社、1995 年、に所収）

Ramsey, Frank [1928] "A Mathematical Theory of Saving," *Economic Journal*, vol.38, no.152, pp.543-559.

Ramseyer, Mark and Frances Rosenbluth [1993] *Japan's Political Marketplace*, Cambridge: Harvard University Press.（加藤寛監訳、川野辺裕幸・細野助博訳『日本政治の経済学——政権政党の合理的選択』弘文堂、1995 年）

Reich, Robert [1991] *The Work of Nations: Preparing Ourselves for 21st Century Capitalism*, New York: Alfred A. Knopf.（中谷巌訳『ザ・ワーク・オブ・ネーションズ——21世紀資本主義のイメージ』ダイヤモンド社、1991 年）

Reinhart, Carmen and Kenneth Rogoff [2009] *This Time Is Different: Eight Centuries of Financial Folly*, Princeton: Princeton University Press.（村井章子訳『国家は破綻する——金融危機の 800 年』日経 B P 社、2011 年）

Ricardo, David [1951] *The Works and Correspondence of David Ricardo: Vol.3: Pamphlets and Papers 1809-1811*, edited by Piero Sraffa with the collaboration of M. H. Dobb, London: Cambridge University Press.（末永茂喜監訳『リカードウ全集　第 3 巻前期論文集 : 1809-1811 年』雄松堂書店、1969 年）

Robbins, Lionel [1952] *The Theory of Economic Policy in English Classical Political Economy*, London: Macmillan.（市川泰治郎訳『古典経済学の経済政策理論』東洋経済新報社、1964 年）

Samuelson, Paul [1976] *Economics, 10th edition*, New York: McGraw-Hill.（都留重人訳『サムエルソン経済学』、岩波書店、1977 年）

Samuelson, Paul [1997] *Economics: The Original 1948 Edition*, New York: McGraw-Hill.

Samuelson, Paul and Robert Solow [1960] "Analytical Aspects of Anti-Inflation Policy," *American Economic Review*, vol.50, no.2, pp.177-194.

Sargent, Thomas [1982] "The Ends of Four Big Inflations," in Robert Hall [ed.], *Inflation: Causes and Effects*, Chicago: University of Chicago Press.（国府田桂一・鹿野嘉昭・榊原健一訳『合理的期待とインフレーション』東洋経済新報社、1988 年、第 3 章）

Skidelsky, Robert [1983] *John Maynard Keynes: Hopes Betrayed, 1883-1920*, London: Macmillan.

Skidelsky, Robert [1992] *John Maynard Keynes: The Economist as Saviour, 1920-1937*, London: Macmillan.

Skidelsky, Robert [2000] *John Maynard Keynes: Fighting for Britain, 1937-1946*, London:

Macmillan.

Skidelsky, Robert [2009] "How to Rebuild a Shamed Subject," *Financial Times*, 6 August.

Smith, Adam [1904] *An Inquiry into The Nature and Causes of The Wealth of Nations*, London: Methuen.（大内兵衛訳『諸国民の富』岩波文庫、1995 年）

Snowdon, Brian and Howard Vane [1999] *Conversations with Leading Economists: Interpreting Modern Macroeconomics*, Cheltenham, UK and Northampton, USA: Edward Elgar.（岡地勝二訳『マクロ経済学はどこまで進んだか──トップエコノミスト 12 人へのインタビュー』東洋経済新報社、2001 年）

Stigler, George [1968] *The Organization of Industry*, Homewood: Richard D. Irwin.（神谷傳造・余語将尊訳『産業組織論』東洋経済新報社、1975 年）

Stigler, George [1971] "The Theory of Economic Regulation," *Bell Journal of Economics*, vol.2, no.1, pp.3-21.

Stiglitz, Joseph and Carl Walsh [2006] *Economics, International Student Edition, 4th Edition*, New York: W.W. Norton & Company.（藪下史郎・他訳『スティグリッツ入門経済学 第 4 版』東洋経済新報社、2012 年）

Summers, Lawrence [1986] "Some Skeptical Observations on Real Business Cycle Theory," *Federal Reserve Bank of Minneapolis Quarterly Review*, vol.10, no.4, pp.23-27.

Svensson, Lars [2001] "The Zero Bound in an Open-Economy: A Foolproof Way of Escaping from a Liquidity Trap," *Monetary and Economic Studies*, no.19 [S-1], February, Bank of Japan.（山形浩生訳「絶対確実！流動性の罠脱出法」山形浩生訳編『クルーグマン教授の〈ニッポン〉経済入門』春秋社、2003 年）

Taylor, John [1993] "Discretion versus Policy Rules in Practice," *Carnegie-Rochester Conference Series on Public Policy*, vol.39, no.1, pp.195-214

Temin, Peter [1989] *Lessons from the Great Depression*, Cambridge: MIT Press.（猪木武徳他訳『大恐慌の教訓』東洋経済新報社、1995 年）

Temin, Peter [2000] "The Great Depression," in Stanley Engerman and Robert Gallman [eds.], *The Cambridge Economic History of the United States*, vol.3, Cambridge: Cambridge University Press, pp.301-328.

Thurow, Lester [1980] *The Zero-Sum Society: Distribution and the Possibilities for Economic Change*, New York: Basic Books.（岸本重陳訳『ゼロ・サム社会』阪急コミュニケーションズ、1981 年）

Thurow, Lester [1992] *Head to Head: The Coming Economic Battle among Japan, Europe and America*, New York: William Morrow and Company.（土屋尚彦訳『大接戦——日米欧どこが勝つか』講談社、1992 年）

Thurow, Lester [1994] "Microchips, Not Potato Chips," *Foreign Affairs*, vol.73, no.4, pp.189-192.（竹下興喜監訳『日米はなぜ対立するのか』中央公論社、1995 年、に所収）

Tinbergen, Jan [1952] *On the Theory of Economic Policy*, Amsterdam: North-Holland.（気賀健三・加藤寛訳『経済政策の理論』巌松堂出版、1956 年）

Tobin, James [1969] "A General Equilibrium Approach to Monetary Theory," *Journal of Money, Credit and Banking*, vol.1, no.1, pp.15-29.

Tobin, Jams [1999] "Supply Constraints on Employment and Output: NAIRU versus Natural Rate," in Giancarlo Gandolfo and Ferruccio Marzano [eds.], *Economic Theory and Social Justice*, London: Macmillan Press, pp.35-50.

Truman, Edwin [2003] *Inflation Targeting in the World Economy*, Washington, D.C.: Institute for International Economics.

Tullock, Gordon [1967] "The Welfare Costs of Tariffs, Monopolies, and Theft," *Western Economic Journal*, vol.5, no.3, pp.224-232.

Tyson, Laura D'Andrea [1992] *Who's Bashing Whom: Trade Conflict in High Technology Industries*, Washington, D.C.: Institute for International Economics.（阿部司訳『誰が誰を叩いているのか——戦略的管理貿易は、アメリカの正しい選択?』ダイヤモンド社、1993 年）

Weber, Max [1919] *Geistige Arbeit als Beruf, München*, Leipzig: Duncker & Humblot.（尾高邦雄訳『職業としての学問』岩波文庫、1980 年）

White, William [2006] "Is Price Stability Enough?" *BIS Working Papers*, No.205.

Wicksell, Knut [1936] *Interest and Prices: A Study of the Causes Regulating the Value of Money*, London: Macmillan.（北野熊喜男・服部 新一訳『利子と物価』日本経済評論社、2004 年）

Woodford, Michael [2003] *Interest and Prices: Foundations of a Theory of Monetary Policy*, Princeton: Princeton University Press.

Woodford, Michael [2009] "Convergence in Macroeconomics: Elements of the New Synthesis," *American Economic Journal: Macroeconomics*, vol.1, no.1, pp.267-279.

Yun, Tack [1996] "Nominal Price Rigidity, Money Supply Endogeneity, and Business Cycles," *Journal of Monetary Economics*, vol.37, no.2, pp.345-370.

浅田統一郎 [2007]「デフレ不況と経済政策——実践的マクロ経済学としてのケインズ経済学の立場から」野口編 [2007] 第 7 章.

伊東光晴監修 [1977]『戦後産業史への証言 [1]——産業政策』毎日新聞社.

伊藤裕香子 [2013]『消費税日記』プレジデント社.

井上準之助 [1929a]『国民経済の立直しと金解禁』千倉書房.

井上準之助 [1929b]『金解禁——全日本に叫ぶ』先進社.

岩田規久男 [2001]『デフレの経済学』東洋経済新報社.

岩田規久男・宮川努編 [2003]『失われた 10 年の真因は何か』東洋経済新報社.

岩田規久男編 [2004]『昭和恐慌の研究』東洋経済新報社.

貝塚啓明 [1968]「新古典派総合の立場からみた政策体系」『週刊東洋経済・臨時増刊』12 月 11 日号.

クー、リチャード [1998]『金融危機からの脱出——沈みゆく日本経済をどう救うか』PHP 研究所.

クー、リチャード [1999]『日本経済回復への青写真——診断、治療そしてリハビリ』PHP 研究所.

クー、リチャード [2000]『良い財政赤字 悪い財政赤字』PHP 研究所.

経済企画庁 [1960]「貿易為替自由化計画大綱」金森久雄編『貿易と国際収支』(日本経済新聞社、1970 年) 所収.

小宮隆太郎 [1967]「資本自由化の経済学——官民の迷信と誤謬を衝く」『エコノミスト』7 月 25 日号.

小宮隆太郎 [1984]「序章」小宮隆太郎・奥野正寛・鈴村興太郎『日本の産業政策』東京大学出版会.

小宮隆太郎 [1985]「日本の産業政策——政策論議の回顧と展望」(『やさしい経済学』)『日本経済新聞』11 月 18-23 日.

小宮隆太郎・内田忠夫・竹中一雄・村上泰亮・今井賢一・小西唯雄 [1968]「再び八幡富士合併に反対する〔シンポジウム〕」『週刊東洋経済・臨時増刊』12 月 11 日号.

佐和隆光 [1982]『経済学とは何だろうか』岩波新書.

篠原三代平 [1967]「産業政策と独禁政策の諸問題——資本自由化に対処する道」『エコノミスト』4 月 20 日号.

館龍一郎・小宮隆太郎 [1964]『経済政策の理論』勁草書房.

建元正弘 [1969]「近代経済学者　抵抗のつめあと——寡占体制を憂えて」『朝日ジャーナル』11 月 16 日号.

地主敏樹・黒木祥弘・宮尾龍蔵 [2001]「1980 年代後半以降の日本の金融政策：政策対

応の遅れとその理由」三木谷良一・アダム・S.ポーゼン編、清水啓典監訳『日本の金融危機——米国の経験と日本への教訓』東洋経済新報社、第5章.

永野重雄・土光敏夫・中山素平・湊守篤・小松勇五郎・篠原三代平・内田忠夫・渡部経彦・小宮隆太郎・大来佐武郎 [1968]「大型合併と国民経済」『週刊東洋経済・臨時増刊』7月3日号.

中村宗悦 [2004]「金解禁をめぐる新聞メディアの論調」岩田編 [2004] 第3章.

中村宗悦 [2005]『経済失政はなぜ繰り返すのか——メディアが伝えた昭和恐慌』東洋経済新報社.

中村宗悦 [2007]「松方財政期における幣制改革論——金本位制と清算主義的政策思想」野口編 [2007] 第3章.

並木信義 [1973]「企業間競争と政策介入」篠原三代平・馬場正雄編『現代産業論 [3]——産業政策』日本経済新聞社.

野口旭 [1999a]「対外自由化と『産業構造政策』」池尾愛子編『日本の経済学と経済学者——戦後の研究環境と政策形成』日本経済評論社、第8章.

野口旭 [1999b]「日本の産業構造調整と国際分業の変化」大西勝明・二瓶敏編『日本の産業構造——ポスト冷戦期の展開』青木書店、第3章.

野口旭 [2001]「インフレ目標はなぜ必要か（クリティーク［経済論壇］23）」『経済セミナー』2001年11月号.

野口旭 [2002]『経済学を知らないエコノミストたち』日本評論社.

野口旭 [2007]「経済政策はどう実現するのか」野口編 [2007] 序章.

野口旭 [2015]『世界は危機を克服する——ケインズ主義2.0』東洋経済新報社.

野口旭・浜田宏一 [2007a]「経済政策における既得権益と既得観念」野口編 [2007] 第1章.

野口旭・浜田宏一 [2007b]「デフレをめぐる既得権益と既得観念——昭和恐慌と平成大停滞の経験から」野口編 [2007] 第4章.

野口旭編 [2007]『経済政策形成の研究——既得観念と経済学の相剋』ナカニシヤ出版.

畠山襄 [1996]『通商交渉・国益を巡るドラマ』日本経済新聞社.

浜田宏一 [2004]「デフレ下での政策決定：インサイダーの視点から」岩田規久男・岩本康志・本多佑三・松井彰彦編『現代経済学の潮流2004』東洋経済新報社、第3章.

浜田宏一 [2007]「平成デフレをめぐる政策論議——インサイダーの視点から」野口編 [2007] 第6章.

浜田宏一・堀内昭義・内閣府経済社会総合研究所編 [2004]『論争 日本の経済危機——長期停滞の真因を解明する』日本経済新聞社.

松尾匡 [2007]「『経済学的発想』と『反経済学的発想』の政策論」野口編 [2007] 第 8 章.

両角良彦 [1963]「産業体制論 その 1 ——通産省側の一提案」千種義人編『日本経済の現状と課題 第 4 集——産業体制の再編成』春秋社.

両角良彦 [1966]『産業政策の理論』日本経済新聞社.

若田部昌澄 [2007]「経済政策における知識の役割——思想、政策、成果」野口編 [2007] 第 2 章.

野口　旭（のぐち・あさひ）

1958年生まれ。専修大学経済学部教授。

主な著書に、『アベノミクスが変えた日本経済』（ちくま新書、2018年）、『世界は危機を克服する——ケインズ主義2.0』（東洋経済新報社、2015年）、『変貌する現代国際経済』（共編著、専修大学出版局、2012年）、『グローバル経済を学ぶ』（ちくま新書、2007年）、『経済政策形成の研究』（編著、ナカニシヤ出版、2007年）、『昭和恐慌の研究』（共著、東洋経済新報社、2004年。日経・経済図書文化賞受賞）、他多数。

経済政策形成の論理と現実

2020年4月20日　第1版第1刷

著　者　　野口　旭
発行者　　上原　伸二
発行所　　専修大学出版局
　　　　　〒101-0051　東京都千代田区神田神保町3-10-3
　　　　　株式会社専大センチュリー内　電話　03-3263-4230
印　刷　　モリモト印刷株式会社
製　本